중국사회의 이해

중국사회의 이해

장하이둥 지음
예동근 · 김홍매 옮김

한국학술정보

이 저서는 2018년 정부(교육부)의 재원으로 한국연구재단 대학 인문역량강화사업(CORE)의 지원을 받아 수행된 저서임

추천의 글

나는 중국 전문가는 못되지만, 중국통의 한 사람이다.

중국이 어려웠던, 그래서 크게 주목받지 못했던 잠룡 시절부터 중국 사회학자들과 오랜 동안 지속적으로 교류하며 우정을 나누어 왔다.

일찍부터 "중국을 잘 알아야 우리가 더 잘 살 수 있다"고 생각했다.

과연 우리는 제대로 중국을 알고 있을까? 알려고 할까?

이제는 중국을 알지 못하면, 세상물정 모르는 사람으로 취급 받는다.

중국은 수천 년 동안 우리와 이웃하며 우여곡절의 풍상과 동병상련을 겪었다.

방대하고 심원하며 다양하기 그지없는 나라가 중국이다.

특히 경천동지의 최근 중국을 제대로 이해하기란 결코 쉽지 않다.

어제와 오늘이 너무나 다르고, 오늘과 내일의 변화 폭도 더욱 클 것이다.

그러나 세상만사 끊임없이 변한다 해도, 거기에는 일정한 구조와 틀, 핵심적 추세와 경향이 반드시 존재한다.

사회학자는 전문가로서 이와 같은 사회적 원리를 탐구하여 설명하고자 한다.

난해한 전문 지식을 쉽고 명료하게 그리고 평이하되 깊이를 유지하여 독자들에게 전달하기란 쉽지 않은 일이다.

이 책은 중국사회를 이해하는데 필수적인 내용들을 상세하면서도 친절하게, 이론적 근거를 제시하면서도 난해하지 않게 제시한다.

저자가 중국 사람이기 때문에, 사회학자이기 때문에, 그리고 오랫동안 한국에서 공부하였기 때문에 가능한 일이다.

중국사회의 기본 토대는, 세계의 모든 사회와 마찬가지로, 인구, 가족, 지역(도시와 농촌), 취업, 계층 및 불평등과 사회복지 등의 차원에서 검토될 수 있다.

이 책은 상기 사회의 핵심적 문제들을 중국 특유의 신 이원체제, 단위사회, 농민공, 노령화 등의 현상과 연관시키면서 분석한다.

필요한 경우, 서구와 중국을 비교 검토하여 중국적 특수성을 감안한 합당한 정책적 대안을 제시하기도 한다.

이 과정에서 이 책은 중국의 최근 연구 성과나 경향을 두루 활용하고 소개할 뿐 아니라, 서구의 고전이론 및 현대이론도 적절히 보완하는 매우 균형 잡힌 시각을 유지한다.

그 결과 이 책에는 중국사회를 미화하거나 정당화하려는 어떠한 중화중심주의적 편견도 없다. 오히려 중국사회의 구조적 문제점을 객관적 사실과 추세에 근거하여 비판적으로 지적한다. 그러나 그 비판은 비판을 위한 비판에 머무르지 않고, 이에 대처하려는 진지한 실천적 관심, 즉 정책적 대안발굴의 노력으로 이어진다.

현재 한국에는 중국사회에 관한 연구서들이 적지 않게 나와 있다. 나는 주저하지 않고, 이 책이야말로 그 내용의 풍부함과 명료한 설명을 고려할 때 중국사회의 이해를 위한 최상급 안내서라고 추천하고 싶다. 대학과 대학원의 교재로서 뿐 아니라 일반인을 위한 고급 교양도서로 적극 사용될 수 있다.

끝으로 저자 장하이둥 교수에 대한 간략한 소개를 통해서 이 책을 한국 독자들에게 더욱 친숙하게 만들고 싶다.

장하이둥 교수는 한국 부산대학교에서 나의 지도하에 사회학박사 학위를 취득하였고, 이후 서울대학교 사회학과에서 1년 동안 이재열 교수와 함께 한국·중국·일본의 삶의 질 비교연구를 하였고, 이 연구는 전 세계적으로 비교 대상을 확대시키며 지속되고 있다. 나아가 장하이둥 교수는 한국의 장덕진 교수, 일본의 다이 노미야 교수와 협력하여 상해대, 서울대, 소피아대/중앙대 대학원생들의 국제교류 연구를 매년 각국을 순회하며 실시하고 있다. 지금도 장하이둥 교수는 수많은 한국인 사회학자들과 친분을 맺고, 공동연구를 하면서 한국과 중국의 사회학 교류에 핵심적인 역할을 수행한다.

장하이둥 교수는 중국 사회학계에서 탁월한 연구자로 인정받으며, 중국사회학회와 상해대학교에서 주요한 역할을 맡고 있다. 지난 15

년간(2003년부터 2017년까지) 한국, 중국, 일본이 중심이 되어 한 해도 거르지 않고 지속된 East Asian Sociologists Network Conference와 이를 전 세계적으로 확대·발전시키고자 2017년 11월 중국 무한에서 창립된 East Asian Sociological Association에서 장하이둥 교수는 필수불가결한 존재로서 헌신적인 역할을 수행하고 있다.

장하이둥 교수의 이와 같은 국제적 활동은 분명히 그로 하여금 자신의 사회인 중국사회를 보다 객관적으로 그리고 보다 정확히 분석하고 설명할 수 있게 만들었을 것이다. 그 결실이 바로 이 책, 『중국사회의 이해』이다. 우리가 이 책에 관심을 가져야만 하는 이유이기도 하다.

그래서 나는 독자들에게 이 책을 중국 관련 필독서로 추천한다.

2018년 11월 30일

추천인: 김성국

부산대 명예교수,
East Asian Sociological Association 회장,
한국해양사회학회 회장,
2017년 대한민국학술원상 수상

목 차

제 1 편

사회구조

제1장 서문

개혁개방 40년 이래 중국 사회의 여러 분야에는 모두 큰 변화가 일어났다. 이 변화는 사회구조 변천을 포함한 '유형'의 변화를 포함할 뿐만 아니라 사람들 마음속의 '중국 체험'의 변화도 포함한다(저우샤오훙周曉虹, 2017). 사회학, 경제학 그리고 정치학 등 학과에서 모두 사회 변천의 시각에서 이런 변화에 대해 해석을 진행하였고 공감대를 형성하였으나 그 중에는 중국에만 있는 일부 특수한 현상도 포함되어 있어서 기존의 이론만으로는 분석을 진행하기 어렵다. "현실 상황으로 볼 때 현재 중국의 사회계급의 계층 구조는 마르크스주의 경전 작가들이 예상했던 사회주의사회와 다를 뿐더러 현대적 자본주의사회와도 본질적으로 다르며, 개혁개방 이전의 상황과 매우 큰 차이를 보이고 있다"(리페이린李培林, 2017). 실질적으로 이런 독특한 현상은 모두 개혁개방 이래 중국이 점차적으로 형성한 다층위 이원구조와 긴밀한 영향 관계에 있다. "이른바 다층위 이원구조라는 것은 중국 사회가 일련의 이원구조 및 그 상호작용으로 인해 갖게 된 구조적 특징을 가리킨다"(장하이둥張海東, 2018). 이런 다층위 이원구조는 사회의 계층 구조가 날로 다원화되게 하였을 뿐만 아니라 새로운 사회계층, 농민공 등 현유의 사회 분층 이론으로 해석하기 어려운 새로운 사회 집단이 생겨나게 하였으며 또 지역과 지역, 도시와 시골의 사회 현대화 정도가 선명한 차이를 보이는 현상을 초래하였는데 이런 차이는 경제 수준에 반영될 뿐만 아니라 사람들의 가치관에도 반영된다. 이 외에 다층위 이원구조는 또 사회 관리에서의 원래의 단위체제의 역할이 점차적으로 축소되게 하여 일부 사회 문제를 야기하였다. 예를 들면 여러 부문과 호적 집단이 향유하는 공공서비스 수준에는 현저한 차이가 있는데 일부 새로 흥기한 사회 집단은 기존의 사회관리 체제 중에 통합되지 못하여 자신들의 이익을 반영할 수 있는 통로가 상대적으로 부족한 상황이다.

"사회학적 상상력이 여러 형태의 개인의 내재적 생명과 외재적 직업 생애에 모두 의미가 있기 때문에 사회학적 상상력은 있는 사람은 더욱 넓은 역사 무대를 제대로 볼 수 있고 무질서한 일상의 경력 속에서 개인이 어떻게 자신의 사회적 지위에 대해 잘못된 인식을 하는지 볼 수 있다"(Charles Wright Mills, 2005). 사회학의 관련 이론을 통해 사회문제와 현상에 대해 체계적인 해독을 하는 것은 우리가 생활하고 있는 사회를 더 잘 인식하고 개인의 생활 기회와 생명 과정이 어떤 요소들의 영향을 받는지 더 잘 이해하는데 도움이 된다. 이런 고려에서 출발하여 우리는 2012년부터 상해대학에 전체 학부생을 상대로 하는 일반 선택과목 '중국사회의 이해'를 개설하였는데 이는 '물고기를 잡는 방법'을 강의함으로써 대학생들에게 사회문제와 사회현상을 분석하기 위한 이론적 틀을 제공하여 그들이 중국 사회의 특징을 알게 하고 개인의 생명 과정이 어떻게 사회 전체의 변천과 긴밀하게 연결되어 있는지 인식하도록 하기 위해서였다. '중국사회의 이해' 수업은 상해대학교 사회학원 사회학, 인구학 등 관련

전공의 전문가들이 공동으로 강의를 진행하였으며 몇 년 동안의 부단한 탐색과 축적을 거쳐 수업의 내용과 배정, 설계가 대체적으로 완성되었다. 이를 기초로, 관련 학자들이 함께 공동으로 『중국사회의 이해』라는 책을 펴내게 되었다. 전환기 중국 사회의 두드러진 특징과 문제를 체계적으로 인식하게 하기 위해 본서에서는 사회구조, 사회문제와 사회생활 세 층위의 내용으로 구성된, 중국사회를 분석하는 틀을 제기하였는데 이 틀은 다층위 이원화 구조를 기초로 전개된 것이었으며 다층위 이원구조가 현재 중국사회의 여러 측면에 미친 영향을 부각하는 데 중점을 두었다. 이 분석의 틀을 기초로, 본서는 총 3편 8장으로 구성되었다.

제1편은 사회구조편이다. 주로 다층위 이원구조가 사회의 계층 분화에 미친 두드러진 영향을 분석하였다. 사회의 구조로부터 볼 때 다층위 이원구조는 개혁개방 이래의 사회계층 분화와 사회 불평등을 초래한 중요한 원인이다. 이와 동시에 다층위 이원구조는 또 새로운 사회계층, 농민공 등 중국 특색이 있는 일부 사회 집단의 생성을 촉발시켰다. 제2편은 사회문제편으로, 세 장의 내용으로 구성되었다. 주로 다층위 이원구조 하에서의 사회관리 영역에서 맞닥뜨린 일부 문제에 대해 분석하였다. 개혁개방 이래 중국이 빠른 속도로 발전할 수 있었던 것은 방대한 노동력 인구가 방출한 '인구보너스'에 힘입은 바가 크다. 하지만 인구의 연령구조로부터 볼 때 중국은 이미 노령화 사회에 들어섰고 '인구보너스'도 더 이상 지속되기 어렵다. 이는 '석양산업(夕陽産業)'의 발전에 기회를 제공하였고 어떻게 진일보 양로(養老) 서비스의 형태를 새롭게 개척할 것인가 하는 문제가 새롭게 제기되게 하였다. 그 외에 기층사회의 관리 역시 목전 중국의 사회구조 전환기에 파생된 매우 두드러진 문제이다. 사회구조

와 사회관리 체제는 서로 대응되는 관계가 있다. 사회관리 방식을 일신해야만 사회구조와 적응할 수 있는 사회관리 구도를 구축할 수 있다. 제3편은 사회생활편이다. 본 편은 두 장으로 구성되었다. 주로 다층위 이원구조 하의 가정구조와 사회신임 등에 일어난 변화를 다루고 있다. 개혁개방 이래 계획출산 정책 등 요소의 영향으로 말미암아 중국의 가정구조에는 선명한 변화가 나타났고 가정 유형도 날로 다양해졌다. 하지만 핵심 가정의 신속한 증가는 그 중에서 가장 두드러진 특징이다. 가정구조의 변화와 마찬가지로 두드러진 변화는 가정 내부의 세대 사이의 관계가 점차 평등해지고 있다는 점이다. 사회 전환기에 사람들의 사회생활은 또 과학기술의 영향을 받는데, 인터넷기술의 지속적인 보급을 따라 사람들의 생활도 날로 편리해졌으나 여러 사람들이 누리는 '데이터보너스'에는 선명한 차이가 있다. 이 외에 사회의 신임기제에도 급격한 변화가 생겼다. 중국의 전통적인 사회신임은 '익숙한 사람에 대한 신임(熟人信任)'이었으나 중국 사회의 변화가 심화됨에 따라 중국 사회에도 기든스가 말한 '탈영역'(脫域) 현상이 나타났다(Anthony Giddens, 2011). 전통사회의 익숙한 사람에 대한 신임기제는 큰 충격을 받았으나 현대적인 사회신임기제가 아직 형성되지 않아 '아는 사람에게 바가지를 씌우는(殺熟)' 문제 등 여러 문제가 나타났는데 이는 특수한 종류의 신임으로부터 현대의 일반적인 신임으로의 전환의 필요성을 말해준다.

제1편 사회구조

제1장에서는 개혁개방 이래 중국의 사회계층의 분화 문제를 논하였다. 개혁개방 이래 중국의 사회계층 구조는 신속하게 분화하고 재

조합되어 일부 새로운 사회집단이 이 과정에서 신속하게 굴기하였다. 다층위 이원구조는 중국의 40년대 이래의 사회계층 구조의 급격한 변화 과정에서 매우 중요한 영향을 행사하였는데 새로운 계층, 농민공 등 중국의 특유한 일부 사회집단은 바로 다층위 이원구조의 작용으로 형성된 것이다. 경제건설을 중심으로 하는 전략이 수립된 이래 이 목표를 달성하기 위해 중국에서는 큰 공력을 들여 사회주의 시장경제를 발전시키기 시작하였다. 시장화개혁의 심화에 따라 정부와 시장 두 기제의 작용 사이에는 '한쪽이 쇠하면 한쪽이 성장하는' 관계가 형성되었다. 이는 정부의 기능범위가 계획경제 시기에 비해 선명하게 감소하였고 다른 한편으로는 시장기제가 자원의 분배 중에서 하는 역할이 점차 증가된 것과 관련이 있다. 이와 동시에 경제제도의 개혁은 신경제사회의 조직이 빠른 속도로 성장하여 사회 직종의 숫자가 계속하여 증가하게 하였다. 정부와 시장 두 분야로 구성된 이러한 신이원구조는 중국의 현재의 사회계층 구조를 형성하였고 민영기업주와 개체공상호, 민영과 외국자본기업의 관리기술인원의 규모가 부단히 확대되게 하였다. 통계에 따르면 2015년 12월 31일까지 중국의 기업경영 관리인재는 총 43,341,190명에 달했는데 그중 공유제영역의 인재가 6,075,962명으로 전체의 14%를 점하였고 비공유제영역의 인재는 37,265,228명으로 전체의 86%를 점하였다(중공중앙조직부, 2017). 이와 동시에 다층위 이원구조의 영향 하에서 사회분층의 기초도 부단히 변화하여 교육정도, 수입, 직종의 영향을 받는 외에 자본의 작용도 점점 뚜렷해졌다. 정부와 시장이 함께 형성한 신이원구조가 사회 계층의 분화에 미친 영향은 시간의 척도에서 반영이 되는데, 일부 단위에 '옛 사람'과 '새 사람'의 구분이 생겨서 두 집단은 정부와 시장이라는 두 가지 완전히 다른 자원

분배기제에 직면하게 되었다. 이런 현상은 주택 분배 영역에서 특히 두드러지게 표현된다. 계획경제 체제에서 도시 주민의 주택은 정부에서 통일적으로 분배했으나 1998년에 전면적으로 주택의 시장화 개혁을 진행한 이후 복지 성격의 주택 분배 제도는 점차적으로 취소되었고 복지 성격의 주택을 받지 못한 '새 사람'은 시장에서 주택을 구매해야 하였기에 서로 다른 주택 지위(住房地位)에 처한 사람들의 거주 조건에는 선명한 분화 현상이 나타났다(리챵李强, 2009). 특히 최근 주택가격이 급등하는 상황에서 주택 지위 집단(住房地位群体)의 재산은 빠른 속도로 증식하였으며 주택 등 재산은 사회 분층의 중요한 표지가 되었다. "현재 중국의 도시사회에서는 전통적인, 직업을 기반으로 하는 계층동질감과 구별되는, 주택을 대표로 하는 재산을 기반으로 하는 계층동질감이 점차적으로 형성되고 있다"(장하이둥張海東, 양청천楊城晨, 2017). 만약 재산의 요소도 고려한다면 현재 사회의 불평등 등 문제는 더 심각할 수도 있는데, 관련 연구기관에서 발표한 보고에 따르면 중국의 재부 지니 계수는 0.73 정도라고 한다(셰위謝宇 등, 2014).

2장에서는 신이원구조 사회의 문제를 둘러싸고 신이원구조의 영향 하에 날로 발전하고 있는 신사회계층의 집단에 대해 중점적으로 분석하였다. 시장화개혁의 심화에 따라 기존의 사회 분층 이론으로는 분석하기 어려운 사회 집단이 다층위 이원구조의 영향 하에서 잇따라 출현하였다. 예를 들면 신사회계층은 "실제로 중국에만 있는 특수한 개념이다"(리페이린李培林, 2017). 신사회계층은 처음부터 통일전선 영역의 사업 개념으로 제기된 것이었으며 "소유제의 구분에 관한 의의를 더 강조하였고 소유제가 계급과 계층에 가치를 창조하는 것을 더욱 강조하였다"(리루루李路路, 왕웨이王薇, 2017). 그러나 사회학의 각도에서 볼 때 새로운 사회계층이라는 이 신흥 사회 집단에 대해 기존의 사회분층 이론으로는 분석을 진행하기 어렵다. 새로운 사회 계층은 주로 신경제사회조직 등 체제 밖의 부서에서 근무하고 비교적 강한 시장 능력을 갖고 있으며 대다수가 사회 중간계층의 위치에 처해 있다. 그러므로 연구에서는 '체제'의 요소와 사회계층의 위치 등 층위를 결합시켜서 '체제 밖의 중간계층'이라는 개념을 사용하여 새로운 사회계층의 특징에 대해 분석을 하고 새로운 사회계층과 기타 사회 계층, 특히는 체제 내 중간계층의 시스템과의 비교를 통해 이 집단의 특징을 추출해 내는 시도를 하고 있다(장하이둥張海東 등, 2017). 구조로부터 볼 때 새로운 사회계층의 집단 중의 상당 부분은 민영과 외국자본 기업의 관리, 기술 인원인데 대체적으로 밀스가 말한 '신중산(新中産)' 집단이다. 형성 과정으로 볼 때 중국의 중산계층은 이미 자신만의 독특한 특징을 형성하였으며 이런 특징은 주로 다음과 같은 두 가지에서 표현된다. 그 중 하나는 "중국에서 중산계급이 출현한 것은 기본적으로 1978년 이후의 일이다. 서양에서 중산계급의 성장은 매우 오랜 과정을 거쳤으며 그 중 많은 중산계층 가정은 세대 간의 계승성이 비교적 높은 것으로 나타났다" (저우샤오훙周晓虹, 2005). 둘째는 "서양에서 옛 중산계층과 새 중산계층은 한 세기 이상의 시기를 사이에 두고 형성되었는데 전자는 주요하게 산업화의 산물이고 후자는 산업화가 후산업사회로 전환한 산물이다. 하지만 1978년 이후의 중국에서 이 두 가지 중산계층 집단은 기본상에서 잇따라 출현하였다"(저우샤오훙周晓虹, 2005).

제3장은 주로 도시화와 농민공의 문제에 대해 분석하였다. 농민공 역시 다층위 이원구조의 영향 하에서 생성된 전형적 의의가 있는 사회 집단이다. 계획경제 체제 하에서 우선적으로 산업화를 발전시키

려는 전략적 목표를 위해, 1958년에 반포한 '중화인민공화국 호적등기조례'를 상징으로, 중국에서는 점차적으로 엄격하게 '도시와 시골을 분립'하는 호적제도를 확립하였다. '도시와 시골을 분립'하는 호적제도는 거기에 덧붙여진 공공서비스 제도와 함께 도시와 시골이라는 두 집단을 분리하는 제도적 장벽이 정식으로 수립되었음을 의미한다. 개혁개방 이래, 도시화와 산업화가 빠른 속도로 발전하게되자 중국은 점점 더 많은 노동력을 필요로 하게 되었다. "이런 상황에서 국가는 제때에 관련 정책을 수정하여 농민의 신분과 도시공급제도를 건드리지 않는 전제 하에 농민이 도시에 진출하여 취직할수 있게 하였는데 그 결과 시골의 노동력이 '땅을 떠나고 고향을 등지는' 새로운 현상이 출현하게 되었다"(국무원연구실, 2006). 최근 '농민공'이라는 개념을 사용하여 이 집단에 대해 분석을 진행하는연구가 잇따라 나타나고 있다. 국가통계국에서 반포한 '2017년 농민공 감사측정조사보고'에 따르면 "2017년에 농민공의 총 숫자는 28652만 명에 달하여 그 전해보다 481만 명이 증가하여 1.7%의 증가세를 보였는데 증가 속도가 그 전해에 비해 0.2포인트 상승하였다. 농민공의 총 숫자 중 외지로 진출한 농민공은 17185만 명으로, 전해에 비해 251만 명이 증가하여 1.5%의 증가세를 보였으며 증가 속도가 전해에 비해 1.2포인트 상승하였다. 현지 농민공은 11467만 명으로 전해보다 230만 명이 증가하여 2.0%의 증가세를 보였으며 그 증가속도는 여전히 외지로 진출하는 농민공의 증가 속도보다 빨랐다. 외지로 진출한 농민공 중에서 도시로 들어간 농민공은 13719만 명인데 전해보다 125만 명이 증가하여 0.9%의 증가세를 보였다."

시골에서 도시로 진출한 대량의 농민공은 개혁개방 이래 중국의 경제사회가 빠른 속도로 발전할 수 있었던 중요한 역량이었으며 경제사회를 발전시키는 데 중요한 역할을 하였다. 하지만 "호적 제도 개혁의 낙후화로 말미암아 도시의 농촌 호적 인구는 비록 도시에서 생활하고 근무하여 도시의 상주인구로 볼 수 있지만 그들은 도시 호적의 인구에 비해 '여전히 이등 국민이었으며' 그들은 취직의 기회, 급여, 사회보장, 주택 보장, 공공서비스 면에서 모두 여러 가지로 차별을 받았다"(리스李實 등, 2017). 이는 중국의 도시화 과정에 독특한 일부 특징이 나타나게 하였으며 농민공과 같은 '호적과 거주지가 다른(戸居分離)' 사회 집단이 완전히 시민화되지 못하여 중국의 상주인구의 도시화 비율이 호적인구의 도시화 비율보다 현저히 낮게 나타나게 하였다. 농민공의 '신분'이 근본적으로 변하지 않았기 때문에 그들은 도시 호적 인구와 동등한 사회복지와 보장을 받을 수 없었으며 그들은 도시에서 근무하여 도시의 발전에 중요한 공헌을 하였지만 여전히 도시 시민이 될 수 없었다. 이는 유입지와 유입지 모두에 일부 문제를 야기하였다. 우선, 유입지에 대한 영향으로 보자면 농민공이 시민화 과정에서 매우 큰 난관에 봉착하여 그들 자신의 사회보장과 자녀의 입학교육 등은 모두 제대로 실현되기 어려웠는데 이는 그들 자신이 사회보장의 안전망을 이용하여 여러 우발적인 요소들이 가져올 수 있는 충격에 대처할 수 없게 하였을 뿐만 아니라 그들의 자녀들이 유입지에서 취학할 수 있는 기회를 얻기도 어렵게 하였다. 또 도시의 방대한 농민공들은 사회의 관리에 참여하고 자신의 이익을 표현할 수 있는 통로를 확보하지 못하였기에 사회의 화해와 안정에 영향을 미치는 잠재적 요소가 될 가능성이 있다. 이 또한 중국의 도시가 사회관리 과정에서 직면한 하나의 중요한 문제이다. 그다음으로, 유출지의 입장에서 볼 때 대규모의 농민공의 유출은 농촌의 '공심화(空心化)' 현상을 초래하였을 뿐만 아니라 유수아동(留守兒

童)의 교육, 돌봄과 보호 등 일련의 적극적으로 해결해야 할 문제들을 야기하였다. "시골의 '공심화'는 도시와 시골의 발전 전환 과정에서 시골의 사람과 지역의 관계, 지역의 시스템이 변화하는 과정에서 나타난 안 좋은 현상으로, 복잡한 사회경제 발전 과정이 시골의 물질형태에 반영된 것이다"(류옌수이劉彦隨, 2011). 많은 유수아동은 장기적으로 부모와 떨어져 있어 부모의 사랑과 보살핌을 받지 못하였는데 이는 일부 건강과 심리 문제를 야기할 수 있을 뿐만 아니라 그들이 의외의 상해에 노출될 위험이 증가하게 하였다.

제2편 사회문제

제4장에서는 주로 경제발전의 새로운 현황에서의 취직 문제를 둘러싸고 분석을 진행하였다. 취직은 민생의 근본으로, 사회가 조화롭고 안정적으로 발전할 수 있는 전제와 기초이기도 하다. 개혁개방 이래 중국의 경제는 장기적인 고속 성장을 유지하였으며 세계경제 발전사에서 기적을 만들어냈다. 뿐만 아니라 경제의 고속 성장이 이끈 시장의 수요는 대량의 사회 취직을 유발하였다. 시장화개혁이 지속적으로 심화됨에 따라 빠른 속도로 성장하는 새로운 경제사회조직 등 체제 외의 부서는 이미 국유부서를 대체하여 사회취직을 흡수하는 주요한 역량으로 되었으며 그것이 흡수한 취직 숫자는 이미 국유 부서를 훨씬 넘어섰다. 최근 몇 년 동안 중국의 경제발전이 새로운 상태에 진입함에 따라 권위 있는 인사들은 중국의 경제는 'L'형 단계에 들어섰다고 하였으며 이로써 그 전의 경제 고속 성장의 시기와 구분을 하였다. '새로운 상태(新常態)'라는 것은 목전의 국내외 거시적 경제 형세에 근거하여 진행한 중대한 전략적 판단으로, 중국의

경제성장이 이미 고속성장의 단계로부터 고질량 발전단계에 진입하였다는 것을 의미하며 이 발전 단계에 경제의 성장은 느려지고 공급개혁, 구조 조절 등이 가장 선명한 상징이 될 것이다. 경제발전의 새로운 상태 단계에서 공급의 개혁을 통해 경제 발전에 새로운 동력을 부여하는 것은 국가의 중요한 전략적 수단이 되었으며 이는 또 취직영역에 새로운 도전과 문제가 출현하게 하였다. 세계적인 범위에서 보면 인터넷기술을 대표로 하는 신흥 기술의 발전은 경제 구조의 변화에 중요한 영향을 미쳤다. 한편으로 인터넷기술의 빠른 발전은 부단히 새로운 산업을 탄생시켰으며 다른 한편으로 '인터넷+' 등 기술을 핵심 추진력으로 하여 일부 전통적인 업무형태는 부단히 변화하고 업그레이드되고 있다. 경제의 새로운 상태 하에서 과학기술의 진보와 생산효율이 진일보 제고됨에 따라 경제구조는 필연적으로 최적화되고 업그레이드되어 새로운 형세에 적응하게 될 것이며 경제구조의 최적화와 업그레이드의 중요한 내용 중의 하나는 바로 노동밀집형으로부터 기술밀집형 경제로의 전환이며 제조업을 위주로 하던 데로부터 제3산업을 위주로 하는 것으로의 전환이다. 경제구조의 전환과 업그레이드는 또 일부 부정적인 문제를 가져올 수도 있다. 예를 들면 경제발전 속도의 하락은 취직에 대한 사회의 수요가 하락하는 것을 의미하는데 사회에서 공급하는 취직자리의 숫자도 고속성장 시기보다 적어지게 될 것이다. 또 경제구조의 전환과 업그레이드와 새로운 에너지로의 교체 등은 노동력의 수준에 대한 요구를 높이는 동시에 일부 실업 문제를 야기할 수도 있다.

5장에서는 주로 노령화와 노령화사회의 문제를 둘러싸고 분석을 진행하였다. 개혁개방 이래 중국 경제의 고속 성장은 주로 충분한 노동력 숫자가 가져다 준 '인구보너스'에 힘입은 것이었다. 그러나 계획출산정책 등 요소의 영향으로 하여 중국 인구의 연령구조에는 선명한 변화가 나타나고 있다. "장기적인 노동력 공급 관계로부터 볼 때 전국의 노동연령 인구의 증가량은 점차 감소하고 있으며 2004-2011년에 매년 13.6%의 속도로 감소하였다. 노동력수요의 증가속도가 공급 속도를 넘어서는 새로운 형세는 루이스 터닝 포인트라는 개념을 이용하여 서술할 수 있다"(차이팡蔡昉, 2011). 이는 인구의 구조로부터 볼 때 중국이 이미 노령사회에 진입하였고 노동인구가 가져다 준 '인구보너스'도 곧 소실될 것임을 의미한다. 바로 학자들이 주장한 것처럼 "중국 경제는 두 가지 중요한 전환점에 직면해 있는데 이는 그 발전 단계에 근본적인 변화가 나타날 것을 예고한다. 첫째는 노동력의 무한공급의 특징이 소실되는 루이스 터닝 포인트이고 둘째는 노동력연령 인구가 증가로부터 감소로 돌아서고 인구의 부양비율이 하락으로부터 상승으로 바뀌는 것을 징표로 하는 인구보너스 소실 전환점이다"(차이팡蔡昉, 2014). 통계에 따르면 2017년 말까지 중국의 60세 이상의 노령인구는 2.41억 명으로 전체 인구의 17.3%를 차지하였다. 일반적인 기준에 따르면 60세 이상의 노인이 전체 인구의 10%에 이르면 이미 노령화사회에 진입했다는 것을 의미한다. 중국은 1999년에 노령화사회에 진입해서부터 2017년에 이르기까지 노인 인구가 1.1억 증가하였는데 그 중 2017년에 새로 증가한 노년인구는 처음으로 1000만을 넘어섰으며 2050년 전후에 중국의 노년 인구의 숫자는 최고봉인 4.87억에 도달하여 전체 인구의 34.9%로 달할 것으로 보인다. 중구의 노령화에는 다음과 같은 특징이 있다. 하나는 노령인구의 절대적인 양이 많다는 것이고 다른 하나는 노령화 속도가 빨라서 20년도 안 되는 사이에 중국의 인구연령구조가 성년형으로부터 노년형으로의 전환을 완성하였다는 것인데 이런 전환은 선진국에서 몇십 년 심지어 백 년에 가까운 시간을 거쳐 진행된 것이다. 셋째는 지역 간의 노령화가 균일하지 못하여 동부 지역의 노령화 정도가 심하고 서부 지역의 노령화 정도가 낮으며 특히는 상해, 강소, 광동 등 발달한 지역이 타 지역과의 차이가 심한 것이다. 넷째는 부유해지기도 전에 늙어버린 점이다. 선진국의 노령화는 경제가 발달한 배경에서 발생한 것으로 경제가 발달하고 문명 정도가 높았기 때문에 선진국은 노령화에 대처하는 과정이 상대적으로 덜 어려웠다(장샹췬姜向群, 두펑杜鵬, 2013). 중국이 노령화 사회에 진입한 것은 '석양산업(夕陽産業)'의 발전에 기회를 제공하였을 뿐만 아니라 새로운 양로서비스 형태를 개발하고 양로서비스를 강화하는데 새로운 요구를 제기하였다. '중국 도시와 시골의 노인생활 상황 조사보고(2018)'에 따르면 현재 고령노인의 숫자는 3000여 만에 이르며 생활기능을 잃은 노인의 숫자는 4000여 만에 달한다. 이런 노인가정(空巢), 고령노인, 생활능력 상실 노인의 증가로 인해 돌봄 서비스에 대한 요구가 날로 늘어나고 있다. 2015년에 중국의 도시와 시골의 노인 중 돌봄 서비스가 필요하다고 신청한 노인들의 비율은 15.3%였는데 이는 2000년의 6.6%보다 9% 가까이 상승한 수치이다. 연령대에 따라 구분해 보면 고령 노인들은 더 많은 돌봄 서비스를 필요로 하고 있으며 돌봄 서비스가 필요하다고 신청한 비율이 2000년의 21.5%에서 2015년의 41.0%로 늘어나 20% 가까이 상승하였는데 그 상승폭은 79세 및 79세 이하 노인의 3배가 넘는다(당쥔우黨俊武 등, 2018).

제6장에서는 주로 사회조직과 사회 관리의 문제를 둘러싸고 분석을 진행하였다. 다층위 이원구조 하에서 중국의 사회 관리는 일부 새로운 도전에 직면하고 있다. 사회구조와 사회 관리 체제는 서로

적응하는 관계이지만 현재 중국의 기층사회 관리의 큰 문제는 사회구조의 전환과 사회 관리의 구조성 문제로 표현된다. 계획경제 체제 때 중국의 사회구조의 두드러진 특징은 도시와 시골의 이원구조였는데 이런 이원구조에 맞추어 개혁개방 전의 사회관리 체계에서 도시와 시골의 관리는 매우 다르게 진행되었다. 시골에서는 인민공사제도를 실시하였고 도시에서는 단위제도를 실시하였다. 단위제도 하에서 모든 단위는 여러 가지 기능을 부담하였는데 이로부터 '단위가 사회를 구성하는(單位辦社會)' 선명한 특징을 가지게 되었다. 또 이런 원인으로 인하여 여러 단위 사이의 횡적 연대는 많지 않았는데 단위의 구성원이든 아니면 단위의 재산 분배든 모두 여러 단위 사이에서 이동할 수 없었다. 이와 동시에 도시와 시골의 이원구조 하에서 호적제도의 제한으로 인해 도시와 시골 사이의 사회 이동의 경로는 극히 적었다. 이로 인해 도시와 시골의 기본적인 사회 관리는 두 가지 다른 조직형태의 원리에 따라 진행되었다. 개혁개방 이후 시장화개혁의 심화에 따라 중국의 사회 구조에는 새로운 변화가 발생하여 다층위 이원구조는 사회 관리의 창신에 대해 새로운 요구를 제기하였다. 시골에서는 가정책임제의 실시로 인해 인민공사제도가 더 이상 존재하지 않게 되었다. 이와 동시에 엄격하게 진행되던 호적제도 관리가 점차적으로 느슨해지기 시작하여 도시화와 산업화 등 관련 요소의 추동 하에서 도시와 지역 사이의 사회 이동도 점점 더 빈번해 졌으나 도시와 시골의 이원구조는 완전히 바뀌지 않았다. 이로 인해 호적제도를 기반으로 하는 사회복지가 호적제도와 분리되지 못하여 도시와 시골은 공공서비스 등 방면에서 매우 큰 격차가 존재하게 되었다. 시골이나 혹은 다른 도시로부터 현재 거주하는 도시로 이동한 대량의 인구는 호적을 거주지에 옮길 수가 없어 '호적과 거주지가 다른(居戶分離)’ 선명한 특징을 가진 이동인구로 변하게 되었다. 도시에서는 국유기업의 개혁과 사업단위의 분류개혁의 지속적인 추진으로 인해 현대 기업제도와 사업단위의 관리구조가 점차적으로 확립되었는데 국유기업과 사업단위 모두가 상응한 운영자주권과 시장에서의 주체적 지위를 획득하게 되었다. 계획경제 체제 하의 단위가 부담하던 많은 사회 기능도 잇따라 밖으로 분리되기 시작하여 ‘단위에서 사회를 형성하는’ 현상이 더는 존재하지 않게 되었으며 단위 구성원과 단위 사이의 관계도 의존적인 관계로부터 계약 관계로 전환하게 되었고 노동에 따라 분배하는 원칙이 평균주의의 분배 원칙을 대체하게 되었다. 계획경제 시기에 비해 “낡은 형태의 단위 체제가 존재하고 운영되는 기반이 날로 약화되었고 단위의 사회통제, 정치동원과 사회복지 등 기능이 날로 쇠약해졌으며 사회의 비조직화 문제가 날로 두드러지고 있다”(쉬융샹徐永祥, 2008). 그러므로 개혁개방 이전과 비교한다면 “중국 사회의 조직화 정도는 선명하게 약화되었으며 중간 조직의 연결작용의 부족으로 인해 전환기의 중국사회는 단위제도의 변화, 도시와 시골의 이원구조의 와해와 빠른 도시화의 배경 하에 사회원자화현상(社會原子化現象)이 나타났다(톈이펑 田毅鵬, 2012). 어떻게 효과적으로 이런 사회원자화현상과 사회 관리에 나타난 심각한 문제를 해결할 것인가 하는 문제는 현재 중국의 기층사회 관리의 창신 과정에서 반드시 해결해야 할 문제이다. 지역사회의 건설과 지역사회서비스를 강화하고 지역사회로 하여금 기층사회 관리에서 중요한 역할을 발휘하도록 하며 사회조직을 적극 발전시키고 새로운 사회계층의 ‘재조직화’를 실현하는 것은 기층사회 관리의 창신을 실현하는 중요한 방법이다.

제3편 사회생활

제7장에서는 가정의 변천 문제를 둘러싸고 논의를 진행하였다. 가정은 사회의 기본 구성 요소이다. 그러므로 가정의 변천은 또 사회전환의 중요한 구성 부분을 담당하였다. 내용으로부터 볼 때 가정의 변천은 주로 가정의 규모, 가정 구조와 가정 관계 등의 변화로 표현된다. 전통사회에 비해 현대 사회의 가정 규모는 점차 축소되고 가정의 기능도 점차 줄어들고 있으며 가정의 구조도 날로 간단해지고 가정 내부의 관계는 날로 평등해지고 있다. 중국의 사회전환의 지속적인 심화로 인해 중국의 가정에는 선명한 변화가 발생하였다. 일부 연구에서는 중국 가정의 변화를 대체적으로 열 가지 방면에서 귀납하였다. 즉 가정형성기제의 다원화, 가정관계의 민주화와 평등화, 가정기능의 복지화, 가정규모의 소형화, 가정유형의 다양화, 가정구조의 단일화, 네트워크식 가정의 출현, 가정의 안정성의 감소, 가정의 생명주기 중심의 이행, 도시 가정의 숫자가 농촌의 가정을 초과한 것 등이다(국가위생과 계획출산위원회, 2014). 그중 가장 선명한 변화는 가정의 규모와 가정 관계의 변화이다. 우선, 가정의 규모와 구조로부터 보면 2000년에 중국의 가정의 평균 규모는 3.44인이었으나 2014년에 2.97인으로 하락하여 0.47명이 줄어들었다. 가정 구성원의 숫자로부터 보면 2인 가정이 가장 보편적이었으며 절반에 가까운 가정이 1세대로 이루어졌다. 핵심 가정(核心戶)은 이미 주도적 유형으로 변하여 전체의 60프로를 차지하였다. 가정 구조의 핵심화 비중은 비교적 높으며 도시와 시골에서 보편성을 보이고 있지만 도시의 핵심 가정은 시골에 비해 더 보편적이다. 동시에 거주 형태에도 다양화의 추세가 나타나고 있다(국가위생계획출산위원회 가정사

國家衛生計生委家庭司, 2016). 그 다음으로 가정 내부의 관계에도 전통사회와는 다른 변화가 나타나고 있다. 가정의 구성원과 부모의 관계는 더 이상 전통적인 의존 관계가 아니며, 부친이 자식의 기준으로 되고 남편이 아내의 기준이 되는 등 전통적인 봉건 윤리는 이미 점차 버려지고 새로운, 더 평등하고 민주적인 가정 관계에 의해 대체되었다. 가정 내부에서 "부모 세대의 권력, 권위, 지위가 날로 하락할 뿐만 아니라 젊은 세대는 날로 독립적이고 자주적으로 바뀌고 있으며" "가정 내부의 남녀의 관계도 변화하고 있다. 부녀, 특히는 젊은 세대의 여성은 자신의 생활에서 더 많은 자주권을 가지게 되었고 가정생활의 전환 과정에서 결정적인 역할을 하고 있다. 그 결과 과거의 세대 사이에 존재했던 권리와 의무 관계에 대해 새로 정의할 필요가 생겼으며 노인을 봉양하는 도덕관념도 새롭게 조절할 필요가 생겼다"(옌윈샹閻雲翔, 2017).

제8상에서는 중국인의 신임과 체면 문제를 둘러싸고 논의를 전개하였다. 사회성은 인간의 본질적 속성이다. 그러므로 사회 교제는 사회생활의 중요한 내용의 하나이다. 중국인에게 있어서 신임과 체면 등 개념은 모두 그 사회생활과 사회 교제의 주요 특징을 이해하는 중요한 열쇠이다. 우선 사회 신임으로부터 보면 신임은 사회의 주요한 구성요소이다. 저명한 학자 후쿠야마는 "공동체는 신임을 기초로 성립된 것이며, 신임이 없다면 공동체는 자발적으로 형성될 수 없다"라고 하였다(Francis Fukuyama, 2016). 신임은 경제의 번영, 나아가서는 사회의 진보와 생산에 매우 중요한 영향을 미친다. 전통사회에서 중국의 사회신임의 가장 큰 특징의 하나가 혈연과 지연 요소를 기초로 형성된 '익숙한 사람 사이의 신임'이었으며 사람과 사람 사이의 관계의 차이는 차등적 신임의 출현을 초래하였다. 다시 말하면 현실 생활 속에서 사람들은 가족과 익숙한 사람들을 낯선 사람보다 훨씬 더 신임하였다. 바로 이런 의미에서 베버는 중국인의 사회신임 기제는 친척관계 혹은 친척 식의 순수 개인관계를 기초로 성립된 것이며, 혈연공동체인 가족의 우세와 종족 유대를 기반으로 형성되고 유지되는 특수한 신임이라고 하였다(베버, 2004). 후쿠야마는 중국인이 신임하는 것은 자신의 가족 내부의 구성원 뿐이며 외부 사람에 대해서는 신임하지 않는다고 하였다(Francis Fukuyama, 2016). 이상 두 관점의 공통점은 모두 중국인의 신임은 혈연 요소를 기초로 형성된 일종의 특수한 신임이라는 것이다. 또 어떤 연구는 베버와 후쿠야마가 중국인의 사회신임에 대해 제기한 관점에는 일부 부족점이 있다고 지적하였다. 즉 "중국인이 신임하는 집단은 혈연가족관계가 있는 가족 구성원들을 위주로 하지만 동시에 혈연가족관계를 갖고 있지 않아도 친밀한 교제관계를 유지하는, 가족 구성원 밖의 친구도 포함하며 혈연관계가 없지만 일정한 사회 왕래와 관계가 있는 다른 사람들에게 중국인은 결코 보편적이고 깊은 불신임을 나타내지 않는다"는 것이다(리웨이민李偉民, 량위청梁玉成, 2002). 비슷한 예로, 중국인의 정부에 대한 신임도 마찬가지로 선명한 차등적 신임 특징을 보이고 있는데 일부 연구에 따르면 중국의 도시와 시골의 주민의 정부에 대한 신임은 선명한 '차등성 양태(差序性樣態)'를 보이고 있다고 한다(가오쉐더高學德, 자이쉐웨이翟學偉, 2013).

사회전환 과정에서 사회의 신임 기제에도 상응한 변화가 일어났다. 기든스는 사회가 전통사회에서 현대 사회로 변함에 따라 사회 시스템에는 '탈영역(脫域)' 현상이 나타나게 된다고 하였다. 즉 "사회 관계가 상호작용하는 지역성 관련 속에서, 불확정한 시간을 무한정 초월해서 새로 구성되는 관련 속에서 '이탈하는'" 현상이 나타나게 된다. 상징적 표지와 전문가 시스템이라는 두 가지 구체적인 '탈영역' 기제는 모두 내재적으로 현대 사회제도의 발전 속에 포함되는데 이른바 '탈영역' 기제는 모두 신임에 의존하며, 바로 그렇기 때문에 신임은 본질적으로 현대적 제도와 관련이 있다."(기든스, 2011) 이는 사회의 발전 변화가 사회의 신임 기제에 새로운 요구를 제기하게 될 것임을 의미한다. 사회 현대화 과정의 심화에 따라 중국 사회에도 기든스가 말한 '탈영역' 현상이 나타나기 시작하였다. 도시화와 산업화 등이 초래한 사회 이동성의 강화는 전통적인 '익숙한 사람의 사회'를 깨뜨렸고 사람들의 사회교제 범위는 부단히 확대되어 점점 더 많은 '낯선 사람'이 사람들의 시야에 들어오기 시작하였으며 전통사회의 익숙한 사람에 대한 신임구속기제의 역할도 점점 줄어들게 되었다. '익숙한 사람의 사회'에서 '낯선 사람 사회'로의 전환은 필연적으로 사회의 신임기제가 특수신임으로부터 보편신임으로 변환되게 하지만 현재 급격한 사회전환 시기에 중국의 사회신임기제에는 '단열(斷裂)'이라고 불러도 좋을 현상이 나타났다. 전통적인 익숙한 사람의 신임기제는 큰 충격을 받았으나 새로운 사회적 신임기제는 아직 확립되지 않았다. 사회신임기제의 이런 '단열'은 일련의 사회문제를 야기하였다. 이를테면, 이익의 영향을 받아 전통적인 익숙한 사람에 대한 신임기제는 늘 상업적 이익에 잠식당하여 '아는 사람에게 바가지를 씌우는' 현상 등이 나타났으며 관련제도에 대한 사회신임은 아직 확립되지 못하여 사회의 질서와 공중도덕에 위배되는 현상이 부단히 발생한 것 등이다. 이는 또 필연적으로 중국의 전통사회의 특수신임기제가 현대사회의 일반신임으로 전환할 것을 요구하게 되는데 지속적으로 제도를 개선함으로써 사회신임을 새로 구축하는 것은 현재 사회의 현대화 건설의 하나의 중요한 과제가 되었다.

체면 역시 중국특색이 있는 개념으로, 사회생활에서 매우 중요한 작용을 한다. "체면이 있다" 혹은 "체면을 잃는다"는 모두 우리들이 매우 익숙한 표현이며 체면도 마찬가지로 '차등 질서(差序)'의 특징을 갖는다. "'체면'은 중국에서 생활한 적 있거나 혹은 중국인과 접촉한 적 있는 사람들이 모두 느낄 수 있는 일종의 심리문화현상이다"(자이쉐웨이翟學偉, 2013). 체면과 연결된 것으로는 또 인정, 관계와 얼굴 등 몇 개의 개념이 있다. 그러므로 일부 연구에서는 얼굴과 체면을 연결시켜 해석하고 "얼굴은 한 개체가 한 사회권에서 인정을 받는 형상에 영합하기 위해 인상에 수식한 뒤 표현하는 심리와 행위이며, 체면은 이미 형성된 심리와 그 행위가 사회권의 사람들의 마음속에 생성하는 서열과 지위로, 또 심리적 지위라고도 부른다"라고 하였다(자이쉐웨이翟學偉, 2013). 황광궈(黃光國)는 인정, 체면과 관계 등은 밀접하게 연결되어 있으며 대체적으로 보면 인정은 중국문화에서 주요하게 세 가지 함의가 있다고 하였다. 인정은 개인이 여러 가지 생활 정경에 부딪쳤을 때 생성되는 정서적 반응이며, 인정은 사람과 사람이 사회 교역을 진행할 때 상대방에게 줄 수 있는 일종의 자원이며, 청탁자가 자원의 지배자 앞에서 충분한 체면이 있는가는 자원의 지배자가 청탁자와의 관계의 친밀도를 판단하는 관건적 요소이며 관계의 친밀 정도는 또 적용원칙의 차이를 결정한다(황광궈黃光國 등, 2010). 체면과 얼굴은 차이가 별로 크지 않은 개념이지만 인정과 관계가 반영한 것은 체면과 얼굴 배후의 운영기제이다. 이런 의미에서 사람과 사람 사이의 인정과 관계의 차이는 사회교제와 상호작용 과정에서 체면과 얼굴의 차이를 결정하였다. 만약 관계가 좋다면 충분한 체면과 얼굴이 있을 것이고 만약 다른 사람이 자신의 인정빚을 지고 있다면 자신은 그 사람 앞에서 충분한 체면과 얼굴을 가지고 그에게 예전에 자신한테 빚진 인정을 갚으라고 요구할 수 있을 것이다.

본서의 집필자는 다음과 같다. 제1장은 장하이둥(張海東)・양청천(楊城晨), 제2장은 장하이둥(張海東)・두핑(杜平), 제3장은 자원쥐안(賈文娟), 제4장은 리전(李貞), 제5장은 황수핑(黃蘇苹), 먀오루이(苗瑞), 제6장은 왕단(汪丹), 제7장은 천멍(陳蒙), 제8장은 위안하오(袁浩)가 집필하였다.

본서의 한국어판의 출판은 예동근 교수의 적극적인 지지를 받았다. 오래된 벗으로, 나는 본서의 한국어판의 출판에 대한 예동근 교수의 공헌에 대해 진심으로 되는 감사를 드리는 바이다.

그리고 이 책의 번역과 교정에 큰 역할을 한 광동외어외무대학교 남국상학대 김홍매 교수에게도 깊은 사의를 표시한다.

장하이둥(張海東)

2018년 9월

참고문헌

蔡昉, 2011, 『超越人口紅利』, 北京: 社會科學文獻出版社.

蔡昉, 2014, 『從人口紅利到改革紅利』, 北京: 社會科學文獻出版社.

黨俊武等, 2018, 『中國城鄉老年人生活狀況調查報告(2018)』, 北京: 社會科學
文獻出版社.

福山, 2016, 『信任: 社會美德與創造經濟繁榮』, 郭華譯, 桂林: 廣西師範大學
出版社.

高學德・翟學偉, 2013, 「政府信任的城鄉比較」, 『社會學研究』 第2期.

官建文, 2012, 『中國移動互聯網發展報告(2012)』, 北京: 社會科學文獻出版社.

國家衛生和計劃生育委員會, 2014, 『中國家庭發展報告.2014』, 北京: 中國人
口出版社.

國家衛生計生委家庭司, 2016, 『中國家庭發展報告.2016』, 北京: 中國人口出
版社.

國家衛生和計劃生育委員會流動人口司, 2017, 『中國流動人口發展報告.2017』,
北京: 中國人口出版社.

國務院研究室, 2006, 『中國農民工調研報告』, 北京: 中國言實出版社.

黃光國, 2010, 『人情與面子: 中國人的權力遊戲』, 北京: 中國人民大學出版社.

吉登斯, 2011, 『現代性的後果』, 田禾譯, 南京: 譯林出版社.

薑向群・杜鵬, 2013, 『中國人口老齡化和老齡事業發展報告』, 北京: 中國人民
大學出版社.

李路路・王薇, 2017, 「新社會階層: 當代中國社會治理新界面」, 『河北學刊』,
第1期.

李培林・李強・馬戎, 2006, 『社會學與中國社會』, 北京: 社會科學文獻出版社.

李培林, 2017, 「改革開放近40年來我國階級階層結構的變動・問題與對策」,
『中共中央黨校學報』 第6期.

李強, 2009, 「轉型時期城市 "住房地位群體"」, 『江蘇社會科學』 第9期.

李強・劉強, 2014, 『互聯網與轉型中國』, 北京: 社會科學文獻出版社.

李汪洋・謝宇, 「互聯網不平等」, 2017, 載謝宇等, 『中國民生發展報告.2016』,
北京: 北京大學出版社.

李偉民・梁玉成, 2002, 「特殊信任與普遍信任: 中國人信任的結構與表征」, 『社
會學研究』 第3期.

劉彥隨等, 2011, 『中國鄉村發展研究報告: 農村鄉村 "空心化" 及其整治策略』, 北京: 科學出版社.

劉平, 2007, 「新二元社會與中國社會轉型研究」, 『中國社會科學』第1期.

米爾斯, 2005, 『社會學的想象力』, 陳強·張永強譯, 北京: 三聯書店.

尼葛洛龐帝, 2017, 『數字化生存』, 胡泳·範海燕譯, 北京: 電子工業出版社.

田毅鵬, 2012, 「轉型期中國城市社會管理之痛——一社會原子化爲分析視角」, 『探索與爭鳴』.

韋伯, 2004, 『中國的宗教』, 康樂·簡惠美譯, 桂林: 廣西師範大學出版社.

徐永祥, 2008, 「社會的再組織化: 現階段社會管理與社會服務的重要課題」, 『教學與研究』2008年 第1期.

閻雲翔, 2017, 『私人生活的變革——一個中國村莊裏的愛情·家庭與親密關系(1949-1999)』, 龔小夏譯, 上海: 上海人民出版社.

翟學偉, 2016, 『中國人的日常呈現: 面子與人情的社會學研究』, 南京: 南京大學出版社.

翟學偉, 2013, 『人情·面子與權力的再生產(第二版)』, 北京: 北京大學出版社.

張海東等, 2017, 『中國新社會階層——基於北京·上海和廣州的研究』, 北京: 社會科學文獻出版社.

張海東, 2018, 「多維二元結構社會及其轉型」, 『江海學刊』第4期.

張海東·楊城晨, 2017, 「住房與城市居民的階層認同——基於北京·上海·廣州的研究」, 『社會學研究』第5期.

周曉虹, 2005, 『中國中產階層調查』, 北京: 社會科學文獻出版社.

周曉虹, 2017, 『中國體驗: 全球化·社會轉型與中國人社會心態的嬗變』, 北京: 社會科學文獻出版社.

제2장 계층의 분화와 사회구조의 변천

"용은 용을 낳고, 봉황은 봉황을 낳으며 쥐가 낳은 새끼는 구멍을 뚫을 줄 안다"라는 중국 속담은 사회 각계각층의 차이가 세대의 교체를 거치면서도 일정한 '유전성'을 드러낸다는 것을 반영한다. 최근 인터넷문화의 진흥과 인터넷을 통한 신속한 정보 확산으로 '재벌 2세'라는 시대적 특징을 나타내는 어휘가 중국 사회에서 퍼지기 시작하였다. 이 말은 중국의 개혁개방 이후 등장한 최초의 민간 기업인의 자녀를 가리키는데, 그들은 동년배에 비해 월등한 생활조건을 갖추고 있다. 대중의 눈에 비친 그들은 황금수저를 물고 태어나 부모의 후광 아래 살면서, 유명 브랜드 자동차를 몰고, 유명 브랜드 시계를 차며, 호화주택에서 거주하는, 노력하지 않고도 보통사람이 상상할 수 없는 호화로운 생활을 누리는 사람들이다. 하지만 '재벌 2세'라는 개념에서 파생된 '가난뱅이 2세', '스타 2세', '농민 2세', '독신자녀 2세' 등의 용어들도 최근 대중 매체를 통해서 관심을 불러일으키고 있다. 이러한 현상이 바로 '2세 현상'이다.

'X'2세는 사회계층 위상의 '유전성'을 드러내는 유행어이다. 하지만 실제로 이런 현상은 개혁 개방 이후 중국 사회계층의 분화와 이동 문제를 반영한다. 개혁개방 이래 시장 개혁이 심화됨에 따라 중국의 사회구조와 계층구조는 빠르게 분화되고 재조합되었으며 계획경제체재 아래 "두 개의 계급과 하나의 계층"이라는 사회 구조에 선명한 변화가 나타났고 사회 구조는 날로 다양해졌으며 그에 따라 중국은 이제 명실상부하게 복잡한 사회로 변하였다. 본 장에서는 중국의 계층분화와 사회구조 변천이라는 각도에서 이러한 현상이 발생하게 된 원인과 과정 그리고 그 결과를 분석하고자 한다.

제1절 사회 계층의 분화

1. 사회 계층의 분화 및 측정

1) 계급과 계층

실생활에서는 사람들의 직업, 수입, 재산 등 개개인이 점유한 자원의 차이로 인해 계층 분화의 현상이 나타나는데, 사회학자들은 그러한 현상을 사회 계층화라고 부른다(리창李强, 2013). 사회계층의 본질은 사람들이 가지고 있는 사회적 지위의 높고 낮음에 따라 생기는 불평등한 계층 분화 현상이다. 계층의 분화를 논하자면 계급과 계층의 개념을 피해갈 수 없다. 마르크스, 베버와 그 이후의 사회학자들은 모두 사회의 계급과 계층에 대해서 깊이 있는 연구를 한 바있다.

(1) 마르크스 계급 분석 이론에서의 계급

칼 마르크스는 사회학 3대 이론 유파의 창시자로, 경제이론과 사회계층이론의 대가이며 그가 개척한 계층분석의 방법은 후세에 매우 깊은 영향을 미쳤다. 마르크스의 이론에 따르면 계급(cull) 현상은 사회 생산 발전의 일정한 역사적 단계와 연계되어 있으며, 계급의 출현은 사회적 분업과 개인 사유제의 출현에 기인한다. 마르크스는 계층이라는 개념에 대해서 명확한 정의를 내리지는 않았지만, 그의 관련 저서와 후대 사람들의 그에 대한 종합과 분석에서 우리는 그가 생각하는 계급이란 같은 경제적 지위를 가진 집단이며, 특히 하나의 그룹과 생산수단을 둘러싼 관계를 가리킨다는 것을 알 수 있다. 경제적 요소는 마르크스가 계급의 형성과 구분을 판단하는 유일한 기준이다. 생산 수단의 점유 여부에 따라 마르크스는 자본주의국가의 계급을 피고용자, 자본가와 토지소유자로 나누었다. 이 삼자는 자본주의 생산 방식에 기반한 현대 사회의 3대 계급이며 그중에서도 가장 기본적인 양대 대립자는 피고용자와 자본가이다(마르크스, 엥겔스, 1972). 마르크스는 생산수단에 대한 소유 정도의 차이로 인해 서로 다른 계급 간의 이익이 필연적으로 근본적인 대립 관계에 처할 수밖에 없으며 이는 계급 간의 대립과 충돌을 야기할 수밖에 없는데, 바로 이러한 대립과 충돌이 계급사회의 발전을 추진하여 최종적으로는 계급사회에서 무계급사회, 즉 공산주의사회로 진입할 수 없다고 보았는데 이것이 바로 마르크스의 계급분석사상이다. 마르크스의 계급분석방법은 계급사회에서 각 계급은 서로 다른 이익과 요구를 갖고 있기 때문에 여러 가지 모순과 충돌 및 투쟁을 일으킬 수밖에 없으며 여러 가지 복잡한 사회 현상을 만들어내게 될 것인데 계급사회의 사회 현상을 계급의 관점으로 관찰, 분석하고 연구해야만 복잡한 사회 현상의 본질을 이해할 수 있다고 주장하였다.

(2) 베버의 다원계층체계 속의 계층

사회학 영역의 거장 막스 베버의 사회적 계층 사상 역시 학계에 지대한 영향을 끼쳤다. 베버는 사회 계층의 구분 기준은 다원적이어야 하며, 이러한 다원적인 기준 중에서 부와 권력, 명성이 주도적 지위를 차지하는바, 이는 사회 계층 구분의 세 가지 기본 척도라고 하였다(리창李强, 2013:32-33). 부의 기준은 사회구성원이 시장에서 가질 수 있는 기회, 즉 개인이 상품과 일자리를 점유할 수 있는 능력, 다시 말하면 경제적 수입과 부의 양을 가리킨다. 권력의 기준은 한 사람 또는 한 무리의 사람들이 다른 사람에 대해 통제력과 영향력을 행사할 수 있는 능력을 말한다. 명성의 기준은 개인이 처한 사회적 환경 속에서 얻은 명성과 권위를 말하는데, 그것은 개인의 신분, 교육수준 및 생활방식 등 여러 가지 요소에 의해 결정되며 대부분의 경우에 명성은 비교적 높은 사회적 지위에서 온다. 베버가 보기에 부와 권력, 명성 이 세 가지는 서로 독립적이지만 때로는 교차되며, 중첩되기도 한다. 그래서 그는 위의 기준을 종합하여 사회의 여러 집단을 서로 다른 계층으로 나눌 것을 주장하였다. 베버의 다원계층 이론 역시 사회의 차별과 불평등에 주목하고 있지만 마르크스의 생산수단 결정론과는 차이가 있다. 베버의 다원계층구분의 관점은 문화와 신분에 대한 인정의 요소를 강조하였지만 그가 선택한 수입, 권력, 명성 등에 대한 다원적 기준은 사회 각 계층, 각 집단 사이의 경계의 모호성을 확인한 것이었다. 그들의 관계는 복잡하고 서로 교차하는 것이기 때문에 베버가 보기에 계층은 사실 상당한 정도에서 학자들이 연구를 위해 사회에 대해 분류한 것일 뿐이며 실제 사회에서 서로 다른 계층에 속하는 집단은 공통된 집단의식을 형성하기 어려운 것이었다. 이것은 마르크스주의자들이 계급은 현실 사회에서 실제로 존재하는 사회현실이며 계급 간에는 명확한 계급의식과 계급이익이 있다고 주장하는 것과는 확연히 다르다.

(3) 계급과 계층 개념의 분석

마르크스와 베버 이후의 에밀뒤르켐(Durkheim), 다렌도르프

(Dahrendorf), 앤서니 기든스(Anthony Giddens)등 사회학자들은 모두 계급과 계층 문제에 관해 연구를 진행하였다. 그들은 계급과 계층의 표준 구분을 복잡하고 다양하게 나누었지만, 근원을 따져보면 모두 마르크와 베버의 사회계층 사상과 깊은 관련이 있다. 그들의 논증 중에는 "계급"과 "계층" 두 개념의 명확한 구별이 없고 대다수의 이론가가 모두 "class"라는 어휘를 사용하고 있는데 그것은 "계급"이라고도 이해될 수 있고, "계층"이라고도 이해될 수 있다. 일반적으로 영어에서 "class"라는 단어는 내포하는 의미가 매우 광범위한데 중국어에서의 "계급"과 "계층" 두 단어의 의미를 모두 포함할 수 있다. "stratum"이라는 어휘의 뜻은 비교적 협소한 바, 일반적으로 등급 분화(stratification)로 인해 야기된 연속적인 등급의 배열을 가리킨다. 대다수 사람들이 보기에 "계급"이라는 어휘는 늘 마르크스주의의 의미상의 개념, 즉 점유한 생산수단에 근거해서 구분하는, 상호 간의 이익과 충돌, 대립, 투쟁 관계가 존재하는 집단으로, 이 어휘는 심각한 사회충돌, 혼동을 연상시키므로 일부 학자와 대중은 이 어휘에 대해 반감을 느끼고 부정적으로 인식한다. 하지만 "계층"은 늘 그렇게 충돌이 크거나 등급의 성격이 강한 개념은 아닌 것으로 인정된다. 양자 간의 진정한 차이점은 어떤 어휘를 사용하는가 하는 것이 아니라 어떤 사유방식에 근거하여 분석을 하는가 하는 데 있다. 그러므로 본 장에서 우리는 특별히 "계급"과 "계층"의 세부적인 의미를 구분하려고 애쓰지 않을 것이며 특별히 설명을 붙이는 경우를 제외하고 이 두 가지는 통용되는 개념으로 사용된다.

2) 계층 분화와 사회 불평등

사회가 발전함에 따라 다양한 자원에 대한 여러 집단의 점유능력
도 변하기 때문에 사회의 변화는 궁극적으로 인간의 변화, 각종 다
양한 직업과 신분을 가진 사람들의 분화와 재정립으로 구현된다. 그
러므로 사회적 계급 차별의 구조적 특성도 변하고 있다. 세계와 중
국을 바라 볼 때, 사회 계급 구조의 변화는 사회 변화의 중요한 신호
중 하나이다. 서구 사회에서는 자본가, 농장주 및 공인, 농민으로 구
성된 단순한 계층 구조가 변화를 일으켜 기업주와 화이트칼라 계층,
다양한 관리 인원, 기술공 등을 포함한 다양한 사회 계층구조를 이
루고 있다. 중국의 개혁 개방은 "평균주의"의 특징이 명확한 사회구
조를 계급차이가 분명한 계층적 구조로 바꿔 놓았다. 원래의 "두 계
층, 한 집단"이었던 사회 계층과 계급 구조는 점차 분화되었고 새로
운 사회 계급과 집단이 부단히 출현하였으며 사람들 간의 사회적 차
이도 계속 확대되고 있다. 그렇다면 이러한 차이를 구현하는 계층
구조의 특성은 무엇일까? 계층의 분화결과는 어떠한 계층 체계일까?
이러한 문제들에 대해, 기든스의 계층 구조 이론은 우리에게 유익한
경험을 제공할 수 있다.

(1) 시장능력과 계층 관계의 구조화

기든스(Giddens)의 계층 이론에서 시장능력(marketcapacity)은 지
극히 중요한 개념이다. 그 의미는 개인이 시장에서 거래권의 다양한
형식의 연관 속성을 강화할 수 있다는 것이다. 그는 생산 수단의 재
산소유, 교육 또는 기술 자격의 소유, 육체노동의 소유라는 세 가지

중요한 시장 기능이 있다고 생각하였다. 이 세 가지 다른 시장 능력에 기초하여 자본주의 사회의 3가지 기본 계급인 상류계급, 중산계급 및 하층 공인 계급이 형성되었다(Giddens,1975). 그러나 시장기능과 계층구조 형성 사이에는 구조적 요소(structuration)가 역할을 한다. 구체적으로 살펴보면 관련 구조적 요소는 주로 노동 분업, 권위 관계 및 소비 능력 등을 포함한 직접결정과 계층적 구조를 구성하는 과정의 "직접적구조화" 및 사회 이동메커니즘의 차이는 계층 재생산의 "간접구조"를 초래한다. 기든스는 계급 또는 계급은 구조화된 현상으로, 계급 내부 구성원 간에 상대적으로 유사한 태도 또는 신앙을 형성하고 내부적으로 서로 근접하고 다른 계층과는 구별되는 계층 의식을 갖게 함으로써 구조화된 계층을 형성한다고 보았다. 이것이 바로 계층구조의 "이중적" 특징이다.

(2) 중국 사회의 계층구조화의 특성

현재 중국의 사회구조 변화의 메커니즘과 그 계층구조의 변화에 대한 전반적인 판단의 문제는 각계 학자들로부터 많은 주목을 받았으며 현재의 사회 계급 연구에서의 쟁점 이슈 중의 하나로 되었다. 그 중에서 루쉐이(陸學藝)의 "층화론"의 관점, 리창(李强)의 중국사회의 "파편화"에 대한 분석 및 순리핑(孫立平)의 "사회단절" 이론이 비교적 대표적이다. 현대화된 사회계층구조의 기본 형태는 현 단계의 중국사회에서 이미 형성되었고 계층요소의 구성은 안정적인 추세를 보이고 있다. 사회의 다른 집단사이에는 경제지위와 사회지위 및 기타 관계를 기준으로 한 분화가 일치되는 경향을 보이고 있는데, 이러한 신분과 지위는 안정화, 지속화되는 추세를 보이고 있으며 사회의 구조화와 불평등의 체계로 되어 사회열 영역 중에서 일종의 다층 분열의 구조화 추세로 나타나고 있다(리춘링李春玲, 2005). 이러한 계층 분열은 사회의 구조화 불평등 체계를 낳았고 사회의 구성원들에게 다양하게 영향을 미치고 있다.

(3) 계층 분화에 대한 측정

나날이 분열이 심해지는 사회구조와 계층구조를 어떻게 과학적으로 정확히 예측하는가 하는 것은 중요한 의제이다. 현실에서 학계는 일반적으로 숫자화, 지표화의 방법을 사용하여 사회계층의 전체적 구조와 사회 분열 상황을 묘사하고 분석한다. 현재 사회 계층의 분화를 측정하는 방법으로는 주로 5등분법, 엥겔계수법과 지니계수법 등이 있다.

① 5등분법

5등분법은 수입의 높고 낮음에 따라 인구를 5등분한 다음, 그중의 한 몫인 20% 인구의 수입이 인구의 총수입에서 차지하는 비율을 측정하는 것이다. 인구를 5등분으로 나누어서 5분의 1은 가장 빈곤한 계층, 5분의 1은 두 번째로 빈곤한 계층, 5분의 1은 중간 상태의 계층, 5분의 1은 두 번째로 부유한 계층, 5분의 1은 가장 부유한 계층으로 나누어서, 이들의 수입이 총 수입에서 차지하는 비율을 통해 빈부의 격차 및 사회 분화의 구체적인 상황을 알아볼 수 있다.

관련 데이터에 따르면 현재 중국에서 가장 빈곤한 5분의 1의 가정의 수입은 전국 수입의 4.27%이며, 두 번째로 빈곤한 5분의 1 가정의 수입은 전국 수입의 9.12%이며, 중간 계층에 속하는 5분의 1

의 가정의 수입은 전국 수입의 14.35%이며, 두 번째로 부유한 5분의 1의 가정 의 수입은 전국 수입이 21.13%이며, 가장 부유한 5분의 1의 가정 수입은 전국 수입의 50.13%를 차지한다. 2012년 5월의 「중국가정금융조사보고」(간리甘犁, 인즈차오尹志超 등, 2012)는 중국 가정의 저축률의 분포는 매우 고르지 못하다고 지적한 바 있다. 중국 가구의 55%는 저축이 없거나 거의 없지만 고소득 가구의 저축률은 60.6%에 이르는데, 이러한 데이터는 현 중국 가정의 빈부의 격차가 매우 크며 소수의 사람들이 거액의 부를 차지하고 있어서 사회의 분화가 날로 심해지고 계층 간의 격차도 점점 커지고 있다는 것을 설명한다.

② 엥겔계수법

엥겔계수법(Engel's coefficient)은 식품을 구입하는 데 지불하는 비용이 개인 소비 지출 총액에서 차지하는 비중을 가리킨다. 19세기 독일의 통계학자 엥겔의 통계 자료에 따르면 소비구조의 변화에 대해 연구한 결과 하나의 규칙을 발견하였는데, 한 가정의 수입이 적을수록 가정의 수입에서 혹은 총 지출에서 식료품 구입에 지출하는 비용이 차지하는 비중이 더 높고, 가정 수입이 증가함에 따라 가정 수입 중에서 혹은 총 지출에서 식료품을 구입하는데 지출하는 비용이 차지하는 비중은 내려간다. 한 국가가 빈곤할수록 국민의 평균 수입 중에서 혹은 평균 지출 중에서 식료품을 구매하는데 지불하는 비용이 차지하는 비중은 더 크며 국가가 부유할수록 이 비중은 내려가는 추세를 보인다.

유엔식량조직에서 정한 기준에 따르면 엥겔계수가 60% 이상이면 빈곤한 수준이고, 50~59%가 기본 생계유지 수준이며, 40~49%가 중등생활수준, 30~39%가 부유한 생활수준, 30%이하가 가장 부유한 생활수준으로 나타났다. 관련 통계 자료에 따르면 중국 도시 주민 생활의 엥겔 지수는 1995년 말에 50%이하로 떨어진데 이어 1999년에는 41.9%까지 내려갔고, 2000년에는 40% 이하로 떨어져 점차 부유한 수준에 도달했다. 2012년 도시 주민 가정의 엥겔지수는 36.3%, 시골 주민 가정의 계수는 40.4%로 나타났다. 이 숫자로 보면 중국의 도시와 시골 주민의 생활수준은 해마다 좋아지고 있지만 도시와 시골의 차이는 여전히 존재함을 알 수 있다.

③ 지니계수법

지니계수법(Gini coefficient)은 1943년에 미국의 경제학자 앨버트 허쉬만(Albert Hirschman)이 로렌츠(Lorenz) 곡선에 따라 정의한 소득 분배 공정도 지수이다. 지니계수는 비례를 나타내는 숫자로, 0과 1사이에 있는 수치인데 국제적으로 주민 내부의 수입 분배의 차이를 고찰하는 중요한 분석 지수이다. 0은 주민 간의 수입 분배가 절대적으로 평등하다는 것, 즉 사람들의 수입이 완전히 평등하다는 것을 의미하며, 1은 주민 간의 수입 분배가 절대적으로 불균형하다는 것을 의미하는 바 100%의 수입이 한 부류의 사람들에 의해 전부 점유될 수도 있다. 지니계수가 작을수록 수입 분배가 평균에 가깝고 지니계수가 클수록 수입 분배가 불균형하다. 유엔의 관련 기준에 따르면, 수치가 0.2를 밑돌면 수입이 절대적으로 평등한 것이고, 0.2-0.3 사이이면 비교적 평등한 것이고, 0.3-0.4 사이는 상대적으로 합리적이며, 0.4-0.5 사이는 수입차가 비교적 큰 것이며, 0. 6이상이면 현격한 소득의 차이가 있다는 것이다. 국제적으로 일반적으로 0.4를 빈부 격차의 경고 기준으로 적용하며 지니계수가 이 숫자보다 높으면 사회적인 불안이 발생할 수 있음을 예시한다고 본다.

1978년에 중국의 지니계수는 0.16에 불과하여 절대적으로 평균적인 수준에 속했지만 2000년대에 와서 0.417에 이르렀다. 2012년에 국가 통계청에서 발표한 지니계수는 0.474로 이미 국제 경계선을 큰 폭으로 초과하였고 소득 배분 불평등 및 사회 분화가 가속화되는 현상이 선명하게 드러났다. 주의해야 할 것은 비록 지니계수가 소득의 분배 상황을 나타내기는 하지만 부동한 수입 계층의 이동성과 개방성을 효과적으로 설명할 수는 없다는 것이다. 만약에 기회가 상대적으로 공평하고 절차가 정의로우며, 여러 소득 그룹이 항상 역동적인 상태에 처해 있어서 다른 계층으로 이동하는데 장벽이 별로 높지 않다면 적은 소득 그룹은 일반적으로 부자를 적대시하지 않을뿐더러 대부분이 자신의 생존 환경을 개선할 기회가 있다고 여기며 자신의 소득이 적은 것을 일종의 동력으로 삼게 된다. 반대일 경우, 평등한 기회가 차례지지 않고 질서도 정의롭지 않은 사회에서 소득의 차이는 불안정을 초래하기 쉽다.

2. 중국의 사회분화 상황에 대한 총체적 판단

40년의 개혁개방은 중국 사회의 곳곳에 큰 변화를 가져왔다. 중국의 사회 계층 구조에도 커다란 변화가 일어났는데 이 변화는 사회의 전체적 발전을 추동하였고 사회를 큰 폭으로 변화시켰다. 40여 년의 발전 과정을 되돌아보면 개혁개방 전의 정부의 권위와 행정명령에 의지해 사회를 관리하고 사회구성원 간의 차이가 별로 크지 않았던 "총체성사회"는 점차 쇠퇴해가고, 시장경제체제의 확립과 발전은 사회의 변화를 끊임없이 가속화시켰으며, 사회 분화의 깊이, 넓이, 강도와 속도는 그 어느 시기보다도 심각해져서 중국 사회는 이미 분화정도가 비교적 큰 "이질적" 사회를 형성하였다. 이러한 이질적 사회에서 사회적 분업은 생산 효율을 크게 끌어올렸고 사람들의 사회적 역할의 다원화와 직업 등급의 차이는 계층의 다원화, 사회 이동과 교육의 보급을 추진하는 역할을 하였다. 그러나 이러한 사회적 분화는 빈부 격차의 확대와 취약 집단의 증가와 같은 많은 사회적 문제를 야기하였다. 따라서 우리는 현재 중국의 사회적 분화의 기본 상황에 대한 총체적인 판단을 필요로 한다. 필자는 현재 중국의 사회분화에는 다음과 같은 네 가지 선명한 특징이 있다고 생각한다.

(1) 빈부 격차의 끊임없는 확대

빈부격차는 사회적 부에 대한 분배의 불균형을 가리키는데, 이는 사람과 사람 사이의 빈부의 차이를 만들어냈다. 만약 빈부격차를 어느 정도의 범위에서 통제를 한다면 양호한 경쟁분위기를 조성하고 사회발전에도 유익하다. 만약 제대로 제어하지 못하여 경계선을 넘게 되어 현격한 빈부격차로 인한 양극화를 초래하게 되고 또 장기간 효과적인 조절을 하지 못하게 된다면 사회의 안정에 부정적인 영향을 가져올 수 있다. 그러나 앞에서 언급한 바와 같이 소득 분포 격차를 측정하는 지니계수(Gini coefficient)의 관점에서 볼 때, 우리나라의 빈부격차는 계속 벌어지고 있으며 개혁개방 초기의 지니계수(Gini coefficient)는 0.18로 "절대평균사회"였으나 2016년의 지니계수는 0.465였다. 이밖에 일부 학자와 조사기관에서 조사 데이터를 분석하여 얻어낸 지니계수는 이보다 더 높은 상황이다.

필자는 지금의 빈부격차의 확대는 여러 곳에서 나타나는데 그 내면에는 다층적이고 깊은 구조적인 원인이 숨어 있다고 본다. 시장경제 개혁은 계획된 경제 체제 하에서의 평균 분배 방식과 "철밥통"을 깨고 노동의 생산효율성을 향상시켰지만 도시와 농촌이라는 이중 구조의 속박을 해소하지 못했다. 도시와 농촌 간의 제도적 장벽은 자본, 기술 및 노동력 등 생산요소가 도시와 시골 사이에서 이동하는 것을 저애하였고 시골의 낙후화를 초래하여 도시와 시골의 격차가 더욱 벌어지게 하였다. 또 직업과 직종의 영역에서는 독점 직종에 경쟁체제가 부재함으로 인해 해당 직종의 평균 이윤이 사회의 평균 이윤보다 훨씬 높아지게 되었으며 이는 직업과 직종 사이의 소득의 차이를 크게 벌려 놓았다. 지역적 차이 면에서는 동부 지역의 지리적 우세로 인해 국가 자원 분배와 정책의 지지가 그쪽으로 쏠릴 수밖에 없었기 때문에 동부 지역의 경제발전의 수준은 신속하게 높아져서 중서부 지역을 현저하게 초과하게 되었으며 이는 또한 지역적 빈부 차이를 초래하였다.

빈부격차의 문제에서 우리는 "마태효과"가 형성되는 것을 경계해야 한다. "마태효과"라는 이름은 『성경』의 『신약・마태복음』에 나오는 우화에서 비롯되었다. "가진 사람은 더 받아서 차고 남을 것이며, 가지지 못한 사람은 가진 것마저 빼앗길 것이다." 사회의 부유한 계층은 그들 자신이 높은 사회 경제적 지위를 갖고 있기 때문에 그들의 교육 수준이나 직업적 소득 그리고 생활의 기능도 보편적으로 높지만 빈곤계층은 그들 자신이 신체적, 교육적 및 직업적 기술 등 면에서 열세에 처해 있기 때문에 "부익부, 빈익빈"의 문제를 초래하여 사회의 화해와 안정에 큰 우환을 초래할 가능성이 있다.

(2) 일부 사회집단의 약세화

시장화 개혁 전의 중국은 장기적으로 고도로 집중된 계획경제 체제를 유지하였기 때문에 중국 사회에는 "두 개의 계급과 하나의 계층" 즉 노동자계급과 농민계급, 지식인 계층만 존재하였고 노동자와 농민은 주요한 사회 계층과 집단을 형성하였다. 개혁개방의 실행은 중국의 사회계층이 원래의 사회구조를 타파하여 민간기업주, 개인 사업가, 경영 관리자, 전문기술인, 고급관리원 등 많은 새로운 사회 집단이 출현하게 하였으며 이런 집단은 풍부한 재산을 축적하고 비교적 높은 교육 수준과 전문 기술 능력을 보유하였기 때문에 계획경제 체제에서 시장경제 체제로 전환하는 과정에서 비교적 강한 시장 경쟁능력을 갖추게 되었고 풍부한 경제적 소득을 얻을 수 있었다.

반면에 노동자와 농민 두 주요 사회 집단은 그들 자신이 인력 자본 면에서 열세에 처해 있었던 데다가 도시의 국유기업의 개혁으로 인한 해고의 물살로 인해 많은 산업의 노동자들이 원래의 체제 내에서의 일자리를 잃고 실업 인구가 되었다. 원래의 계획 경제에서 도시와 시골을 분리하여 관리하던 2원체제에서 본래부터 열세에 처해 있던 농민 집단의 이익은 시장화 과정에서 적절한 보장을 받지 못했으며 빈약한 농업 소득에 의존할 수밖에 없어서 기본적인 가족생활도 유지할 수 없었을 뿐만 아니라 도시화 과정에서 실시한 토지회수 정책으로 인해 많은 농민들은 그들이 의존하던 생산수단을 잃게 되어 도시로 나가 취직하는 것만이 그들이 선택할 수 있는 유일한 길이 되어버리고 말았다.

하지만 현재 시점에서, 취약 집단은 하나의 단일한 사회 계급이 아니라 규모가 크고 구조가 복잡하며 광범위하게 분포된 집단을 가리키며, 대체로 실업자, 농민공, 도시의 저소득 그룹 등을 포괄한다. 이러한 사회 집단은 열세에 처해 있을 뿐만 아니라 기능도 취약하기 때문에 보편적으로 어려움에 처해 있으며 취업난, 생활난, 거주난, 의료난, 자녀교육난 및 법률구조난 등 "6난" 현상이 두드러지게 나타난다.(추이펑崔鳳, 장하이둥張海東, 2003). 이는 이 사회집단의 생존과 발전권익에 손해를 줄 뿐만 아니라 사회의 공평성 정의를 크게 훼손하였으며 사회의 조화와 안정에도 불리하다.

(3) 부유층의 형성과 중산층의 확대

시장화 개혁은 계획경제 체제 하의 평균분배제도를 깨뜨렸고 "일부 사람들이 성실한 노동과 합법적인 경영을 통해 먼저 부유해지는 것을 허락하는" 정책의 자극 하에서 일부 고수입 집단이 개혁개방의 과정에서 새롭게 태어났다. 최근에는 사회분열의 가속화로 인해 국내에 거액의 부를 소유한 부유집단이 생겨났다. "2016년 Hurun 갑부 랭킹"에 따르면 10억불 소유를 기준으로, 중국은 568명의 부호를 보유하여 처음으로 부자의 숫자에서 미국을 앞섰다. 중국의 부유층은 이미 흥기하기 시작하였을 뿐만 아니라 어느 정도의 규모를 갖추었다고 할 수 있다. 직업으로 보자면 기업주, 대기업그룹 및 다국적기업의 고위급인사를 대표로 한 "금의 고리"는 중국 부호 그룹을 형성하는 주요 직업이며 그들은 회사 지분의 소유, 높은 연봉, 배당 등을 통해 안정된 고수입을 보장받고 있다.

부유층 형성 메커니즘을 보자면 유통영역의 시장화 및 생산수단

영역의 시장화는 개인 사업가를 기업주로 빠르게 성장시켰고, 초기의 부자 그룹을 형성시켰다. 시장화 과정의 심화에 따라 금융 영역의 시장화로 유가증권, 부동산 등 자산이 자유롭게 유통될 수 있는 자원으로 되었으며 일부 부유층은 금융화의 방식으로 대량의 주식과 증권 및 부동산을 구매하여 거액의 이익을 챙겼으며 부의 축적과 계급 재생산의 중요한 메커니즘이 되었다. 이밖에 부유층의 부상은 도시의 또 다른 삶의 방식을 만들어 내었다. "고가의 롤스로이스(Rolls-Royce) 자가용, 정교한 수제 복장, 고급스러운 단지의 고가주택 이런 것들은 이들에게 매우 일반적인 것에 불과하다. 일을 마친 후 남자들은 나이트클럽에서 파리 샴페인을 마시는 것을 좋아하고, 여성들은 단지 새로 나온 미백 로션을 사기 위해 천금을 지불하는 것도 마다하지 않을 수도 있다." 이러한 사치스러운 생활 방식은 재산과 심리 방면에서의 이중 장벽을 만들고 과도기 단계에 처한 중국 사회 구성원의 사회 심리상태에 부정적 영향을 미친다.

부유층의 부상과 함께 나타난 것은 중산층의 규모가 점차 확대되는 상황이다. 시장화의 과정에서 주로 정신노동에 종사하고 임금에 기대어 생계를 도모하며, 비교적 높은 소득을 올리고 비교적 좋은 근무환경에서 일하며 높은 소비 능력과 시간적 여유를 가지고 그 직종에서 상대하는 사람들에 대해 일정한 정도의 지배권을 가지며 공중도덕의식과 상응하는 수양을 갖춘 사회지위분층군체(루쉐이陸學藝, 2001, 2002)가 생겨났다. 이러한 전문기술인, 관리원 등 화이트칼라를 위주로 하는 중산층은 점점 방대해지고 있다. 2015년 스위스 은행에서 발표한 "전 세계 재부 보고서"에 따르면 중국 중산층의 인구는 이미 1.09억에 이르렀고 규모도 전 세계에서 가장 크다. 이 데이터는 일부 사람들의 의심을 사기도 했지만 개혁개방 이후에 경제의 고속 성장에 따라 공업화와 도시화의 신속한 추진 및 시장경제체제의 완전한 확립과 사람들의 물질문화 수준의 향상으로 인해 중산층이라는 이 사회단체가 확실히 날로 확대해 가는 추세를 보여주고 있다는 점만은 의심할 바 없다. 연구자들은 일반적으로 중산층 인구가 긍정적, 안정적인 가치관을 갖고 있고 사회의 주류의 가치에 동질감과 귀속감을 가지고 있으며 사회가 질서 있게 발전하는데 안정성과 추진력을 부여한다고 주장한다(리창李强, 2001 ; 리춘링李春玲, 2003 ; 저우샤오훙周曉虹, 2005).

3. 사회분화의 영향

"대전환" 시기의 중국 사회를 종합적으로 살펴보면 직업 분화, 부의 분화 및 계층 분화로 인해 형성된 사회 분화 현상이 점점 더 분명해지고 있으며 사회 구성원간의 이익 구조, 사회적 분업, 가치관 및 생활방식 등 여러 면에서 여러 차원의 심각한 변화가 일어나 중국의 사회 분화를 더욱 빨라지게 하고 있다. 사회 분화의 추세로부터 볼 때 사회 분화는 직종에서의 수평적 분화와 사회 구성원 사이에서 형성된 경제, 정치, 사회적 지위에 등급의 차이가 있는 분화를 초래하였다. 그러므로 사회적 불평은 사회 분화의 필연적 결과이다. 현재 중국의 사회 분화는 일정한 정도에서 사회 경제의 발전을 추진하였지만 동시에 여러 가지 문제와 위기를 내포하고 있다.

(1) 적당한 사회 분화는 사회 경쟁력과 활력의 유지에 도움이 된다.

전통적인 기능주의 이론은 사회적 분화는 사회의 수요에 의하여 생기는 것이지 개인이 원한다고 해서 생기는 것이 아니라고 주장한 다. 사회의 분화와 계층의 분리는 사회에서 왕왕 긍정적인 역할을 한 다. 미국의 기능주의계층이론 학자인 데이비스(Davis)와 무어(Moore) 는 어떤 사회든 모두 모종의 메터니즘을 확립하여 사회의 부동한 위 치에 있는 사람들이 효과적으로 역할을 발휘하고 사회의 운영을 보 장할 수 있도록 해야 하는데 이런 메커니즘이 바로 사회 계층의 분 화라고 하였다. 계층의 분화는 사회의 분화를 초래하며 그것은 다른 지위에 처해 있는 사회 구성원들에게 서로 다른 보수와 처우를 제공 하는데 이런 불평등한 자원 분배는 사회의 운영을 더욱 효율적으로 만든다. 이런 의미에서 데이비스(Davis)와 무어(Moore)는 빛나는 명 성, 넉넉한 보수, 많은 여가 시간은 고급 인재를 장려하는 것이며 희 소 인재를 영입하는 중요한 메커니즘이라고 주장하였다(Davis& Moore,1945).

현실 생활에서 보면 데이비스와 무어의 계층 이론 주장은 일정한 합리성을 갖추고 있다. 계획경제 시기에 도시의 국유기업과 집체기 업에서 실시하던 평등주의 원칙과 기본임금제 및 시골에서 시행하 던 공푼제도(公分制度)는 노동자의 노동에 대한 적극성에 심각한 타 격을 주었고 사회의 생기와 활력을 정체시켰으며 사회 경제의 발전 을 방해하였다. 그러나 개혁개방 이후에 중국은 시장경제를 발전시 키는 것을 목표로 삼는 동시에 경쟁적 메커니즘을 도입했고 균등주 의 분배방식을 점차 타파하고 사회 구성원간의 수입, 사회적 지위의 격차를 벌리기 시작하였는데 이는 일정한 정도로 사회의 경쟁을 촉진하였고 사회의 진보와 발전을 추진하였다.

(2) 과도한 사회 분화는 사회 운영에 부정적인 영향을 미친다.

중국의 옛말에 "과유불급" 이라는 말이 있다. 이는 어떠한 일도 어느 정도 한계를 지나치면 반대 방향으로 발전한다는 말인데, 사회 계층의 분화 역시 그러하다. 지금 중국의 사회 분화 정도는 점차 심화되고 있으며 일부 지역 혹은 일부 영역에는 지나친 분화가 일어나고 있다. 이러한 지나친 사회 분화는 빈부의 격차와 대립을 만들어낼 뿐만 아니라 사회 계층 간의 이동을 저해하게 된다.

① 빈부격차의 확대를 초래하였다.

앞에서 서술한 바와 같이 개혁개방 40년 이래 중국의 지니계수는 계속 상승했고, 빈부 격차는 점차 심각해졌다. 소수의 부자들은 사회의 많은 부를 점유했고, 많은 저수입자의 생존권과 발전권리는 보장받기 어렵게 되었다. 부자들은 직업과 재산, 권력 방면의 우세와 자신의 부를 이용하여 주택, 증권 등 금융자산에 투자하여 고액의 이윤을 얻었는바 이러한 부와 이윤과 비교했을 때 노동자들의 노동에 의한 수입은 보잘 것 없는 것이었다.

빈부의 차이는 이러한 메커니즘에 의해 계속 벌어지게 되고, 빈부의 차별과 대립도 이로 인해 생성되게 된다. 빈부격차의 확대보다 더 무서운 것은 빈부격차에 의해 형성된 사회 계층 간의 정서상의 대립이다(리페이린李培林, 2001). 중국 역사상에서 장시기 동안 존재했던 "적은 것을 근심하지 말고 고르지 못한 것을 근심하라"라는 역사 전통과 사회 심리상태, 사회의 재부의 분배의 심각한 불균형 및 일부 부유층이 부의 축적 과정에서 범하게 되는 "모범적이지 못한 행위"와 과시형 소비 등은 일부 사회 구성원들에게 "부자를 적대시하는" 심리를 갖도록 만든다. 이런 심리는 사회의 비이성요소를 산생시키고 증가시켜 가난한 사람과 부자 집단의 간극과 모순을 심화시켰으며 일정한 정도에서 사회 가치관의 왜곡과 변형을 초래하였다.

② 사회계층의 이동에 장애가 된다.

지나친 사회 분화는 사회적 이동이 고착화의 상태에 빠지게 만든다. 일부 저소득층 사회 구성원은 경제력의 부족으로 인하여 취업난, 높은 물가, 높은 집값 등 날로 심해지는 사회문제 앞에서 무기력해지게 되고 빈부 격차가 현격한 사회에서 경쟁의 우세를 점할 수 없게 되어 직업과 계층의 이동을 실현하는 것은 꿈같은 이야기로 되고 말았다. 도시사회에 출현한 농민공들, 실업 노동자, 그리고 "개미족", "풀뿌리족" 등 저수입 그룹의 생활은 힘들고 고되며 그들은 사회 발전의 결과물을 공정하게 배분받지 못했다. 그밖에 사회계층의 이동은 신분배경, 가정조건 등 조건의 영향도 받는다. 사회의 하층 구성원이 위로 이동하는 것은 더욱 어렵다.

예를 들어, 교육이라는 이 현대사회에서 여러 계층이 위로 이동하는 수단에서 중국의 사회교육자원 배분의 불균형으로 인하여 부유층은 값비싼 "학군방"을 구입하여 자녀로 하여금 더 좋은 의무교육을 받을 수 있게 하며, 그들은 또 각종 비싼 과외 보습 및 특기와 예술을 교육받게 할 수 있는 능력도 갖추고 있다. 그러나 빈곤 계층 및 농촌지역 주민의 자녀가 받는 교육은 늘 "약세의 축적"에 불과한바,

경제자본과 인력 자본이 교육에서 전환과 전달을 거쳐 저소득 사회 구성원이 교육을 통해 위로 이동할 수 있는 길은 더욱 묘연해졌다. 이밖에 부와 신분의 계승과 전달 역시 사회 이동에 영향을 주는 중요한 원인인 바, 서두에서 이야기했듯이 현 사회에서의 각종 "2대 현상"의 성행은 사회에서 주목하는 초점이 되었고, "부2대", "관료2대" 들은 자신이 노력하지 않아도 거액의 부를 얻을 수 있거나, 혹은 "아들이 아버지의 직업을 계승하여" 사회의 독점적 지위를 점유하는데 장기적으로 이런 상황이 지속된다면 사회의 이동 메커니즘은 고착 상태에 빠지게 될 것이고 생기와 활력을 잃게 될 것이다.

제2절 중국 사회구조의 변천

1. "두 개의 계급 하나의 계층" 국면의 형성

1949년 중화인민공화국의 성립은 제국주의, 봉건주의와 관료자본주가 중국에서의 통치가 끝났음을 의미하며 중국 인민들은 처음으로 자주권을 갖게 되어 나라의 주인이 되었다. 이와 동시에 신중국의 사회는 각 방면에서 천지개벽의 변화를 가져왔고 계층 구조와 사회구조는 전례 없는 큰 변화를 가져왔다. 일부 계급은 이때로부터 사라졌고, 어떤 계급은 크게 성장했다. 학계에서는 일반적으로 개혁개방 전의 중국 사회의 계층구조는 비교적 단순했고 주로 두 개의 큰 계급과 하나의 큰 계층이 있었다고 여긴다. 즉 공인계급, 농민계급과 지식인 계층이다. 그러면 "두 개의 계급, 하나의 계층"이라는 이 구조는 어떻게 형성되었는가? 이 사회구조는 계획경제 시기의 중국사회에 어떠한 영향을 주었는가? 아래 필자는 이 사회 구조의 형성과정에 대한 설명으로 시작하여 위의 문제들을 대답하고자 한다.

1) 건국 이후 계급구조의 격변

주나라, 진나라 때 토지사유제도를 확립하고 봉건사회에 진입한 이래 중국은 줄곧 황권과 봉건관료집단이 통제하는 농업사회로, 지주와 농민은 중국의 봉건사회 계층 구조의 양대 주체였고 수공업자와 상인의 규모는 매우 작았으며 게다가 "사농공상"의 등급 서열에서 압박과 경시를 받아왔다. 그러나 중국역사가 근대에 진입함에 따라 서양의 자본주의가 전파되어 들어오고 근현대 공상업이 중국에서 뿌리를 내리고 싹을 틔우게 되었고 중국의 근대 사회에는 공상업 자산계급과 공인계급이 출현하였으며 농업사회에서 공업사회로의 전환의 길을 걷기 시작했다(루쉐이陸學藝, 2010). 그러나 제국주의, 봉건주의와 관료자본주의의 장기간의 압박으로 인해 지주계급과 매판계급[1]의 인원은 비록 적었지만 비교적 높은 사회적 위치를 점했고 각종 사회경제 자원을 독점했으며 약소한 민족자산계급은 많은 소자산계급, 농민계급, 무산계급과 마찬가지로 틈바구니에서 생존을 도모하면서 투쟁을 통해 발전을 모색하는 생활을 하였다.

그러나 1949년 혁명의 승리는 본래의 계급 체계를 무너뜨렸다(리창李強, 2013). 우선적으로 실시한 토지개혁은 토지를 생산수단을 점유하지 못한 빈농, 고용된 농민에게 나누어 주어 "경작자에게 논과 밭이 있게 한다"라는 사회적 이상을 실현하였다. 이 단계에서 사회의 계급으로서의 지주는 기본적으로 소멸되었고 부농계층 역시 제한을 받았으며 농민계급의 사회적 지위는 전례없이 높아졌다. 농업, 수공업과 자본주의 공상업의 대한 사회주의 개조를 실행하는 제2단계에서 많은 수공업자는 여러 등급의 합작사에 가입하는 방식을 통하여 공인계급의 일원이 되었고 국가는 "유상몰수"와 "국가와 개인이 공동 경영"하는 방식으로 민족자산계급의 공장, 기업을 국가와 집단의 소유로 환수했고 민족자산계급은 자립적인 노동자가 되었다. 따라서 공인계급과 농민계급은 중국의 도시와 농촌 사회의 가장 중요한 계급이 되었다. 적대계급이 소멸된 이후 원래 사회 각급 신분의 출신인, 화이트칼라 지식인들은 본래의 계급적 압박에서 벗어나

---

1) 매판계급: 옛날 중국에서 외국 상사 따위에 고용되어 외국과의 상거래 따위를 한 중국인.

공인, 농민과 마찬가지로 생산수단을 소유하고 노동에 종사하게 되었기 때문에 이익과 목표를 함께 하는 공동체로 간주되었으므로 "두 개의 계급, 하나의 계층"이 형성되었다.

2) 호적제도의 확립과 계층구조를 강화

호적제도는 학계 및 사회 각계의 인사들이 항상 담론하는 화제로, 이 제도는 확실히 중국 사회생활의 여러 분야에 영향을 주었고 "도시 인구"와 "농촌인구"의 신분상의 차이를 규정하고 성과 성, 지역과 지역 간의 차이를 조성하여 사회 계층의 중요한 메커니즘을 형성하였다. 바로 호적제도의 확립이 계획경제 체제 시기의 "두개의 계급, 하나의 계층" 사회계층구조를 더 한층 강화했던 것이다. 중화인민공화국 성립 초기에 정부는 도시와 농촌간의 인구 이동을 별로 엄격하게 통제하지 않았다. 그러나 20세기 50년대 중기에 공업화의 발전에 따라 농민들이 도시로 몰리기 시작하였는데 이로 인해 양식공급, 주거보장, 도시교통 및 사회치안 등 여러 가지 문제가 발생하였고 정부는 농민의 도시 유입에 엄격한 제한조치를 취하기 시작하였다. 1958년 1월에 "중화인민공화국 호적등록조례"의 반포를 기점으로 중국은 정식으로 호적제도를 법적으로 확립했으며 처음으로 도시 주민을 "농민호구"와 "비농민호구"라는 부동한 호적으로 구분하였다. 호적제도가 확립됨에 따라 중국의 도시와 농촌으로 나뉘는 사회구조가 점차 형성되기 시작하였다. 도시의 공인, 지식인과 간부 그룹은 수입, 소비, 사회 복지, 취업보장 등 방면에서 비교적 우월한 조건을 향유하였을 뿐만 아니라 그들의 자녀는 "대체근무" 등의 방식을 통해 아버지 세대의 체재 내의 직업을 계승하였다. 반대로 농촌지역은 국가에서 양식과 농부산품의 "일괄구매, 일괄판매" 정책을 시행하기 시작하고 공업, 농업 산품 가격의 "가격차"를 이용하여 도시화와 공업화 건설을 진행하기 위한 대량의 자금을 축적하였지만 많은 농민들과 그들의 후손들은 오히려 토지의 속박에 단단히 묶이어 제한적인 대학입시와 취업의 길 이외에는 이동의 자유를 거의 잃어버렸고 농민의 신분은 계속 계승되고 연장되었다. 호적제도는 도시와 농촌이라는 두 개의 서로 다른 세계를 만들어냈을 뿐만 아니라 두 종류의 완전히 다른 생활 방식을 형성하였고 도시의 공인, 지식인과 농촌의 농민 사이에는 인위적인, 넘을 수 없는 큰 장벽을 형성하였다. "두 개의 계급, 하나의 계층"이라는 사회 구조는 이로부터 고착되었으며 개혁개방 이후에 와서야 변화가 발생하게 되었다.

3) 부의 분화로부터 신분 계층 분화로의 전환

1949년 혁명의 승리 및 사회주의제도의 전면적인 확립은 본래의 중국 사회의 지주, 자본가를 대표로 한 부의 계층 질서를 깨뜨려, 사회 구성원 누구도 거액의 부를 가질 수 없고, 생산 수단을 점유하지 않게 되었는데, 재산 소유권을 기준으로 형성한 차이는 완전히 사라졌지만 그렇다고 해서 중국이 완전히 평등한 사회에 들어섰음을 의미하지는 않는다. "두 개의 계급, 하나의 계층"이라는 사회구조의 확립은 계획경제체제 시기의 사회계층 질서와 부의 계층 분화가 직업과 신분 계층의 분화로 전환되었음을 나타낸다. 도시와 농촌을 구분하는 호적제도의 제한 하에 "두 개의 계급, 하나의 계층"에서의 농민계급은 내부적인 분화가 비교적 적었고 생활수준도 상대적으로 낮았다. 하지만 도시 사회에서 "공인계급"과 "지식인계급" 내부에는 선명한 차이가 존재하였다. 그중에서 간부와 보통 공인의 차이, 간부와 간부 간의 차이 및 다른 직장의 공인 간의 차이는 매우 분명하였다. 간부 그룹은 "인민의 노복"으로 간주되었고, 그들은 공인 계급과 지식인 계층의 일부였지만 계획경제체제 하에 간부 그룹은 독립적인 신분적 특징을 가지고 있었을 뿐만 아니라 소득, 각종 복리, 사회 명성 등 방면에서 사회의 상층에 위치해 있었다. 그리고 그들과 공인계급간의 이동 또한 자유롭지 않았다. 그러므로 "간부편제"에 편입되는 것은 많은 사람들이 일생 동안 추구하는 목표가 되었다. 둘째, 간부와 간부 사이에는 등급, 신분과 처우에 큰 차이가 존재하는데 이 간부 계층 분화 체계는 베버가 이야기한 "국가권력관료"의 제도설계에 완전히 부합하여 이후의 간부인사제도의 설계에 심원한 영향을 끼쳤다. 셋째, 계획경제 시기의 "단위제"의 확립은 직장을 "작은 사회"로 만들어, 직장과 사람들의 생활이 밀접한 관계가 있게 만들었다. 하지만 직장들 간에는 크기, 등급, 종속관계 등 차별이 존재하여 직장의 간부와 공인의 신분에 영향을 주었다. 이상의 사실에 비추어 볼 때 "두개의 계급, 하나의 계층"이라는 사회 구조는 비교적 균등한 사회를 형성하지 못했고 반대로 이것은 사회 계층 분화 메커니즘의 한차례 전환이었으며 "구사회" 시기의 부의 계층 질서를 "신시기"의 신분 계층 분화로 전환시켰다.

2. 개혁개방 이후의 사회 분화와 사회이동

개혁개방 이후, 중국의 소유제 형식, 사회를 다스리는 방식, 사회의 분업 및 공업화 구조 등에는 심각한 변화가 일어났다. 경제 사회

영역에서 발생한 이러한 새로운 변화는 중국의 사회구조에 중요한 영향을 미쳤다. 계획경제체제 하에서의 "두개의 계급, 하나의 계층" 사회구조는 빠르게 분화하고 재조합되었으며 그로 인하여 사회계층구조 상황은 더욱 복잡하고 다양해졌다. 사회 계층구조의 거대한 변화에 따라 이 시기 사회의 이동 역시 다양한 특징이 나타났다. 결과적으로 말하자면 필자는 시장화 개혁 이래 중국 사회에는 사회계층의 분층 다원화, 사회이동의 복잡화 및 사회차별의 확대 등 세 가지 중요한 특징이 나타났다고 생각한다.

1) 사회분화의 다원화

공업화와 현대화의 심화에 따라 시장화의 물살의 충격 속에서 중국은 계획경제체제 하의 "두 개의 계급, 하나의 계층" 사회계층구조에 속하는 농민계급이 가장 먼저 분화되었다. 구체적으로 보자면 "각 세대별로 논밭을 나누는" 세대별 생산량 연동 도급 책임제[2]의 시행으로 농민의 생산 적극성을 극대화 시켰고, 근면한 노동을 통해 일부 농민의 소득과 생활수준이 향상되었다. 농촌기업의 발전에 따라 일부 농민은 농촌 기업에 들어가 일을 해서 "땅은 떠나지만 고향은 떠나지 않는" 공인이 되었고 심지어 일부 경제적 능력이 좋은 농민은 직접 창업하거나 기업의 일을 청부맡아 제1대의 개인사업주와 기업주가 되었다. 농촌과 비교할 때 도시 사회에서의 계층 분화는 더욱 심화되었다. 일부 국유 혹은 단체 기업의 개편 과정에서 많은 실업 공인이 발생하였고 사회주의로의 개편이후 사라졌던 개인 경

---

2) 생산 수단 집단소유제가 변하지 않는 조건 아래, 농가에서 집체와 계약을 맺어 집체 소유의 토지나 기타 생산 수단을 도급받아 국가나 집체에서 정한 책임량을 제하고 나머지의 기타 수입은 농가에 돌아가는 농업 생산 제도.

제가 새로 회복되어 빠르게 발전하였으며, 대량의 개인 사업주, 개인 기업주가 시장화의 물결 속에서 생겨났으며 이러한 비공동소유의 경제조직은 대량의 취업인구를 흡수하였고, 많은 노동자를 고용하였으며 중국 공인계급의 구조를 바꾸어 놓았다. 나중에 시장화가 진일보 성장함에 따라 각종 새로운 경제조직, 새로운 사회조직은 빠르게 발전하는 양상을 보였고 사회계층구조에서 또다시 민간기업과 외국 투자기업의 기술직 인원, 중개조직 및 사회조직 종사인원, 프리랜서, 신매체종사자 등이 등장했다. 이러한 인원은 새로운 사회계층 인사로 통칭되었다(장하이둥張海東, 2017).

끊임없이 변화하는 복잡한 사회에서 개혁개방이후의 중국의 계층구조 상황을 어떻게 이해하는가 하는 것은 사회학자 눈앞에 놓인 큰 과제가 되었다. 중국의 저명한 사회학자 루쉐이는 새로운 시기의 중국사회의 계층 차별은 주로 노동 분업, 권위 등급, 생산수단 점유 및 제도 분할 등 네 가지 주요한 메커니즘에 영향을 주었다고 주장하였는데 그는 조직자원, 경제자원과 문화(기술)에 대한 점유 상황에 따라 현재 중국사회의 구성원을 10대 계층으로 나누었다. 즉, 국가와 사회 관리자 계층, 경영자 계층, 개인기업주 계층, 전문 기술인 계층, 사무인원 계층, 개인 기업가 계층, 상업 서비스 계층, 산업 공인 계층, 농업 노동자 계층 및 도시 실업자 계층, 실업, 반실업 계층 등이다(루쉐이陸學藝, 2002). 류신(劉欣2001, 2002)은 보유하고 있는 재분배 권력과 지대추구능력, 시장 능력의 차이에 따라 중국에는 기술적 권력 엘리트, 무기술 권력 엘리트, 국유기업 경영자, 관리인원, 개인 기업주와 사장, 고급 전문기술원, 저급 기술 인원, 직원 사무원, 자영업자, 기술공인 및 비기술공인 등급의 순위가 존재한다고 보았다. 물론, 그 외의 많은 사회학자들도 개혁개방 이후의 중국사회 계층 분화에 대한 관점과 판단을 내놓았는데, 필자는 이러한 문헌과 저서의 공통점이 중국사회가 이미 "두개의 계급, 하나의 계층"이라는 단순한 사회에서 다원화된 계층구조를 갖고 있는 복잡한 사회로 변하고 있다고 주장하는 점과 계급의 다원화가 가져온 각종 권리와 이익에 대한 추구 및 어떻게 각 유형의 계층 구성원들이 개혁개방의 성과를 함께 향유할 수 있게 하는가 하는 문제의 답을 찾고 있다는 점이라고 본다.

(1) 사회이동의 복잡화

사회이동(socialmobility)에 대한 연구는 미국사회학자 소로킨(Sorokin)[3]에서 기원하였다. 그의 과련 저서에서 사회 이동은 개인 혹은 사회적 대상 혹은 가치(인류의 활동에 의해 창조되거나 수정된 모든 변화)가 한 위치로부터 다른 위치로의 모든 전환 예를 들면 직업, 소득,, 빈곤, 복리, 교육(Sorokin, 1927)으로 정의되었다. 모든 사회에는 사회이동의 현상이 존재하는데 사회이동은 사회의 고유한 속성 중의 하나이다. 개혁개방의 추진은 상당한 정도에서 원래의 계획경제 체제 때 지정된, 자유로운 이동을 제한하는 불합리한 제도와 메커니즘을 타파하였고 사회 구성은 부동한 직업, 계층, 지역 간에서 빈번하게 이동하여 복잡화된 특징을 나타냈다.

예를 들자면 지역 이동면에서 사회이동의 연구 중 가장 영향력 있는 이론과 분석방식은 "밀고 당기는" 이론이다. 그중 "밀다"는 본래 거주지의 좋지 않은 조건, 인구과밀을 포함하여 기후의 악조건, 거주지의 악조건, 기회의 결여와 종교의 박해 등을 가리키며, "당기다"

---

3) 소로킨(1889-1968): 러시아 태생의 미국의 사회학지.

의 힘은 다른 곳으로 이사하려는 이민자들을 끌어당기는 요소로 풍부한 취업 기회를 포함하여 좋은 날씨 조건, 매력적인 라이프 스타일, 저렴한 토지와 정치의 자유로움 등을 가리킨다. 인구의 이동과 이민행위는 유출지역의 미는 힘 및 유입지역의 당기는 힘의 공동작용 아래 발생된다. 경제 시장화개혁을 실행한 이후에 인구 유입의 규모가 빠르게 확대되었다. 초기에 인구 이동이 많았던 것은 계획경제 체제의 각 방면에 제도를 타파하는 요소가 있었던 것에 기인하지만 시장경제가 주도하는 경제개혁이 심화됨에 따라 경제 요소, 특히 산업구조는 인구이동에 영향을 주는 중요한 요소가 되었다. 구체적으로 보면 직업의 유형을 바꾸고, 더 높은 수입을 위해 이동하는 사람들이 주요 동력이 되었다. "농민공" 그룹의 출현은 전형적인 지역적 이동을 보여주는데 상대적으로 낮은 농업 수입은 그들에게 시골을 떠나서 도시에서 좀 높은 소득을 올릴 수 있는 직장을 찾게 하였다.

직업의 이동에서 개혁개방이 가져온 시장화와 공업화는 중국의 직업 이동이 개방화로 들어서게 하였는데 사회 구성원은 자신의 재주에 기대어 새로운 직업을 찾게 되어 교육은 개인이 좀 더 높은 사회적 지위를 획득하는 중요한 요소가 되었다. 그러나 "아버지의 직업의 지위" 등 선천적 요인은 여전히 직업의 이동에서 중요한 작용을 하였다. 그 외에 일부 직업의 이동에서는 "엘리트화"의 추세가 나타났다. 예를 들면 개인 기업가의 사회적 배경은 날로 엘리트화되어가고 있는 반면 점점 많은 기타 영역의 엘리트는 직업의 이동과 변경을 통해 개인 기업가 계층으로 변하여 엘리트순환에서 엘리트 복제로 가는 양상을 나타내고 있다(천광진陳光金, 2005). 계층 이동에서 시장화의 진행은 계층 이동의 기회를 증가시켰고, 사회가 더욱 개방화되게 하였으며 전통적인 계획경제가 만들어낸 사회계층 구조를 깨뜨려 체재 밖에서 새로운 이동 경로를 만들어내어 중국 사회의 개방의 정도가 더 높아지도록 만들었다. 계획경제 시대의 가정 출신이 계층에 대해 미치던 영향은 차츰 소실되었고 적지 않은 사회 구성원들이 자신의 학식, 교육과 능력을 통해 상위 계층으로 이동하였으며 계층의 이동 비율은 현저하게 증가하였다.

그러나 또 적지 않은 학자들은 사회 계층구조가 정형화됨에 따라 사회의 큰 차별화가 고착화되는 경향이 나타났고 사회의 하층 계층에서 상위 계층으로 이동할 수 있는 기회는 점점 줄어들었으며 개인의 사회 지위에 대한 가정 배경은 영향력이 점차 커졌다고 주장한다(리창李强, 2013). 이밖에 시장화 개혁은 공유제 경제가 대부분의 영역에서의 차지했던 독점 지위를 무너뜨렸고 직업의 이동과정에서 나타나는 "체재를 뛰어넘은 이동" 현상을 초래했으며 특히 공유제 부문에서 소득, 대우가 비교적 높은 시장부문에로의 이동율은 현저하게 증가하였다. 상술한 몇 가지 형식의 이동은 개혁개방 이후의 사회이동의 주요한 특징이 되었고 네 가지 유형의 이동은 상호간에 영향을 주어서 사회 이동의 성격이 복잡해지는 특징을 보이게 하였다.

(2) 사회적 차이의 심화

다원화의 계층 체계 및 복잡한 사회 이동은 중국의 각계각층 간의 사회적 차이가 커지는 추세를 보이게 하였다. 이러한 차이는 직업의 분화와 소득의 차이를 나타낼 뿐만 아니라 사람들의 의식주 등 일상생활의 여러 측면에 나타난다. 이러한 의미에서 개혁개방 이후의 사회 계층 분화와 사회 이동 과정은 사회 구성원 간의 차이가 점차 커지는 과정이기도 하였다.

우선 시장화 개혁의 심화는 점차 계획경제시대의 "두 개의 계급, 하나의 계층"의 "신분"이 사람에게 미치는 거대한 영향을 제거했고, 엄격한 호적제도, 당안 제도 및 공인과 간부를 구별하는 제도는 점차 미약해졌으며, 사람들의 직업에 대한 정부의 관련 정책 역시 예전처럼 그렇게 엄격하지 않게 되어서 사람들은 상당한 정도에서 자유롭게 직업을 선택할 수 있게 되었다. 경제의 비약적인 발전은 사회 분공이 더욱 디테일해지게 하여 개인사업자, 직업경영인, 중개인 및 인터넷, 신매체 등 많은 새로운 직업과 업종이 생겨나게 되었으며, 사람들 간의 직업의 차이는 더 부각되었다. 이밖에 시장화 개혁은 사람들의 소득 역시 다원화되고 차별화되게 하였는데 월급 성격의 수입 외에도 일부 사회구성원은 주식 수입, 증권 수입, 부동산 수입 등 다양한 영업수입과 재산의 증식을 통한 수입을 얻었다. 직업과 소득의 차별화는 개혁개방 이후의 사회 계층 분화와 이동의 필연적 결과이며, 이러한 차별화는 또 사회 계층의 분화를 가속화시켰다.

　　다음으로, 사회구성원들의 일상생활영역의 차이 역시 매우 뚜렷해졌다. 예를 들면 주택영역에서 주택의 시장화 개혁으로 인해 복리로 주택을 나누어 주던 시대는 더 이상 돌아올 수 없게 되었으며 주택은 하나의 상품으로 소비 유통 역역에 들어가게 되었는데 이는 주택이 이미 한 사람이 반드시 일정한 소비 능력이 있어야만 얻을 수 있는 물건으로 변하였음을 의미한다. 이는 사회구성원 간의 주택 소유권, 면적규모, 질의 차이 등 여러 방면의 차별을 만들었고 도시에서는 "주택부자할아버지", "주택부자아저씨" 및 "집노예"와 집이 없는 사람들이 생겨났다. 원래의 직장을 기준으로 하던 체제에서 정한 직장에서 직원들에게 의식주를 제공하던 방식은 사라졌고 사람들의 사회생활은 직장 내의 가족대단지에서 직장 밖에 있는 단지로 옮겨갔다. 거주단지는 사람들의 계층과 지위, 생활의 품질을 드러내는 중요한 형식이 되었다.

도시사회에서 주택을 시장화하는 개혁을 진행한 이후 일부분 중산계급과 상류층의 구미에 맞는 별장과 고급 상업용 주택이 생겨났다. 일부 도시 주민은 단지 "나는 집을 사겠다", "나는 이 정도 크기의 집에서 살겠다"라는 요구를 충족하는데 만족하지 않고 "어떤 집을 살 것인가", "어느 단지의 집에서 살 것인가"라는 문제를 주목하기 시작하였으며 주택은 신분을 상징하는 "지위상품"과 개인적 부의 지표가 되었다. 주택은 사회적 부의 상징이 되었을 뿐만 아니라 도시 주민들이 "나는 누구인가"라는 것을 표현하고 그 계층 신분을 드러내는 방식이 되었다(장하이둥, 량청천楊城晨, 2017) 주택의 차이는 사회계층의 차이를 반영하며 동시에 일정한 정도에서 계층 사이의 차이를 구현한다. 사치품의 소비, 국내외 여행, 우아한 운동과 음악회에 참석하는 것도 일상생활의 "풍격"이 되었다. 이밖에 다양한 계층 분화 구조와 복잡한 사회 이동은 사람들의 교육, 의료, 사회보장 등에 큰 차이가 생기게 하여 중국사회는 시장화의 개혁 과정에서 큰 변화가 발생하였는데 이러한 변화는 개혁개방 이후의 사회가 명실상부하는 복잡한 사회로 되게 하였다.

3. 피라미드형에서 올리브형 사회로의 변화

국내외 사회학계는 사회 구조를 분석할 때 통상적으로 사용하는 구조도형의 방법을 사용한다. 예를 들어 사람들의 수입 혹은 계층의 분포에 따라 고수입자 혹은 상류계층을 위로 놓고 저수입자를 아래층에 놓는다. 이렇게 하면 사회 각계각층의 구조와 구성형식을 직관할 수 있다. 그 중에서 "금자탑형"과 "올리브형"은 전형적인 특징을 가지는 사회구조이다. "금자탑형" 사회는 사회 밑바닥 분포가 비교적 많고 가난한 사람의 수가 많으며, 중산층의 점유가 비교적 적고 소수의 사람들이 거액의 부를 가지고 있는, 소득의 분배가 불균형적인 사회구조이다. "금자탑형"의 사회는 빈부의 분화 현상이 비교적 심하고 계층 간의 모순과 충돌이 격렬하며 대규모의 단체성 충돌이 쉽게 일어나므로 사회 불안정이 가장 큰 위험을 가져온다. 그러나 "올리브형" 사회의 형태는 중간이 크고 양끝이 작은 사회계층 구조에서 중간층의 점유율가 매우 큰 대략 70~80%에 이르고 부자와 극빈층의 점유가 비교적 적다. "올리브형" 사회의 방대한 중간계층은 본래 대립 상태에 있던 빈부의 계층 사이에서 과도적 "발판"의 역할을 하여 더욱 많은 사회 구성원으로 하여금 높은 계층으로 상승할 수 있는 희망을 가지게 하고 엘리트와 바닥 계층의 교량과 유대의 역할을 하여 빈부의 격차로 인한 대립적 정서를 완화시키고 이로 인해 발생하는 여러 가지 사회 문제를 감소시킨다. 사회 구조가 "금자탑형"에서 "올리브형"으로 전환하는 것은 사회가 발전하고 진보한 중요한 표현일 뿐만 아니라 전통적인 사회 구조 변화의 필연적인 결과이기도 하다.

1) 중국의 사회계층 구조가 "올리브형"으로 변하고 있다.

선진 국가와 지역의 사회 발전 여정을 보면 사회구조의 변화, 사회 계층의 분화는 현대화와 동시에 진행되는 긴 역사적 과정이다. 공업화 과정의 심화는 농업인구가 크게 줄어들게 하고 부를 소유한 사람과 공인 계급의 형성과 규모의 확대를 초래한다.

　도시화의 추진은 농업인구가 공업 영역으로 이전하는 것을 더 한층 추진하였으며 이와 함께 서비스업 등 제3산업에 종사하는 인구가 대량으로 증가하여 도시와 시골의 격차와 계층의 차이가 축소될 수 있게 한다. 하지만 현대 과학기술의 발전과 경제구조의 최적화는 노동밀집형의 제2차 산업에서 자본밀집형과 기술밀집형의 제3차 산업으로의 이동, 산업 공인의 감소, 전문기술인, 관리원과 "화이트칼라"의 비중이 점점 커지게 하여 그들이 사회 계층 구조에서 중요한 집단이 되게 한다. 관련 자료에 따르면 미국은 전문기술인, 관리원, 사무원 및 판매원 등 중간계층의 직업군의 비중이 50% 이상에 이르러(장원링張蘊嶺, 2001) 화이트칼라계층 위주의 중산사회가 되었다(밀스 Charles Wright Mills, 2006). 일본은 2차 대전 후의 짧은 부흥 이후 20세기 50년대를 시작으로 빠른 경제의 비약을 시작으로 산업혁명의 심화에 따라 서비스업이 산업구조에서 차지하는 비중이 대폭 높아졌으며 이와 함께 대량의 화이트칼라가 출현하였다. 빠르게 성장한 지식엘리트와 일반직원, 정부행정인원, 학교 선생, 의사, 변호사 등이 각종 전문기능을 장악했고 이로 인하여 지난 세기 80년대 "1억총중류(一億總中流)"의 "올리브형" 사회를 형성했다(미우라 아쓰시三浦展, 2007).

　개혁개방 이후의 중국은 정치, 경제, 사회 등 방면에서 전면적인 개혁을 진행했고 사회 계층 구조에 큰 변화가 일어났다. 호적제도의 완화와 도시화, 공업화의 진행은 일부 농민 특히 청장년 농민들을 농업노동을 떠나 제2차 산업으로 이주하게 하였고 그들의 소득수준도 상응하게 높아졌다. 국가는 비공유제 경제 발전의 정책을 장려하고 지지하여 개인 사업가, 개인 기업주 및 기업에서의 기술 연구개발, 경영관리, 재무상담 등 각 영역의 전문 기술인과 관리원이 생겨났다. 사회 영역에서 도시와 시골을 구분하는 이원화 사회구조 및 직장중심제의 점진적 감소는 중산층이 발전하는데 유리한 정책 환경을 만들어냈다. 비록 중국의 사회구조의 변화는 선진국과 선진지역의 "올리브형" 사회로 나아가는 일반 규율을 따르고 있기는 하지만 국가의 상황을 두루 보았을 때 목전의 중국사회는 소득이 적은 농민과 공인이 여전히 큰 비중을 차지하고 있어 사회 계층 구조의 밑바닥의 계수가 여전히 매우 크기 때문에 중국은 한창 "금자탑형"에서 "올리브형"으로의 전환 과정에 처해 있으며 아직 "올리브형" 사회에 완전히 진입하지는 못하였다.

중국의 대도시에 대한 일부 연구에 따르면 북경, 상해, 광주 등 대도시는 상당한 정도로 시장화되었기 때문에 교육 수준과 시장화 능력도 높아 계층 이동의 통로와 중산층 생성의 통로가 비교적 원활한 편이다(처우리핑仇立平, 2014). 이런 특대 도시의 "올리브형" 사회구조는 이미 대략적으로 그 모습을 갖추었을 수도 있는데 상해에 대한 연구에 따르면 최근 30년 이래 상해시의 중등 수준의 소득층의 비중은 28.5%에서 79.8%로 향상되었다. 관련 기업과 부서의 책임자, 각 전문기술인, 사무원과 관련한 인원, 비즈니스 서비스인원 모두 성장이 있었고 특히 사무원과 관련인원의 성장은 23.9%였으나 산업공인 위주의 생산, 운수 설비 조작인원의 비중은 29.5% 떨어졌고 농민을 위주로 하는 농업, 축산업, 수산업 종사 인원은 21.8% 하락하였다. 1982년부터 2015년까지 상해의 사회계층 구조는 이미 아래층이 두터운 "土자형" 구조에서 표준적인 "금자탑형" 구조로 변하였으며 다시 표준적인 "올리브형" 구조로 바뀌고 있다(야오화린姚燁琳, 장하이둥張海東, 2017).

2) 중등수준 소득자의 비중을 늘리는 것은 "올리브형" 구조를 형성하는 중요한 방법이다.

중등수준 소득자의 비중을 확대하는 것은 수입 분배의 차이를 축소하고 올리브형사회의 구조를 형성하는 중요한 과정이다. 세계 선진 국가와 지역의 경제발전 과정을 살펴보면 한 국가 혹은 지역이 중등 단계(1인당 총생산 USD 3000좌우)로 발전한 이후에 다음과 같은 두 가지 결과가 나타날 수 있다. 하나는 경제가 지속적으로 발전하여 점차 선진국 혹은 선진지역으로 변하는 것이고, 둘째는 빈부의 격차가 심해지고 환경이 악화되거나 심지어 사회의 혼란 등 문제가 발생하여 경제가 발전하지 못하는 것인데 후자는 "중등소득의 함정"이라고 불린다(리페이린李培林, 2015). 중등수준 소득 그룹은 일정 수준의 경제력을 가지고 있고 그 소비잠재력도 커서 내수를 이끌 수 있고 사회경제의 지속적인 발전을 추진할 수 있어서 "중등소득의 함정"이 발생하는 것을 막을 수 있다. 그러나 브라질, 멕시코, 아르헨티나 등 라틴아메리카 국가를 돌이켜보면 20세기 80년대에서 90년대 경제의 빠른 발전으로 중등 소득수준 단계에 진입했으나 사회적 부의 균형, 직업의 이동 등 문제를 잘 처리하지 못했기 때문에 빈부의 양극화가 심해졌고 중등수준 소득자의 비중이 지속적으로 줄어들었으며 사회발전의 균형이 무너져 사회 발전이 정체되고 더 이상 나아가지 못했다.

중등수준 소득자 그룹의 성장과 발전은 사회구조를 최적화하고 상류층과 하류층의 사회적 충돌을 줄여 사회의 모순을 크게 완화시키며 자원의 부를 더 큰 범위 내에서 사회구성원들이 공유하도록 하는데 이는 사회빈부의 분열, 사회적 배척, 계층 대립과 충돌 등 문제를 완화시키는데 유리하여 사회의 안정에 기여한다. 중등수준 소득자 그룹은 현대적인 가치관의 창조자이며 인도자이다. 그들은 자신의 노력을 통하여 생활 상황을 개선하고, 상위계층으로의 이동을 통하여 품위가 있는 생활을 유지하며, 사회적으로 근면하고 부유한 좋은 이미지를 수립하여 하층의 그룹에게 노력하면 윗 단계의 계층으로 이동할 수 있다는 희망과 모범적인 사례를 보여준다. 중등수준 소득자 그룹은 사회의 "안전판"과 안전장치이다. 그들은 중국의 개혁개방의 보조에 맞추어 발전해 왔다. 그들은 개혁개방의 수혜자이기 때문에 사회, 정치, 경제의 발전이 안정되어 자신의 이익에 손해가 가지 않기를 희망한다. 그래서 중등수준 소득자 그룹의 비중을 확대하는 것은 "올리브형" 사회구조를 형성하는 데 중요한 의의가 있다. 그래서 정부와 사회 당국은 수입 분배의 질서를 조절하고, 수입 수준을 높이고, 직업교육과 전문기술교육을 강화하며 사회 이동 루트의 원활성을 강화하기 위해 정책을 개선하는 등 여러 가지로 효과적인 정책과 조치를 취하여 사회에서 중등수준 소득자 그룹의 규모와 비중을 높여야 한다.

제3절 사회구조의 전환 과정에서 직면하게 되는 사회 문제

1. 사회계층의 이동문제

사회계층의 이동은 사회 계층의 분화와 이동의 중요한 부분으로, 필자는 교육의 불평등과 주택의 "계층화" 등이 모두 목전의 사회 계층 이동 문제의 주요 현상이라고 본다.

1) 교육의 불평등

교육은 사람들의 사회적 지위를 높이는 중요한 경로이다. 서양의 사회 이동에 연구에 대한 경전 이론 중에 블로와 던컨(Blau & Duncan)의 지위 획득 모형이든 현대화를 구현하는 국가와 지역의 일반이동메커니즘을 구현하는 FJH 가설이든 모두 양호한 교육이 계층의 상승을 실현하는 중요한 경로라는 것을 강조한다. 그러므로 교육의 평등은 기초적인 의미를 갖는 사회적 평등이다. 그러나 중국의의 교육자원의 분포 상황은 별로 합리적이지 못한바 농촌과 도시, 시내와 교외, 큰 도시와 중소도시, 동부지역과 서부지역 간의 차별이 비교적 크다. 이러한 분명한 차이는 부동한 계층의 주민이 의무교육단계와 고등교육 단계에서 공평한 교육의 권리를 누리는 데 직접적인 영향을 주고, 교육의 불평등은 사회계층 재생산에 중요한 영향을 미치는 요소가 되었다.

의무교육단계에서 정부는 일반적으로 "구획입학"의 방식을 사용한다. 즉 호적 혹은 주소지에 의거하여 초등학교, 중학교를 지정하고, 이 지역 주민의 자녀는 대부분 이 학교에서 공부한다. 이러한 제도는 처음에는 교육의 평등을 보장하고 동시에 최대한 학생의 등하교 시간을 줄여서 그들의 합법적 권익을 유지하기 위해 제정된 것이었다. 그러나 우리 사회에 중장기적으로 존재하는 "중점학교"와 "비중점학교"의 구분으로 인해 학교와 학교 간의 교사의 능력, 경비투입, 환경 등에는 크게 차이가 나며 중점학교 교육의 질과 수준은 보통학교보다 상당히 높은 편이다.

이러한 상황에서 "학교선택비용"과 "학군집" 최근 입학정책이 실시됨에 따라 주목을 받기 시작하였는 바 경제력이 있는 주민은 상당한 금액의 "학교선택비용"을 지불하여 자신의 자녀를 좋은 학교에 들어가게 하거나 중점학교 지역의 "학군집"을 사서 자녀를 이 학교에 입학시킬 수 있는 자격을 얻는다. 그리고 이러한 학군방의 가격은 일반적으로 시장 평균가를 훨씬 웃도는데 북경, 상해, 광저우 등 제1선 도시에서 특히 차이가 난다. 여기서 부는 우수한 교육자원을 얻는 교환수단이며 수입수준이 낮은 그룹의 자녀는 지정받은 학교에서 공부하는 수밖에 없으며 선택의 기회를 잃어버리게 된다. 비의무교육 단계의 고등학교와 대학교에서는 입학시험이 학생이 더 높은 단계의 교육을 받을 수 있는지 그리고 어떠한 레벨의 학교에 들어갈 수 있는지를 결정하는 주요 근거가 된다. 그러나 의무교육단계 학교의 등급 차이로 인한 교육량의 차이는 중점 중고등학교와 중점 대학에서의 농촌 출신과 도시 하위 층 자녀의 비율이 점차 줄어들고 도시의 중산층 자녀의 비율은 계속 상승하게 하며, 의무교육 단계에 "누적된 교육질 불평등"은 농촌과 도시 하위 층 자녀들이 양질의 교육을 받을 기회를 잡기 어렵게 만든다(리춘링李春玲, 2014 ; 탠베이하이田北海, 왕커王珂, 2017). 예를 들어, 자료에 따르면 청화대학의 2010학번 학생의 샘플링검사에 따르면 농촌학생이 총 인원의 17%를 차지하였고, 북경대학은 1978년부터 1998년 사이에 농촌에서 온 학생이 총 인원의 30%를 점하였으나 신세기에 들어와 북경대학에 합격한 농촌학생은 단지 10%에 불과하였다.

이밖에 일부 중점 농림대학교의 농촌학생의 비율도 30%에도 못 미친다. 중국의 중점대학교에서 각 성시에 할당한 학생 수의 불평등 및 대학 교육자원 배정의 심각한 불균형은 중서부 농촌 지역 학생들의 공평하게 교육을 받을 권리에 많은 부정적인 영향을 미쳤다. 게다가 대학교들은 각종 소질, 재능과 자연과학의 성적을 대학입시 수시전형의 심사기준으로 삼아 도시의 중산층 자녀가 중점대학교에 입학할 가능성을 증가시켰고 가정 계층의 지위와 부는 그들의 "누적된 교육의 우위"로 바뀌었다. "하층 출신일수록 다니는 학교가 나쁘고, 직업도 더 안 좋아지는" 이른바 "침몰하는 나선형"이 일단 일반적인 상황이 되면 여러 계층 간의 격차를 더 심화시킬 가능성이 있다. 최근 이러한 현상을 완화하기 위해 정부는 일련의 정책과 조치를 내놓았는데, 가령 의무교육단계에서 추진하는 교사이동제도, 학교 간 우수한 교사의 공유 등과 빈곤지역의 교육재정이체지불제도를 개선하여 더 많은 우수한 인재가 농촌교육사업에 참여할 수 있도록 하여 도시와 시골의 의무교육자원의 평준화를 실현하는 것 등이 바로 그것이다. 대학교 교육 단계에서는 "약세 보충" 정책을 실행하여 중점대학교에서 일정한 비중의 학생은 중서부 지역과 빈곤 농천 지역에서 모집하기 시작하였는데 이런 조치는 많은 빈곤층의 학생들에게 더 많은 희망을 주기는 하였으나 교육의 평등을 실현하는 길은 아직 멀고도 어렵다.

2) 주택의 계층화

중국의 전통문화를 보면 "집을 정하고 사업을 하는 것"은 개인의 생명 여정의 필연적인 단계임을 알 수 있다. 그러므로 "집"의 중요성은 사회의 개개인에 말할 필요도 없는 것이며 주택은 또 집의 실질적인 물질형태이다. 인류의 사회생산력의 발전에 따라서 사람들의 주거환경은 큰 개선을 가져왔고 주택에도 더 많은 지역감과 재부의 느낌이 부여되었다. 주택시장의 개혁으로 인한 주택의 상품화는 사회구성원으로 하여금 주택 재산권, 면적, 시장가치, 주거환경 등 면에서 많은 분화 현상이 발생하게 하였다. 이 과정에서 "주택의 계층화" 현상이 나타나기 시작했다.

이미 20세기 60년대에, 일부 도시사회학자는 "주택계급(housing-class)"의 이론을 제기했는데 그들은 사회구조의 상류층의 주택상황은 상류층의 구조에 위치하며 그렇지 않은 경우 하류층의 위치에 속한다고 하였는데(Rex & Moore, 1967) 현대 생활에서 한 사람의 주택 상황을 관찰해 보면 한 사람의 주택 상황은 그 사람의 직업보다도 더 중요시되고 있어서 주택상황에 근거하여 사람들을 부동한 계급으로 나눌 수 있다(Saunders, 1984). 주택계급이론은 우리에게 주택 자산이 개인 혹은 가정의 총자산중 중요한 부분을 차지하고 있기 때문에 주택을 가지고 있는 것은 일부 사람들로 하여금 빠르게 거액의 부를 쌓게 하거나 더 높은 사회적 위치에 도달하게 하며 점유한 재부가 사회의 다른 계층과 차이가 있다는 점은 최종적으로 사회의 계층 사이의 간극을 초래한다. 한국학자 손락귀(2007)는 현재의 부동산 재산권과 토지를 기초로 한 부동산 재산의 분화는 한국의 사회가 빈, 부 두 가지 계층으로 분화된 중요한 원인이며 한국 사회는 이미 부동산에 근거하여 개인과 가정의 사회적 지위를 결정하는 "부동산계급사회"가 되었다고 지적하였다.

중국에서 시행되기 시작한 주택시장화 개혁 이후에 주택가격의 계속되는 고공행진에 따라 금융화 수단으로 부동산을 사는 것은 일종의 거액의 수익을 올리는 방식으로 이용되었는데 이러한 방식을 통해서 일부 사람들은 거액의 부를 축적하였고 이러한 수익은 중산층 가정의 30여 년의 월급 수입보다도 많아서 부의 분배를 재생산하는 메커니즘이 되었다. 또 부동산은 상속할 수 있는 속성이 있어서 부를 다음 세대에 물려줄 수가 있다. 도시화 건설과정에서 일부 도시 주민은 이주보상을 통하여 거액의 돈을 얻었고, 이러한 사람들은 일순간에 "부자"가 되어서 "재개발2세"가 이로부터 탄생하게 되었다.

다른 한편으로는 사회에 만연한 "주택 맹목적 숭배" 정서는 계층 인식이 정형화되게 만들었다. 주택은 사람들이 길거리에서 열띤 토론을 하는 화제이며 "집이 있는 계층"은 "집 없는 계층"과 교류할 때 대부분 빨리 집을 사라고 건의하고, "집이 있는 계층" 안에서의 교류는 늘 주택가격의 상승을 화제로 흥미진진해진다. 하지만 "집 없는 계층"은 대부분이 주택 가격의 계속되는 상승으로 초조해하며 "집 있는 계층"을 엄청 부러워하고 자신은 주택을 구입하는데 여러 가지 어려움이 있음을 탄식한다. 도심에는 주택관리가 엄격한 아름다운 고급 주택가가 생겼고 이러한 지역에는 눈에 띄는 위치에 "개인원림", "관계자 외 출입금지" 등의 표지판이 붙어 있어서 도시 공간과 계층의 심리정체성의 이중 간격을 조성한다. 변화하는 시기의 중국이 주택계층화는 이미 시작되어 사회 계층의 이동에 영향을 주는 중요한 요소가 되었다. 19차 당대표대회의 보고에서 "집은 거주하는 것이지 투기를 하기 위한 것이 아니다"라는 것을 강조했는데 이는 국가에서 이미 주택시장에서 존재하는 문제를 인식하였음을 설명하며 새로운 정책이 계속 출현할 것임을 예고하였다.

2. 빈부의 분화 과정에서 사회의 심리

개혁개방이 가속화되고 사회적 변화가 심화되는 과정에서 사회 심리도 변화하고 있다. 일반적으로 사회 심리는 한 순간에 퍼지는 온 사회 혹은 사회 그룹, 사회분류 중의 사회적 공감, 사회정서와 느낌 및 사회 가치 지향을 말한다(양이인楊宜音, 2006). 사회심리는 개인과 밀접한 관계가 있고 사회의 급격한 변화 과정에서 사회심리 역시 큰 변화를 가져오게 되는데 이런 변화는 사회구성원과 사회 조직, 제도에 대해서 모두 분명한 영향을 미친다. 전체적으로 볼 때 중국의 사회 심리는 적극적이고, 낙관적이고, 상향적이고, 사회의 안정과 사회 발전에 긍정적 작용을 하고 있지만 빈부의 격차가 날로 심해지고 있는 오늘날 일부 사회 그룹의 생존, 발전의 권익과 합법적 이익은 충분히 보장되고 있지 않으며 사회 심리에도 이부 부정적이고 소극적인 인식과 정서가 생겨났는바 이 점은 주의를 요하며 적절한 인도를 필요로 한다.

1) 빈부 격차의 확대는 공정성과 정의에 대한 우려를 낳았다.

불평등한 이익구조와 이익의 분배는 반드시 불평등한 사회심리를 초래하게 된다. 현 사회에서 계속 벌어지고 있는 빈부의 격차 및 도시와 농촌, 지역, 업종, 직업 간의 수입의 차이는 일부 구성원, 특히 사회적 약자 그룹의 빈부차이에 대한 인식에 큰 영향을 끼쳤다. 개혁개방 과정에서 일부 부당한, 불합리한 방식으로 땅을 잃은 농민, 퇴직한 노동자 등 약자들의 권익은 합법적인 보장을 받지 못했을 뿐만 아니라 오히려 불공평한 대우를 받아 사회에서 "부자는 더욱 부자가 되는" 상황을 만드는 결과와 선명한 대조를 이루었다. 그들이 "박탈감"을 느끼는 심리는 사회의 공정성과 정의에 대한 믿음의 상실을 초래하여 사회 현실에 대한 불만으로 이어질 수 있다.

이밖에 사회에 존재하는 일부 관행, 업종 독점과 권력 독점의 문제는 매체의 보도를 통해 그 반응이 확대되었고 사회 정성과 정의에 대한 대중의 우려를 가중시켰다. 결국에는 빈부의 분화 과정에서 부정부패를 통한 재부의 불공정 분배 문제는 적지 않은 사회 구성원들로 하여금 부자가 더 큰 부자로 되는 수단에 불만을 느끼고 일부 정부 관료의 부정부패, 제멋대로 재물을 긁어모으는 행위는 정부의 공공부문의 공신력의 추락을 초래하였는바 많은 대형 사회조사결과에서 보듯이 현재 중국 주민은 말단 정부관료, 경찰, 법관, 기업경영자, 과학자 등 그룹에 낮은 신뢰도를 보여주고 있으며 사회 전체에 신뢰도 결여의 특징이 나타나고 있다.

2) 제도적 규칙의 부재는 사회적 막막함과 무관심을 야기했다.

중국 사회에서 집단주의 문화와 가치관은 늘 사회의 주류였으며 "남을 돕는 것을 기쁘게 생각하며" "남을 위하여 자기의 이익을 버리다"는 정신은 줄곧 주류문화의 숭상을 받았다. 그러나 사회 경쟁 압력의 심화, 자신의 가치에 대한 중시가 고양됨에 따라 사람들은 날로 인간관계의 개인화, 삭막함을 체감하게 되어 원래 계획경제 시기의 "서로가 서로를 위하여 노력하는" 따뜻한 장면은 역사적 기억으로만 남게 되었다. 최근 일부 지방에서 행인이 넘어진 노인을 부축했다가 오히려 고발을 당하는 현상이 발생했는데 이는 사회제도 규칙의 부재 상황에서, 공중심리의 보편적인 무력감과 좌절감을 반영하는 것이다. 지금의 제도와 규칙은 "타인이나 사회에 도움을 주는 사람"을 보호해 줄 수 없다. 남을 돕다가 오히려 위험을 무릅쓰고 손실 부담을 책임질 수도 있는 상황에서 "자기 집 앞의 눈만 쓸고, 남의 집 기와의 눈은 상관하지 마라"는 말은 어쩔 수 없는 선택이 되었고 사회의 삭막함과 무관심을 만들었다.

3. 공정성과 정의 그리고 사회제도

"천하를 다스리려면 반드시 먼저 공정해야 하고 공정해지면 천하가 태평해지게 된다." 신중국이 성립된 이후, 특히 개혁개방 이후 중국은 큰 발전을 이룩했고 공정하고 정의로운 사회를 조성하기 위한 물질적 기초와 유리한 조건을 마련했다. 중국의 사회에 큰 변화가 발생함에 따라 사회의 공정성과 정의 문제에서의 일련의 모순과 문제는 나날이 두드러졌고, 인민, 군중의 사회의 공정성, 정의에 대한 요구는 점점 높아졌다. "곳간에 곡식이 가득 차야 예절을 알게 되고, 의식이 풍족해야 명예와 굴욕을 안다." 사람들은 물질생활의 풍요로워지면 필연적으로 공정성, 정의에 대해 더 높은 요구를 제기하게 된다. 중국의 사회적 변화와 계층 분화 과정에서 나타난 일부 불공정하고 불합리한 사회 현상과 사회 문제는 공정하고 합리적이며 실행 가능한 사회 제도를 통해 바로잡아야 하며 공정성과 정의를 수호해야 한다. 존 롤즈는『정의론』에서 "정의는 사회제도의 가장 중요한 가치인데, 이는 진리가 사상 체계에서 가장 중요한 가치인 것과 같다"(존 롤즈, 2009)라고 말한 바 있다. 공정하고 정의로운 사회는 공정한 사회제도를 필요로 하며 사회제도는 반드시 공정성과 정의에 대한 국민들의 인식을 반영해야 한다.

1) 다차원적 이중 체제를 극복하여 균형적 사회발전을 종합적으로 계획한다.

40여 년의 개혁개방은 현재 "깊은 수심지역" 단계에 진입했지만 오랜 시간 동안 시행한 계획경제 체제는 여전히 사회에 여러 가지 "경로의존성" 영향을 남겼다. "도시와 농촌을 분리하는" 호적제도는 "도시사람과 농민", "본시인과 외지인"의 구별을 가져왔고, 독점성 업종의 존재는 "체제내외"의 구별을 만들어냈다. 그래서 현재 중국 사회는 반드시 제도의 설계에서 도시와 농촌, 지역과 업종의 균형적인 발전을 실현하고 사회에 존재하는 다원적 이원시스템을 타파해야 한다. 하나는 도시와 농촌의 통일을 이루고 도시 사이에 기본적으로 "평등한 권리를 갖는" 호적제도를 수립하여 인구의 이동을 저애하는 제도적 장벽을 없애어 기본 공공서비스의 평등화를 실행해야 한다.

다행인 것은 최근 일부 도시에서 이미 호적제도의 개혁을 시작하여 농업호적과 비농업호적의 차별을 없앴으며 국가 차원에서 "중소 도시와 소도시로의 정착을 제한하는 정책을 해제하고 순차적으로 중등도시에로의 정착 제한 정책도 해제하며 대도시에로의 정착 조건을 합리적으로 규정하고 특별대도시의 인구 규모를 엄격하게 통제하는" 정책을 제정하였는데 이는 인구 수용능력이 한계에 달한 특별대도시를 제외한 도시에 사람들이 자유롭게 정착하고 호적을 옮길 수 있으며 교육, 의료, 양로, 보장성주택 등 면에서 기본적인 공공 서비스를 평등하게 누릴 수 있게 된다는 것을 의미한다. 둘째, 농촌 지역의 재정지원을 지속적으로 늘리고 농촌 토지의 합리적인 유통을 추진하며, 토지수용 보상 방법을 개선하고, 농민의 합법적인 권리와 이익을 확실히 보호하며, 도시와 농촌 간의 소득 격차를 줄인다. 셋째, 시장 체제의 개혁을 계속 추진하고 극소수의 국가 안보와 국민 경제, 국민 생활과 관련이 있는 일부 산업을 제외하고 나머지 기존의 국유 독점 산업은 시장 경쟁의 시련을 받아들여야 하며, 직원 채용, 급여 지불, 승진 과정 등은 공개적이고 투명해야 하며 "짜맞춤식 모집방법"과 "가업의 상속" 등 불공정한 현상을 깨고 직업과 산업 내의 격차를 줄이는 것이다.

2) 소득분배 제도의 개혁을 심화하여 "양극화"를 방지한다.

"효율성을 우선으로 하고 공정성도 갖추는" 것에서 "첫 분배는 효율성에 중점을 두고, 재분배는 공정성에 초점을 맞춘다"로, 다시 "일차 분배 및 재분배는 모두 효율성과 공정성을 고려해야 하며 재분배는 공정성에 더 많은 주의를 기울인다"로 바뀐 소득분배제도 설계에서 공정성이 날로 정부와 사회의 중시를 더 받고 있음을 알 수 있다. 목전의 점점 심해지는 소득 격차와 빈부의 분화는 공정한 사회제도의 개입과 규정을 필요로 한다. 따라서 초기 분배에서는 규범에 맞는 규칙과 제도를 운영해야 하며 분배 과정에서의 "부정 수입"에 대해서는 법적 수단을 통해 저지해야 한다. 재분배 과정에서 정부는 공공 서비스의 기능을 철저히 이행해야 하며 과세 수단을 통하여 고수입자의 수입을 통제하며 재정지출이 저수입자, 취약계층을 중심으로 이루어지도록 해야 한다. 동시에 교육, 의료, 공공서비스, 공익사업 등에 대한 투자를 늘리고 취약 계층의 권리와 이익을 보호하고 "약자가 재주도 없고" "가난한 자가 더욱 가난해지는" 양극화 현상의 발생을 막아야 한다.

3) "가난을 구제하는 효율적인 정책"을 계속 추진하여 중등수준 소득자를 증가시킨다.

빈곤이 정의로움을 의미하지는 않는다. 가난한 자는 개혁개방의 성과를 공유할 수 없고 그들 중 대부분 사람의 권익이 사회의 구조적 원인으로 피해를 보았는데 이는 사회 안정과 공정성, 정의에 대한 훼손이다. 정부와 사회는 "효율적으로 가난을 구제하는 정책"을 실시하기 위한 다양한 사회 시스템을 구축하고 개선하여 정확한 식별, 정확한 지원 및 정확한 관리가 이루어질 수 있도록 해야 하며 지역 조건에 맞는 적절한 대책을 세워 빈곤층이 빈곤에서 벗어날 수 있도록 해야 한다. 예를 들면 사회보장 제도를 통해 기본적인 생활의 수요를 해결하고 농촌 의료보험에 대한 자금 투입을 늘려 "질병으로 인해 가난해지거나" "질병으로 인해 다시 가난해지는" 것을 예방하며 교육 및 직업 기술 훈련을 통해 빈곤층이 시장경쟁에서 일정한 위치를 얻을 수 있게 하고 빈곤 지역의 기초시설에 대한 자금 투입과 산업기술력의 강화를 통해 그 지역이 시장에 진입하거나 이동할 수 있게 해야 한다. 빈곤 인구의 수입을 늘리고 기초교육에 대한 투자를 늘리며 도시와 농촌의 교육 자원, 도시 간의 교육자원의 균형적인 안배로 교육의 불균형이 빈곤의 대물림과 빈곤의 재생산을 만들어내는 것을 막아야 한다. "피라미드"의 밑바닥에 있는 가난한 사람들을 상류층으로 이동하게 해야 사회 구조가 보다 건강한 "올리브형"사회로 전환될 수 있다. 중산층의 비율을 확대하는 것은 내수를 확대하고, 사회 및 경제 개발을 촉진하고, 소득 격차를 좁히고, 공정한 발전을 이루고, 사회 안정을 도모하는 중요한 수단이다. 국가는 효과적인 시스템 설계로 중간 소득 계층의 규모를 늘려야 한다. 공급 측면의 구조개혁을 심화시키고 지속적이고 건전한 경제 발전을 도모하며 사회 구성원의 소득 증대를 위한 견고한 토대를 마련하고, 자원 배분에 있어 시장의 결정적인 임무를 수행하고 시장 요인의 순환 메커니즘을 개선하며 거주자가 소득을 얻을 수 있는 통로를 늘려 주민이 운영 또는 재산 소득을 가질 수 있게 해야 한다. 비공유제 경제 재산권의 보호를 강화하고 지적 재산권 보호를 강화하며 국민의 재산 안전 의식을 강화하고 새로운 사회 계층 그룹의 합법적인 이익을 확실하게 유지, 보호해야 한다.

4) 사회주의 법치 건설을 강화하여 사법제도의 공정성을 유지, 보호한다.

"법이 강하면 국가가 강하고 법이 약하면 국가가 약하다." 법치 건설에서 가장 중요한 것은 사회의 공정성과 정의를 강화하는 것이다. 현재 중국은 비교적 완벽한 사회주의 법률체계를 갖추고 있고, 사법 개혁의 발걸음도 안정되게 진행되고 있다. 그러나 여전히 사회의 공정성과 정의에 영향을 주는 부족한 점이 있다. 우선 사회 보장과 사회 서비스영역의 법률은 여전히 불안전하고 이로 인해 정부는 기본 법률의 일부 문제점을 보완, 개선하는 기초에서 사회영역의 입법을 가속화하고, 특히 교육에 미치는 공정성, 의료위생의 보장, 사회 공익사업 및 약자에 미치는 도시 관리 방면의 법률을 제정하고 수정하여 공정하고 정의로운 이념에 부합하게 하여 법치의 수단으로 형성된 권리의 공정성, 기회의 공정성, 분배의 공정성을 담보하는 완벽한 분배제도 체계를 갖추어야 한다. 다음으로 최근 부패, 권력 남용 및 기타 정부 부처의 신뢰성에 심각한 영향을 미치는 사건에 대한 사법부의 처벌은 사회 구성원, 특히 최하위 계층의 부정부패와 검은돈에 대한 불만 정서를 크게 완화했고 사법부의 공신력에 대한 믿음을 키웠지만 법치 건설은 여전히 더 강화되어야 한다.

참고문헌

陳光金, 2005, 『從精英循環到精英複制──中國私營企業主階層形成的主體機制的演變』, 『學習與探索』 第1期.

崔鳳、張海東, 2003, 『社會分化過程中的弱勢群體及其政策選擇』, 『吉林大學社會科學學報』 第3期.

費孝通, 2007, 『鄕土中國』, 上海: 上海人民出版社.

馬克思, 1972, 『共產黨宣言』, 『馬克思恩格斯選集』 第一卷, 北京: 人民出版社.

李春玲, 2003, 『中國當代中產階層的構成及比例』, 『中國人口科學』 第6期.

_____, 2005, 『斷裂與碎片:當代中國社會階層分化實證研究』, 北京: 社會科學文獻出版社.

_____, 2014, 『教育不平等的年代變化趨勢(1940-2010)』, 『社會學研究』 第2期.

李培林, 2011, 『中國社會』, 北京: 社會科學文獻出版社.

_____, 2015, 『中產階層成長和橄欖型社會』, 『國際經濟評論』 第1期.

李強, 2001, 『關於中產階級與中間階層』, 『中國人民大學學報』 第2期.

──, 2013, 『社會分層十講(第二版)』, 北京: 社會科學文獻出版社.

劉欣, 2001, 『轉型期中國大陸居民的階層意識』, 『社會學研究』 第3期.

───, 2002, 『相對剝奪地位與階層感知』, 『社會學研究』 第1期.

陸學藝, 2002, 『當代中國社會階層研究報告』, 北京: 社會科學文獻出版社.

──────, 2010, 『當代中國社會結構』, 北京: 社會科學文獻出版社.

羅爾斯, 2009, 『正義論』, 何懷宏等譯, 北京: 中國社會科學出版社.

米爾斯, 2006, 『白領: 美國的中產階級』, 周曉虹譯, 南京: 南京大學出版社.

三浦展, 2007, 『下流社會』, 陸求實、戴錚譯, 上海: 文彙出版社.

孫立平, 2002, 『總體性資本和轉型期精英的形成』, 『浙江學刊』 第5期.

孫洛龜, 2007, 『房地產階級社會』, 蘆恒譯, 南京: 譯林出版社.

田北海、王珂, 2017, 『累積的教育質量不平等: 基於重點學校入學資格的視角』, 『學習與實踐』 第5期.

仇立平, 2014, 『上海社會階層結構轉型及其對城市社會治理的啟示』, 『國家行政學院學報』 第4期.

楊宜音, 2006, 『個體與宏觀社會的心理關系: 社會心態概念的界定』, 『社會學研究』 第4期.

姚燁琳、張海東, 2017, 『中等收入群體的擴大與橄欖型社會的形成』, 『河北學刊』 第5期.

張海東, 2017, 『中國新社會階層』, 北京: 社會科學文獻出版社.

張海東、楊城晨, 2017, 『住房與城市居民的階層認同』, 『社會學研究』 第5期.

張蘊嶺, 2001, 『亞洲現代化透視』, 北京: 社會科學文獻出版社.

周曉虹, 2005, 『再論中產階級:理論、歷史與類型學兼及一種全球化的視野』, 『社會』 第4期.

Davis, Kingsley, &Wibert E. Moore. 1945, "Some Principles of Stratification."*American Sociological Review* 10.

Giddens, Anthony. 1975, *The Class Structure of the Advanced Societies*. New York: Harper & Row Publishers.

Parkin, Frank. 1979, *Marxism and Class Theory: A Bourgeois Critique*. New York: Columbia University Press.

Rex, J. & R. Moore 1967, *Race, Community and Conflict*. Oxford: Oxford University Press.

Saunders, P . 1984, "Beyond Housing Classes: The Sociological Significance of Private Property Rights in Means of Consumption."*International Journal of Urban and Regional Research* 9

Sorokin, PitirimA.1927, *Social Mobility*. New York: Harper.

제3장 신 이원체제 사회

　최근 몇 년 동안 고용 시장에서 공무원시험 응시열은 사회 각계의 큰 관심사가 되었으며 끊임없이 늘어나는 응시 인원 및 취직, 응시 비율은 모든 사람의 주목을 받는 문제가 되었다. 관련 언론 보도에 따르면 2018년의 국가공무원 모집 때 등록 신청 과정에서 자격심사에 합격한 사람은 1,659,700명이었고 최종적으로 국민 공무원 시험에 참여한 사람은 113만 4천여 명으로, 시험 합격 비율은 약 40 : 1이었다. 이밖에 과거의 전국 공무원 모집 시험에서 일부 직위의 시험은 "천에 하나가 뽑히고", "만에 하나가 뽑히는" 시험이라 불렸다. 즉, 수천 명의 사람이 하나의 직업을 위해, 심지어 어떤 직업은 만 명에 가까운 사람이 응시하는 현상도 있다. 사람들이 공무원 시험에 이렇게 몰리는 이유는 무엇일까? 관련 연구는 주로 사회 보장 수준의 차이와 업무 안정성의 차이 등 이러한 현상에 관해 설명하고 있으며 공무원은 비교적 높은 사회보장 수준과 일의 안정성으로 인하여 시험 응시의 열기가 뜨거운 것으로 나타났다. 사회구조의 각도에서 보자면 공무원 응시 열기 현상이 반영하는 것은 중국의 개혁개방 이후 점진적으로 형성된 새로운 이원체제 사회구조의 특징이다. 개혁 개방 이전의 도시와 농촌 이중 구조는 중국의 사회구조의 특징이었고 도시에서 실행한 것은 직장을 중심으로 하는 체계였다. 개혁개방 이후 새로운 경제 사회 조직의 급속한 발전, 호적제도의 개혁 및 단위 체계의 약화에 따라 전통적인 도시와 농촌의 이원사회구조에 큰 변화가 일어났고 전통적인 도시와 시골의 이원구조의 기초에서 정부와 시장으로 이루어진 새로운 이원체제가 형성되었다. 정부와 시장은 사회보장 등 여러 면에서 큰 차이를 보였고 결국 조건이 더 나은 부서로의 몰림 현상이 생겼다. 도시와 농촌, 새로운 이원 체제를 기초로 하는 이원구조 및 거기에서 파생되어 나온 하위 등급의 이원구조는 서로 얽혀서 중국의 사회구조를 다차원적 이원구조의 특징을 갖게 만들었다. 이러한 다차원 이원구조는 사회이동 및 사회통합 등에 대해서 새로운 요구를 제기하였고 어떻게 이러한 이원구조를 깨뜨리는가 하는 문제는 중국이 사회 경영에서 맞닥뜨린 중요한 과제가 되었다. 본장에서는 주로 직장사회의 특징과 형성 배경, 직장사회의 쇠락, 새로운 이중 체제의 형성, 새로운 이중 체제 하에서의 사회 관리에서 직면한 문제 등 면에서 새로운 이원체제 사회의 문제에 대해서 소개할 것이다.

제1절 단위사회(單位社會) 및 그 특징

"단위[單位]", 즉 직장은 중국인들의 일상생활에서 매우 친숙한 개념으로, 중국에서는 성격과 업종에서 큰 차이가 있더라도 일반적으로 직장을 '단위'라고 지칭하였다. 상호 교류의 과정에서 중국인들은 늘 다른 사람에게 어느 단위에서 일하는지 묻거나 혹은 어느 단위에서 일하는가 하는 질문을 받게 된다. 이는 "중국의 각종 사회 조직에는 모두 각자의 사회 분업의 성격을 초월하는 공동의 성격—'단위의 성격'이 있다"(루펑路風, 1989). 시간으로 보면 단위라는 이 개념은 신중국 성립 이후 나타났고 학술연구의 대상으로도 된 것은 좀 늦어서 개혁개방 이후에 와서야 나타난 일이다. "중국은 개혁개방 이후에 크고도 빠른 사회 변화를 겪었는데 이는 사회구조의 큰 변화를 초래했다. 이런 사회구조의 변화는 중국 사회의 변화를 이해하고 해석하는 중요한 측면이다"(리페이린李培林, 2011). 개혁개방 이래 시장화개혁의 지속적인 심화로, 중국 사회 변화를 어떻게 더욱 잘 이해하느냐는 국내외 학술계에서 주목하는 초점이 되었다. 이러한 과정 중에서 단위 현상에 접근하여 중국의 사회변화 문제에 대해서 깊이 있는 연구를 계속하기 시작했고 중국사회의 변화를 이해하는 데 대한 단위 현상의 중요한 의미도 점차 부각되었다. 이 중요한 의미는 "단위 체제는 중국 사회주의 사회의 독특하고 핵심적인 측면이지만 이런 현대공업 관계의 모델, 국가 행정 체계의 기초 조직 형식은 중국의 전통사회에서 선례가 없었던 것이었다"(루펑, 2003). 사회학, 정치학 및 경제학 등 여러 학과에서도 모두 사회 변환 시기의 단위 현상에 대해 높은 관심을 보였다. 학술연구의 각도에서 보자면,

단위는 직업적 조직 형태일 뿐만 아니라 제도적 차원에서의 함의도 가지고 있으며 "제도는 추상적인 개념이고 단위는 구체적인 조직형식으로, 제도와 단위를 한데 연결시키는 것은 사회주의 이성(理性) 정신이 중국에서의 50년 간 실천이다"(저우이후周翼虎, 양샤오민楊曉民, 1999). 일부 학자는 "단위 현상은 단위와 단위 체계에 의해 야기되는 일련의 문제의 종합적인 징표로, 이런 문제들이 모두 단위를 원점으로 하여 진행된다는 점이 특히 중요하다"라고 하였다(류젠쥔 劉建君, 2002). 단위 현상에 대한 연구에서, 조직을 기준으로 하는 시각 이외에 단위제도 역시 중요한 측면으로, 그 차이는 단위는 "주로는 일종의 조직 형태를 가리키며" 단위제도는 "주로는 단위 조직을 기반으로 하는 모종 사회 체제와 제도 구조를 가리킨다"(리루루李路路, 2002). 이와 동시에 다원체제 하에서 매 직업 단위에서 감당하는 기능은 모두 다원화된 것이며 이로부터 선명한 "단위가 사회의 기능을 담당하는" 특징을 드러내는데 이는 중국 사회가 선명한 "단위사회"의 특징을 갖게 하였다. 종합적으로 볼 때 단위, 단위제도 및 단위사회 등은 모두 우리가 단위 현상을 이해하는 중요한 관건이다.

1. 단위와 단위제도

1) 단위(單位)

국내외의 학자들은 일반적으로 왈더(Anderw Walder)가 단위제도에 대해 가장 먼저 연구를 진행한 학자라고 인정한다. 비록 단위라는 명확한 개념을 사용하지는 않았고 관련 관점 역시 명확한 한계와 부족함이 존재하지만 왈더(1996)가『공산당사회의 새로운 전통』이라는 책에서 계획경제 체제 하에서의 국유기업 작업장 내의의 권위관계 문제에 대해서 진행한 연구와 단위현상의 일부 특징 사이에는 밀접한 관련이 있다. 단위 현상이 학술 연구의 시야에 들어온 후 단위에 대한 함의, 구체적 형식 등에 대해 분석이 진행되었는데 비교적 대표적인 것은 다음과 같은 몇 가지 종류가 있다.

루펑(1989)은 비교적 이른 시기에 단위현상에 대해 체계적인 연구를 진행한 국내 학자이며, 그는「단위 : 일종의 특수한 사회조직 형식」이라는 글에서 단위를 "중국의 각종 사회조직에서 보편적으로 사용하는 일종의 특수한 조직형식이며 중국의 정치, 경제와 사회 체제의 기초이다"라고 정의하였다. 이밖에 단위가 포함한 구체적 조직 형식에 대해 루펑(2003)은「중국 단위 체제의 기원과 형성」이라는 글에서 "엄밀하게 말하자면 국영 부문의 기구야말로 가장 완전한 형식을 구비하고 있는 단위 형식이다. 그것은 당과 국가의 기구, 합법적인 민주당파와 인민단체(가령 공회, 공청단 등 조직)의 기구 등을 포함하며 물질적 부를 창출하지 못하는 기구, 가령 연구소, 각종 교육기구, 의료위행기구와 문화단체 등과 물질적 부를 창조하는 기구, 즉 각종 국영기업 등을 포함한다"라고 하였다. 루펑(2003)은 또 "도시집체소유제 기업은 국영기업에 매우 근접한 단위로 볼 수 있다"라고 하였으나 일부 소도시의 기업, 집체기업과 지역주민위원회 등은 단위조직의 형식에 속하지 않는다.

리멍(李猛), 저우페이저우(周飛舟)와 리캉(李康, 2003)은「단위 : 제도화조직의 내부 메커니즘」이라는 글에서 단위에 대해 "재분배체제 중의 제도화 조직이다. 이 의미에서 볼 때 도시에서 재분배의 중심에 위치한 기술력이 가장 떨어지는 사업단위, 행정단위가 바로 전형

적.인 '단위'이다." "기업 단위에도 전형적인 단위의 성격이 존재한
다. 농촌의 기층조직은 재분배 체제의 변두리에 처해 있을 뿐만 아
니라 제도화, 조직화 정도가 모두 약하여 '단위'의 일부 특징만 갖고
있을 뿐 단위가 아니다. 개혁 후에 생겨난 많은 사유기업, 합자기업
은 재분재의 체제 내에 있지도 많고 제도화된 조직도 아니므로 '단
위'에 속하지 않는다"라고 하였다. 실질적으로 이러한 단위형식의
이해와 루펑(2003)의 관점은 기본적으로 일치하는데 그들은 모두 농
촌의 하층 조직은 단위 조직에 속하지 않는다고 생각한다. 비교적
많은 연구가 이 관점을 지지하는데 예를 들어, 저이이후와 양샤오민
(1999)은 "단위는 국가가 공유체재 내의 인원을 관리하는 조직형식
이며, 그의 조직원소는 공직인원(공직을 갖고 있고 사회주의 복리의
보장을 받고 있는 간부와 공인)을 주체로 하고 일정한 거시적인 구
조에 따라 국가권력의 균형 기제를 형성하는 기본 세포이다"라고 규
정하고 있다. 레이제츙雷潔瓊(2002)은 단위는 "우리나라 현대 사회생
활에서 널리 사용되는 명사로, 주요하게 사람들이 그가 속한 사회
조직이나 기구 예를 들면 공장, 상점, 학교, 병원, 연구소, 문화단체,
당정기관 등에 취직하는 것을 가리킨다"라고 하였다. 리한린(2014)
은 "단위조직은 주요하게 중국 사회에서 국가소유 혹은 전민소유의
성격을 띤 여러 가지 유형의 사회, 경제와 정치 조직을 가리킨다. 개
혁개방 이전에 중국 사회의 여러 유형의 사회조직은 거의 모두 이러
한 유형의 단위조직이었다"라고 하였다.

　　위의 정의와 달리 차오진칭曹錦淸과 천중야陳中亞(1997)는 단위에
대해 "일종의 일원화된 집체조직형태로, 국가와 직능부분에 예속된
다. 국가는 단위 위에 우뚝 자리하고 있는 큰 단위이며 천백 만 개의
'단위 초석'의 축조에 의해 생성된 금자탑이다. 농촌의 정치와 합작

사가 결합된 조직과 도시의 모든 집체조직은 모두 단위로 볼 수 있다"라고 규정하였다. 이런 주장은 농촌의 일부 조직까지 단위의 범주에 소속된다고 보고 있다.

이 외에 또 일부 학자는 사회의 통제와 평준화의 시각에서 단위에 대해 규정하여, 단위는 "중국의 사회통제체제 중 사회평준화와 사회자원 총량의 확대를 목표로 한 제도화된 조직 형태로, 국가와 개인의 연결고리이다", "단위는 실제로 여러 조직에 존재하는 하나의 추상적인 개념으로, 어떤 조직의 실체든 모두 '단위'라고 부를 수 있다"라고 하였다.(류젠쥔劉建軍, 2002).

위의 단위에 대한 몇 가지 비교적 대표적인 정의를 살펴보면 이런 주장들 사이에는 일부 차이도 있지만 공통점도 있음을 알 수 있다. 우선 차이부터 살펴본다면 일부 학자는 단위는 중요하게 국영 부문을 말한다고 주장하지만 어떤 학자는 농촌의 기층조직 역시 단위의 구체적인 형식이라고 주장한다. 다음에 공통점을 살펴보면 상술한 정의는 일반적으로 단위는 경제사회에서 기초적인 역할을 한다고 주장한다. 본서는 아래의 세 개 측면에서 단위의 함의를 이해하고자 한다. 첫째, 단위는 계획경제체제 시기에 나타난 개념으로, 재분배라는 점에서 그 특징이 선명하게 드러나는바 단위는 재분배의 매체와 방식이다. 둘째, 단위는 계획경제 체재에서 도시의 일종 조직 형태로, 공작조직의 통칭이며 구체적으로 여러 가지 형식의 사회 조직을 포함한다. 하지만 유의할 점은 사유경제와 농촌의 기층조직을 단위라고 칭할 수 없을 뿐만 아니라 20세기 80년대부터 대규모로 형성되기 시작한, "장판대집체(廠辦大集體)"4) 역시 단위라고 부를 수 없

---

4) 국유기업에서 허가하고 출자하여 설립한, 도시로 돌아온 지식청년과 직원의 자녀들을 취직시키기 위해 만들어진 집체소유제의 기업이다. 본사에 관련 상품과 노동서비스를 제공하며 본사에서 인원이나

다. 셋째, 단위는 국가의경 제사회 발전에서 매우 중요한 역할을 하는바, 국가의 정치, 경제와 사회 체제의 중요한 기초이다.

(2) 단위 제도

① 단위제도의 함의

"시장경제가 충분히 발전한 국가에서 노동조직은 중국의 단위가 중국인에게 갖고 있는 것과 같은 그럼 풍부한 함의를 갖지 못한다. 그것은 노동의 장소를 의미할 뿐만 아니라 또한 경제 의의에서의 개념이기도 하다 (저우이후周翼虎, 양샤오민楊曉民, 1999). 이는 중국의 단위 현상이 더 복잡하다는 것을 설명하는데 조직의 차원에서 그에 대해 이해해야 하는 외에 단위제도는 또 단위 현상을 인식하는 중요한 시각을 제공하기도 한다. 이런 인식에 근거하여 일부 연구자들은 단위제도(단위 체제라고도 부른다)라는 개념을 제기하였다. 단위 제도의 연구에서 비교적 대표성을 띠는 관점은 다음과 같은 몇 가지가 있다.

주이후와 양샤오민(1999)은 "이른바 단위제도란 중화인민공화국이 1949년에 성립된 이래 공유체제 내의 인원을 관리하기 위하여 설립한 조직 형식이다. 헌법은 공유제의 최고의 지위를 보장하는 동시에 단위 구성원들에게 국가 권리를 장악할 수 있는 합법성을 부여하였다"라고 하였다. 루펑은(1989) 다음과 같이 해석하였다. "사회조직의 측면에서 사회의 운영을 단위 조직 형태의 구조에 맡길 수밖에 없는 구조를 '단위 체제'라고 정의한다. 이 체제의 기본 내용은 다음과 같다. 모든 작은 사회 조직은 모두 단위이며, 사회의 운영을

관리직을 파견하여 생산과 경영을 관리하고 공상행정기관에 등록하였다.

통제하고 조절하는 중추 시스템은 당의 조직시스템과 밀접한 관련이 있는 행정 조직으로 구성된다." 이밖에 루펑(2003)은 또 단위제도는 "현대 중국이 공산당이 지도하는 사회 혁명을 거치고 이를 통해 정권을 장악한 당이 국가행정의 힘을 빌려 사회에 대규모적으로 새 조직을 건립한 이후에 생성된 것이다"라고 하였다. 레이제충(2002)은 단위제도는 "국가와 매 '단위'를 매개로 사람들의 사회생활에 전면적인 관리를 하는 사회 관리체제의 약칭으로, 우리나라 전통적인 계획경제 조건 하의 관리체제의 핵심이다"라고 하였다. 류젠쥔(2002)은 "단위제도는 단위라는 이 실체로 구성된 사회통제시스템이다. 단위는 그 등급의 차이와 기능 및 행정 분포의 차이에 따라 당정과 행정의 권력을 여러 개의 평행되는 통제영역으로 나눈 것인데 모든 단위는 다 이 영역의 구성 요소이다."라고 하였다.

　이상의 단위제도의 함의에 대한 분석을 통해 우리는 이들의 관점에 몇 가지 선명한 공통점이 있음을 발견할 수 있다. 첫째, 단위제도는 중국의 현대화 과정의 중요한 표현으로, 전통사회에는 유사한 제도와 조직이 존재하지 않았다. 둘째, 단위제도는 방대한 숫자, 여러 가지 형식의 단위가 모여서 이루어진 것이다. 셋째, 단위제도는 국가에서 행정력을 이용하여 사회에 체계적인 관리와 평준화를 실행하는 기초이다. 넷째, 단위제도의 형성 과정은 점진적이었기 때문에 필연적으로 경제사회의 발전에 따라 변화하게 된다. 이 외에 한 가지 더 유의할 점은 여러 가지 요소의 영향으로 여러 지역의 단위제도에는 일정한 차이가 있으나 관련 연구에서는 단위 제도를 다른 공간과 지역의 배경에 놓고 관찰하거나 분석하지는 못했는바 이는 단위제도에 대한 심도 있는 분석을 진행하는데 영향을 미쳤다. 단위제도의 지역적 차이를 더 잘 인식하기 위해 일부 학자는 '지방성'이라는 이 중요한 변수를 단위제도에 대한 연구에 도입하여 "전형단위제"라는 새로운 개념을 제기하였으며 옛 동북 지역의 공업기지의 실천에 근거하여 "전형단위제"의 특징 등 문제에 대해 분석을 진행하였다(탠이펑田毅鵬, 치스漆思, 2005). "전형단위제"라는 관점을 지지하는 이유로는 "옛 동북 지역의 공업기지의 특수한 역사적 배경과 공간 조건은 단위체제의 여러 요소가 여기에서 가장 일찍, 가장 깊이, 가장 오랫동안 존재하게 하였으며 그 내적 구조도 단일하고 와해 과정도 매우 느렸다"는 점이다(탠이펑, 치스, 2005). 이런 의미에서 볼 때 이런 전형적인 단위제도가 동북 지역에 미친 영향은 이중적인 것인데, 이는 동북지역의 단위사회가 와해 과정에서 여러 가지 어려움에 직면하도록 만들었다.

② 단위제도의 주요 특징

왈더(1996)는 주로 제도적 의존성 및 제도문화 두 가지 측면으로 계획경제체제 하에서의 국유기업의 관련 특징에 대해 분석을 진행하였다. 제도적 의존성이란 공인이 경제적으로 공장기업에 의존하고 대인관계에서는 작업실의 직속 상사에게 의존하는 것인데, 제도문화는 상사와 부하 사이의 관계, 공인 사이의 관계 그리고 공인이 특정된 환경에서 취할 수 있는, 자신의 이익을 수호하기 위한 책략과 방법 등을 가리킨다.

루펑(1989)은 단위제도의 특징은 주요하게 기능의 합일성, 생산요소 주체 사이의 비계약적 관계 그리고 자원의 불가이동성이라고 하였다. 그중에서 기능의 합일성 특징은 모든 단위가 동시에 정치적, 사회적 그리고 자신의 전공 분업 등 여러 가지 기능을 가지고 있다는 것을 말하며 생산요수 주체 사이의 비계약관계라는 것은 공장의 공인은 단위가 노동력시장에서 계약을 맺는 방식으로 고용한 것이 아니라 정부의 노동력 부문에서 국가의 계획에 따라 배정한 것이며, 단위자원의 불가이동성은 단위 내의 구성원이든 단위가 소유하고 있는 자신이든 모두 이동성을 갖기 어렵다는 점을 가리킨다.

리멍, 저우페이우와 리캉(2003)은 단위제도의 특징을 다음과 같은 네 가지로 귀납하였다. 첫 번째는 결핍경제(shortage economy)와 복리의 단위분배제도이다. 결핍경제와 복리재배의 제도에서 단위는 구성원들에게 주택, 의료위생 등을, 시장경제의 조건에서는 시장에서 제공하게 되어 있는 상품과 서비스를 제공한다. 둘째는 다중적인 통제지수, 다시 말하면 단위의 내부 구성원들의 많은 행위는 상급의 통제를 받는다. 셋째는 "구조"의 관료화와 "기능"의 관료화의 분리이다. 비록 현대적인 조직형식을 구축하기는 하였으나 이와 관련된 제도적인 규정이 실천에 옮겨지지 못하였다. 넷째, 영구적인 취업, 즉 단위의 구성원들은 영구적인 직업 보장을 받으며 단위의 상사는 그들에 대한 해고를 관리방식으로 삼아 관리할 수 없다는 점이다.

차오진칭(曹錦淸)과 천중야(陳中亞)(1997)는 단위의 주요한 특징을 다음과 같이 귀납하였다. 일체 사회 구성원은 모두 단위에 직속되며 모든 사회 구성원이 모두 한 단위에 평생 소속되기 때문에 단위와 구성원들 사이의 보호와 복종, 통제와 의존의 관계를 형성하였으며, 모든 단위는 같은 권력구조와 비슷한 기구가 설치되어 있고, 단위 자체가 경제, 정치, 사회와 문화 등 여러 가지 기능을 가지고 있으며, 단위 사이에는 종적 행정 예속관계만 존재하고 횡적인 관계는 적다. 상술한 특징 외에 차오진칭과 천중야(1997)는 또 전체주의와 평등주의 역시 단위제도의 주요한 특징이라고 주장하였다. 그 중

"전체주의는 전체적인 이익, 의지와 질서를 강조하기 때문에 그 안의 개인들에게 개인주의를 극복할 것과 복종을 요구한다." 평균주의는 "노동자가 제공한 노동양에 대해 분배를 하는 것이 아니라 '머릿수'에 따라 분배를 하는 것이다. 만약 당신이 단위의 구성원이라면 동등하게 분배를 받을 권리가 있다. '잘 하든 못 하든 똑같다. 하든 안 하든 똑같다'라는 말은 바로 평균주의에 대한 통속적이고 정확한 설명이다."

리한린(李漢林)(2014)은 주요하게 구조와 기능 두 측면에서 단위제도의 특징에 대해 분석하였다. "이런 단위조직은 구조상에서 정치조직과 실제적인 전문분야의 조직을 한데 합친 것이며, 행위의 취향에 있어서는 전문분야의 취향과 의식 형태의 행위취향을 하나로 융합시킨 것이다. 이와 동시에 개인과 단위의 관계는 자원이 주로 단위에 의해 독점되고 분배되는 방식이기 때문에 매우 긴밀하며 기능의 다원화는 이런 단위 조직의 매우 선명한 사회적 특징이다."

또 어떤 연구는 "단위제도는 국가가 발전목표, 현실조건과 발전이론 등으로 구성된 지식체계를 기초로 국가권력 부문에서 확정한 관련 생산과 소비 등 일련의 구체적이고 공식적인 규정을 제정하는 것이다. 제도의 구성 중에서 지식체계는 도시의 단위제도의 핵심과 심층적인 부분이며 도시의 단위제도를 형성하는 원동력과 근거가 된다. 구체적인 규칙은 제도의 외부적 표현이고 제도가 작용하는 통로인데 생산과 소비 두 개의 부분을 포함한다"라고 하였다.(류톈바오劉天寶, 차이옌웨이柴彦威, 2017)

그 외에 단위제도 하에서 매 구성원들은 모두 하나의 특정된 단위조직에 예속되어 있고 단위는 매 구성원에게 상응하는 "개인당안(個人檔案)"을 만들어 둔다. 그러므로 당안제도는 단위제도의 중요한 특징과 구성 부분이다. "단위인의 모든 생존 형태와 행위는 모두 더욱 고착적인 제도에 반영되며 동시에 이런 제도는 매 한 사람의 단위인을 더한층 규제하는데 이런 제도가 바로 단위당안제도이다. 중국의 단위사회에서 매 한 명의 단위인은 모두 자신에게 속하는, 그러나 본인은 영원히 볼 수 없는 당안 자료를 가지고 있다"(천탄陳潭, 2002). 더 깊이 살펴본다면 바로 이런 개인의 당안 관리제도의 존재로 인해 사람들의 사회와 직종의 이동은 더욱 어려워지게 된다.

이상 단위제도와 관련된 특징에 대한 분석에서 우리는 단위제도는 주요하게 다음과 같은 몇 가지 특징을 가지고 있음을 알 수 있다. 첫째, 단위제도 하에서 매 사회구성원은 모두 특정된 단위에 소속되어 있는데 이는 단위제도에서 "단위가 없다면 도시 사람은 생존할 수가 없고 안정된 경제적 수입이 없을 뿐만 아니라 합법적인 권익을 보장해줄 수 있는 조직도 없어서 완전히 사회 밖에 내몰리게 된다." (저우이후, 양샤오민, 1999) 둘째로, 단위제도 하에서는 단위가 구성원들에게 상응하는 각종 사회복리를 제공하며 단위 구성원과 단위 사이는 서로 의존하는 관계이지 계약관계가 아니다. 셋째, 단위제도 하에서 매 단위는 모두 여러 가지 기능을 담당하고 있으므로 "단위가 사회를 구성하는" 특징을 나타내는데 바로 그렇기 때문에 여러 단위들 사이에 횡적인 연결고리는 별로 많지 않고 단위들 사이에 "벌집" 형태의 구조가 존재하게 된다. 넷째로, 단위제도 하에서 매 단위는 모두 대체적으로 같은 기구가 설치되어 있지만 단위들 사이에는 일정한 등급의 차이가 존재하며 이런 차이는 자원 획득의 차이를 만들어내었고 단위의 등급이 높을수록 더 많은 자원을 획득할 가능성이 커진다. 마지막으로, 단위제도 하에서 단위의 내부에서 실행하는 것은 평균주의적 분배제도로, "많이 하나 적게 하나 똑같고, 하나 안 하나 똑같다"는 말은 바로 이런 평균주의 분배제도에 대한 가장 생동하고 형상적인 서술이다.

2. 단위사회와 그 형성

"개혁개방 전에 우리나라의 총체적 사회구조 중에서 국가는 거의 모든 자원을 독점하고 있었다. 이런 자원은 물질적 부를 포함할 뿐만 아니라 사람들의 생존과 발전의 기회(그 중에서 가장 중요한 기회)와 정보자원을 포함한다."(순리핑孫立平 등, 1994) 신중국이 성립된 이후, 사회구조에서 중국 사회에는 "총체적사회"의 특징이 나타났고 국가는 일체를 계획하고 일체를 관리하며 소유제형식이 단일하였을 뿐만 아니라 시장이 작용을 발휘할 수 있는 공간도 매우 한계가 있었다. 이런 사회구조의 도시에서의 구체적인 표현은, 단위는 자원분배 등 면에서 모두 중요한 역할을 하였으며 단위제도가 점차적으로 완성됨에 따라 단위사회도 최종적으로 형성되었으며 매 단위는 모두 하나의 작은 사회로 볼 수 있었다는 점이다. 단위현상에 대한 연구에서 단위사회의 형성 원인에 대한 연구가 적지 않게 나왔다. 단위사회가 형성된 원인은 여러 가지가 있는데 근거지 시기에 형성된 경험의 영향을 받았을 뿐만 아니라 최근 직면한 "총체적" 위기에 대응하기 위한 수요에 의해서이기도 하다. 단위사회는 계획경제 체제에 어울리는 것으로, 최근 중국의 개혁개방의 지속적인 심화로 단위가 감당하는 일부 사회복리 기능이 지속적으로 박탈되고 있으며 단위의 기능은 점차 단일화되고 있다. 이와 동시에 도시과 시골, 지역 간의 사회이동도 점차 많았고 있으며 따라서 단위사회도 점차 해체로 나아가고 있다.

1) 단위사회 형성의 원인

단위사회의 형성 원인을 둘러싸고 주요하게 아래의 몇 가지 대표적인 관점이 존재한다.

차오진칭과 천중야(1997)는 단위제도의 형성에는 주로 다음과 같은 몇 가지가 있다고 보았다. 첫째, 모든 단위-공업과 광업기업, 농촌, 상점, 학교, 병원과 기관 내부에는 모두 당의 조직기구가 설립되어 있어 선명한 당정합일의 특징을 띠고 있으며 이는 "지부(支部)를 연(連)에 설립하는" 정치적 전통과 관련이 있다. 둘째, 더 광범한 문화배경에서 고찰해 보면 단위체제는 중국의 전통적인 농촌문화와 관련이 있다. 셋째, 단위라는 이 조직형태는 사회 내부에서 자체적으로 발생한 것이 아니라 정권의 힘을 통해 인위적으로 조직한 것이며 행정력과 의식형태의 역량에 기대어 유지된 것이다. 넷째, 근본적으로 보면 단위제도는 전통적인 사회주의공유제와 계획경제와 서로 부합되는 것이며 단위는 공유제와 계획경제의 수요에 근거하여 만들어진 것이다.

류젠쥔(2002)은 신정권이 사회 기초를 튼튼하게 해야 하는 수요, 사회자원 총량이 제한되어 있는 상황에서 사회주의현대화건설을 진행해야 하는 상황 등 여러 측면에서 단위사회의 형성 원인에 대해 분석을 진행하였다. 첫 번째 측면에서 보면 단위사회의 형성은 사회조절기제가 부족한 문제를 효과적으로 해결하기 위한 필연적인 결과였다. 사회에 대한 관리와 평준화를 어떻게 효과적으로 실행할까 하는 것은 중국이 현대화건설 과정에서 맞닥뜨린 중요한 문제로, 단위제도의 확립은 국가가 사회에 대한 평준화를 효과적으로 실현하였다. 다른 측면에서 보면 단위사회의 형성은 사회자원의 총량이 부족한 상황에서 계획적으로 중국의 현대화건설을 추진하기 위한 수요에 의한 것인데 사회자원의 총량이 부족하였기 때문에 정부의 힘을 통해 중국의 현대화를 계획하고 추진할 수밖에 없었다.

루펑(2003)은 "단위제가 생성된 근본적인 원인은 국가에서 행정수단을 통해 인민들을 조직한 것이다. 사회주의중국에서 국가가 사회에 대한 통제는 공식적인 국가 기우에 의존하는 경우가 드물었고 주로 취직장소를 기본 단위로 하는 행정조직망에 의존했으며 이런 조직방식은 노장자 개인이 단체와 조직에 전면적으로 의존하게 만들었다."라고 주장하였다.

또 어떤 연구는 단위사회의 형성은 중국은 전통문화와 밀접한 관련이 있다고 보았다. 예를 들면 리한린(2014)은 단위사회는 "우리의 전통적인 가족문화 그리고 전통적인 가족조직과 제도와 밀접한 관련과 영향이 있다"라고 주장하였다.

위의 내용과 다른 주장으로 탠이펑(田毅鵬)과 치스(漆思, 2005)는 단위사회의 형성원인을 다섯 가지로 귀결했다. 서양 세력의 동양에 대한 침략과 중국사회의 총체성 위기, 사회위기에 대응하는 과정에서의 사회 정치사조의 끊임없는 진화, 끊임없이 진화하는 사회사조가 사회운동영역에 영향을 미쳐 사회에 전방위적이고 근본적인 변화를 가져온 것, 구소련의 영향, 근거지 스타일의 영향이 바로 그것이다.

이상의 단위 사회 형성원인 문제에 대한 분석을 종합해보면서 비록 여러 학자가 제기한 주장에 약간의 차이가 있기는 하지만 분명한 공통점도 존재함을 발견할 수 있다. 구체적으로 보면 공통점은 아래와 같은 몇 가지로 표현된다.

첫째, 단위 사회의 형성은 근대이후 총체성 위기의 요구에 대응하기 위한 필요에 의한 것이다. 가장 일반적인 의미에서 현대화란 인류 사회가 농업 사회에서 산업 사회로 넘어가는 과정을 가리킨다. 사회 근대화는 다양한 측면에서 구체화되며, 정치 공동체의 건설은 그 중의 구체적인 구현의 하나이다. 중국의 현대화 진행은 19세기 40년대의 아편전쟁에서 시작되었다. 서구 세력의 강력한 충격 하에 중국 전통 사회의 통제력의 부재의 문제가 드러났는데 이러한 문제들은 실질적 사회의 총체성위기였다. 이는 중국 현대화 과정의 중요한 내용이 바로 현대국가의 건설을 통해 직면한 "총체성위기"를 극복하는 것이라는 것을 의미한다. 그 이후로 국가를 구할 길을 적극적으로 탐구하는 것이 중화민족의 중요한 사명이 되었다. 헌팅턴(Huntington, 2015)은 "복잡한 사회의 정치 공동체는 이 사회의 정치 조직과 정치 시스템의 힘에 달려 있고" 정치 공동체의 건설을 통해 사회에 대한 국가의 효과적인 사회 통합을 실현하는 것은 중국의 현대 국가 건설의 중요한 부분이라고 보았다. 근대 국가의 건설은 필연적으로 "고도로 집약된 행정 계층 구조(Anthony Giddens, 1998)의 탄생"을 수반하게 되며 선진국과 선진 지역의 현대화의 실천은 정부조직체계의 완성이 사회의 통합에 중요한 역할을 한다는 것을 보여주었다.

전통적인 중국사회에서 "쌍궤정치"(페이샤오퉁費孝通, 1999)는 관리구조의 두드러진 특징이었다. 이러한 전통적인 구조에서 "황권의 힘은 현(縣) 아래로는 내려가지 않았"기 때문에 "기층사회의 관리는 향신5)이 책임졌으며 향신은 기층 사회의 관리에서 중요한 역할을

---

5) 퇴직 관리로서 그 지방에서 학문과 덕망이 높은 사람

발휘하였다. "향신은 국가와 민중 양자 사이에 있었기 때문에 늘 양자의 중개자와 가교역할을 했다"(잉싱應星, 2015). 신중국이 성립된 이후 중국 국가 건설의 중요한 내용은 국가 권력이 기층 사회로 내려간 것인데, "정권의 하향" 형식을 통해 정부가 기층사회의 효과적인 통합을 실현하는 것이었다. 그러나 주의해야 할 것은 국가는 사회의 통합에 대해서 처음부터 도시와 농촌 지역에서 완전히 다른 조직 형식을 형성하여 '도시와 시골'이라는 이원구조의 형성을 초래하였다는 것이다. 농촌의 인민공사제도와 딜리 신중국이 성립된 이후 국가는 도시에서는 단위제도를 통해 기층사회의 통합을 진행하였다. 구체적으로 보자면 도시에서는 단위제도를 시행하였고, 단위제도 아래에서 매 사회 구성원은 어떤 특정의 단위에 속하였다. 바로 이러한 날로 완성된 단위 제도를 기반으로 정부는 사회의 체계적인 통합을 실현하였고 근대 이후의 중국 사회가 직면한 '총체적 위기'를 극복할 수 있었다. 이러한 의미에서 이른바 단위 체제를 확립하는 과정은 실제로 중국인의 전통적인 산만한 열근성을 극복하고 가족화된 '관민과 백성'을 '국민'으로 바꾸는 과정이었으며 그들을 현대국가체계 속에 통합하여 현대의 다민족 국가를 구성하고 새로운 '집단 인정'을 형성하는 과정이었다(탠이펑田毅鵬, 뤼팡呂方, 2014). 기능 면에서 보면 계획경제 체제하에서의 단위제도의 직능은 전능적이었으며 정치기능을 포함하여 사회기능과 생산기능 등 다른 여러 가지 다른 유형의 기능을 포함하였는데 단위는 사람의 생활공간이자 근무 공간이었으며 사람들의 생활에 깊은 영향을 미쳤다.

둘째, 단위사회의 형성은 근거지 시기에 형성된 경험의 영향을 받았다. 근대 이후에 직면한 "총제적 위기"에 대응하는 것 외에 중국의 단위사회의 형성은 근거지 시기에 형성된 경험의 영향을 받았다.

이러한 관점의 핵심논리는 근거지 시기의 방법이 효과적이었기 때문에 신중국이 설립된 이후 관련 제도를 설계할 때 자연스럽게 근거지 시기의 성공적인 경험을 적극적으로 수용하였을 것이라는 점이다. 구체적으로 보면 근거지 시기에 형성된 사회의 동원 메커니즘 및 공급제도 등은 단위사회의 최종 형성에 뚜렷한 영향을 주었다. 근거지 시기에 여러 방면의 조건 제한으로 강한 자생능력을 통해야만 직면한 자원부족문제를 극복할 수 있었는데 효과적인 동원 능력은 자생능력의 중요한 구성요소이다. 사실상 강한 동원 능력은 줄곧 근거지 시기의 독특한 특징이었다. 단위사회에서 단위조직은 체계적인 조직기구를 통해 사회의 구성원들을 단위 조직에 받아들였는데 이는 마찬가지로 매우 강한 조직 동원능력을 갖고 있었다. 이런 의미에서 볼 때 근거지 시기의 일부 사람들을 동원하는 방법은 이미 초보적으로 단위사회의 일부 특징을 갖고 있었음을 알 수 있다.

이외에 근거지 시기의 공급제 역시 단위사회의 형성에 중요한 영향을 미쳤다. 공급제는 근거지 시기의 중요한 제도 배정으로, 공급제의 실질은 기본적으로 평등분배라고 볼 수 있는 원칙에 따라 생활필수품을 제공하는 것이었으나 실제로 자원을 취득하는 것은 여러 조건의 제한을 받아 실제적인 분배 과정에 적용되는 고정적인 분배 기준은 존재하지 않았다. "초기의 공급제에 포함된 품목은 주요하게 음식물과 옷이었으며 분배의 기준은 매우 평준화되어 있었다. 근거지 역사의 후기에 이르러 공급 품목은 의복, 음식물, 주거시설, 학업, 출산, 양로, 병치료, 죽음, 재해 등 여러 항목을 포함하게 되었으며 물질 조건의 개선으로 인해 일련의 등급제로 발전하였는데 개인의 직급과 자격에 따라 부동한 공급 기준을 정하기에 이르렀다."(루펑 路風, 2003) 이런 제도적 배치는 단위사회의 형성에 매우 분명한 영향을 미쳤다. 계획경제 체제 하에서 매 단위의 기능은 다원화되어 있었고 다양한 기능을 갖추고 있었는데 류젠쥔(劉建軍, 2002)은 단위에서 부담하는 주요 역할을 생산기능, 흡수기능, 안정 기능, 연합기능, 공급기능, 동원기능, 보호기능, 실천기능, 증명기능과 교화기능 등 몇 가지로 나누었다. 이런 기능으로부터 단위에서 그 구성원들의 노동과 생활에 미치는 영향은 전방위적인 것이었음을 알 수 있다. 예를 들면 단위사회에서 매 구성원들은 모두 특정된 단위에 소속되어 있으며 단위에서 내부의 매 구성원들에게 주거, 의료, 교육 등 여러 가지 사회적 복리를 제공하고 계급의 차이에 따라 다른 분배 기준을 적용하였는데 이런 분배 방삭은 근거지 시기의 공급제도와 비슷한 것이었다.

셋째, 단위사회는 자원이 부족한 상황에서 사회주의 공업화 건설을 추진하기 위한 필요에 의해 생겨난 것이다. 신중국이 성립된 이래 어떻게 사회주의공업화를 추진할까 하는 것은 매우 급박한 문제였다. 여러 가지 실제 여건의 한계로 당시 해야 할 작업은 실제적인 상황에 근거하여 실천 가능한 사회주의 공업화 건설의 길을 설계하는 것이었다. 이런 요소의 영향에서 "단위와 단위 체제는 중국이 낙후된 상태에서 사회주의공업화를 추진해야 하는 상황이 조직 문제에 반영된 결과이다"(루펑路風, 1989). 신중국이 성립된 이래 국가에서는 계획경제의 길을 걸었고 점차적으로 계획경제체제를 확립하였으며 국민의 경제 발전을 국가의 통일적인 계획관리 과정에 편입하였다. 구체적으로 보면 농업, 수공업과 자본주의공상업에 대한 사회주의개조와 완성된 이후에 "국가에서는 1956년에 공업 조직에 대해 대규모적인 조정을 진행하였는데 그 목적은 갓 공사합영(公私合營)을 실천한 기업을 국가의 행정관리의 조직구조에 편입하는 것이었다."

(루펑, 2003) 이런 경영구조에서 국가는 계획하는 방식으로 단위에 관리를 진행하였고 매 단위는 자신의 상급 관리 부서에 종속되어 있었으며 이런 단위들은 그 유형에 따라 일정한 정도의 등급 차이가 있었고 자원을 획득할 때에도 일정한 차이가 있었다. 그 외에 단위의 이런 관리는 또 총체적인 경제위기를 대처하는데 효과가 있었는데 "국가와 정부의 사회 통제는 주요하게 단위를 통해 진행되었고 단위에서 단위 구성원들에게 국가의 통합과 통제의 의지를 실현하는 것은 단위의 구성원들이 단위에 전면적으로 의지하는 상황을 기반으로 한 것이었으며 단위를 통해 사회를 만들고 단위 자신의 기능을 다원화하는 과정을 통해 실천한 것이었다"(리한린李漢林, 2014). 이 모든 것들은 중국의 단위 사회의 형성은 자원이 상대적으로 부족한 상황에서 사회주의공업화 건설을 추진하기 위한 수요에 근거한 것이며 이런 원칙에 따라 만들어진 조직관리 메커니즘은 사회 구성원을 유기적인 통일체로 만들어 총체적위기에 효과적으로 대처하기 위한 것이었다.

2) 단위사회의 형성 과정

학계에서는 보편적으로 단위사회에는 점진적인 형성 과정이 있었으며 경제사회의 발전에 따라 점차 쇠퇴하였다고 보는데 비교적 대표적인 관점으로 다음과 같은 몇 가지가 있다.

루펑(路風, 2003)은 단위사회의 형성을 다음과 같은 세 가지 단계로 나누었다. 첫 번째 단계는 신중국이 성립된 때로부터 1956년까지이다. 두 번째 단계는 1957년으로부터 1966년까지이다. 세 번째 단계는 1966년으로부터 1970년대 말까지이다. 단위사회는 각 단계에서 모두 다른 표현 형식이 있었다. 첫 번째 단계, 즉 신중국이 성립되어서부터 1956년까지 단위사회의 관련 요소는 전 사회적 범위에서 기본적으로 구비되었는데 이는 단위사회가 이 단계에서 대체적으로 형성되었음을 의미한다. 두 번째 단계는 첫 번째 단계에 비하면 단위의 관리 체제에 비교적 선명한 변화가 생겨났다. 세 번째 단계에서 단위의 복리공동체가 최종적으로 형성되었으며 따라서 단위가 부담하는 사회적 기능도 점점 많아졌고 단위조직의 독특한 권위관계 역시 점차적으로 형성되었다.

탠이펑(田毅鵬, 2005)과 치스(漆思, 2005)는 단위사회의 형성 과정을 네 개 단계로 나누고 있다. 1948-1953년은 단위사회의 준비와 탐색 시기이고, 1953-1956년은 단위사회의 형성 시기이며, 1957-1976년은 단위사회의 확장 시기이며, 1980년부터 지금까지는 단위의 변이와 소실 단계이다. 이외에 전국적으로 볼 때 단위사회의 형성에는 일정한 시간적 순서가 있기 때문에 여러 지역의 단위사회의 형성 과정에도 일정한 차이가 존재한다. 탠이펑과 치스는 "전형단위제"의 형성과정은 독창적이라고 하면서 "전형단위제"의 형성 과정을 다음과 같이 이야기할 수 있다고 하였다. 1948-1953년까지의 단계는 전형적인 단위제의 발생 단계이고, 1953-1956년은 전형적인 단위제의 발전 단계이며, 20세기 90년 이후는 전형적인 단위제의 소실 단계이다. 이 시기의 구분으로부터 "전형단위제"의 소멸은 상대적으로 좀 늦은 편이라는 것을 알 수 있다.

또 일부 연구에서는 단위 제도는 이미 있던 이론의 지도와 현유의 방식에 대한 모방을 통해 전개된 것이며 이상적인 모식과 구체적인 실천의 결과이고 단위제도의 형성 과정에는 배아(1921-1949), 준비(1949-1952), 형성(1953-1957), 조정(1958-1965)과 성숙(1966-1978)

다섯 개의 단계가 있었다고 하였다(류탠보劉天寶, 차이앤웨이柴彦威, 2017). 일부 연구 결과는 단위사회의 해체 원인을 "단위사회는 신속하게 안정되고 발전하는 동시에 여러 번의 강력한 충격을 받았는데 첫 번째 충격은 단위체제 외 조직의 탄생이고, 두 번째 충격은 단위 구성원들의 체제 밖으로의 유실이며, 세 번째 충격은 단위의 기능이 사회공동체로의 전이이고, 네 번째 충격은 단위 자신이 대량으로 파산하고, 제도 개혁을 한 것인데 이는 단위사회의 최종적인 해체를 초래하였다"라고 정리하였다(화웨이華偉, 2000).

제2절 신 이원체제 사회의 형성

　계획경제 시대의 도시와 농촌의 이원체제 중에서 도시에서 실행한 것은 단위체제였고 농촌에서 실행한 것은 인민공사제도(人民公社制度)였으며 도시와 농촌은 사회복리 등 면에서 큰 차이가 있었다. 도시의 단위사회는 전통적인 도시와 농촌의 이원구조의 선명한 특징 중의 하나이다. 개혁개방 이후에 중국의 사회구조에는 큰 변화가 생겼는데 한편으로 호적제도에 대한 개혁으로 인해 전통적인 도시와 농촌의 이원구조에 일정한 변화가 생겼으나 이런 구조의 영향은 여전히 지속되고 있었다. 다른 한편으로 신경제사회 조직의 발전으로 인해 전통적인 "체제 내 부서" 밖에서 성장한 방대한 양의 신경제사회조직은 중국에 정부와 시장이 병립하여 생겨난 신이원구조가 출현하게 하였다. 이런 기초적인 이원구조가 서로 겹쳐져 또 일차성적인 이원구조를 파생시켰는데 이런 모든 이원구조가 한데 겹쳐져 복잡한 다차원의 이원구조를 형성하였다(장하이둥 등, 2017). 예를 들면 도시와 농촌의 이원화구조, 신이원화구조의 공동 영향으로 형성된 도시의 이동인구, 시장화 정도의 심화로 인해 날로 커지고 있는 신사회계층이 바로 그것이다. 이런 다차원적인 이원사회구조에서 여러 부서의 사회보장, 직업적 안정성 등은 일정한 차이를 보이고 있는데 이런 차이는 체제내의 부서가 취직시장에서 더욱 매력있게 보이도록 만든다.

1. 도시와 농촌의 이원구조로부터 신이원체제의 사회로

1) 도시와 농촌의 이원구조

이원경제구조는 저명한 학자 루이스가 「노동력 무한공급 조건 하에서의 경제 발전」이라는 글에서 가장 처음 이야기한 것인데, 구체적으로 말하자면 선진국과 지역에 동시에 존재하는 두 가지 다른 부서 중 하나는 농업부서이고 하나는 공업부서일 때 이 두 부서는 많은 면에서 큰 차이를 보일 것이라는 내용이다. 농업부서는 기술이 낙후하고 자금 투입의 부족, 토지 자원의 부족 등으로 인해 농촌에 대량의 잉여노동력이 생길 것이다. 이와 선명한 대비를 이루는 것은 도시에는 생산 효율이 높고 이윤이 풍부하며 끊임없이 발전하는 공업부서가 있다. 두 부서 사이에 존재하는 상술한 차이 때문에 두 부서 지간에는 노동력의 전이가 일어나며 도시와 농촌의 인구 이동도 이로 인해 대규모로 진행되게 된다(루이스, 1989). 루이스 이후에도 일부 학자들이 이원구조의 특징 등 관련 문제에 대해 더욱 깊이 있고 자세한 서술을 진행하였다. 예를 들면 Michael P. Todar의 연구는 종합적으로 볼 때 이원구조는 주요하게 아래의 네 면에서 선명한 특징을 가진다고 하였다. 첫째, 부동한 조건이다. 어떤 조건은 "우월하고" 어떤 조건은 "열악한데" 두 가지 조건은 같은 영역에서 공존한다. 두 번째, 우월하고 열악한 조건의 이런 병존은 장기적인 것이며 과도적인 것이 아니다. 세 번째, 이런 우월하고 열등한 정도는 줄어들 기미가 보이지 낳을뿐더러 오히려 확대될 조짐을 보인다. 네 번째, 우월함과 열등한 요소 사이의 관계는, 현존하는 우월한 요소는 열등한 요소를 개선하는데 거의, 혹은 전혀 작용을 일으키지 못한다. 이런 이원구조는 여러 가지 층위에서 발현된다.

중국의 개혁개방이 심화됨에 따라 사회전환 문제에 대한 연구 중에는 이원구조라는 이 개념을 이용하여 사회구조의 문제에 대해 분석을 하는 사람들이 생겨났다. 신중국이 성립된 이후 중국의 사회구조는 여전히 도시와 시골의 이원구조였으나 관련 요소의 영향을 받았기 때문에 중국의 이원구조에는 또 선명한 특징이 존재한다. 예를 들면 전형적인 이원경제구조이론은 도시화의 추진 하에 농촌 인구, 특히 잉여 노동력은 차음 도시로 이동할 것이라고 주장한다. 이 점에서 중국의 실천은 다르다. 1958년에 통과된 "중화인민공화국호구등기조례"에서는 호구를 도시와 시골, 두 가지 부동한 유형으로 구분한다고 명확하게 규정하였으며 호구 천이의 문제에 대해 자세하게 규정하였다. 1977년에 통과된 "호구의 천이에 관한 규정"에서는 농촌 인구가 도시로 이동하는 데 대해 매우 엄격한 제한을 두었는데 "농촌으로부터 시, 진(탄광 지역, 삼림지역 등을 포함), 혹은 농업 인구로부터 비농업인구로 전환하거나 기타 도시로부터 북경, 상해, 천진 등 세 도시로 이동하는 것에 대해 엄격하게 통제한다. 진으로부터 시로 이동하고, 작은 도시로부터 큰 도시로 이동하는 것, 일반 농촌에서 도시의 교외, 진의 교외에 있는 농촌 혹은 국영농장, 채소밭, 경영작물 구역으로 이동하는 것은 적당하게 통제한다." 신중국이 성립된 이후에 계획 경제의 체제 하에서 도시와 시골의 이동은 매우 적었으며 도시와 시골의 인구 이동을 실현할 수 있는 통로는 극소수였다. 그것은 "신중국이 성립된 이후 실행한 중공업을 우선적으로 발전시키는 전략은 노동력에 대한 수요가 적었고 국유공업의 노동력은 또 자체적으로 폐쇄적으로 순환하였으므로 기본적으로 농촌 인구가 도시의 국유기업으로 옮겨가는 경로를 차단한 셈이어서 인위적으로 도시의 현대화공업 부문과 농촌의 전통농업부문의 이원경제구조를 심화시킨 것이었다"(란하이타오藍海濤, 2005).

　도시와 시골의 이원사회구조 하에서 도시와 농촌 사이에는 많은 면에서 선명한 차이가 있었다. 이 점에서 중국의 계획경제 체제 하의 도시와 농촌 이원구조와 Todar(1991)가 귀납한 이원구조의 특징은 매우 비슷하다. 예를 들면 도시 주민의 사회복리는 국가에서 제공한 것이나 농촌 주민의 일부 공중서비스는 집체경제에서 제공한 것이었는데 이는 도시와 시골의 사회복리 면에서의 차이를 만들어 냈다. 세부적으로 본다면 이런 차이는 다음과 같은 몇 가지가 있다. 호적제도, 양식공급제도, 부산품과 연료공급제도, 주택제도, 생산자료 공급제도, 교육제도, 취직제도, 의료제도, 노령연금제도, 노동보호제도, 인재제도, 병역제도, 혼인제도, 출산제도(궈수톈郭書田 등, 1990) 등이다. 이런 차이 중에서 호적제도는 가장 근본적인 성격을 띠고 있는데 그 밖의 것들은 대부분 호적 제도로 인해 생겨난 것이었고 도시와 농촌 사이의 이런 전방위적인 차이는 경제사회의 발전에 일부 부정적인 영향을 미쳤다. 루이룽陸益龍은 "중국의 호적제도는 명칭, 부호가 자원과 권리와 결합된 것으로, 신분 가치의 등급을 강화하고 자원에 대해 고도로 집중적으로 통제하여 도시와 시골의 선명한 분할과 분리통치 그리고 사회구조의 등급화와 지역화를 초래하였는데 구조의 분열과 분할은 사회 통합을 강화하는 동력이다"라고 주장하였다.

2) 신 이원체제 사회의 형성

① 단위사회의 소멸과 전통적인 도시, 농촌 이원구조의 새로운 변화

도시의 단위사회는 계획경제 체제에서 생성된 것이며 개혁개방 이후 시장화개혁의 심화와 시장화정도의 심화로 단위사회도 점차적으로 사라져가고 있다. 이와 함께 "후단위사회"의 일부 특징이 날로 드러나기 시작하였다. 일부 연구는 단위사회가 해체된 원인에는 다음과 같은 몇 가지 요소가 존재한다고 하였다. "단위체제 외 조직의 발생, 단위 구성원의 체제 밖으로의 유실, 단위기능의 지역 사회로의 전이, 기업을 주체로 하는 단위의 대량 파산, 제도개혁은 단위사회가 최종적으로 해체의 길로 나아가게 하였다"(탠이펑田毅鵬 등, 2014). 일부 연구는 단위사회가 해체된 과정을 네 가지 단계로 나누고 있다. 첫 번째 단계는 주요하게 과도기적 단계로, 1978년부터 1983년을 가리키는데, 이 단계의 주요 특징은 기업의 자주권개혁을 확대하고 노동합동제를 실시하는 것이며, 두 번째 단계는 국부적인 해체 단계로, 1984-1991년이 여기에 해당되며 이 단계의 주요 특징은 호적제도의 개혁, 노령연금제도의 개혁이며, 세 번째 단계는 빠른 속도로 해체되는 단계로, 1992-2002년이 여기에 속하는데 이 단계의 주요 특징은 주택제도의 개혁과 현대기업제도의 수립이며, 네 번째 단계는 심층적인 해체단계로, 2002년부터 지금까지가 이 단계에 해당되는데 이 단계의 주요한 특징은 시장경제체제의 점차적인 개선과 확립이다(류톈보劉天寶, 차이옌웨이柴彦威, 2017). 실제로 개혁개방 이후의 신경제사회 조직의 빠른 성장과 호적제도의 개혁, 국유기업과 사어단위개혁의 지속적인 심화 및 농촌영역의 일부 개혁 등 요소는 모두 단위사회에서 후단위사회로의 전환을 유력하게 추

동하고 있다. 더 높은 차원에서 본다면 개학개방 이후에 시장화개혁의 지속적인 심화로 인해 계획경제체제 하의 전통적인 도시와 농촌의 이원구조에도 지속적인 변화가 나타났다. 일부 연구는 개혁개방이래의 중국 도시와 농촌의 이원구조의 새로운 변화를 다음과 같은 몇 개 단계로 나누어 서술한 바 있다. 1978-1984년이 첫 번째 단계인데, 이 단계의 특징은 농촌개혁이 도시와 농촌이라는 이원구조에금이 가게 한 것이다. 1985-1992년의 특징은 개혁이 도시와 농촌의이원구조를 더 견고하게 만든 것이며, 1993-2001년의 특징은 전환시기의 시장의 영향과 행정력이 함께 작용하여 도시와 시골의 이원화 구조를 더욱 견고하게 만든 것이다. 2002년부터 지금까지가 마지막 단계인데 이 단계의 특징은 WTO의 가입이 도시와 시골의 이원구조의 분화를 약화시켰다(란하이타오藍海濤, 2005). 단위사회의 소멸 추세로 인한 전통적인 도시와 시골의 이원구조에 나타난 새로운변화는 다음과 같은 몇 가지가 있다.

(1) 신경제사회조직의 발전

위의 단위사회의 특징에 대한 소개에서 단위사회에서 단위조직의성격은 모두 국유기업단위이며, 매 사회 구성원은 모두 특정된 단위조직에 소속되어 있어서 국가는 단위조직을 통해 사회의 통합을 실현하였음을 알 수 있다. 개혁개방 이래 소유제 형식의 다원화와 신경제 및 사회조직은 모두 빠른 발전을 이루어 새로 흡수한 취직인원과 경제사회 발전에서의 역할이 점점 분명해졌다. 계획경제 시기와비교할 때 시장경제의 조건에서 사회자원의 분배 기제에도 새로운변화가 일어났는바 정부와 시장은 공동으로 중요한 역할을 하였다

(Victor Nee, 1989、1996). 산경제사회조직의 발전은 원래의 단위사회관리 체제의 일부 결함을 노출시켰다. 시장경제 조건에서 신경제사회조직의 인원들과 조직은 소속 관계가 아닌 계약 관계였기 때문에 이런 신흥 경제사회조직은 전통적인 단위관리 체제에 편입시켜 관리를 할 수 없었는데 이는 사회 관리 기제의 변화를 요구했고 신경제사회조직의 발전은 단위사회의 해체를 끊임없이 촉진시켰다.

(2) 호적제도의 개혁

계획경제 체제 하에서 도시와 시골의 이원구조는 중국 사회구조의 선명한 특징이었으며 도시와 시골은 관리 구조의 설계에도 분명한 차이가 있었다. 도시와 시골의 이원 구조에서 엄격한 호적제도는 매우 큰 정도로 도시와 시골 사이의 인구 이동을 제한했고 호적제도에 근거한 관련 복리 역시 도시와 시골의 차이를 초래했다. 개혁개방 이후에 호적제도의 완화와 도시화수준의 제고로 인해 이동인구의 규모는 날로 커졌다. 최신 통계에 따르면 2015년에 중국의 이동인구의 양은 이미 2.47억에 달하여 전체 인구의 18%를 차지하였다(국가 위생과 계획출산위원회 이동인구 부서, 2016). 2016년에 중국의 이동인구의 숫자는 2.45억에 달하여 2015년보다 141만 명이 감소하였다(국가 위생과 계획출산위원회 이동인구 부서, 2017). 이는 전통적인 단위체제에 새로운 충격을 주었는바 대량의 이동인구는 주로 신경제사회의 조직에 들어가 일하기 때문에 전통적인 단위 체제를 통하여 관리를 진행할 수가 없을 뿐더러 이동인구의 호적은 현 거주지에 속하지도 않기 때문에 거주 지역의 지역사회에 편입시킬 수도 없다. 이런 의미에서 볼 때 호적제도의 개혁 역시 단위사회의 약화를 가속화시키고 있다고 할 수 있다.

(3) 국유기업과 사업단위의 개혁

개혁개방 초기에 국가에서는 기업의 자주권을 확대하는 방식을 통해 국유기업 개혁을 추진하였다. 이후 사회주의시장경제가 발전함에 따라 국가는 체계적으로 국유기업의 개혁을 추진하기 시작하였는데 이 과정에서 국유기업에서의 시장의 주체적 지위는 점차 확립되었고 생산과 경영의 자주권도 날로 확대되었다. 단위사회에서 "단위에서 사회를 경영하는" 현상이 보편적으로 존재하였기 때문에 단위 내의 조직은 모두 다양한 기능을 띠고 있었다. 시장화개혁이 심화됨에 따라 상술한 폐단은 날로 분명하게 드러났는데 예를 들면 국유기업이 부담하는 사회투자비용이 바로 그것이다(리페이린李培林, 장이張翼, 2007). 시장화개혁에 따라 국가에서는 주택제도, 사회보장제도 등 개혁을 실시하여 단위에서 감당하던 일부 사회 기능을 해제하기 시작하였다. 이와 동시에 국가에서는 또 사업단위개혁을 점차적으로 시행하기 시작하여 20세기 80년대 중기로부터 시작하여 교육, 과학기술 등 영역의 사업단위의 개혁이 진행되기 시작하였는데 그 중의 중요한 내용 중 하나가 바로 사업단위 관리 체제와 정부 관계의 조절을 통해 사업단위의 자주권을 확대하는 것이었다. 그 이후 사업단위 영역의 인사제도 개혁은 점차적으로 전개되기 시작하여 초빙제를 실시는 부단히 확대되었고 사업단위의 인원들의 노령연금제도도 점차적으로 시행되기 시작하였다. 2008년에 국무원에서는 "사업단위 인원들의 노령연금제도 개혁 실험 방안"을 반포하여 산서, 상해, 절강, 광동, 중경 등 다섯 개의 지역에서 시험적으로 실시할 것을 결정하였다. 2011년으로부터 시작하여 사업단위의 개혁은 전면적인 추진 단계에 진입하였다. "유형별로 사업단위의 개혁을 추진할 데 관한 지도의견"에서는 사업단위의 개혁에 대해 체계적인 설계를 통해 유형별로 사업단위 개혁의 총체적인 목표를 정하였는바, 2020년까지 기능이 명확하고 관리가 효과적이며 운영이 효율적이고 효과적인 감독과 관리가 가능한 관리체제와 운영 기제를 마련하여 기본적으로 서비스를 앞자리에 놓고 공급수준이 적당하며 구조가 합리적이고 서비스가 공정한 중국 특색의 공익서비스 체계를 구축하는 것이 그것이다. 시장화개혁의 과정에서 국유기업, 사업단위의 일부 개혁도 단위사회의 소멸을 촉진시켰다.

또 한 가지 유의할 점은, 전통적인 단위사회 시기에 비해 국유사업단위의 인력자원관리 제도에도 현재 큰 변화가 일어나고 있으며 상여금제도와 계약제로 가는 추세가 매우 두드러진다는 점이다. "2016년도 인력자원과 사회보장 사업 발전에 대한 통계보고"에 따르면 "2016년 말까지 거의 모든 사업단위에서 초빙제도를 실행하였고, 공작인원들의 계약서 체결 비중은 93%를 넘어섰다. 사업 단위의 설치도 기본적으로 제도를 구현하여 일자리 설치 비율이 95%를 넘어섰다. 사업단위의 공개초빙 비율은 91%에 이르렀고 전국에서 사업단위들에서 공개초빙을 통해 고용한 인원은 79.86%에 이르렀는데 그 중에서 중앙사업단위가 6.65만 명, 지방이 73.2만 명이었다." "2016년 전국의 기업노동계약서의 체결 비중은 90% 이상에 달하였다. 2016년 말까지 전국에서 인력자원사회보장부서의 심사를 거친 유효 기간 발효 중에 있는 집체계약 누적 숫자는 191만 건에 달하여 341만 개의 기업, 1.78억 명의 직원을 포함한다,"

제3절 신 이원체제 사회의 영향

개혁개방 이후에 시장화개혁과 소유제 형식이 다원화됨에 따라 자원 분배에서의 시장의 역할이 날로 부각되었을 뿐만 아니라 민간 경영경제와 사회조직 등 체제 밖의 체제와 부서 역시 빠른 발전을 가져와 정부와 시장으로 구성된 신이원화 체제의 사회가 형성되었다. 사회의 구조로부터 볼 때 개혁개방 이후에 출현한 신이원체제와 전통적인 도시와 농촌의 구조가 한데 겹치면서 다차원 이원구조가 점차적으로 형성되었고 이런 구조에서 단위 체제의 소멸, 사회이동에 대한 체제 장벽, 이동인구의 증가, 새로운 사회계층의 굴기 등은 모두 사회의 관리로 하여금 큰 도전에 직면하게 하였다.

1. 사회이동에 대한 체제 장벽

전통적인 이원경제구조 이론에 따르면 경제사회의 발전에 따라 인구와 잉여 노동력은 여러 가지 조건이 모두 상대적으로 좋지 않은 농업 부서에서 조건이 상대적으로 좋은 공업 부서로 이동한다. 관련 요소의 영향을 받아 계획 경제 체제에서 중국의 도시와 농촌의 이원 구조는 인구의 이동을 제한하였고 이런 이원구조 하에서 도시와 농촌, 그리고 다른 단위와 조직 사이에서 사회 이동의 기회는 매우 적었다. 개혁개방 이후에 호적제도에 대한 개혁을 거쳐 전통적인 이원 구조가 사회의 이동을 제한하던 상황에는 큰 변화가 나타났고 따라서 도시와 농촌 사이, 지역 사이의 사회 이동은 점점 빈번해졌다. 최근 도시화, 공업화의 심화로 인해 이동 인구의 숫자는 날로 증가하여 경제와 사회의 발전에 충분한 인력 자원을 제공하고 있다. 실제로 개혁 개방 이래 중국이 경제 성장에서 이룬 기적은 바로 이 "인구보너스"에 힘입은 것이다. 개혁개방 이래 빈번한 사회 이동은 전통적인 도시와 농촌의 이원구조가 만들어낸 체제의 장벽이 이미 사라졌다는 것을 의미하지 않으며, 전통적인 도시와 농촌의 이동 장벽은 여전히 존재하며 체제 내부와 체제 외부 사이의 이동 장벽 역시 차츰 드러나기 시작하였다.

우선, 전통적인 이동 장벽부터 보기로 한다. 호적 제도가 여전히 기능을 발휘하고 있기 때문에 호적 제도에 기반을 둔 일부 공공서비스는 완전히 독립되지 않았는데 이런 의미에서 도시와 농촌 사이의 이동의 장벽은 여전히 존재한다고 말할 수 있다. 비록 점점 더 많은 인구가 농촌에서 도시로, 덜 발전된 지역에서 선진 지역으로 이동할 수 있지만 서로 다른 호적 집단의 사회 보장 수준에는 일정한 차이가 있으며 여러 도시의 호적 집단 사이에서도 유사한 차별이 존재하고 대도시로 호적을 옮기는 것에 대한 제한 조치도 더 많다. 그 다음으로, 도시에서 신 이원체제 사회가 형성됨에 따라 체제 내와 체제 내부 사이의 직업 이동의 장벽 문제도 점차로 윤곽을 드러냈다. 시장화 개혁의 과정에서 국유기업과 단위개혁의 심화로 인해 적지 않은 체제 내 인원들이 체제 밖의 부서로 이동하였으나 체제 밖의 부서에서 체제 내의 부서로 이동한 비율은 매우 낮다. 이는 직업 이동에 존재하는 비교적 선명한 체제 장벽을 보여주고 있다. 새로운 사회 계층의 직업 이동 상황에 대한 연구에 따르면 체제 내에서 밖으로 이동하는 비율은 체제 밖에서 안으로 들어가는 비율보다 훨씬 높다고 한다. 이 외에 또 일부 연구는 목전의 도시 노동력 시장의 분화는 이미 개혁개방 초기 체제 분할을 위주로 하던 데로부터 체제 분할과 시장 분할이 병존하는 구조로 전환되었다고 하였다(리루루李路路, 주빈朱斌, 왕위王煜, 2016). 상류 사회로의 이동 과정에서 부딪치게 되는 제도적 장벽은 일부 사회 불평등 현상이 발생하는 중요한 원인일 뿐만 아니라 이런 불평등은 체제 내 부서와 체제 밖 부서에서 다른 방식으로 드러난다. "집단의 신분을 경계로, 개혁 시기의 중국 도시의 사회 분할은 점점 심각해졌다. 그러므로 개혁 시기의 중국 도시에서 심화되는 불평등은 두 가지 서로 모순되는 현상을 포함하고 있다. 여러 유형 사이의 불평등은 계속 심화되고 있으며 이와 동시에 여러 유형의 내부에는 일정한 수준의 평등을 유지하고 있다."(왕펑王豐, 2013)

2. 이동인구의 관리와 서비스 문제

신이원체제의 사회에서 이동인구의 숫자는 계속 증가하고 있는데 최신 데이터에 따르면 목전 중국 이동인구의 숫자는 이미 2억을 넘어섰으며 규모가 계속 방대해지고 있는 이동인구는 사회의 관리 체제의 개혁에 새로운 요구를 제기하고 있다. 이런 요구는 주로 다음과 같은 몇 가지 내용을 포함하고 있다. 첫째는 농민공의 도시 지역사회로의 편입문제이다. 2012년 초에 민정부(民政部)에서는 "농민공의 도시 지역사회의 편입을 추진할 데 관한 의견"을 출시하였는데 이 의견에서는 어떻게 농민공이 도시 지역사회에 편입할지에 관한 문제들에 대해 규정하고 있다. 하지만 일부 정책의 제한으로 인해 이동 인구는 동등한 공공서비스를 향유할 수 없으며 이론 요소들은 이동 인구가 거주지의 지역 사회에 편입되는 문제에 영향을 미치게 된다. 그러므로 어떻게 관련 제도의 개혁을 통해 사회 이동 과정에 존재하는 제도적 장애를 제거하는가 하는 것은 여전히 매우 중요한 문제이다. 두 번째는 이동 인구의 공공서비스 문제이다. 목전의 도시와 농촌 사이, 그리고 지역 사이의 공공서비스의 수준에는 큰 차이가 있지만 이동 인구는 거주 지역에서 높은 수준의 공공서비스를 향유하기 어렵다. 세 번째는 농촌의 인구 유출로 인해 발생하는 문제이다. 유출 지역으로 볼 때 성 내에서의 유출과 성 밖으로의 유출이 존재한다. 국가위생계획출산위원회 데이터통계센터(2016)에서 이동인구의 상태에 대한 연구에 따르면 8042 가구의 이동인구 가정에서 가족 전체가 이동한 것은 3367가구로 전체의 41.9%를 차지하였고, 가족의 일부가 이동한 가구는 4675가구로 전체의 58.1%를 차지하였다. 이밖에 성 내에서의 이동인구 가구 수는 4541가구였는데, 그중 가족 전체가 이동한 비율은 37.6%였고 가족의 일부가 이동한 비율은 62.4%였다. 성 밖으로 이동한 가구는 3593가구였는데 가족 전체가 이동한 비율은 47.8%였고 가족의 일부가 이동한 비율은 52.2%였다. 상대적으로 가족 전체가 이동한 비율은 성 외로의 이동이 더 많았다. 최근 규모가 점점 방대해지는 이동인구는 경제 사회의 발전에서 중요한 역할을 하고 있지만 그 유출지역에도 적지 않은 영향을 미쳤다. 일례로 도시로의 이동으로 인해 생긴 "유수아동"의 문제를 들 수 있는데 어떻게 "유수아동"에게 공공서비스를 제공할 것인가 하는 것은 매우 중요한 과제가 되었다. 인구가 농촌에서 도시로 이동함으로 인해 발생한 "농촌황폐화"의 문제도 역시 사례 중의 하나이다. 그러므로 농촌의 진흥사업 역시 적극적으로 추진해야 할 사업이다.

3. 신이원체제 사회의 사회 관리에서 직면한 문제들

신이원체제 사회의 형성은 사회 구조가 날로 복잡해지게 하여 중국이 명실상부하는 복잡한 사회로 변하게 하였다. 사회구조의 이런 변화는 사회적 평준화에 새로운 시련을 안겨 주었다. 새로운 사회계층을 예로 든다면 체제 밖의, 직업이동성이 강한 집단적 특징으로 하여 새로운 사회 계층은 전통적인 사회관리 체제에 들어가 평준화되기 매우 어렵다. 그리하여 대부분 "어디에도 소속되지 않는" 상태에 처해 있는데 이는 새로운 사회 계층의 역량을 한데 모으는데 불리할 뿐만 아니라 사회의 조화와 안정에도 영향을 미칠 가능성이 있다. 그 원인은 개혁개방 이래 사회구조의 변화가 사회의 관리에 구조적인 문제를 초래했다는 점에 있다. 중국의 전통적인 사회관리 체제와 도시와 농촌의 이원구조는 서로 부합된다. 시장화 개혁 이후로 체제 밖 부서의 빠른 성장은 중국에 체제 내의 부서와 체제 밖의 부서로 이루어진 새로운 이원 구조가 나타나게 하였는데 체제 내의 집단과 비교하면 체제 밖의 집단은 직업적 안정성이 떨어질 뿐만 아니라 그들이 "비조직화적 상태"에 처해 있기 때문에 자신들의 이익을 대변할 수 있는 통로가 부족하다. 이와 동시에 전통적인 이원 구조는 여전히 존재하며 새로운 이원구조와 한데 교차되어 다차원적인 이원사회구조가 생성되었다. 다차원적인 이원사회 구조에서 전통적인 사회관리 체제는 큰 한계를 드러내어 새 사회계층 등 일부 체제 밖, 당 밖의 사회 집단에게 효과적인 평준화를 실현할 수 없게 되었는데 이런 인식은 이미 사회적으로 공감대를 형성하고 있다. 사회구조의 전환이 초래한 사회 관리의 구조적 문제를 어떻게 해결하고 더 많은 사회 집단을 흡수하여 사회 관리에 참여하게 하여 함께 건설하고 함께 향유하는 사회 관리의 새로운 국면을 만들어 나갈까 하는 것은 목전의 사회 관리 개혁에서 해결해야 할 중요한 문제이다.

(1) 도시 지역사회의 건설 문제

전통적인 도시와 시골의 이원사회 구조에서 도시의 단위제도는 도시사회의 평준화에서 주요한 역할을 해 왔다. 개혁개방 이후에 단위사회의 몰락과 신경제사회조직의 성장으로 인해 단위가 사회 평준화에서 역할 역시 점점 줄어들고 있다. 이런 상황에서 사회평준화의 매개체가 결핍으로 인하여 중국의 사회는 "사회원자화(社會原子化)"(탠이펑田毅鵬, 2012 ; 탠이펑 등, 2014)의 문제가 출현하였다. 따라서 지역사회는 사회조직의 통제에서 날로 중요한 역할을 발휘하고 있다(탕황펑唐皇鳳, 2008). 1989년에 통과된 "중화인민공화국도시주민위원회조직법"은 도시의 주민위원회의 성격을 "자신을 관리하고 자신을 교육하며 자신에게 서비스를 제공하는 기층 군중의 자발적인 단체"라고 규정하였다. 그리고 "중화인민공화국도시위원회조직법"에서는 주민위원회의 책임을 다음과 같은 여섯 가지로 규정하고 있다. 첫째, 헌법, 법률, 법규와 국가의 정책을 홍보하고 주민의 합법적인 권익을 보호하며 주민을 교육하여 법에 규정한 의무를 이행하고 공공재산을 아끼도록 하며 여러 가지 형식의 사회주의 정신문명건설 활동을 전개한다. 둘째, 해당 지역 주민의 공공업무와 공익사업을 책임진다. 셋째, 주민들 사이의 분쟁을 해결한다. 넷째, 사회의 치안을 유지하는데 협조한다. 다섯째, 인민정부 혹은 그의 파출기관에 협조하여 주민들의 이익과 관련된 공중위생, 계획출산, 우대와 구제, 청소년교육 등 일을 수행한다. 여섯째, 인민정부 혹은 파출기관에 주민의 의견, 요구와 건의를 반영한다. 1986년에 민정부에서 지역 사회에 대한 요구를 제기한 후 국가에서는 일련의 정책을 출시하여 지역 사회 건설의 발전을 추진하였다. 뿐만 아니라 지역 사회를 건설하는 과정에서 일부 지방에서는 적극적으로 연구하여 일부 대표적인 지역사회 건설의 틀을 형성하였다. 하지만 총체적으로 볼 때 목전의 지역사회 건설 과정에는 아직도 주민의 참여 동력이 부족한 것과 같은 큰 문제가 존재하고 있는바 어떻게 도시의 지역사회 주민의 참여를 격려할 것인가 하는 것은 지역사회 건설의 중요한 과제이며 이 문제를 해결해야만 지역사회가 사회 관리에서 효과적으로 중요한 역할을 할 수 있다.

(2) 새로운 사회계층의 굴기와 사회 관리의 구조적 문제

사회 관리의 입장에서 볼 대 체제 밖의 사회집단인 새 사회계층에 대해 어떻게 효과적인 사회 관리를 진행할 것인가 하는 것은 매우 현실적인 문제이다. 이것은 또 사회 관리 체제 발전에서 노력해서 해결해야 할 문제이기도 한데 그 핵심은 새로운 사회계층의 재조직화이다. 계획경제 체제 하에서 도시의 단위제도와 농촌의 인민공사제도, 그리고 "도시와 농촌을 분리하는" 호적제도를 통해 국가는 사회의 효과적인 평준화를 실현한 바 있다. 도시에서는 "단위제"가 전체적인 자원분배와 사회평준화, 이익의 표현과 정치적인 동원 등 여러 가지 기능을 한 몸에 지녀 사회에 선명한 "지나친 조직화"의 특징이 나타나게 되었다. 개혁개방 이후 사회 자원 분배기제의 개혁을 통해 시장의 작용은 점점 커졌고 정부와 기업의 분리, 행정 단위와 사업 단위를 분리하는 개혁이 진행됨에 따라 단위에서 책임졌던 일부 사회복리 등 기능이 차츰 사회로 이전하기 시작하여 단위인(單位人)은 사회인으로 변화되었다. 새로운 사회 계층 집단은 실제로 "원자화(原子化)"의 방식으로 존재하며, "탈조직화"의 문제를 안고 있다. "목전의 중국 도시 주민 중 사회조직화 면에서 정도가 가장 높은 것이 국유기업의 직원이고 기타 구성원들은 사회 영역에서 보편적으로 저조직화와 비조직화의 상태에 처해 있다"(쉬융샹徐永祥, 2008). 새로운 사회계층의 집단은 일상적인 노동 외에 그가 일하는 직장의 공작조직과 거의 연락과 소통을 하지 않는다. 새로운 사회계층은 대부분 높은 수준의 교육을 받고 높은 전문기술을 보유하고 있으며 자유로운 관념을 가지고 있고 직업의 이동성이 큰 등 특징을 갖고 있다. 이런 체제 밖의 "사회인"에게 "단위제"에 맞춘 일부 전통적인 관리방식은 사회평준화의 교량과 통로의 역할을 발휘하기 어렵다. 그 원인은 새로운 사회계층의 비조직화의 특징에서 찾을 수 있다. 새로운 사회계층의 출현은 사회에 심각한 시련을 가져다 주었다. 어떻게 사회관리체제의 개혁을 통해 새로운 사회계층의 "재조직화"를 실현할 것인가는 매우 중요한 의미가 있다. 새로운 사회계층의 재조직화는 여러 가지 형식을 통해 비조직화 상태에 있는 새로운 사회계층을 다시 조직하여 이 집체가 경제사회의 발전에서 큰 동력을 지닌 집단으로 되게 하는 것인데, 여러 가지 형식의 사회조직을 통해 적극적으로 교류의 채널을 마련하고 "원자화" 상태로 존재하는 새로운 사회계층을 유기적으로 한데 묶어 그들이 사회에 참여하고자 하는 수요를 만족시키는 것이다. 대체적으로, 새로운 사회계층의 재조직화는 다음과 같은 몇 가지를 포함한다.

첫째, 양호한 정책 환경을 조성하여 관련 사회조직의 발전을 적극 장려하고 여러 유형의 사회조직에 근거하여 새로운 사회 계층의 군체를 유기적으로 '조직'하는 것이다. 즉 실현 가능한 정책과 조치를 통해 새로운 사회계층이 자신의 실제 수요에 근거하여 여러 가지 형식의 사회단체 유형의 조직을 만들어 그들이 사회에 충분히 참여하게 하는 것이다. 현실 사회에서 최근 몇 년래 새로운 사회계층의 규모의 확대로 인해 많은 지역에는 새로운 사회계층의 모임 등 조직이 생겨났는데 이런 것들은 모두 새로운 사회계층을 '조직화'하려는 적극적인 실천이다. 그 다음으로 적극적으로 새로운 사회계층이 추직할 수 있는 플랫홈과 브랜드를 만들어야 한다. 새로운 사회계층의 취직 플랫홈은 새로운 사회계층 내부의 여러 군체의 교류를 추진하고 새로운 사회계층 집단의 동질감과 소속감을 강화하는데 매우 중요한 역할을 한다. 그러므로 영향력이 있고 호소력이 있는 근무 브랜드를 만드는 것은 새로운 사회계층을 '재조직화'하는 매우 중요한 내용이다. 현재 일부 지역에서는 이미 이 사업을 시작하였다. 이를테면 상해에서는 '해상의 새로운 역량(海上新力量)'이라는 사회계층 활동브랜드와 취직 플랫홈을 구축하여 새로운 사회계층에서 매우 좋은 평가를 받았으며 그들이 조직한 활동은 새로운 사회계층 군체의 높은 인정과 큰 지지를 받았다.

그 외에 새로운 사회계층에 관련된 문제를 잘 처리하려면 그들의 사회관리를 제한하는 체제의 장벽을 깨뜨려야 한다. 그중 하나는 적극적으로 새로운 사회계층의 대표를 흡수하여 그들이 관련 공공사무의 결책에 실질적으로 참여하게 하는 것이다. 관련 정책의 체제와 기제를 진일보 개선하며, 특히는 새로운 사회계층의 군체가 보편적으로 관심을 가지는 문제에 대하여 새로운 사회계층 군체가 그 이익을 표현할 수 있는 통로를 확보하며 실행 가능한 방식을 사용하여 새로운 사회계층의 이익을 깊이 있게 조사하고 적극적으로 그들을 인도하여 정책 협상에 과정에 참여하도록 유도하여야 한다. 둘째로, 기층사회제도를 개혁하여 지역사회의 건설 과정에서 새로운 사회계층의 인사들을 흡수하고 그들을 기층 지역사회의 관리 실천에 참여하도록 해야 한다. 시장경제의 조건 하에서 사회조직은 새로운 사회계층 인사를 연합하는데 대체할 수 없는 큰 우세를 가지고 있다. 새로운 사회계층이 직업적 이동성이 강한 군체라는 특징에 착안하여 사회건설을 강화하는 것을 중심으로, 사회조직이 이익을 반영하고 사회의 모순을 해결하는 등 면에서의 중요한 역할을 충분히 발휘하게 하여야 하며 전문화된 서비스를 통해 새로운 사회계층의 소속감과 동질감을 부단히 강화해야 한다. 셋째로, 새로운 사회계층이 체제내 직업으로 이동하는 통로를 원활하게 하여야 한다. 새로운 사회계층의 체제를 넘어선 직업이동은 체제 내에서 체제 외로의 단일한 방향을 유지하는 특징을 보이고 있는데 이는 새로운 사회 계층의 직업 이동에 선명한 체제적 장벽이 존재하여 그들이 체제 내에 들어와 근무하는 것이 매우 어렵다는 것을 의미한다. 새로운 사회계층에 관련된 업무를 잘 처리하려면 정부에서 부단히 새로운 사회계층의 체제를 넘어선 직업이동 과정에 존재하는 체제적 장벽을 부단히 타파하고 개선하며 일부 인재 이동에 대한 제한을 적당히 완화하여 더 많은 새로운 사회계층의 인사가 체제 내의 부서로 들어가 근무할 수 있게 하여 그들의 전공 우세를 충분히 발휘할 수 있게 해야 한다. 그 중에서 체제를 넘어선 교류의 형식으로 새로운 사회계층의 대표적 인사들을 정부 부서에 직을 두고 훈련을 받게 하는 것도 매우 효과적인 방법이 될 수 있다. 넷째로, 사회보장 정책 방면에서 최대한 빨리 체제 간의 차이를 해소해야 한다. 신이원사회구조의 두드러진 문제 중의 하나가 바로 체제 내와 체제 외 부서들이 사회보장정책 등 면에서 선명한 차이를 보이고 있다는 것인데 이런 정책의 차이를 최대한 빨리 해결하는 것은 체제의 장벽을 없애고 사회 관리에 존재하는 구조적 문제를 해결하는 매우 중요한 방법의 하나이다.

참고문헌

曹錦清·陳中亞, 1997, 『走出 "理想"城堡——中國 "單位"現象研究』, 深圳: 海天出版社.

郭書田 외, 1990, 『失衡的中國 城市化的過去、現在與未來』, 石家莊: 河北人民出版社.

亨廷頓, 2015, 『變化社會中的政治秩序』, 王冠華等譯, 上海: 上海人民出版社.

華爾德, 1996, 『共產黨社會的新傳統主義』, 香港: 牛津大學出版社.

華偉, 2000, 『單位制向社區制的回歸——中國城市基層管理體制50年變遷』, 『戰略與管理』 2000年 第1期.

吉爾伯特, 卡爾, 1992, 『美國階級結構』, 彭華民等譯, 北京: 中國社會科學出版社.

雷潔瓊, 2001, 『轉型中的城市基層社區組織——北京市基層社區組織與社區發展研究』, 北京: 北京大學出版社.

李漢林, 2014, 『中國單位社會 議論、思考與研究』, 北京: 中國社會科學出版社.

李路路, 2002, 『論 "單位"研究』, 『社會學研究』 第5期.

李猛、周飛舟、李康, 2003, 『單位: 制度化組織的內部機制』, 中國社會科學院社會學研究所, 『中國社會學 第2卷』, 上海: 上海人民出版社.

李培林, 2011, 『中國社會』, 北京: 社會科學文獻出版社.

李培林、張翼, 2007, 『國有企業社會成本分析』, 北京: 社會科學文獻出版社.

劉建軍, 2000, 『單位中國: 社會調控體系重構中的個人、組織與國家』, 天津: 天津人民出版社.

劉易斯, 1989, 『二元經濟論』, 施煒等譯, 北京: 北京經濟學院出版社.

劉平, 2007, 『新二元社會與中國社會轉型研究』, 『中國社會科學』 第1期.

劉天寶、柴彥威, 2017, 『中國城市單位制度解體的表征、邏輯與過程』, 『學習與探索』 第11期.

路風, 1989,『單位: 一種特殊的社會組織形式』,『中國社會科學』第1期.

路風, 2003,『中國單位體制的起源和形成』, 中國社會科學院社會學研究所,
　　　『中國社會學 第2卷』, 上海: 上海人民出版社.

陸益龍, 2003,『戶籍制度 控制與社會差別』, 北京: 商務印書館.

陸學藝, 2002,『當代中國社會階層研究報告』, 北京: 社會科學文獻出版社.

孫立平等, 1994,『改革以來中國社會結構的變遷』,『中國社會科學』第2期.

田毅鵬、漆思, 2005,『"單位社會"的終結——東北老工業基地"典型單位制"背
　　　景下的社區建設』, 北京: 社會科學文獻出版社.

田毅鵬, 2012,『轉型期中國城市社會管理之痛: 以社會原子化爲分析視角』,
　　　『探索與爭鳴』第12期.

田毅鵬、呂方, 2014,『"單位共同體"的變遷與城市社區重建』, 北京: 中央編譯
　　　出版社.

托達羅, 1988,『第三世界的經濟發展(上)』, 於同申譯, 北京: 中國人民大學出
　　　版社.

王豐, 2013,『分割與分層: 改革時期中國城市的不平等』, 馬磊譯, 杭州: 浙江
　　　人民出版社.

徐永祥, 2008,『社會的再組織化: 現階段社會管理與社會服務的重要課題』,
　　　『教學與研究』第1期.

應星, 2015,『中國社會』, 北京: 中國人民大學出版社.

張海東等, 2017,『中國新社會階層——基於北京、上海和廣州的研究』, 北京:
　　　社會科學文獻出版社.

Victor Nee.1989, "A Theory of Market Transition: From Redistribution to
　　　Markets in State Socialism". *American Sociological Review*5.

Victor Nee.1996, "The Emergence of a Market Society: Changing
　　　Mechanisms of stratification in China".*The American Journal of
　　　Sociology*4.

제4장 도시화와 농민공 문제

　전국 부녀연합에서 2010년 제6차 인구보편조사의 수치에 근거하여 추정한 바에 따르면 2013년 중국에는 6102.55만 명의 "유수아동(留守兒童, 집에 남겨진 아이)"이 존재했다. 2016년에 여러 부문에서 연합으로 진행한 농촌의 유수아동 기층조사의 통계에 따르면 전국의 16세 미만의, 부모가 외시에서 외지에 나가 일을 하여 시골에 남아 있는 아동의 숫자는 이미 902만 명에 달했다. 사람들은 "아르바이트"라는 어휘에 낯설지 않지만 유수아동에 관련된 일부 비극은 외지로 나가 취직한 사람들의 자녀가 대중의 시야에 들어오게 만들었다. 개체의 운명은 늘 시대의 발전과 관련이 있다. 밀스가 제기한 사회 상상력은 바로 우리에게 필요한 일종의 심리적 성품인데 이 성품은 그가 사건의 전모를 분명하게 볼 수 있게 하였고 그가 세상일을 정확하게 볼 수 있게 하였다(밀스, 2001). 중국의 20세기 80년대 이후의 빠른 발전은 일정 부분 중국 도시에 이원화 구조가 생겨나는 것을 대가로 하여 이룩한 것이다. 중국의 도시와 농촌의 이원구조에서 빈곤한 농촌지역의 사람들은 생계를 유지하기 위해 밖으로 나가 아르바이트를 할 수밖에 없게 되는데 도시는 비록 여러 가지 사회보장과 사회 복리의 수준이 시골보다 높기는 하지만 이런 것들은 도시 건설과 발전에 기여를 한 농민공들이 함께 누릴 수 없다. 본 장에서는 도시와 농촌의 이원화 구조가 어떻게 생겨난 것이며 어떻게 효과적인 경로를 통해 도시와 농촌의 이원화구조와 농민공의 문제를 해결할 것인가 하는 문제에 대해 다룰 것이다.

제1절 도시와 농촌의 이원구조와 농민공의 이동

　공인(工人)이란 직업 신분의 일종이며 새로운 공업노동력의 출현과 사용방식을 의미한다. 그 앞에 "농민"이 붙은 것은 제도성적인 공식적인 신분이다. "농민공"이라는 이 명칭은 이 노동 주체의 직업과 신분의 전환이 모두 호적제도를 기반으로 하는 중국의 도시와 농촌의 이원화 체제의 구속을 받는다는 것을 의미한다. 그들은 도시에 살고 있지만 도시 지역의 공공서비스와 여러 가지 복리의 혜택을 받지 못하며 그들의 장기적인 노동력재생산은 농촌에서 진행될 수밖에 없다. 중국국가통계국에서 발표한 "2017년 농민공 감독측정보고조사"에 따르면 2017년에 중국의 농민공 숫자는 2억 8652만 명에 이르렀는데 그중 본 지역의 농민공이 1억 1467만 명이고 타지에서 온 농민공이 1억 7185면 명이었다. 농민공은 중국의 도시와 시골의 이원화 구조와 호적제도가 만들어낸 독특한 집단으로, 여러 사회 문제와 사회 불공정을 야기하는 근원 중의 하나이기도 하다. 아래 중국의 호적제도의 발생과 전환, 농민공의 이동과 도시에서의 생활 현황, 특대도시에서 농민공과 이동 인구를 관리하는 방법에 대해 논의해 보려고 한다.

1. 호적제도와 도시와 농촌의 이원구조

(1) 중국의 호적제도

중국에서 현재 실행하는 호적제도는 계획경제 시기에 형성된 도시와 농촌의 이원 구조에서 기원하였다. 도시와 농촌의 이원구조는 호적제를 기반으로 하는 두 가지 전혀 다른 생산과 자원의 분배 제도의 존재를 의미한다. 계획경제 시기에 중국 사회의 자원은 시장이 아닌, 행정을 통해 재분배되었고 도시와 농촌의 자원 분배 방식에도 큰 차이가 있었다. 예를 들면, 도시의 교육과 기초 시설은 거의 국가 재정의 투입에 의존하는 반면 농촌의 교육과 시설에 대한 국가의 재정적 투입은 매우 적었고 대부분 농촌에서 스스로 부담하였다. 그러나 농촌은 일반적으로 스스로 교육과 공공서비스를 감당할 수 있는 능력을 갖추고 있지 못하다. 개혁 전에 국가에서는 공업화 건설을 가속화하기 위해 한편으로 행정 수단, 예를 들면 강제적인 양식통일 구매와 판매, 공업품과 농산물의 가격차별 등을 통해 잉여 분량의 농산품을 도시로 보내어 공업의 자금을 축적했고 한편으로는 농촌 인구가 도시로 이동하는 것을 엄격하게 제한하여 도시의 인구부담과 노동력의 가치를 낮추어 도시의 공업화의 발전을 추진하였다. 그 결과, 한편으로 공업품과 농산물의 가격차로 인해 농업지역에서는 양식과 기타 농산품을 저렴한 가격으로 도시에 공급하고 공업품을 살 때는 화폐가 도시로 유입되게 되었으며, 다른 한편으로 농촌지역에서는 스스로 사회의 공중시설과 공공서비스도 부담해야 하였다. 그 결과 이런 발전과 자원의 분배 방식은 농촌과 농민들이 사회의 발전의 성과를 함께 향유할 수 없게 하였고 농촌지역의 빈곤과 낙후를 초래하였다.

　많은 연구자들은 호적제도의 공식적인 확립은 1958년 "중화인민공화국호구등기조례"의 반포와 실시가 기점이라고 알고 있으나 실제로는 1950년에 중국의 호적관리제도의 형태는 이미 기본적으로 형성되었다. 1950년 8월에 공안부에서는 "특별인구에 대한 임시관리 방법 초안"을 제정하였고 같은 해 11월에 반혁명분자와 치안에 위협을 주는 자들을 방어하기 위하여 처음으로 전국 치안공작회의에서 우선적으로 도시에서 호적 관리제도를 실행할 것을 요구하였다. 1951년 7월에 국무원의 허가를 받아 공안부에서는 "도시호구관리 임시법안 관리조례"를 반포, 실행하여 전국에서 통일적인 도시호구등기제도를 확립하였다. 1953년 4월에 정무원에서는 "총선거를 진행하기 위한 전국인구조사 등기 사례"를 반포하고 "전국인구조사 등기방법"을 제정하였다. 1953년에 양식 통일구매, 통일판매 제도의 실행으로 양식의 생산과 분배는 호적제도와 관련되기 시작하였다. 1954년 12월에 내무부, 공안부, 국가통계국에서는 연합으로 안내문을 반포하여 보편적인 농촌호구등기제도를 구축할 것을 알렸다. 1955년 11월 7일, 국무원전체회의 제20차 회의에서는 "도시와 농촌의 기준을 확립할 데 관한 규정"을 통과시켜 농업 인구와 비농업인구를 인구 통계의 기준으로 삼을 것을 확정하였다. 1956년 2월, 국무원에서는 전국의 호구등기 관리 사업을 전부 공안기관에 이전할 것을 요구하였는데 이로써 호적제와 경찰제가 서로 결합되는 호적관리제도의 형식이 초보적으로 확립되었다.

　1958년 1월 '중화인민공화국호구등기조례'의 반포는 신중국의 호적관리제도의 공식적인 확립과 관리 법제화의 시작을 알리는 징표이며 이원화의 사회관리 체제에 기초를 마련해 주었다. '조례'는 중화인민공화국의 공민은 모두 본 조례의 규정에 따라 호적을 단위로 하는 호구등기를 실시해야 한다고 명확하게 규정하고 있어서 호구는 주민의 신분을 증명하는 효과적인 근거가 되었으며 주민의 생로병사, 이전과 이동 등 여러 사회활동에 대한 국가의 관리와 연동되게 되었다. 호적제도에 따르면 1958년부터 1978년에 이르는 20년 동안 중국의 호적관리제도는 총체적으로 이전을 제한하는 시기에 처해 있었다. 기본생활물자의 배분이 호적, 단위 등과 밀접하게 연결되어 있었기 때문에 허락을 받지 않고 마음대로 이동하는 농민들은 도시에서 살아가기가 매우 힘들었다. 호적제도가 생겨나고 운영되던 20년 동안 정부에서는 행정화의 방식으로 도시와 공업의 발전에 지령을 내리고 통제하였으며 생활 자원이 부족하고 공중서비스가 부족한 문제는 농촌에 집적되었다. 그 결과, 사회의 전체적인 발전이 날로 조화를 이루지 못하게 되었고 중국 사회는 도시와 시골의 분립을 기초로 하는 이원구조를 형성하게 되었다.

(2) 신이원구조의 출현

개혁개방의 심화와 시장경제체제의 수립에 따라 도시와 시골을 구분하는 이원호적제도의 부정적인 영향이 날로 폭로되기 시작하였다. 그것은 인력 자원과 생산요소의 자유로운 유통, 경제적 기회의 균등화와 분배의 공정성의 실현을 방해하는 요소가 되었다. 중국공산당 11기 3중 전회 이후, 농가생산도급책임제의 시행으로 하여 농민들은 더 많은 자주권을 가지게 되었고 농한기에 밖으로 나가서 알바를 할 수 있게 되었다. 또 시장경제와 개인경영 영역의 출현은 농촌의 잉여노동력이 공업생산에 투입될 수 있게 하였다. 하지만 중국이 20세기 80년대 이후에 이룩한 빠른 도시화는 일정한 정도에서 호적제도의 유지를 기초로 한 것이었다. 농민들은 도시에 진출하는 것을 허락받기는 하였으나 도시에서 여러 가지 제도적인 차별을 받았다. 한편으로 도시의 이원 노동력 시장에서 도시 주민의 취직 영역과 농민공의 영역은 분리되어 있어서 어떤 직종은 종사자가 반드시 당지의 호적을 가지고 있을 것을 요구하였는데, 많은 농민공들은 조건이 열악하고 급여가 낮은 육체노동에 종사하는 수밖에 없었다. 또 많은 공공소비품의 분배는 호적제도와 연동되어 있었기 때문에 농민공들은 도시에서 도시 주민과 동등한 교육, 의료, 양로 등 공공 서비스를 받을 수 없었다. 최근 들어 계획경제가 남겨 놓은 도시와 농촌의 이원구조 외에 중국의 도시에는 또 도시호구 주민과 농민공이 제도, 생활과 공간에서 서로 격리되는 신이원구조가 나타났다. 도시의 이동인구와 호적보유 인구 사이에는 정치적 권익, 경제 수입, 사회 보장, 공공서비스 등 여러 방면에서 큰 차이가 존재하는데, 근래 우리가 잘 알고 있는 일부 도시에서 나타난 판자촌, 달동네, 개미족,[6] 달팽이집[7] 등 현상은 이런 신이원구조를 현실적으로 반영하고 있다.

(3) 호적제도개혁의 추진

20세기 80년대 초에 중앙에서는 "대도시의 규모를 제한하고 중등 도시를 합리적으로 발전시키며 소도시를 적극 발전시킨다"는 도시 발전 계획을 제기하고 호적제도의 개혁을 점진적으로 시행하기 시

---

6) 개미족: 고등교육을 받고 도시 외곽에 거주하며 도시로 출근하는 저소득층 젊은이들을 지칭.
7) 달팽이집: 매우 작은 집.

작하였다. 1993년에 중국은 호적제도 개혁의 총체적 방안을 기초하고 "농업과 비농업 이원 호적의 차이를 철폐하고 도시와 시골의 호적을 통일하는 호구등기제도를 시행한다. 거주지에 호적을 등기하는 원칙을 실시하며 합법적이고 고정적인 주소, 안정적인 직업 혹은 생활 자원 등 주요 생활 조건을 호적을 등기하는 기본 조건으로 하여 호적 이전 정책을 조절한다"는 개혁목표를 제기하였다. 2001년 이후, 국가의 여러 정책과 법규의 개정을 통해 소도시의 호적제도의 개혁을 추진하였는데 현(縣)급 인민정부소재지에 합법적인 거주지를 갖고 있고 안정적인 직업과 생활 자원을 갖고 있는 농민은 본인의 의사에 따라 호적을 소도시로 이전할 수 있게 하였다. 2004년에 국무원에서는 대, 중도시 호적제도의 개혁에 착수하여 농민의 호적을 도시로 이전하는 조건을 완화하였다. 현재까지 상황으로 볼 때 중국의 호적개혁 방식에는 주요하게 다음과 같은 세 가지가 있다.

첫째, 직접적인 호적 가입 허가제도. 2000년에 광동성, 절강성, 상해, 강소성, 하북성 등 많은 성과 도시에서 "농민 호적을 비농민 호적으로 바꾸는" 인원수에 대한 제한을 철폐하고 농업 호적과 비농업 호적에 대한 차별을 철폐하였는데 이는 농민이 소도시의 호적을 취득하고자 할 경우 안정적인 생활 자원과 합법적인 거주지만 있으면 되게 되었다는 것을 의미한다. 이 외에 많은 도시에서는 당지 수요에 맞는 호적 이전 허가제도를 제정하였는바 예를 들면 하북성에서 "합법적인 거주지를 갖고 있으며 안정적인 직업이나 생활 수단을 갖고 있는 것을" 호적 전입의 조건으로 규정한 것 등이 이런 경우에 속한다.

둘째, 거주증제도. 중국의 일부 1선 도시와 2선 도시에서는 서구 국가의 "그린카드" 제도를 모방하여 거주증을 가진 사람들에게 현지의 기본적인 공공서비스와 편의 혜택을 받을 수 있게 해주는 제도를 도입하였다. 상해를 예로 들면 2009년 2월에 상해시 정부에서는 "'상해시거주증' 보유자들의 상해시 상주 호적 허가제도 시행방안"을 반포하여 거주증 보유자들의 자녀가 상해시에서 의무교육을 받을 수 있고 상해시의 사회보험에 들며 상해시의 기본 공공위행서비스, 여권발급 서비스 등을 받을 수 있도록 하였다.

셋째, 포인트에 근거한 호적전입제도. 2010년 6월, 광동성 정부에서는 "농민공이 포인트에 근거하여 도시 호적으로 전입하는 사업에 대한 지도의견"을 제정하여 농민공들이 포인트 적립을 통해 도시호적 전입 자격을 얻어 도시 시민으로 되도록 인도, 격려하였다. 하지만 인원수 제한이 있어 일반 농민공들은 거의 호적전입이 가능할 정도의 포인트를 적립할 수가 없었다.

총적으로, 최근의 호적제도개혁은 점진적으로 진행되었으며, 많은 새로운 제도는 여전히 대부분 예전의 제도에 의지하고 있었다. 호적제도 개혁의 근본적인 목적은 호적제에 연동된 사회 복리를 점차적으로 철폐하는 것이지만 실제로 교육, 의료, 취업 등 문제와 관련권 사회복리와 보장정책은 여전히 도시와 시골의 분리와 행정구역의 분리를 기본 특징으로 하고 있기 때문에 목전의 호적제도 개혁은 여전히 도시와 시골이라는 이원구조와 도시의 신이원구조를 흔들기에 부족하다. 기본적인 공공서비스의 균등화를 추진하여 모든 노동자가 사회 진보의 성과를 향유할 수 있도록 하려면 여전히 사회 각계에서 함께 노력을 하여야 할 것이다.

2. 농민공의 도시 동질감과 이주 소망

(1) 농민공의 도시 동질감

시골로부터 도시로 진입한 후 농민공의 사회생활 환경에는 거대한 변화가 생겨 그들은 같은 성격, 같은 정감을 갖고 있던 시골로부터 이질적인 성격과 도구의 성격을 띠고 있는 현대도시사회로 진입하게 된다. 농민공에 대한 도시 동질감은 일정한 정도에서 그들의 도시화 상황을 가늠하는 중요한 지표가 되고 있다.

농민공의 도시 동질감은 일종의 제도적 배치이며, 또한 일종의 자아의 구축 과정으로서 그것은 개인의 요소, 제도적 요소와 네트워크적 요소가 종합적으로 작용한 결과이다. 2005년 "도시화 과정중의 농민공문제" 설문조사에서 3086건의 조사 샘플에 대해 통계하고 분석한 결과에 따르면 연구자들은 비록 농민공들이 하나의 단체로서 도시에서 30년 정도 근무하고 생활하였지만 그들의 도시 동질감은 보편적으로 높지 않다는 것을 발견하였다. 72.6%의 설문조사 대상 농민공들은 자신이 여전히 "농민"이라고 생각하고 있었고 51.7%의 조사 대상은 "자신이 이 도시에 속하지 않는다"고 느끼고 있었다(차이허蔡禾, 차오즈강曹志剛, 2009).

도시동질감에는 신분동질감과 공간동질감이 포함되는데 전자는 자신이 신분상에서 더 이상 농민이 아니고 도시 시민이라고 생각하는 것을 가리키고, 후자는 자신이 일하고 있는 도시의 일부라고 생각하는 것이다. 하지만 이 두 가지 동질감은 현재 개인에게서 혼합적으로 나타나고 있다. 일부 사람들은 자신이 농민이고 또 현재 거주하고 있는 도시에 속하지도 않는다고 생각하는데, 이 경우 그들의 동질감 의식은 "격리형 동질감"에 속한다. 일부 사람들은 자신이 더 이상 농민이라고 생각하지 않지만 동시에 자신은 현재 근무하고 있는 도시의 일부분이라고 생각하는데 이런 경우 그들의 동질감 의식은 "융합형 동질감"에 속한다. 일부 사람들은 비록 자신이 더 이상 농민이 아니라고 생각하지만 자신이 현재 근무하고 있는 도시에 소속되지 않는다고 생각하는데 이때 그들의 동질감은 "유리형 동질감"에 속한다. 또 일부 사람들은 자신이 여전히 농민이라고 생각하기는 하지만 자신이 현재 근무하고 있는 도시의 일부분이라고 생각하는데 이들은 "분열성 동질감"을 갖고 있다고 할 수 있다. 연구 결과에 따르면 격리형 동질감을 갖고 있는 농민공이 가장 많아서 전체 설문조사 응답자의 28.2%을 차지했고 분열성 동질감을 갖고 있는 농민공이 26.1%를 차지하여 그 다음으로 많았다.

그럼 어떤 농민공들의 도시 동질감이 가장 높은 것일까? 연구에 따르면 농민공의 시장능력, 제도적 부담에 대한 감수 그리고 그들의 도시 속에서의 네트워크와 그들의 도시 동질감은 정비례 관계에 있는 것으로 나타났다. 이는 농민공의 도시에서의 근무와 생활 중에서 그들은 시장능력을 통해 도시에서의 직업 신분을 바꾸고 그들이 느낀 제도적 부담을 통해 현재 그들이 처한 외부환경을 인식하며 동시에 도시 생활 중에서 점차적으로 도시 주민과의 사회적 네트워크를 구축한다는 것을 말해준다. 시장능력의 제고와 제도적 부담의 감소, 사회지탱네트워크의 증가 등 세 가지 조건이 구비되어야 농민공들은 신분 동질감과 공간 동질감에서의 도시화를 실현할 수 있다.

(2) 농민공의 이주 소망

농민공이 시골에서 도시로 옮겨가는 것은 일종의 이주 행위이다. 그럼 농민공은 왜 이런 시간과 정력을 허비하는 이주 활동을 하는 것일까? 신고전경제학에서는 주로 경제발전의 과정에 대한 분석을 통해 노동력의 전이에 대해 해석한다. 일찍 1880년에 영국의 학자 레이븐스타인(Ravenstein)은 "인구 이전의 규칙"이라는 문장을 발표하여 일곱 가지 인구 이전의 규칙을 제기한 바 있다. 첫째, 인구의 이전은 주로 단거리 안에서 진행되며 공업이 발달한 도시로 진행된다. 둘째, 이동이구는 우선 도시의 변두리 지역으로 이주하며 다음에 도시 속으로 이전한다. 셋째, 전국 각지의 이동은 거의 비슷한데, 즉 모두 시골 인구가 도시로 집중된다. 넷째, 매 회의 인구대이전은 모두 보상적인 반대 방향으로의 이전을 불러온다. 다섯째, 장거리에서의 이동은 기본적으로 대도시로의 이전이다. 여섯째, 도시주민은 시골 주민과 비교해서 이동 비율이 상대적으로 많이 낮다. 일곱째, 여성의 이동 비율은 남성보다 높다(리수쥐李樹茁, 1993: 14). 추리이론의 관점에 따르면(華金·阿郞革, 2001) 완전한 시장경제의 조건에서 농민공이 도시로 이동하는 과정은 바로 시장기제가 급여 수입과 노동력 공급과 수요가 자발적으로 노동력자원에 대해 재분배를 진행하는 과정이다. 저명한 경제학자 루이스가 1954년에 "경제발전과 무한노동력의 공급"이라는 글에서 제기한 이원구조의 모형에 따르면 노동력의 이전은 경제의 발달로 인한 지역간의 노동력 공급과 수요의 차이로 인해 초래된 것이다(Lewis, W. Arthur, 1954). 한 국가의 내부에서 공업화와 도시화의 과정은 일반적으로 도시와 농업이 노동력의 공급과 수요에서의 불균형을 초래하게 되어 시골에 존재하는 대량의 잉여노동력이 도시로 흘러들게 한다. 신이민경제학 (Massey et al .,1993)은 개체가 이성적인 선택을 한다는 것을 전제로, 개체의 이성적인 계산은 실질적인 참조 군체를 기준으로 하는 것이며, 때문에 그 순수익에 대한 계산에 의해 상대적 박탈과 상대적 만족의 문제가 나타난다고 하였다. 개체는 이전을 통해 참조 군체에서의 지위를 바꾸며 심지어 이전을 통해 참조 군체를 변화시킴으로써 상대적 박탈감을 낮추고 상대적 만족감을 높인다. 이 외에 이전 배후의 이론 계산은 개체를 단위로 한 것이 아니고 가정을 단위로 진행한 것이다. 사실 이전 혹은 유수(留守)는 실제상에서 한 가정이 위험을 분산시키기 위해 채택한 다양한 경영 전략이다.

경제수입이라는 이 항목만으로 한 농민공이 왜 도시로 가서 일을 하는가 하는 문제를 해석하는 것은 기본적인 답을 제공할 수는 있지만 그것만으로 그가 도시에 남아 생활하기를 원하는지 특히는 호적을 도시로 옮기는 것을 원하는지를 해석할 수는 없다. 중국에서 장기거주, 즉 영구적인 이전은 늘 호구의 이전과 함께 일어나는 것이며 호구 이전은 경제, 사회 문화 등 다양하고 복잡한 요소에 대한 선택이다. 현재 농민공이 왜 이주를 하는가 하는 문제에 비해 더 급히 해결해야 할 문제는 우리는 호적제도라는 이 무형의 담장을 통해 농민공의 영구적인 이전을 제한해야 할까? 하지 말아야 할까에 관한 것이다. 만약 우리가 호적제도에 대한 통제를 느슨하게 한다면 도시의 여러 부서에서 감당할 수 없을 정도로 많은 인구가 몰려들어 공중서비스, 사회복리에 거대한 압력을 가져오게 될 것인가?

농민공의 이전 소망에 대한 차이허와 왕진의 연구결과에 따르면 (차이허蔡禾, 왕진王進, 2007) 호적을 도시로 전이할 것인가 하는 문제에 봉착했을 때 농민공이 고려하는 것은 더 이상 경제적인 문제가 아니라 제도와 공정성의 문제이다. 농민들은 시골 호적을 보류하기만 한다면 땅이 없어도 최후의 보장을 갖고 있을 수 있다. 호적의 이전은 그들이 조상이 대대로 생활하고 자라온 땅을 영원히 떠나게 된다는 것을 의미하며 그들이 친척과 친한 벗, 그리고 사회적 네트워크를 영원히 떠나고 그들이 익숙한 환경, 언어와 문화를 떠나 낯선 사회로 진입하게 된다는 것을 의미한다. 동시에 농민공들이 호적을 옮길 것인지에 대한 결정을 할 때 그들은 자신이 도시의 생활 방식에 적응할 수 있는지, 도시의 언어와 환경에 익숙한지, 도시에서 생존과 발전 기회를 평등하게 누릴 수 있을 것인지에 대해 더 많이 고려한다.

상식에서 출발하여 우리는 늘 농민공들이 도시에서 받는 처우가 평등할수록 느낌이 더 좋을 것이고 호적을 자신이 근무하고 있는 도시로 옮기는 것을 더 원할 것이라고 생각한다. 하지만 차이허와 왕진은 진정으로 도시 호적을 획득하기를 원하는 사람들은 오히려 무시를 당하고 심리적 부담이 크며 "호적이 없다면 생활이 문제가 된다"라고 생각하는 농민공이라는 것을 발견하였다. 그들은 호적을 획득함으로써 공정하고 평등한 발전 기회를 획득할 수 있기를 희망한다. 여러 가지 원인으로 인해 도시 호적을 가진 주민과 농촌 호적의 주민은 도시의 경제, 사회, 문화, 교육, 정치 등 영역에서 여전히 많은 차별과 잠재적인 불공정한 처우를 받고 있으며 농촌 주민은 심지어 따돌림을 당하고 무시를 받는다. 이런 차별은 농민공들의 도시에서 자신이 추구하는 바를 획득하고 포부를 펴는데 걸림돌이 되며 이런 차별을 낳은 원인은 모두 호적제도에 있다. 하지만 실제적으로 한 장의 호적에 비해 사회의 발전과 진보의 성과물을 공정하게 향유하며, 평등하게 일하고 생활, 발전할 수 있는 기회를 갖는 것은 농민공에게 더 큰 현실적 의의를 갖고 있다.

3. 특대 도시에서의 이동인구에 대한 관리

자원, 특히는 좋은 자원이 특대 도시에 집중되어 있는 사실은 대량의 인구를 도시와 특대 도시에 집중시켜 이런 도시에 거대한 압력을 주었다. 2013년, 중국공산당 제18차 중앙위원회 제3차 전체회의에서 통과시킨 "전면적으로 개혁을 심화하는 과정 중에서 발생한 몇 가지 중대한 문제에 대한 중공중앙의 결정"에서는 특대도시의 인구 규모를 엄격하게 통제할 것을 제기하였다. 2014년 7월, 중화인민공화국 국무원에서 반포한 제25호 문건 "호적제도 개혁을 더한층 추진할 데 관한 의견"에서는 특대도시의 인구 규모를 엄격하게 통제할 것을 명확하게 제기하였다. 2015년, 중공중앙 정치국의 심의에서 통과된 "경진기(京津冀)지역 협동발전 기획요강"에서는 2020년에 북경시의 인구규모를 2300만 이내로 통제할 것을 요구하였다. 상해시 인민정부에서 2016년에 발표한 "상해시 도시 총기획(2016-2040)"에서는 상해시의 2020년의 상주 인구의 규모를 2500만 이내로 통제할 것을 요구하였다. 이런 서류들은 농민공을 포함한 이동인구 규모를 줄이는 것을 특대도시의 인구 관리의 주요한 목표로 삼았음을 보여준다. 최근 몇 년의 이동인구 관리에서 북경, 상해 등 특대도시는 주요하게 아래와 같은 몇 가지 방법을 사용하였다.

첫째, 주택을 통해 인구를 통제한다. 북경, 상해 등 특대도시의 "주택을 통해 사람을 통제하는" 것은 불법건축물을 철거하고 단체셋방(群租房), "도시 속의 시골(城中村)", 불법밀집숙소 등을 단속하는 방식으로 인구의 밀도를 낮추고 도시의 생활 비용을 높임으로써 외부 인구의 숫자를 줄이는 방법을 말한다. 예를 들면 2014년에 상해시에서는 11개 "도시 속의 시골"을 실험 대상으로 삼아 2급구리(二級舊裏) 및 그 이하의 건축물 55만 제곱미터를 철거하였고 2.4만 호의 주민이 거주지를 옮겼다. 같은 해 상해시 송강구(松江區)에서는 단체 월세방에 대한 관리를 통해 14만 명의 실제 거주 인구를 감소시켰고, 그것을 기초로 2015년에는 8만 명을 감소시켰다. 불법건축물의 철거에서도 큰 효과를 거두어 2016년 말까지 상해에서는 불법건축물 2400여 만 제곱미터를 철거하였다.

둘째, 직업으로 인구를 통제한다. 노동밀집형 기업은 많은 노동력을 필요로 하여 대량의 외래인구가 모여들게 하는데 이는 주변의 도시 경관, 교통, 안전 등에 여러 가지 문제를 일으킨다. 북경, 상해 등 특대도시에서는 도시 인구를 통제하는 가정에서 산업구조의 조정을 거쳐 비핵심산업을 특대 도시 외의 다른 도시로 분산시켜 인구의 숫자를 줄였다. 직업으로 인구를 통제하는 것에 대해 정부에서는 사회보험금을 지원하고 직업훈련을 강화하며 세금을 낮추고 자금을 지원하는 등 방식으로 기업과 현지의 호적을 가진 노동력에 보조금 혜택을 주었다. 북경의 직업을 통해 인구를 통제하는 정책을 예로 들면, 이 정책은 시행 중에 매우 큰 물의와 저항을 받았다. 공개적인 보도에 따르면 2011년 1월 4일부터 북경시 모 지도자는 "2011년 북경시 공상행정관리공작회의"에서 인구를 통제하는 근본은 "직업"에 있다고 강조하였다. 또 북경기공상부문이 시장진입 허가를 책임진 "문지기" 역할을 잘 하여 북경의 인구관리정책의 시행에 도움을 주며, 엄격하게 기준에 따라 북경시의 자원소비기준, 오염원배출기준에 부합되지 않는 산업을 제한할 것을 요구하였다. 이번 규제는 주로 작은 백화점과 작은 식품점 등 17가지 영업점들에 대한 것인데 대략 30만 호의 상업 주체와 100만 명의 이동 인구에 영향을 미쳤다.

셋째, 증서로 인구를 통제한다. 거주증은 원래 도시의 신이원구조를 완화하기 위한 호적개혁방식이었다. 하지만 이동인구를 통제한다는 목표 하에 인구의 수량을 통제하는 중요한 방식의 하나가 되었다. 우리의 조사에 따르면 모 시(市) 모 향진(鄕鎭)의 가두(街道) 등 기층 정부에서는 증서로 인구를 통제한다는 것은 거주증의 발급을 어렵게 하여 이동인구 숫자에 대해 엄격한 통제를 진행하는 것이라고 밝혔다. 간단하게 말하면 기층정부에서는 이동판매자, 무직업자와 실업인원, 비정규직 인원들에게 거주증을 발급하는 것을 거부하여 그들이 상해에서 생활할 수 있는 공공자원과 사회복리를 획득할 수 없게 하여 포기하게 만들었던 것이다. 물론 증서로 인구를 통제하는 가장 효과적인 방법은 교육이다. 판매자들과 비정규직 인원의 아이들이 특대도시에서 의무교육을 받을 수 없게 될 경우 적지 않은 부모들이 그들을 데리고 시골의 고향집으로 돌아갔다.

그러나 지나치게 이동인구와 외래 노동자를 배척한 결과 저임금 노동력의 공급이 부족해져서 생활비가 급등하는 결과를 가져와 결국에는 기업의 경영비용이 높아지는 결과를 초래하였는데 그 결과 외래 인구를 내쫓았을 뿐만 아니라 그들에게 의지하여 생활서비스를 제공받는 기업과 고임금 노동력까지 밖으로 내몰게 되었다. 특대도시의 인구 통제정책이 정말로 이동인구를 감소시킬 수 있다고 하더라도 세금징수액을 감소시키고 기업의 창신 성과를 혜택을 주고 유도하는 보조금의 고갈을 불러오며 도시의 사회보장체계를 곤경에 빠뜨릴 뿐만 아니라 현지 호적의 주민들조차도 외래 호적의 인구를 배척하는 데 따른 안 좋은 결과의 영향을 받게 된다.

자료출처: 新浪網http://sh.leju.com/zhuanti/czcgz/
자료출처: 騰訊網http://sh.house.qq.com/a/20160829/006138.htm
자료출처: 搜狐網http://www.sohu.com/a/127340412_581209
자료출처: 環球網http://society.huanqiu.com/shrd/2015-04/6094605.html
자료출처: 鳳凰評論http://news.ifeng.com/a/20150410/43523791_0.shtml

제2절 도시와 소도시화

20세기 80년대 이래, 중국은 계속하여 소도시화의 방식으로 농촌 지역의 발전을 추진하고 농촌의 빈곤 문제를 해결하며, 농민공에게 도시 주민과 동등한 발전 기회를 부여하고자 하였다. 그렇다면 중국의 소도시화 방식에는 어떤 형태가 있는가? 현재 중국의 소도시화의 진전은 어떠한가? 소도시화는 도시와 시골의 이원화 구조를 타파하는데 어떤 역할을 하는가? 본 절에서는 주로 위의 문제들에 대해 논하고자 한다.

1. 소도시화의 발전 동력

(1) 소도시화와 그 기원

소도시화는 사람의 생활, 행위와 사회활동이 농촌으로부터 도시로 바뀌는 과정으로, 사회생산방식의 주체가 농촌으로부터 도시로 바뀌는 것을 강조하고 사회생활방식이 도시에서 농촌으로 침투될 것을 강조한다. 이런 의미에서 볼 때 소도시화에는 적어도 다음과 같은 두 개의 과정이 포함된다. 하나는 인구의 소도시화, 즉 농촌의 인구가 소도시로 집중되고 소도시의 인구와 소도시 숫자가 부단히 증가한다. 다른 하나는 소도시의 경제관계와 생활방식의 보급과 확대, 주민의 취직 형태의 점진적인 소도시화이다.

소도시화의 기원과 발전에 대해 학계에는 두 가지 서로 다른 관점이 존재한다. 한 관점은 소도시화와 소도시는 동시에 산생된 것인데 이는 소도시가 생성되자마자 바로 여러 가지 추동력에 의해 스스로 발전하고 확대되기 때문이라고 주장하는 것이다. 이런 관점에서 볼 때 소도시의 숫자, 규모, 특징 등 방면에서의 어떠한 성장과 변화도 모두 도시화 과정의 표현이므로, 소도시의 형성과 소도시화는 거의 동시에 전개되는 것이다. 다른 관점은 소도시화는 제1차 산업혁명 시기에 생겨난 것으로 근대 이래에 생겨난 독특한 현상으로, 그것은 근대화 소도시가 형성되는데 필연적으로 거치게 되는 과정이라는 것이다. 산업혁명은 자급자족의 자연경제를 변화시켰고, 기계를 이용한 대규모적인 생산은 원래의 수공업 생산방식을 대체하여 주요한 생산 방식이 되었다. 산업화는 대규모의 인구의 인구를 집결하는 것이 가능해지게 하였으며 그로부터 인류의 생활방식에도 획기적인 변화가 일어났다. 그러므로 소도시화는 산업혁명이 일으킨 인류사회의 구성방식의 근본적인 변화라고 보아야 하며 앞으로 끊임없이 심화되고 확대될 것이다(차이허蔡禾, 2011).

(2) 소도시화의 동력

소도시화가 소도시의 형성과 동시에 시작된 것인지 아니면 산업화에 의해 촉발된 것인지를 물론하고 소도시화의 진행은 늘 그 지역의 정치, 경제, 문화, 환경 등 요소의 영향을 받게 된다. 하지만 총적으로 소도시화의 추동력에는 주요하게 아래와 같은 네 가지가 있다.

첫째, 공업화. 소도시화에 대한 공업화의 추진 작용은 주요하게 다음과 같은 몇 가지로 표현된다. 현대공업의 발전이 가져온 생산구조와 생산방식의 변화는 필연적으로 인구 구조의 변화를 가져오게 된다. 공업화는 도시의 중심 지위를 강화시켰고 대공업을 기초로 한 도시경제는 국가경제생활의 주체가 되었으며 생산력 발전의 중심이 시골로부터 도시로 이전하게 하였다. 공업화는 또 새로운 경제관계와 생활방식이 점차 농촌에 침투되게 하여 농촌의 생산과 생활방식을 변화시켰다.

둘째, 제3산업. 공업화가 일정한 수준에 도달한 후 사회경제발전에 대한 추진작용은 날로 감소된다. 이때 제3산업은 공업을 대체하여 도시화의 주요 동력이 된다. 통계에 따르면 미국은 1820년 제3산업에 종사하는 인원이 전체 취직 인구의 15.3%를 차지하였는데 이 비율은 1977년에 62.9%로 상승하였다. 1978년부터 2007년까지 북경시의 서비스업은 도시의 GDP가 17배가 성장하도록 이끌었다.

셋째, 과학기술. 한편으로 과학기술의 발전은 노동생산율의 제고를 추진하였고 사람들로 하여금 더 많은 여가 시간을 가지게 하였으며 오락과 문화에 대한 요구가 높아지게 하여 제3산업의 발전과 도시의 발전을 크게 추진하였다. 다른 한편으로 과학기술의 발전은 도시 발전의 물리적 공간을 확장하였을 뿐만 아니라 도시 경제의 발전이 에너지 부족, 시장이 부족한 상황 등을 극복할 수 있게 하였다. 그 외에 과학기술의 발전은 또 도시에 많은 신흥 산업들이 출현하게 하여 많은 새로운 일자리를 제공하여 더 많은 노동력을 흡수하였다.

넷째, 정부의 정책. 소도시화는 경제와 지리적 현상일 뿐만 아니라 또 사회와 정치적 현상이다. 특히 중국에서 정부의 정책이 소도시화에 대한 추진 역할을 간과할 수 없다. 한편으로 정부 정책은 도시 인구의 성장 규모와 인구 구조에 영향을 미치며 다른 한 편으로 경제정책은 도시의 발전 형식과 발전 방향을 이끄는 역할을 한다. 정부의 자원이 흘러가는 곳에는 기초시설과 인구가 그곳으로 몰리게 마련이며 도시는 그쪽으로 확장되게 된다. 다른 한편으로 정부가 주도하는 도시 계획과 강제적인 정책은 도시 건설과 발전을 직접적으로 추진할 수 있다. 예를 들면 심수(深圳)가 바로 개혁개방의 추진하에 신속하게 건설된 현대화된 대도시이며, 하북성 보정(保定)에 위치한 웅안신구(雄安新區) 역시 비수도기능의 이전으로 인해 새로운 기념비적 의미가 있는 현대화된 신형 도시로 발전한 것이다.

(3) 서구 국가의 도시병

소도시화의 추진으로 인해 서구의 국가들에서는 20세기 초에 도시병이 나타났다. 영국과 미국을 예로 들면 도시병은 주요하게 다음과 같은 방면에서 표현된다.

첫째, 도시의 주민들의 주택난이 심화되고 주민의 생활 조건이 매우 열악하다. 미국을 예로 든다면 1890년에 미국은 평균 주택 하나에 5.45명이 거주하고 있었으며 빈민촌이 미국의 여러 대도시의 중심 지역에 만연해 있었다. 1879년에 미국 뉴욕의 빈민굴은 2.1만 개가 있었으며 1900년에는 4.3만 개로 늘어나 뉴욕의 3분이 넘는 인구를 수용하였다.

둘째, 환경오염이 심하고 공중시설이 부족하여 역병이 유행한다. 19세기 내내 영국의 환경오염은 모두 사람을 놀라게 할 정도였다. 템스강은 400여 개의 오수 배수관으로부터 오는 오염에 노출되었으며 빈민굴은 추위, 소동과 기타 전염병이 발생하는 장소가 되었다. 미국의 등 공업도시의 환경상황도 비슷했다.

셋째, 도시 빈곤의 문제가 심각하고 사회의 도덕이 타락하며 사회적 모순이 첨예해지고 범죄율이 높아진다. 일반 노동자들의 상황은 더욱 비참한데 매일 10여 시간 동안 근무해야 하며, 그렇게 해서도 가족을 먹여살리기 힘들다. 빈곤이 가져온 여러 가지 사회문제는 미국의 시카고에서만 해도 1881년부터 1989년까지 살인 안건만 1266 건에서 7480건으로 늘어나 5배나 증가했을 정도로 심각하다.

　넷째, 도시건설 계획이 뒤떨어지고 발전이 맹목적이고 무질서하게 진행된다. 서구의 조기 도시의 발전이 거의 자발성적인 것이었던 데다가 제1차 산업혁명이 발생한 이후의 몇 십 년 동안 사람들이 도시의 계획적인 개발 경험이 없었기 때문에 새로 건설된 도시의 거리는 비좁고 붐볐으며 건축물들은 뒤죽박죽 질서가 없었고 공중시설과 도시녹화 역시 기대할 수 없었으며 관리도 매우 낙후되어 있었다. 영국을 예로 들자면 도시화는 영국의 도시가 유럽에서 가장 더럽고 어지러운 집거지로 되게 하였는데 19세기에 맨체스터는 사람마다 아는 "검은 도시"였으며 런던에서는 독가스 사건이 발생하기도 하였다.

　이런 문제에 대응하기 위해 서구의 선진 국가에서는 대중교통체계를 개선하여 교통체증 등 문제를 완화시키고 빈민촌을 관리하고 저가의 공공임대주택을 건축하며 중심지역을 분산시키고 자원의 균형적인 분배를 실현하며 위성 도시를 건설하고 도시 중심 지역의 발전 압력을 완화시키는 등 대책을 취하였다. 이런 대책들은 중국의 도시병의 근본적인 치료에 유익한 경험과 계시를 제공하였다.

2. 중국의 소도시화 형태

(1) 소도시 주도형 도시화

중국의 도시와 시골 이원구조를 해체하고 시골의 발전을 추진하는 문제에서 페이샤오퉁(費孝通)은 저명한 소도시 노선을 제기하였는데 그것인즉 소도시를 발전시켜 중국의 농촌경제를 발전시키고 농촌의 잉여노동력 문제를 해결하자는 관점으로, 주로 인구 분포에 대한 고려에서 나온 것이다. 페이샤오퉁은 서구 국가들의 도시화에 대한 조사를 통해 도시화의 진행 과정은 늘 인구가 대도시로 집중되게 하여 해결하기 어려운 "도시병"을 발생시킨다는 것을 알게 되었다. 그는 당시의 국정에서 10여 억 인구의 먹고, 자고, 일하는 일을 해결하는 자체가 이미 매우 큰 문제이며, 호적 제도의 존재로 인해 농촌에는 대량의 잉여 노동력이 존재하는데 이 10여 억 사람들을 대도시에서 생활하게 한다는 것은 중국의 상황에서 절대 실현 불가능한 일이라고 보았다. 게다가 페이샤오퉁 선생은 장기적으로 강남 일대에서 조사와 연구를 진행하면서 강남 지역의 소도시는 이미 어느 정도로 발전을 하였는데 공업의 발전, 에너지, 운수, 시장, 창고 등의 수요로 인해 인구도 자연히 소도시로 집중되고 인류, 물류의 증가가 소도시의 발전을 추진하고 있음을 알게 되었다(슝린페이宋林飛, 2000). 소도시의 발전은 중국 농촌의 농업과 공업이 서로 보조적으로 발전하는 역사 전통에 의지하고 있으며 소도시는 인구의 저수지와 같아서 농촌의 잉여 노동력의 전이에 주요한 경로를 제공한다. 소도시의 공업 및 그와 서로 의지하는 소도시의 발전은 공업으로 농업을 먹여 살리고 공업으로 농업을 보충하며 도시와 농촌이 서로 원윈(win win)하는 국면을 개척할 수 있다.

소도시 발전의 직접적인 동력은 농촌의 공업화, 즉 소도시기업의 발전이다. 이것은 페이샤퉁 선생이 장기적인 소도시 조사를 기초로 제기한 주장인데 또한 지난 세기 80년대, 가정연합도급제의 실행과 부자가 되려는 농민들의 소망을 조건으로 한 것이다. 그러나 20세기 90년대에 들어선 후 중국 도시와 발전은 페이샤오퉁 선생의 구상과 일치하게 진행되지 않았다. 도시개혁의 전개, 추진과 심화에 따라 농촌 노동력에 대한 도시의 수요와 개방 정도는 점점 확대되었고 대량의 농민들이 도시로 들어가 근무하게 되었으며 시골 기업은 상품의 품질이 떨어지고 생태계를 오염시키는 문제 등으로 인해 비난을 받았다. 결국 소도시 기업과 농민의 관계는 더 이상 상상 속의 공업으로 농업을 먹여 살리고, 공업으로 농업을 보충하는 관계가 아니라 기업이 농민의 노동력에 대해 수탈을 하기 시작하여 노사가 대립되는 국면이 나타나 향토적인 감정을 파괴하였다(왕샤오장王小章, 2012). 결국 20세기 90년대 말에 이르러 소도시 건설을 위주로 하는 도시화 방안의 진행은 곤경에 빠지게 되었다.

(2) 대도시와 도시군(城市群) 형태

도시군은 특정된 지역이나 범위 내에 하나의 특대도시를 핵심으로 하여 적어도 세 개 이상의 대도시를 기본 단위로 하여 발달한 교통과 통신 등 기초시설 네트워크에 근거하여 공간조직이 밀집되고 경제관계가 밀접하며 최종적으로 고도로 일체화된 도시 군체를 형성하는 것을 가리킨다. 하나의 도시 밀집 지역이 대도시의 양이 3개가 넘고 인구의 총 규모가 2000만 명을 초과하며 1인당 GDP가 만

달러를 넘고 도시화 수준이 50%가 넘으며 비농업산업이 70%를 넘으며 핵심 도시의 GDP 중심도가 45%를 넘고 경제 외향도가 30%를 넘으며 경제밀도가 500만/평방킬로미터를 초과하여 1, 2 시간의 경제권을 형상한다면 이 도시의 밀집 지역이 이미 도시군으로 발전할 수 있는 기본적인 기준에 도달하였다고 볼 수 있고 도시군을 형성하는 것을 목표로 건설을 할 수 있다(팡창린方創琳, 2015). 2000년 이후에 공업화의 빠른 추진과 인구 규모의 신속한 증가에 따라 주강삼각주, 장강삼각주 등 지역에 도시군이 형성되기 시작하였다. 대도시군은 중국과 세계를 연결하는 문호와 요충지이며 당금의 세계에서 가장 경쟁력이 있는 핵심 지역이므로 국가 도시화의 주요 형태로 인정된다.

　현재 중국에는 주로 세 개의 도시군이 있다. 첫 번째는 주강삼각주 도시군인데 주강삼국주 도시군은 20세기 80년대에 "셋으로 하나를 보충한다"는 산업구호에 따라 진행되었는데 "순덕順德 형태", "남해南海 형태", "동관東莞 형태" 등을 발전시켰을 뿐만 아니라 소도시 기업의 발전을 추진하였다. 주강삼각주 지역에서 더 깊숙이 세계화 생산무역에 참여하게 되고 경제능력이 제고되고 토지 가격이 상승됨에 따라, 도시 공간이 점차적으로 확대되고 국가의 "125계획"에 부합되게 되어 주강삼각주는 국가에서 중점적으로 건설하는 국가급 도시군이 되었으며 현재 완성되는 과정에 있다. 두 번째 도시군은 장강삼각주 도시군인데 장강삼각주 도시군은 세계 제1초급경제구역으로 될 것이라고 전망되고 있다. 장강삼각주가 세계 초급도시군으로 부상하기 위한 목표는 다음과 같다. 세계 경제와 과학기술의 새로운 중심으로 되는 것인데 장강경제가 연해경제와 해양경제구역의 통로와 중심으로 되는 것을 말한다. 실크로드 경제구역과 21세기 해상 실크로드 경제구역의 요충지가 되어야 한다. 하지만 장강삼각주의 도시군에는 여러 성의 도시가 포함되기 때문에 구역과 도시의 협조와 통합적인 발전에는 일정한 걸림돌이 존재한다. 세 번째 도시군은 경진기(京津冀) 도시군인데 주강삼각주 도시군, 장강삼각주 도시군에 이 도시군의 발전에는 더욱 많은 문제가 존재한다. 즉 여러 도시의 발전이 고르지 못하고 빈부의 격차가 크며, 구역의 생태가 퇴화되고 환경오염이 심하며, 산업전환과 업그레이드를 거친 후 화학공업을 중시하는 경향이 심한 것 등이다.

그러나 도시군을 주도로 하는 도시화 방식은 더 많은 농촌 지역의 발전을 견인하는 데 있어서 역할이 크지 않다. 그러므로 도시군을 위주로 하는 도시화 방식이 도대체 도시와 농촌의 이원구조를 계속하여 심화시키고 도시와 농촌의 격차를 더 벌려놓았는지 아니면 도시와 시골의 격차를 줄였는지에 대해서는 현재도 많은 사람들이 논쟁을 벌이고 있다.

(3) 도시와 시골을 통일적으로 계획하는 새로운 형태의 소도시화

2012년 11월에 개최된 중국공산당 18차 대표대회에서는 중국의 소도시화의 과거, 현재와 미래에 대해 자세하게 서술하였다. 2013년, 중국공산당 제18차 중앙위원회 제3차 전체회의에서 통과시킨 "중공중앙에서 전면적이고 심도 있게 개혁을 진행할 데 관한 몇 개의 문제에 대한 결정"에서는 중국특색이 있는 새로운 형태의 소도화의 길을 걸어야 한다고 하였다. 2014년, 중공중앙, 국무원에서 발행한 "국가 새로운 형태의 소도시화 계획(2014-2020)"에서는 정책의 층위에서 미래의 소도시화의 발전 방향에 대해 명확하게 규정하였다.

도시와 시골의 일원화를 진행하는 과정에서 새로운 형태의 소도시화의 과정은 과거의 소도시화 과정에 대한 반성을 동반하는 것이며 중국특색이 있는 새로운 형태의 공업화, 정보화, 소도시화, 농업현대화를 결합하는 높이에서 중국특색이 있는 소도시 체계의 구축과 도시화 과정에 대해 살펴보고 선택하는 것이다. 새로운 형태의 소도시화의 과정이 예전과 다른 점은 민생과 지속적인 발전, 그리고 발전의 질을 강조한다는 것에 있다. 그 핵심 목표는 도시와 시골의 통합적인 관리와 일체화, 도시와 시골 주민의 수입의 보편적인 제고, 빈부 격차의 축소, 산업구조의 합리화와 업그레이드, 도시와 시골 환경의 최적화 및 탄소배출량의 감소, 오염과 에너지 소비의 감소, 자원 이용 효율의 제고 등이다.

새로운 형태의 소도시화의 과정은 소도시를 주도로 하는 소도시화, 도시군을 주도로 하는 소도시화와 다음과 같은 차이를 보인다.

첫째, 전통적인 소도시화가 의존한 과거의 중국경제는 지나치게 노동력, 자본과 자원 등 요소의 투입에 의존하였으나 새로운 형태의 소도시화는 중국 경제의 총제적인 발전 형태의 업그레이드를 의미하며 그 산업기초는 여러 가지 새로운 플랫홈이다. 둘째, 과거의 소도시화의 배경에서 대부분의 도시건설과 투자는 모두 대, 중 도시에 집중되었고 도시와 시골의 차이는 매우 컸다. 새로운 형태의 소도시화의 공간은 현(縣) 단위의 소도시이고 농촌의 토지제도의 대한 창신과 개혁을 동력으로 삼으며, 농민들이 재부를 축적할 수 있는 가능성을 모색한다. 셋째, 소도시화와 관련된 공공서비스체계의 건설을 중시하고 소도시화를 실현하기 위한 사회적인 기초를 구축한다. 예전의 소도시화의 과정과 달리 새로운 형태의 소도시화는 도시의 단순한 만연과 확장이 아니라 도시 속에 있는 새로운 기제와 새로운 이념을 이용하여 소도시화 과정 중에 있는 새로운 시민들을 위해 복무하는 것이다. 넷째, 반소도시화, 반시민화를 추동하여 도시와 시골의 일체화를 향해 나아가는 것은 새로운 형태의 소도시화를 진행하는 제도적 기초가 된다. 제도적보너스를 없애고 호적제도의 개혁 속도를 높여서 농업에 종사하던 데로부터 직업을 바꾼 인구의 시민화를 추진하고 새로운 형태의 소도시화에 어울리는 소도시정부의 공공관리 수준을 높이며, 기본공공서비스의 평준화를 추진하고 완성한다.

총적으로, 새로운 형태의 소도시화는 민생, 지속적인 발전과 발전의 질을 그 내용으로 하며 평등하고 행복하며, 전향적이고, 생태적이며 건강하고 집약적인 형태를 핵심적 목표로 하고 지역 간의 통일적이고 조화로운 발전을 추구하며, 산업의 업그레이드와 저탄소형 전향, 생태화와 집약형의 고효율, 제도의 개혁과 제도의 창신을 중점 내용으로 하는 완전히 새로운 소도시화 과정으로, 도시와 시골의 전면적이고 심도 있는 발전을 통해 중국의 전체적인 사회 발전의 질적인 향상을 추진하게 될 것이다.

3. 중국 도시 발전에 관한 논쟁

(1) 소도시화 과정에서의 농민과 농지 문제

주페이저우, 왕사오선의 연구에 따르면(저우페이저우周飛舟, 왕사오선王紹琛, 2015) 지방정부는 토지의 징용, 개발과 양도를 통해 한편으로 국유건설용지를 획득하여 도시 건설에 사용할 수 있으며 다른 한편으로 대량의 토지재정수입을 획득하고 지방 융자 플랫홈의 운영을 통해 은행에 토지를 저당잡히고 자금을 얻어 도시의 건설에 사용하여 토지, 재정, 금융 세 가지 요소로 구성된 순환기제를 구성할 수 있다. 이 순환기제는 끊임없이 토지와 자금을 도시화의 과정에 끌어들여 번영하는 도시를 만들어내는데 이를 "삼위일체"의 새로운 도시화 형태라고 부른다.

그러나 이 과정에서 농민들은 실제로 이득을 보지 못했다. 소도시화의 진행 과정에서 농민의 농지와 주택은 징수당하여 "자본의 향상"과 더불어 "농민들이 아파트로 올라가는" 결과가 나타났다. 물론 농민들은 최종 양도가격의 일정 비율에 해당하는 보상을 받기는 했으나 그들은 전체적인 이익에서 손해를 보았다. 농촌에서 토지의 징용에 대한 보상은 대부분 농경지를 주는 것이었으며 농민들이 아파트로 올라가는 현상에 대한 보상은 주택점용토지에 대한 보상이었으나 후자는 시장의 공급과 수요의 기준에 따라 제정된 것이 아니라 각 지역 정부 정책으로 인해 차이가 있었다(저우페이저우周飛舟, 왕사오선王紹琛, 2015). 총적으로 이른바 "도시화의 수익을 공유한다"는 것은 본질적으로는 지방 정부의 토지와 도시화 정책이 결정한 것이었으며 농민들은 일부 이익을 얻기는 했으나 수익을 획득할 권리를 얻지는 못했다. 다시 말하면 농민은 저가의 주택용 토지로 도시의 건설용 토지의 수요와 도시의 확장을 지지한 셈이었다.

이 외에 소도시화와 농지의 징수 과정에서 농지의 권리 확인, 등기, 증서 발급 그리고 토지의 유통을 정책, 제도와 실천이 충위에서 어떻게 실행하는가 하는 문제, 전반적인 과정에서 어떻게 농민들의 이익이 손해를 받지 않게 할 것인가 하는 것 역시 해결해야 할 문제로 남아있다.

(2) 특대도시의 인구 규모에 대한 논쟁

특대도시의 수용 능력은 도대체 어디까지인가? 이 문제에 대해서는 현재도 여전히 논쟁 중이다. 복단대학교 경제학 교수 루밍(陸銘, 2016)은 간단하게 "도시병"을 도시의 인구 규모와 연계시키고 이로부터 도시의 인구 규모를 통제해야 한다는 정책을 내놓는 것은 협애하고 근시안적이라고 주장하면서 도시의 확장과 발전의 좋은 점은 도시병이 가져다주는 문제보다 더 많으며 인구에 대한 통제는 도시와 관리능력과 기술 부족을 가리려고 하는 것에 불과하다고 하였다.

루밍 교수는(루밍, 2016) 중국의 대도시는 아직도 계속해서 확장하고 발전할 것이며 인구도 계속 증가할 것이라고 보았다. 이는 중국이 여전히 도시화가 갓 50%를 넘어선 단계에 있기 때문이며 도시화가 80%를 넘은 선진국에서도 사람들은 여전히 특대도시로 몰려드는데 뉴욕, 런던 같은 대도시는 여전히 축소가 아닌, 확장의 길을 걷고 있다. 일본을 예로 든다면 국가의 인구가 감소하고 있지만 동경 도시권의 인구는 여전히 증가하고 있다.

우리는 과연 특대도시의 인구 규모를 통제해야 하는가? 루밍의 대답은 부정적이다(루밍, 2016). 그는 도시의 규모 경제에 대한 인식의 부족으로 인하여 중국의 도시 발전 정책은 줄곧 대도시의 도시화 과정을 통제하는 방향으로 진행되었으며 대도시의 인구 규모를 통제하고 의도적으로 도시화 속도를 제한하였다고 하였다. 그는 이런 대책은 취할 바가 못 된다고 주장하였다. 그 원인은 다음과 같다. 첫째, 도시의 산업 업그레이드가 가져온 노동의 분공은 더 많은 저기술력의 노동력과 고기술노동자의 결합을 요구한다. 둘째, 저기술노동자가 향유하는 "인력자본의 외부성"이 더 높으며 그들이 대도시에서 수입을 올리는 효과는 고기술노동자들에 비해 높은데 이는 수입의 격차를 해소하고 전체적인 국민의 소질을 높이며 도시 전체의 경쟁력을 높이는데 유리하다. 셋째, 저기술노동력의 존재는 소비 외부성의 생성에 유리한 바 저기술노동자의 숫자에 대한 제한은 체력형 서비스의 공급을 감소하고 도시 서비스 가격의 상승을 부추기며 인재에 대한 특대도시의 흡인력과 자체의 경쟁력을 떨어뜨리게 될 것이다.

그렇다면 이런 상황에서 어떻게 도시의 수용력을 높일 것인가? 루밍 교수는(루밍, 2016)는 우리는 마땅히 고밀도의 도시를 발전시켜야 하지 "큰 떡을 나눠 갖는" 식의 저밀도 도시를 지향해서는 안 된다고 하였다. 고밀도도시는 도로가 좁지만 밀도가 높으며 길거리의 상가가 매우 많다. 홍콩, 동경, 뉴욕 맨하튼 등이 바로 고밀도 도시의 전형적인 예이며, 저밀도도시의 공간적 특징은 도로가 넓고 서비스업은 점의 형태로 된 구매중심의 형태로 분포되어 있는데 북경이 바로 전형적인 형태의 저밀도 도시이다. 이런 관점은 특대도시의 발전의 실제를 밝히고 있는데 즉 도시는 그 우월한 자원으로 인해 더 많은 사람들을 흡인하게 마련이므로 우리는 고밀도의 도시를 발전시키고 도시의 관리 능력과 기술을 높여 도시병을 없애야 하지 단순하게 "직업으로 사람을 통제하고", "증서로 사람을 통제하고", "집으로 사람을 통제하는" 행정수단만 동원해서는 안 된다는 것이다. 이는 도시의 정부를 놓고 볼 때는 하나의 매우 큰 도전이 아닐 수 없다.

(3) 행정 주도의 도시화

도시화의 동력에는 정부의 동력, 시장의 동력과 민간의 동력 세 가지가 있다. 중국의 목전의 도시화 과정은 주로 정부의 동력에 의존하고 있는데 정부에서는 정책을 통해 행정 수단과 도시 발전의 여러 문제에 대해 인도하고 통제하고 있으며 이로부터 도시화의 발전을 추진하고 있다. 행정 수단에 근거하여 방 정부에서는 늘 계획과 지도, 프로젝트 논쟁, 정책의지지, 자금의 지원과 조직의 보장 등 방식으로 도시화의 건설을 추진한다. 하지만 이런 도시화는 다음과 같은 문제들을 야기하기 쉽다.

첫째, 단순하고 폭력적인 토지 징수의 방식이 야기하는 사회적 모순이다. 적지 않은 지방에서 진행된 농민의 주택을 통째로 철거하고 이주시키고 농민을 비농업에 종사하게 하는 사업들은 모두 정부의 프로젝트이며, 진행 과정이 빠르고 거칠어서 기층 간부의 작법이 폭력적이고 토지의 보상비용이 지나치게 낮으며 불법으로 토지를 양도하는 등 문제를 일으켰는데 이런 문제들은 농민들의 소송 및 간부와 군중들의 충돌을 야기하였다.

둘째, 농민들의 전통적인 생활 조건과 안전 형태가 파괴되고, 그것을 대체할 만한 생활방식이 아직 형성되지 않은 상황에서 지역의 사회생활이 질서를 잃는 사태가 나타나기 쉽다. 많은 지역에서 물질건설의 도시화는 사회생활이 도시화보다 훨씬 빠르게 진행되는데 특히는 취직, 사회보장 등 일련의 가정의 생계에 관련되는 중대한 문제들이 아직 해결되지 않은 상황에서 이런 빠른 도시화는 오히려 비농업으로 전환한 주민들의 생활의 질과 만족감을 떨어뜨릴 수 있다.

셋째, 농민의 거주공간이 변화되고 향토문화가 충격을 받아 도시

문화와 모순이 생길 수 있다. 도시화는 일종의 전형적인 농업사회에서 공업사회로 변화하는 과정이며, 전례 없던 사회관계와 문화관계의 통합이다. 새로운 사회관계와 인구의 이전에 직면하여 예전의 가치관과 문화 체계는 파괴되었고 새로운 가치관과 체계는 아직 형성되지 않았는데 이는 일정한 정도에서 사회적인 통합이 그 모범성을 잃게 만든다.

제3절 농민공 시민화의 현실과 문제

1. 농민공의 시대적 변화와 시민화

(1) 신생대 농민공의 출현

국가통계국에서 2010년에 신생대 농민공에 대해 진행한 전문 조사에 따르면 밖으로 진출한 농민공 중에서 1980년 이후에 출생한 신생대 농민공은 이미 58.4%를 차지한다. 일부 성에서 신생대 농민공의 비중은 심지어 더 높다. 광동성 인력자원과 사회보장청에서 2010년에 신생대 농민공에 대해 진행한 전문조사의 결과에 따르면 이 성의 신세대 농민공은 20세기 80년대 이전에 태어난 농민공과 비교하여 숫자에서 우위를 점할 뿐만 아니라 윗세대와 다른 사회 군체 특징을 보이고 있다.

"농민공 권익보호 이론과 실천 연구" 프로젝트 소조에서 주강삼각주와 장강삼각주 지역의 외래 노동자들을 대상으로 진행한 설문조사를 통해 연구자들은(류린핑劉林平, 왕쥐王茁, 2013) 신생대 농민공의 인력자원이 윗세대보다 월등하게 높다는 것을 발견하였다. 그들이 외부로 진출한 목적은 주로 발전형이지만 윗세대는 생존형이었으며, 신생대 농민공의 이동은 더욱 빈번하며 직업을 바꾸는 비율도 윗세대보다 훨씬 높았다. 신생대 농민공과 윗세대 농민공의 사회의 불공정, 착취와 배척에 대한 느낌은 별로 심하지 않았으며 사회의 불공정성에 대한 윗세대의 감수는 심지어 신생대보다 높은 편이었다. 도시로 호적을 이전하려는 신생대 농민공의 비율은 윗세대보다 심지어 낮았으며 윗세대는 시골의 토지를 포기하는 것을 더 대수롭지 않게 여겼으나 신생대의 토지에 대한 의식 정도는 윗세대보다 모호한 편이었다. 신생대 농민공 중의 절반 정도가 자신은 노동자라는 것을 인정했으나 윗세대 농민공은 자신이 농민이라는 것에 더 동조하는 견해를 보였다. 총적으로 신생대 농민공의 군체적 특징은 인력자본이 더 높고 발전을 위한 진출이 동기인 경우가 많았으며 빈번하게 이동하고 신분에 대한 인식이 변화되었으며 자주적으로 결정하여 밖으로 진출하여 일을 하는 비율이 윗세대보다 낮았으며 착취와 배척을 당한다는 느낌이 별로 강하지 않았으나 권리를 수호하려는 의식이 강하고 토지에 대한 인지도가 모호한 것 등이라고 볼 수 있다.

또 어떤 연구자들은 학교 교육은 신생대 농민공의 사회군체 특징의 형성에 중요한 의의가 있다고 주장하였다. 그들은 인터넷을 광범위하게 사용하며 여가 시간에 동반자나 친한 벗들과 수시로 만나고 여러 가지 오락 장소에 가서 소비를 한다. 그들의 생활 예측은 도시 생활방식의 영향을 매우 깊숙이 받아 도시와 시골, 기업, 국가와 윗세대와 다른 새로운 형태의 관계를 맺고 있다. 신생대 농민공의 단체 항거 행위가 빈번하게 발생하며 그들의 소송과 요구에도 근본적인 변화가 나타났는데 이는 대폭으로 임금을 올릴 것을 요구하고 공회(노조)를 결성하며 단체급여협상제도를 만든 것 등에 집중적으로 나타난다.

(2) '남아 있을 수 없는 도시'와 '돌아갈 수 없는 시골'

그럼 윗세대의 농민공과 비교할 때 신생대 농민공과 도시, 시골의 관계는 또 어떠할까? 도시와 시골의 이원구조는 그들에게 어떤 영향을 미치는가? 새로운 형태의 소도시화의 추진은 그들의 도시화에 도움이 되는가? 황빈환은 신생대 농민공이 목전에 처한 상황은 "이중적 이탈(雙重脫嵌)"이라고 칭하였다. 이는 신생대 농민공이 시골의 지역사회에서 이탈하였을 뿐만 아니라 도시의 지역에서도 이탈하였다는 것을 가리킨다(황빈환黃斌歡, 2014). 향촌의 지역사회를 이탈하였다는 것은 신생대 농민공들이 향촌사회에 대한 '뿌리 이탈'의 과정을 겪었다는 것을 가리킨다. 농민공들이 외지로 나가 근무를 하게 됨에 따라 향촌 사회에는 조용한 변화가 일어났으며 사회 윤리의 변화는 아동이 성정하는 기본 질서를 와해시켰다. 보편적인 외지 근무와 유수는 향촌사회의 격변을 불러왔으며 이런 변화는 동시에 모든 시골 아동에게 영향을 미쳤다. 그들은 성인이 된 이후에 더 이상 농촌의 지역사회를 그들이 동질감을 가지는 대상으로 인정하지 않게 되었고 그들이 참조의 대상으로 삼는 집단도 더 이상 향촌 지역사회의 사람들이 아니며 향촌 지역사회의 기대도 더 이상 그들이 근무하고 생활하는 목표가 되지 못하며 향촌 여론은 더 이상 그들에게 부담을 지울 수 없게 된다. 윗세대가 돈을 번다는 명확한 목적을 가지고 있었던 것에 비하여 그들이 외지로 나가는 동기 중의 하나는 더 이상 학업을 유지할 수 있는 상황에서의 어쩔 수 없는 선택이며 다른 한편으로는 도시의 풍부하고 홀가분하고 안일한 생활에 대한 동경도 영향을 미친다. 그들은 윗세대와 달리 더 이상 시골로 돌아가 생활하는 것을 원하지 않는다.

그러나 이는 결코 그들이 도시에 뿌리를 내릴 수 있다는 것을 의미하지 않는다. 오히려 반대로, 신생대 농민공들은 늘 여러 도시에서 표류성적인 이동을 한다. 저렴한 임금과 제도적 밀폐성은 신생대 농민공들이 도시 사회에서 정상적으로 생활할 수 있는 가능성을 제한하였다. 비록 '농민공 구인난'이 지방정부로 하여금 농민공은 얼마 든지 구할 수 있는 자원이 아니라는 것을 인식하게 하였지만 그러나 '도시경영'의 이념 하에서 주강삼각주 등 지역에서는 산업의 업그레 이드와 고품질의 도시 위치를 추구하기 시작하면서 농민공들이 대 량으로 밀집된 노동집약형 산업의 중요성도 하락하고 있다. 2010년 이후에 광동성에서는 '등롱환조(騰籠換鳥)'를 통해 공업용 토지를 비 워내고 다시 '인봉축소(引鳳築巢)'를 통해 '첨단인구'를 상주하게 하려 고 하였는데 이런 상황에서 많은 농민공과 관련되는 개혁정책은 실 질적으로 추진하기 어렵게 되었다. 농민공의 시민화가 가능할지는 여전히 의문이다(황빈환黃斌歡, 2014).

2. 농민공의 생활과 소비 상황

1) 생활과 소비상황

청화대 사회학학과 프로젝트팀이 2011년에 진행한 '신생대 농민 공 연구' 설문조사에 따르면 신생도 농민공은 윗세대 농민공과 생활 의 기회, 소비방식, 여가생활방식, 사회교제방식 등 여러 분야에서 선명한 차이를 보였다.

생활이 기회로부터 볼 때 신생대 농민공의 농업에 종사하는 시간 은 윗세대 농민공보다 적었으며 교육 수준은 윗세대 농민공보다 높 았는데 전자의 평균 교육 연한은 10년을 넘지 않았다. 신생대 농민 공의 생활의 기회는 선명하게 윗세대보다 좋았다.

소비로부터 볼 때 비록 신생대 농민공의 수입이 윗세대보다 낮았지만 그들의 소비와 지출은 윗세대보다 높았다. 이로부터 윗세대 농민공에 비해 신세대 농민공은 소비사회의 영향을 더 많이 받았음을 알 수 있는데 그들은 소비품의 브랜드를 더 중시하고 외식을 즐기며 손님을 초대하고 선물을 주는 것, 오락과 학습에 소비를 하는 것을 좋아했다. 40.9%의 신생대는 "컴퓨터와 휴대폰을 살 때 브랜드를 매우 중시하는" 현상이 자신의 상황에 부합된다고 하였고 34%의 신생대는 생일이나 명절에 식당에 가서 모여서 식사를 하였으며 17.8%의 신생대는 자신이 "늘 새로운 복장 등 용품을 구매한다"라고 하였다.

여기시간을 보내는 방식에서도 신생도 농민공과 윗세대의 차이를 볼 수 있다. 신생대가 여가를 보내는 방식은 순위대로 배열하면 '컴퓨터를 사용하는 것(57.5%)', '쇼핑몰 방문(45.2%)', '휴대폰 사용(41.1%)'이었으나 윗세대에게서 이 세 가지 항목의 비중은24.8%, 28.9%와 22.9%였고 그들이 여가 생활을 보내는 방식은 순위대로 배열하면 '잠 자기(48.3%)', '쇼핑몰 방문(28.9%)', '카드나 마작 놀이(26%)'였다. 이로부터 윗세대와 차이가 가장 큰 것은 정보기술에 대한 사용이 신세대 농민공들의 생활에서 가장 중요한 내용이 된 것임을 알 수 있다.

총적으로, 신세대 농민공의 생활, 소비와 여가생활 방식은 도시의 주민과 더욱 비슷한데 윗세대와 비해서 그들은 도시생활에 더 익숙하며 더 도시적이고 현대적이며 소비주의적인 생활방식을 동경한다.

2) 물리적 영역 구획으로부터 정신적 영역 구획에로

시간의 흐름과 세대의 교체에 따라 '신세대 농민공'은 농업노동을 실제상에서 이탈하였기 때문에 인식으로부터 볼 때 그들은 이미 시골을 이탈하였다. 이는 토지에 대한 신생대의 태도에서 일부 엿볼 수 있다. 2006년 7-8월에 '도시화 진행 중의 농민공 문제 연구' 프로젝트팀이 주강삼각주 지역의 농민공을 상대로 진행한 설문조사에 따르면 314명의 가정 중에서 아직 토지를 보유하고 있는 응답자 중 30.3%의 사람들이 고향의 토지를 포기해도 된다고 하였고 그밖에 15.2%의 응답자는 "시골이 토지를 포기할 것인가?"라는 질문에 "상관 없다"고 대답하였다. 샘플 통계결과에 따르면 토지를 포기해도 된다고 생각하는 응답자의 평균 연령은 29.21세(기준차는 9.692세)였고, 고향의 토지에 대해 "상관없다"라거나 "잘 모르겠다"는 태도를 취하는 응답자의 평균 연령은 26.88세와 25.84세였다(기준 차이는 각각 8.310세와 8.542세). 토지에 부여되었던 중요한 가치는 신생대의 의식 속에서 이미 흐릿해지거나 심지어 소실되었다. 노동력의 재생 방면에서 볼 때 '정신적인 영역 구획'은 그들이 토지의 정신과 실질성에서 분리되었음을 의미한다. 이 의미에서 볼 때 이 노동 주체는 한창 돌아갈 '집'이 없고 어떠한 소속감도 없는 유랑자로 변하고 있으며 그 신분 동질감은 더욱 흐릿하고 혼란스러우며 반사회적 정서도 더욱 강하다.

3) 생활의 정치

2010년에 학자들의 추측이 증명되었다. 혼다의 파업이거나 아니면 폭스콘 투신사건이건 그 주역은 모두 신생대 농민공이었다. 왕젠화는(왕젠화汪建華, 2015) 신생도 농민공의 정치행동 방식은 그 생활 방식의 영향을 받는다고 하였단. 그는 노동자의 일상생활은 소비와 노동력을 재생산하는 경제 과정일 뿐만 아니라 마찬가지로 정치와 의식형태에 영향을 미친다고 하였다. 신생대 농민공의 생활은 국가 제도와 글로벌자본주의 체계의 제약을 받을 뿐만 아니라 동시에 정치적 동원과 의식형태의 결과를 낳는다. 왕젠화는 농민공의 정치적 행동에 대한 비교연구에서 신생대 농민공의 일상생활과 소비 방식은 노동자 군체의 관계와 인식을 변화시켰으며 이런 변화에는 경제, 정치와 의식형태의 변화가 포함된다고 하였다.

우선, 농민공의 생활 경력의 분화는 그들이 공장노동 과정, 관리 문화, 개인의 발전 전망에 대한 불만을 야기하였으며 도시지역사회의 생활과 사회관계의 위기를 심화시켰다. 현 상황에 대한 실망으로 인해 신생대 농민공은 빈번히 직장을 바꾸는데 이는 그 지역사회의 생활과 사회관계의 기초를 진일보 파괴하였으며 그들은 유효한 정신적 의지가 없는데 이는 신생대 농민공의 정치행동이 돌연적이고 극단적인 상황으로 치닫게 될 가능성을 낳았다.

다음으로, 생활경험의 증가는 신생대 농민공의 이익 추구가 더 높아지게 하였다. 상대적으로 좋은 학교 교육을 받은 후 신생대는 도시의 더 장기적인 발전에 더 큰 흥미를 가지는데 이는 그들이 정치행동에서 더 많은 복지, 개인의 발전과 제도 개혁에 관한 요구를 제기하게 하였다.

그 다음으로, 신생대의 권리를 수호하는 행동에는 보편적으로 '실용주의'적 단합 문화가 성행하며 그들은 쉽게 국가의 선전과 언어에 좌우되지 않고 공식적인 의식형태 중에서 자신의 이익 요구를 만족시킬 수 있는 것들을 찾아내는데 그들은 늘 신중하게 행동의 책략을 선택함으로써 최종적으로 경제이익을 제고한다.

3. 농민공 자녀의 양육과 교육 문제

1) 유동아동의 기본 상황

중국 경제의 발전, 농촌의 노동력이 시장으로 이전하는 규모의 확대, 진행의 가속화에 따라 제1대 농민공, 그리고 신생대 농민공 중의 적지 않은 사람들이 부모가 되었다. 부모가 외지에서 일을 함에 따라 따라서 도시로 진입하였으나 호적은 농촌에 남아 있는 아동들은 '유동아동'이라고 불린다. '중국의 2010년 제6차 인구 보편조사자료'에 따르면 0세에서 17세까지의 이동인구의 규모는 3581만 명에 달하며 그중 0세부터 14세까지의 유동아동의 규모는 2291만 명이다.

제도적 장벽으로 인해 유동아동의 학전교육 문제는 해결하기 매우 어렵다. 상해시를 예로 들면 2014년에 실시하기 시작한 "상해에 온 인원들의 동반자녀가 상해시의 여러 등급과 여러 부류의 학교에 취학하는 것에 관한 의견 공고"는 유동아동의 취학 문턱을 크게 높였다. 원래 '임시거주증'을 요구하던 것으로부터 부모 중의 한 사람이 반드시 '거주증' 혹은 연속 3년 동안의 '탄력 있는 직종의 재직증명'을 제공할 것을 요구하였다. 거주증의 신청 조건도 원래 반년 동안 사회보험을 납부할 것을 요구하던 데로부터 합법적으로 거주한다는 조건을 덧붙였는데 다시 말하면 외지 인구가 거주하는 주택이 반드시 부동산증이 있는 것이어야 주거증을 신청할 수 있게 되었다. 하지만 중국의 '의무교육법'의 규정에 따르면 중국의 아동은 정상적인 상황에서 6세가 되면 마땅히 학교에 들어가 교육을 받아야 하는데 이는 유동아동의 의무교육 접수 현황이 양호한 상황을 유지하게 하였다. 제6차 인구 보편조사에 따르면 의무교육 단계의 유동아동의 교육비례는 모두 96% 이상이었으나 외지에서 대학 입시를 보는 문제로, 도시에서 고등학교 교육을 받는 유동아동의 비례는 70%에 미치지 못하였다(돤청룽段成榮 등, 2013).

　유동아동은 비록 부모를 따라 장기적으로 도시에 거주하지만 도시의 소비상황, 사회관계, 문화, 복지제도 등은 그들을 일정한 정도에서 제외시키고 있으므로 그들의 도시생활에 대한 적응과 동질감 형성에는 일정한 어려움이 존재한다. 연구에 따르면 학교에 적응하는 문제에서 비유동아동들은 선명하게 유동아동보다 상황이 좋았으며 유동아동이 도시에서 생활하는 시간이 증가됨에 따라 도시에 대한 그들의 부정적인 인상도 증가하고 도시에 대한 동질감은 오히려 하락하였다. 유동아동 내부에서도 도시에 적응하는 상황은 차이가 매우 컸는데 예를 들면 국립학교에 취학한 유동아동의 도시 적응 정도는 사립학교에서 공부하는 아동보다 높았다(왕중후이王中會, 저우샤오쥐안周曉娟, 2014). 그 외에 유동아동의 사회융합 상황은 그들의 부모와 직접적인 관계가 있었는데 부모의 사회융합상황이 좋은 유동아동일수록 그들의 사회융합 상태는 더 좋았고 부모와 자녀의 교류가 충분할수록 유동아동의 사회융합 상태가 더 좋았다(저우하오周皓, 2012). 실제로, 유수아동에 비해 이동은 더 명지한 선택인데, 비록 아동의 생활환경에 큰 변화가 발생하기는 하였지만 아동의 발전에 새로운 계기를 제공하였다. 비록 유동아동이 완전히 도시에 융합되는 것은 쉬운 일은 아니지만 도시에서의 생활은 그들의 시야를 넓혀 주었을 뿐만 아니라 그들이 도시의 풍부하고 다채로운 생활을 누릴 수 있게 해 주었다.

2) 유수아동의 기본상황

부모와 자녀의 분리-농민공 가정의 부모와 자녀가 장기적으로 떨어져 생활하는 것-은 유수아동 집단의 가장 본질적이고 핵심적인 특징이다. '도시화 배경에서의 우리나라의 의무교육 개혁과 발전 기제에 대한 연구' 프로젝트팀이 9448명의 농촌아동을 상대로 진행한 설문조사에 따르면 시골의 의무교육단계에 유수아동의 비율은 39.69%를 차지하였다. 그 중에서 반유수-즉 부친이 외지로 가고 모친이 집에 있는 비중은 56.64%였고 부모가 다 외지에 나가 있는 비중은 43.36%였다. 절대적인 숫자로부터 볼 때 시골의 유수아동은 주로 4-6학년이 위주였으며 전체의 50.68%를 차지하였고 7-9학년이 그 다음으로 33.58%를 차지하였으며 1-3학년이 제일 적어서 15.74%를 차지하였다. 여러 유형의 유수아동 중에 조부모와 같이 거주하는 비중이 33.53%로 가장 높았으며 모친과 거주하는 비중은 27.12%였고 형제자매와 거주하는 비중은 22.62%였으며 14.26%는 부친과 거주하고 있었고 그 외 2.47%의 유수아동은 다른 친척들과 거주하고 있었다. 가장 큰 문제가 되는 것은 5분의 1을 넘는 유수아동이 어른과 함께 거주하지 않고 보호를 상실한 상태에 처해 있었는데 귀주(貴州) 필절(畢節)에서 추위를 피하다 죽은 유수아동과 음독하고 자살한 유수아동이 바로 이런 돌보는 사람이 없는 상태에 처해 있었다(우즈후이鄔志輝, 리징메이李靜美, 2015).

유동아동에 비해 유수아동의 생활, 교육과 심리 상태는 더욱 주목을 요한다. 연구에 따르면 사회에 적응하는 각도에서 볼 때 일반 아동은 유동아동보다 낫고 반유수아동은 조금 괜찮으며 조부모가 양육하는 유수아동은 비교적 좋지 않고 쌍유수아동, 특히는 초등학교

단계의 유수아동 중 여성이 더욱 좋지 않았다. 유수아동 문제는 자존감이 저하되고 고독감이 증가하며 우울 정서가 증가한다. 유수아동에 대한 사회적 지원은 매우 부족한데 부모가 곁에 없을 때 그들은 여러 가지 물질과 심리적 지원을 잃게 되며 부모의 장기적인 외출은 유수아동이 미래의 생활에 신심을 잃고 자신을 방임하게 하여 자존 수준이 하락하게 한다.

우울 정서는 사회적 부담에 효과적으로 대응하지 못한 결과이며 고독감은 개체의 사회관계 네트워크가 질이나 양에서 결핍 증상을 나타낼 때 생기는 불쾌한 체험이다. 부모가 장기적으로 곁에 없는 상황은 유수아동이 어찌할 바를 모르게 하고 고독감이 상승하게 한다. 이 외에 적지 않은 유수아동은 또 노인과 동생들을 돌보고 빨래와 밥짓기 등 여러 가지 가정의 책임을 부담해야 하는데 이는 심지어 유수아동들에게 막중한 부담을 안겨주기도 하였다.

이 외에 유수는 또 아동의 학습 성적이 이상적이지 못하고 수업을 빼먹거나 학업을 중단하고 규율에 대한 인식이 약하며 피씨방에 빠지는 등 현상을 초래한다. 격대 양육, 위탁양육 혹은 양육하는 사람이 없음으로 인해 마땅히 받아야 할 관심과 교육을 못 받게 된다. 유수아동은 비유수아동보다 심리적으로 고독감을 느끼고 자폐, 자비, 냉담, 내성적 등 정서와 성격을 형성하기 쉬운데 그들은 상처를 받기 쉽고 도덕관념, 정감, 인격 행위에서 더 비뚤어지기 쉽다.

건강한 성장에 대한 아동의 수요는 다방면적인데 그 중에서 가장 큰 수요는 부모와 함께 사는 것이다. 하지만 현실은 중국에는 6100만의 농촌 유수아동들이 부모와 함께 있을 수 없거나 심지어 장기적으로 떨어져 있다(똰청룽段成榮, 2015). 현재 유수아동 문제는 중국이 사회공정과 발전에서 직면한 가장 심각한 문제이다.

3) 미래의 방향

중국은 완전한 사회복지체계와 유수아동 문제를 해결하는 대안을 마련해야 한다. 2016년 1월 17일에 중공중앙 국무원에서는 '새로운 이념을 발전시키고 농업의 현대화를 더 빨리 실현하여 전면적으로 소강사회를 실현하는 목표를 달성할 데 관한 몇 가지 의견'을 반포하였다. 이 의견에서는 농촌 유수아동과 부녀, 노인에 대한 돌봄 체계를 구축해야 한다고 지적하였다. 농촌의 곤경에 처한 아동에 대한 복지와 보장, 미성년자에 대한 사회보장제도를 구축하고 완성하여야 한다. 2016년 1월 27일에 열린 국무원 상무회의에서는 또 전면적으로 농촌의 유수아동에 대한 관심과 보호를 전면적으로 실행할 것을 제기하였다. 회의에서는 강제적인 보고, 간섭, 부축 등 기제를 마련하여 유수아동을 침해하는 여러 가지 불법행위를 타격할 것을 요구하였다. 기숙사형 학교를 증가하고 농민공의 시민화를 추진하며 공향으로 돌아가 창업하도록 인도하고 지원하는 등 대책을 통해 근본적으로 유수아동을 줄여나가야 한다.

2016년 2월 4일, 국무원에서는 '농촌 유수아동에 대한 관심과 보호 사업을 강화할 데 관한 국무원의 의견'을 반포하여 "각 지역, 각 유관 부서에서 농촌의 유수아동에 대한 관심과 보호사업의 중요성과 긴박성을 충분히 인식하고 강화하며 책임감과 사명감을 강화하고 사업의 진척을 추진하여 효과적인 대책을 마련하여 농촌의 유수아동들이 감독과 돌봄, 더 좋은 관심과 보호를 받을 수 있도록 해야한다"라고 요구하였다. '의견'에서는 또 "가정, 정부, 학교는 직책을 다하고 사회역량을 동원하여 농촌의 유수아동을 관심하고 보호하는 사업체계를 전면적으로 구축하며, 강제보고, 응급처리, 평가부축, 감독간섭 등 농촌의 유수아동에 대한 보호기제가 효과적으로 운영될 수 있도록 하여 시골의 유수아동의 권익을 침해하는 사건이 효과적으로 억제될 수 있도록 해야 한다"라고 하였다. '의견'은 중점은 근본적으로 아동의 유수 현상을 줄이는데 있다고 하였다. 첫째로 각지에서 농민공의 시민화를 적극 추진하여 그들이 미성년자를 보호하고 돌보는데 좋은 조건을 마련해 주며, 둘째로 농민공이 고향으로 돌아가 창업하고 취직하도록 인도하는 것이다. 유수아동 문제의 해결은 최종적으로 도시와 시골의 이원구조의 타파와 농촌의 소도시화의 추진에 달려 있다.

2017년 10월 18일에 시진핑 총서기는 중국공산당 제19차 전국대표대회에서 한 보고의 8번째 부분에서 "남녀평등의 기본국책을 견지하며 부녀와 아동의 합법적인 권익을 보장한다. 사회지원, 사회복지, 자선사업, 우대배치 등 제도를 완성하고 농촌의 유수아동과 부녀, 노인에 대한 지원서비스 체계를 개선할 것"을 제기하였다. 전면적인 소강사회를 건설 여부가 결정되는 단계에 유동아동과 유수아동의 문제는 국가의 충분한 중시를 받게 될 것이다. 이후 중앙정부, 지방정부, 유입지와 유출지의 정보, 사회조직 등은 공동으로 유수아동 문제에 대한 해결에 참여하게 될 것이며 이는 유수아동의 복지를 높이데 도움이 될 것이다.

참고문헌

蔡禾, 2011, 『城市社會學講義』, 北京: 社會科學文獻出版社.

蔡禾、王進, 2007, "農民工"永久遷移意願研究, 『社會學研究』 第6期.

蔡禾、曹志剛, 2009, 『農民工的城市認同及其影響因素——來自珠三角的實證分析』, 『中山大學學報(社會科學版)』 第1期.

段成榮、呂利丹、王宗萍、郭靜, 2013, 『我國流動兒童生存和發展: 問題與對策——基於2010年第六次全國人口普查數據的分析』, 『南方人口』 第4期.

段成榮, 2015, 『我國流動和留守兒童的幾個基本問題』, 『中國農業大學學報(社會科學版)』, 第2期.

方創琳, 2015, 『科學選擇與分級培育適應新常態發展的中國城市群』, 『戰略與決策研究』 第2期.

華金·阿郎革, 2001, 『移民研究的評析』, 『國外社會科學研究雜志』 第3期.

黃斌歡, 2014, 『雙重脫嵌與新生代農民工的階級形成』, 『社會學研究』 第3期.

賴特.米爾斯, 2001, 『社會學的想象力』, 陳強、張永強譯, 上海: 三聯書店.

李樹茁, 1993, 『80年代中國人口遷移的性別差異研究』, 『人口學刊』 第5期.

劉林平、王茁, 2013, 『新生代農民工的特徵及其形成機制——80後農民工與80前農民工之比較』, 『中山大學學報(社會科學版)』 第5期.

陸銘, 2016, 『大國大城: 當代中國的統一、發展與平衡』, 上海人民出版社.

宋林飛, 2000, 費孝通小城鎮研究的方法與理論, 『南京大學學報(哲學、人文科學、社會科學版)』 第5期.

汪建華, 2015, 『生活的政治: 世界工廠勞資關系轉型的新視角』, 北京: 社會科學文獻出版社.

王小章, 2012, 費孝通小城鎮研究之 "辯證"——兼談當下中心鎮建設要注意的幾個問題, 『探索與爭鳴』 第9期.

王中會、周曉娟, 2014, 流動兒童城市適應及其社會認同的追蹤研究, 『中國特殊教育』 第1期.

鄔志輝、李靜美, 2015, 『農村留守兒童生存現狀調查報告』, 『中國農業大學學報(社會科學版)』 第1期.

周皓, 2012, 『流動兒童社會融合的代際傳承』, 『中國人口科學』 第1期.

周飛舟、王紹琛, 2015, 『農民上樓與資本下鄉: 城鎮化的社會學研究』, 『中國社會科學』 第1期.

Lewis, W. Arthur, 1954, "Economic Development with Unlimited Supplies of Labor", *Manchester School*, Vol.22, 139-191.

Massey, Douglas S., Joaquin Arango, Graeme Hugo, Ali Kouaouci, Adela Pellegrino &J . Edward Taylor, 1993, "Theories of International Migration : A Review and Appraisal ." *Population and Development Review* 19.

자료출처: 愛思想http://www.aisixiang.com/data/57071.html

자료출처: 愛思想網: http://www.aisixiang.com/data/36773.html

자료출처: 網易http://mp.163.com/v2/article/detail/CLRVCC9G0514973E.html

자료출처: 新華網http://www.xinhuanet.com/2016-01/27/c_1117916568.htm

자료출처: 人民網http://fj.people.com.cn/n2/2016/0128/c372371-27644987.html

제 2 편

사회문제

제5장 새로운 경제상황과 취업문제

　개인적 차원에서 볼 때 취직은 생계를 해결하고 인정을 받으며 자신의 가치를 드러내는 중요한 경로이며 대부분 사람들이 반드시 걷게 되는 생명의 단계이자 사회화의 과정이다. 거시적 측면에서 볼 때 취직은 인구, 사회, 경제구조와 서로 인과관계가 되며 서로 영향을 미친다. 한편으로 취직문제는 사회의 안정과 경제의 발전과 관계되며 반대로 인구, 사회와 경제 구조는 또 취직률, 취직의 형태와 취직 결과 등 여러 요소에 영향을 미치고 나아가 개인의 행위방식, 사유의 특징과 교제 등에 깊은 영향을 미친다. 목전의 사회과학연구에서 취직 문제를 점점 더 중요하게 여기는 원인이 바로 취직문제가 사회의 서로 다른 계층, 집체와 행위문제 등을 반영하는 중요한 시각을 제공하기 때문이다. 취직 문제는 또 그 자체로도 항상 정부의 고위층과 정책 결정부문, 매체와 학계에서 주목하는 초점이 되기도 한다.

　지난 40여 년 동안 중국의 사회 경제는 커다란 변화를 가져왔으며 취직 영역에도 큰 변화가 생겼다. 시장경제의 도입은 중국의 도시 노동력 시장에서 과거의 '철밥통'을 위주로 하던 취직형태를 변화시켰고 노동자들과 고용자들은 점점 더 큰 자주권을 부여받게 되었다. 지금 비록 '철밥통'은 여전히 존재하지만 사람들은 이미 '직장을 바꾸는 것'에 습관되었다. 한 사람이 한 지역의 한 회사에서 천천히 진급하는(심지어 같은 직급에서 진급을 하지 않는) 직장생활은 이미 옛이야기와 같은 존재가 되어 버렸다. 적어도 처음 노동력 시장에 발을 들여놓을 때 이런 취직 생활을 기대하는 사람은 거의 없다. 시골에서는 호적 제도가 느슨해짐에 따라 잉여노동력이 시골 이외의 지역에서 직장을 구하게 되어 시골의 많은 잉여노동력이 도시의 노동력시장에 밀려들어 시골에서 시골 밖으로의 취직의 변화가 이루어졌다. 이는 대량의 노동력에 대한 중국 경제의 수요를 만족시켰을 뿐만 아니라 많은 사람들의 생활 수준을 제고시켰다. 그들은 동남 연해 지역의 날로 발전하는 제조업에 충분한 노동력을 제공했으며 중국의 도시화와 경제발전 중에서 생겨난 일련의 새로운 직업과 노동력에 대한 수요를 만족시켰는데 건축업에 종사하는 노동자와 서비스업에 종사하는 사람들이 바로 그러한 예가 될 것이다.

이와 동시에 노동력이 자유로운 이동은 일련의 새로운 문제를 가져오기도 했다. 국가의 힘이 시장에서 차츰 철수함에 따라 한편으로 노동자와 그 가정의 노동권익과 생로병사 등 여러 문제에 대해 국가에서 제공하던 '계획경제제식'의 보호도 차츰 취약해졌다. 또 고용 부서의 정상적인 경제활동은 안정적인 노동력을 필요로 하지만 시장화가 진행된 이후 일부 기업은 "사람을 붙잡을 수 있는가"에 대한 도전에 직면하게 되었다. 노동자와 고용 부서의 권익을 보장하고 정상적인 경제 질서를 수호하기 위해 중국에서는 노동법/노동계약법을 반포하였다. 이 외에 대량의 농촌잉여노동력은 중국이 과거의 30여년 이래 경제가 신속하게 발전할 수 있었던 인구의 기초였지만 호적을 기준으로 하여 만들어진 여러 가지 취직보장 조치의 실행은 농민공으로 하여금 장기적으로 "권리 박탈"의 상태에 놓여있게 하여 여러 가지 사회 문제를 야기시켰다. 2008년에 실시된 "노동계약법"은 최초로 농민공의 취직문제를 법률의 범위에 포함시켰는데 이는 중국이 노동보호 영역에서 거둔 큰 발전이라고 할 수 있다.

새로운 상황에서의 중국 경제는 다음과 같은 특징들을 갖고 있다. "발전 속도가 느려졌지만 실제적인 발전량은 여전히 엄청나며, 경제 성장이 더 안정화되고 성장의 동력이 다원화되며, 경제 구조가 최적화되고 발전의 전망이 더욱 안정적이며, 정부에서 큰 폭으로 절차를 간소화하고 간섭을 줄이며 시장 활동에 더욱 큰 자율성을 부여한다"는 것이다. "새로운 상태"라는 것은 현재 국내의 거시적 경제 형세에 근거해서 결정한 중대한 전략적 판단이다. 새로운 경제 상황에서 인류 과학의 진보와 생산효율의 진보는 경제 구조가 필연적으로 합리화되고 업그레이드되어 새로운 형세에 적응하게 한다. 장기적인 안목으로 볼 때 이로부터 야기된 취직 방면의 변화는 마침 중국 인구 구조의 변화에 부합된다. 경제구조의 합리화와 업그레이드의 중요한 내용은 바로 노동밀집형으로부터 기술밀집형경제로의 전환인데 제조업을 위주로 하던 데로부터 제3산업을 주로 하는 것으로의 전환이다. 기업에서는 더 이상 기술력이 없는 육체노동자를 필요로 하지 않으며 노동력의 인력자원에 더 높은 요구를 제기하고 있음을 어렵지 않게 발견할 수 있다. 이 추세는 중국의 인구의 고령화 및 날로 높아지는 인구의 교육과 건강 수준과 일치한다.

미래에 취직 영역에서 맞닥뜨리게 되는 가장 큰 도전은 아마 과학 기술의 초고속 발전이 될 것이다. 보도에 따르면 지구에서 노동력을 가장 많이 고용하는 기업 중의 하나인 폭스콘은 4만 대의 로봇을 가동하여 인력을 대체하였으며 중국에서는 로봇의 사용으로 하여 폭스콘 장쑤 쿤산 공장에서만 해도 6만명의 직원을 감축하였다고 한다. 이 보도의 배후에는 바꿀 수 없는 시장의 흐름이 있는데, 즉 로봇은 앞으로 점점 더 기술 함량이 적은 일자리에서 일하는 인력들을 대체하게 될 것이라는 것이다. 예를 생산 라인에서 일하는 노동자, 미화원 등이 바로 그러하다. 새로운 보도에 따르면 일부 지역에는 심지어 "무인물만두공장"이 생겨났는데 물만두를 만드는 전 과정을 로봇이 책임진다고 한다. 과학가들은 일부 화이트칼라들의 일자리도 멀지 않은 장래에 로봇에 의해 잠식당할 것이라고 예측하는데 이는 인류 과학이 진보한 결과이다. 만약 몇 십 년 전으로 돌아간다면 로봇이 사람을 대체하여 일을 하는 것은 과학환상소설에나 나올 법한 장면이다. 하지만 이와 동시에 로봇의 광범위한 사용은 필연적으로 대량의 노동자의 실업을 불러오게 될 것이다.

어쨌든 40년 동안에 중국의 취직 영역에는 거대한 변화가 나타났으며 앞으로도 여러 가지 도전에 직면하게 될 것이다. 우리는 중국의 취직 문제의 전환과 새로운 경제 상태에서의 취직 문제에 대해 어떻게 이해해야 할 것인가? 본 장에서는 중국의 취직 문제의 세 측면에 대해 소개하려고 한다. 첫째는 노동인구의 규모와 취직의 관계인데 주로 중국의 취직의 변화와 그 배후에 있는 인구요소의 관계에 대해 이야기할 것이다. 둘째는 노동보호와 취직인데 "노동계약법" 및 그것과 융통성 있게 취직하는 것과의 관련 및 그것이 대학생들의 취직에 준 영향을 이야기할 것이다. 셋째는 과학기술의 발전과 취직인데, 과학기술의 진보가 취직 영역에서 사회와 개인에게 가져다주는 기회와 도전에 대해 이야기할 것이다.

제1절 노동인구의 규모와 취직

다들 알다시피 중국은 개혁개방 40년 이래 경제 분야에서 큰 발전을 가져왔으며 2010년에 이미 일본을 추월하여 미국에 버금가는 제2대경제국으로 부상하였다. 경제학 전문가와 인구학 연구자들은 이 성과는 일정한 정도에서 중국이 누린 '인구보너스'와 관련이 있다고 말한다. 근래에 중국 인구의 변화, 인구보너스와 경제발전의 관계는 학계와 정계에서 쟁론하는 초점이 되었고 연구자들은 곧 소실될 인구보너스가 중국의 경제에 안 좋은 영향을 미칠 것을 우려하기 시작하였다. 인구보너스, 루이스 터닝 포인트, 인구부채 등 단어들은 매체에 빈번히 오르내렸다. 이것들은 무엇인가? 취직과의 관계는 어떠한가? 이것은 본 절에서 소개하려는 주요내용이다.

1. 노동인구보너스의 발생과 영향

이른바 노동인구보너스(demographic dividend)란 한 나라에서 출생률과 사망률이 하락함으로 인해 생기는 인구연령 구조의 변화 때문에 생기는 경제성장(Lee and Mason, 2006)을 가리킨다. 인구의 보너스와 한 나라의 인구 구조는 밀접한 관련이 있다. 인구구조는 출생률과 사망률에 의해 결정되는데 이 양자의 변화는 한 사회의 인구구조가 일련의 전환기를 거치도록 만든다. 지금의 세계 발달국은 이미 고출산, 고사망률로부터 저출산, 저사망률로의 전환을 완성하였는데 이 과정을 인구학에서는 "인구학적 천이(demographic transition)"라고 부른다. 인구학적 천이의 이론에서 인구의 천이의 첫 번째 단계는 고출산과 고사망률로 인한 매우 느린 인구의 증가 단계이다. 두 번째 단계는 의료조건의 개선으로 인해 사망률이 하락하는 단계인데 이때 출산률은 여전히 매우 높은 수준을 유지하며 이는 인구의 대폭적인 증가를 불러와 소년아동이 전체 인구 중에서 차지하는 비율이 증가되고 인구의 연령에서 전형적인 3각형 구조가 나타난다. 세 번째 단계는 사회와 경제적 원인(예를 들면 피임의 보급과 여성의 지위 및 교육 정도의 제고 등)으로 인해 출산율이 하락하고 인구의 부양 비율이 떨어지며 인구가 양쪽이 적고 가운데가 큰 구조가 되는 단계이다. 비교적 적은 인구부양율은 사회가 더욱 많은 자원을 투입하여 경제를 발전시키고 사회 복리를 개선해야 한다는 것을 의미한다. 이런 인구구조에서 만약 상응하는 사회 경제 정책의 지원이 있다면 국가는 경제가 신속하게 발전하는 시기에 진입할 것이며 개인의 평균 수입도 비교적 빨리 증가할 것이다. 이 시기가 바로 인구보너스시기이다. 네 번째 단계는 출산율과 사망률이 더 떨어지기 때문에 인구가 노령화로 접어드는 단계이다.

중국은 아주 오랫동안 인구대국, 노동력의 대국으로 인정되어 왔다. 개혁개방 초기부터 지금까지 중국의 인구 규모는 줄곧 세계 1위를 차지하였고 충분한 노동력 자원은 중국의 경제 발전의 하나의 특징이 되었다. 하지만 인구보너스의 정의에서 알 수 있다시피 인구보너스가 존재하는가 여부는 인구의 규모가 아닌 구조에 달려 있다. 만약 인구의 규모가 매우 크지만 인구부양비율이 매우 높다면 이런 상황은 반대로 뒤에서 이야기하게 될 "인구부채"를 초래하게 된다. 중화인민공화국이 창건된 이후 위에서 말한 인구학적 천이의 여러 단계에 대응되게 의료조건을 개선했기 때문에 중국의 사망률은 신

속하게 하락하였지만 총출산율은 계속하여 고공행진하였기 때문에
인구는 대폭 증가하였다. 개혁개방 이후 중국은 계획출산을 기본 국
책으로 삼았고 또 경제사회의 발전으로 사람들의 출산 관념에 변화
가 생겨 중국의의 총출산율은 개혁 초기의 5.8로부터 신속하게 2.1
이하로 떨어졌다. 출산율과 사망률의 하락은 30년래 중국의 노동 연
령(16-64) 인구가 총 인구에서 차지하는 비율이 비교적 높은 수준을
유지하게 만들었고 인구보너스가 발생할 수 있는 인구구조의 기초
를 마련해 주었다.

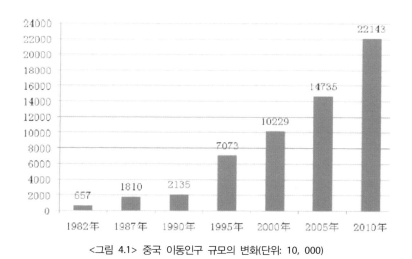

<그림 4.1> 중국 이동인구 규모의 변화(단위: 10, 000)

대규모의 이동 인구는 중국이 과거 수십 년 동안에 얻은 인구보너
스에 매우 좋은 사례를 제공해 주었다. 중국의 동남 연해 지역의 경
제는 20세기 80년대 말부터 90년대 초에 빠른 속도로 발전하기 시
작하였고 그에 상응하게 노동력의 이동에 대한 호적 제도의 관리도
상대적으로 느슨해져 대량의 젊은 농촌잉여노동력이 도시로 밀려들

어 중국은 "대이동"의 시대에 들어섰다. 1982년에 중국에는 657만의 이동 인구가 존재했다. 그 이후 이동인구의 규모는 신속하게 늘어나 2010년에는 2.21억이 되었다(그림 4.1 참조). 이는 인류 역사에서 가장 규모가 큰 인구 이동인 바, 이 인구 이동의 주요 동력은 중국 경제의 발전이 가져온 취직 기회의 증가이다. 서부로부터 동부로, 시골로부터 도시로, 작은 도시로부터 큰 도시로, 사람들은 고향을 떠나 개인과 가정의 생활을 더 풍요롭게 만들어줄 일거리를 찾았다. 어쩌면 이 대이동의 붐에서 가장 인상깊었던 것은 설 연휴 때마다 기차역에 사람이 붐비는 모습이었을 것이다.

한 가지 짚고 넘어가야 할 것은 인구의 연령 구조는 인구보너스가 발생하는 필요 조건이지만 결코 충분한 조건은 아니며, 저부양율의 인구 구조는 효과적인 정책이 있어야만 인구보너스를 발생시킬 수 있다는 점이다. 중국에서 개혁 개방의 가장 중요한 정책의 하나는 외부 자본의 도입과 사용이다. 외부 자본이 중국에 유입되던 초기에 대량의 공장을 개설했는데 이는 중국의 제조업이 신속하게 발전하게 만들었고 중국이 제조업대국과 "세계공장"이 되게 하였다. 초기의 "알바생"으로부터 지금의 "폭스콘" 직원에 이르기까지, 이런 젊고 건강하고 생산력이 있으며 동시에 저가인 노동력은 외국 자본이 중국에 투자하여 이윤을 취하도록 한 중요한 요소이다. 중국의 이동인구 중의 절대 대부분은 모두 외국자본이 집중된 지역으로 흘러들어 갔는데 예를 들면 2000년으로부터 2010년까지 주강삼각주와 장강삼각주의 이동인구는 전국의 이동인구의 40% 좌우(Liang, Li and Ma, 2014)를 차지하였다. 물론, 중국의 방대한 젊은 노동 인구가 외국 자본을 흡인하는 중요한 요소인 외에 양호한 투자 환경과 혜택 정책도 역시 중요한 원인이다.

인구보너스는 중국의 경제 발전에 큰 기여를 하였다. 연구 성과에 따르면 중국의 인구부양비율이 1% 떨어질 때마다 0.115%의 경제 성장을 가져온다(Cai and Wang, 2005). 1982년부터 2000년까지 중국의 부양비율의 하락은 개인 GDB의 성장율은 2.3%나 높였는데 이 시기 개인의 GDP 성장의 4분의 1은 부양비율의 하락으로 인한 것이다(蔡昉, 2010). 그러나 경제에 대한 인구보너스의 기여도는 인구의 구조에 달려 있기 때문에 지속적일 수는 없다. 1990년부터 2020년까지 중국의 인구 연령 금자탑의 변화 추이에서 볼 수 있는 바 1990년의 중국 인구 구조는 매우 젊었다. 1990년부터 2020년까지 15세 이하의 인구의 비중은 점점 감소하였고 비교적 나이가 많은 인구의 비율은 점점 높아져 인구 노령화의 추세가 선

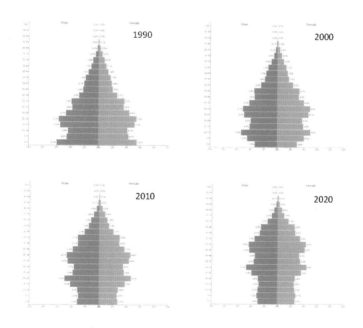

<그림 4.2> 중국 인구 금자탑의 변화 추이: 1990-2020

명해졌다(그림 4.2) 다시 말하면 중국의 젊은 노동력은 부족한 반면 노령 인구는 신속하게 증가하고 있다. 차이팡은 실제로 2010년에 중국의 노동력 인구의 절대다수가 이미 감소하였고 인구의 부양비율은 멈추거나 하락하였으며 인구보너스는 소실되고 있다고 하였다(蔡昉, 2013).

차이팡은 2013년은 중국의 인구보너스가 사라지는 표지가 되는 한 해라고 말한 바 있다. 물론 인구의 연령구조를 가늠하는 기준에 따라 다른 결론이 나올 수도 있다. 예를 들면 천여우화(陳友華, 2006)는 부양비율이 표준인구부양비율인 5%보다 낮을 때 인구보너스 시기에 처해 있게 된다고 하였는데 그의 연구에 따르면 중국의 인구보너스는 2030년까지 지속될 것이라고 한다. 그 시기가 언제가 되든지 물론하고 학자들은 보편적으로 중국의 인구보너스가 곧 소실될 것으로 보고 있다. 1인당 소득이 아직 낮은 상황에서 인구보너스가 소실된다는 것은 중국이 부유해지기 전에 먼저 노쇠해진다는 것을 의미한다. 중국이 노동력자원에서의 우세를 잃게 됨에 따라 전통적인 노동집약형을 위주로 하던 경제구조는 조정이 불가피하게 되는데 그렇게 하지 않으면 경제의 지속적인 발전에 큰 어려움을 가져다주게 될 것이다. 따라서 기타 여러 가지 정책들도 수정을 하여 노령화의 문제를 해결해야 하며 노령화인구의 경제적 잠재력을 계속 발굴할 수 있는 방법도 지속적으로 찾아서 젊은 노동력의 감소가 경제 발전에 미치는 부정적인 영향을 최소화해야 할 것이다.

2. 루이스 터닝 포인트는 이미 닥친 것인가?

위에서 중국의 과거 30년 동안의 경제 발전의 특징이 바로 대규모적인 인구이동이었음을 이야기한 바 있는데 그들은 중국의 공업화와 도시화에 저가의 노동력을 끊임없이 공급하여 경제의 신속한 발전에 인력의 우세를 제공해 주었다. 사람들은 "민공붐"이라는 어휘로 이 현상을 묘사하곤 한다. 그러나 대략 2004년으로부터 매체들은 주강삼각주의 일부 공장들이 직원을 찾기 어려운 어려움에 봉착했다고 보도하기 시작했는데 이는 사람들의 예상을 벗어난 일이었다. "광동성에 200만 명의 노동자가 부족하다", "기업들이 노동자를 구할 수 없다" 등 뉴스는 중국의 노동력 공급관계에 대한 사람들의 전통적인 인식을 바꾸어 놓았다. "민공난"은 "민공붐"을 대신하여 여러 매체와 학술 논문에 빈번하게 등장하기 시작하였다. "민공난"이 발생한 이후 그 발생 원인에 대해 여러 차례의 토론(류린핑劉林平, 완샹둥萬向東, 장용홍張永宏, 2006)이 진행되었다. 일반적인 관점은 중국의 호적제도의 특수성 때문에 농민공의 권익이 장기간 보장받지 못한 점은 농민공들이 "발로 투표하기" 시작한 근본적인 원인이라는 것인데, 이 관점의 지지자들은 국가와 기업이 농민공의 처우를 개선할 것을 주장하였다. 또 일부 전문가들은 "민공난"은 구조적인 것, 즉 기업의 일손이 부족한 문제가 나타난 것은 양적인 문제가 아니라 일정한 기술력을 갖추거나 기업의 수요에 맞는 조건을 겸비한 노동자를 구하기 어렵다는 것을 말하는 것이라고 주장하였다. 그러나 "민공난"이 지속됨에 따라 중국의 거시적인 인구 변동 추세와 관련되는 관점도 나타나기 시작하였다. 즉 "민공난"의 출현은 중국이 곧 "루이스 터닝 포인트"에 도달하게 된다는 것을 의미한다.

"루이스 터닝 포인트(Lewis Turning Point)"는 미국의 경제학자이며 노벨경제학수상자인 아더 루이스(W. Arthur Lewis)의 이름으로 명명된 개념이다. 그것은 경제발전 과정에서 노동력이 과잉상태로부터 점차적으로 감소하여 부족 상태에 이르기 시작하는 시점을 가리킨다. 노동력과잉 단계에서는 공급이 수요보다 많기 때문에 급여는 상대적으로 비교적 낮은 수준에 머물러 있게 되어 노동자들의 기본적인 생활 수요를 만족시킬 수 있는 정도가 된다. 루이스 터닝 포인트에 도달한 이후에는 노동력이 상대적으로 희소한 자원이 되어 급여도 상대적으로 높아지게 된다. 이원화된 경제 국면은 루이스 터닝 포인트가 존재하는 중요한 전제조건이다. 이원화경제라는 것은 한 나라에 두 가지 종류의 경제부서가 존재하는 것을 말하는데 하나는 전통적이고 낙후되었으며 생산효율이 낮은 전통적인 부서이고 다른 하나의 부서는 현대화된 경제부서이다. 중국에서 이런 이원화된 경제는 농업과 도시의 비농업 산업의 병존을 의미한다. 경제가 발전함에 따라 대량의 농촌잉여노동력이 비농업산업으로 유입되었는데 이런 노동력을 다 흡수하고 나면 급여는 오르기 시작하는데 이 시점이 바로 "루이스 터닝 포인트"가 된다(Cai, 2010).

일부 경제학자들이 보기에 2004년 전후에 나타나기 시작한 "민공난"은 중국이 이미 루이스 터닝 포인트에 접근하기 시작한 표지이다. 이와 반대되는 관점을 주장하는 사람도 적지 않다. 예를 들면 차이팡(2010)은 논문에서 첫째, 이 관점에 반대하는 사람들은 루이스 터닝 포인트에 이미 도달했다는 근거로 제시되는 데이터는 중국의 농업노동력을 지나치게 높게 추정한 것이며 이는 중국의 농업 잉여노동력이 아직도 남아있다고 생각하는 결과를 초래했다고 주장한다고 하였다. 둘째, 국내의 관련 부서들이 취직률을 통계하는 방법과 시스템은 반대자들이 노동력시장과 도시취직에 관한 통계 데이터를 해독하는데 어려움을 가져다주었다고 주장한다. 셋째, 현재 아직 중국 인구의 전환과 인구의 동태적(動態的) 변화에 대한 체계적인 데이터를 구축하지 못했는데 이는 학자들이 중국의 무한한 노동력 뒤에 있는 인구 기초의 변화를 간과하게 만들었다. 차이팡은 인구의 동태적 변화에 대한 데이터를 통해 중국은 2010년부터 시작하여 노동연령 인구의 절대적 숫자가 하락하는 추세를 보이기 시작하여 '루이스 터닝 포인트'에 도달할 것이며 인구보너스가 소실하는 시점에 가까워질 것이라고 전망하였다.(cai, 2010)

'루이스 터닝 포인트'는 인구보너스와 관련되는 개념이다. 인구보너스의 인구학 기초는 인구의 구조인데, 노동력연령 인구의 숫자는 '루이스 터닝 포인트'를 판단하는 관건이다. 양자는 서로 구별되면서도 관련이 있는데 '루이스 터닝 포인트'의 도래는 늘 인구의 부양비율의 상승과 인구보너스의 소실의 시작을 예고한다. 일본, 한국, 대만 등 국가와 지역에서 '루이스 터닝 포인트'의 출현과 인구보너스의 소실 사이에는 여러 해의 간격이 생겼는데 노동력의 부족 현상이 나타난 이후 인구구조는 여전히 오랜 시간 동안 경제발전에 기여를 할 수 있었다. 그렇다고는 하지만 만약 국가에서 노동력인구의 변화가 보내오는 신호에 대해 정확하게 인지하지 못한다면 틀린 정책을 펼치게 될 수도 있다. 가령 일본 정부는 1975년 '루이스 터닝 포인트'의 도래를 알아채지 못하고 경제발전책략을 상응하게 수정하지 못하였는데 이는 일본이 1990년에 인구보너스가 소실된 이후 경제가 붕괴된 중요한 원인이다. 그러므로 '루이스 터닝 포인트'의 출현은 한 국가가 일정한 인구와 사회경제조건에 처하였을 때 나타나는 객관적인 현상으로, 그 자체로는 좋을 것도, 나쁠 것도 없지만 어떻게 그것이 가져오는 부정적인 영향에 어떻게 대처하는가 하는 것이 가장 중요한 문제가 된다.

경제학자 차이팡(2010)은 중국은 적어도 세 가지 방면에서 정책과 대책을 마련하여 '루이스 터닝 포인트' 이후의 경제발전에 대비해야 한다고 하였다. 우선, 중국의 농촌 잉여노동력의 숫자가 하락하고 있기는 하지만 도시로 진출하는 농민공의 숫자는 여전히 매우 방대하며, 그들은 도시의 시민 신분을 얻어 지정한 도시화를 실현하는 과정에서 거대한 소비 잠재력을 발휘하고 다른 수요의 성장을 자극할 수 있다. 그러므로 호적제도의 개혁을 추진하여 도시로 진출한 농민공이 도시 시민으로 되도록 하여 경제의 성장을 추진할 수 있다. 둘째, 노령화인구는 일정한 조건이 구비되면 "제2차인구보너스(the second dividend)"를 발생시킬 수 있다. 노령화된 노동력 인구는 더 긴 은퇴 후의 생활을 대비해야 하기 때문에 그들은 더 강한 재산축적 욕구를 갖게 되는데 이는 저축률을 높여서 제2차인구보너스의 중요한 원천이 된다. 그 외에 아동 숫자의 상대적인 감소로 인해 노동연령의 인구 및 사회는 더 많은 자원을 투자하여 인구의 인력자본 수준을 높일 수 있는데 이 또한 중국의 제2차인구보너스를 실현하는 관건이다. 셋째, 과거의 무한대로 노동력을 공급하던 경제성장방식을 바꾸어 과학과 기술의 발전을 통해 새로운 경제증장 포인트를 획득하도록 해야 한다.

3. 인구부채

인구가 높은 출생률과 높은 사망률을 보이던 데로부터 낮은 출생률과 낮은 사망률을 유지하는 데로 전환하는 과정에서는 인구보너

스가 발생하게 된다. 더 정확하게 이야기하면 인구보너스는 이 인구
전환기의 이른 시기부터 나타나기 시작한다. 그 원인은 이 단계에서
출생률의 하락속도가 인구의 노령화속도보다 높기 때문인데, 이는
부양 비율(어린이와 노인을 부양하는 비율)이 비교적 낮다는 것과
노동력연령 인구가 충분하다는 것을 설명한다. 이런 연령구조는 충
분한 노동력연령 인구를 확보할 수 있도록 하며 사회의 적금과 투자
의 증가를 불러오기 때문에 경제가 빠른 속도로 발전하는데 유리하
다. 하지만 이 인구전환기의 후기에 접어들게 되면 15세 이하의 인
구가 계속해 감소하게 된다. 이와 동시에 사회의료조건의 제고로 인
해 인구의 기대수명이 증가하며 노년인구의 숫자도 신속하게 증가
하여 총 인구의 부양 비율이 빠른 속도로 높아지게 되어 경제발전에
불리한 인구연령구조를 형성하게 되어 인구부채(demographic debt)
가 발생하게 된다.(천여우화陳友華, 2005)

앞의 두 챕터의 내용을 통해 우리는 인구부채기가 도래하기 전에
'루이스 터닝 포인트'와 '인구보너스'가 순차적으로 차츰 사라지게
된다는 것을 알 수 있다. 인구전환의 과정에서 '루이스 터닝 포인트'
에 도달하기 전과 인구보너스가 발생하는 시기는 경제가 빠른 속도
로 발전하는 황금 시기이다. 이 시기에 충분한 노동력과 비교적 낮
은 총인구부양비율은 경제의 발전에 매우 좋은 기회를 제공해 준다.
만약 이 기회를 잘 활용한다면 인구의 우세는 경제의 우세로 바뀌어
경제의 비약적인 발전을 가져올 수 있다. 중국의 경제는 지난 30년
동안 비약적인 발전을 가져오기는 하였지만 계획생육의 엄격한 실
행은 중국의 출산 비율이 장시기 동안 대체수준보다 낮은 수준에 머
물러 있게 하였다. 낮은 출산율이 가져온 객관적인 결과는 중국의
인구보너스시기가 짧아져서 개인 평균수입 수준이 아직 높지 않은

상황에서 인구보너스가 사라지기 시작하게 되어 국가가 "부유해지기 전에 먼저 늙어버린" 것이다. "인구부채" 시기에 진입한 후 노년인구의 비율은 빠른 속도로 증가하고 노동연령 인구의 숫자는 상응하게 하락하게 되어 중국은 곧 심각한 노령화의 도전에 직면하게 될 것이다. 이 측면에서 이런 노령화사회가 가져온 도전은 자녀가 노인을 부양하는 부담이 가중된다는 점이다. 만약 부부 두 사람이 모두 외동자식이라면 대표적인 상황은 그들이 앞으로 4명의 아이를 부양해야 한다는 것인데, 만약 그들에게 아이가 생긴다면 부담은 더 커지게 된다. 거시적인 측면에서 보면 퇴직금과 의료자원에 대한 노인인구의 수요는 사회보장체계에 부담을 가져다주며, 노동연령 인구의 감소는 경제의 발전에 부정적인 영향을 미친다.

인구부채는 '루이스 터닝 포인트'와 인구보너스가 사라진 이후에 필연적으로 나타나게 되는 결과이다. 지금 많은 선진국은 이미 인구부채기에 들어섰는데 가령 일본, 프랑스, 이태리와 핀란드가 바로 그러하다. 한 나라가 인구부채기에 들어서는 국면에 제대로 대처할 수 있는지 여부는 우선 그가 인구보너스의 소실이 경제발전에 가져오는 도전에 제대로 대응할 수 있는가에 의해 결정된다. 중국에서 이런 도전은 노동력의 절대적인 숫자의 감소로 인해 노동력의 무한공급을 기초로 하는 경제발전 모티브가 그 인구학적 기초를 상실하게 되는 것으로 표현된다. 즉 중국은 노동력 방면의 국제비교우세를 상실하게 되는 것이다. 그러므로 인구보너스의 점차적인 소실은 중국이 경제구조를 조정하여 경제의 지속적인 증장을 유지할 필요가 있다는 것을 의미한다. 최근 들어 중국에서는 여러 가지 정책과 조치를 취해 경제구조를 개선하고 제3산업이 경제에서 차지하는 비중을 높였으며 과학기술의 발전이 경제에 대한 공헌을 제고하고 노동생산률을 높이고 새로운 경제증장 포인트를 지속적으로 발굴하였다. 그 외에 인구보너스가 소실되기 전에 인구보너스 시기를 최대한 늘릴 수 있도록 대책을 마련하고 부단히 변화하는 인구구조를 충분히 활용하여 지속적으로 경제발전에 공헌하게 해야 한다. 이런 대책으로는 퇴직연령을 늘리고, 둘째를 낳는 것을 허용하는 것을 전면적으로 허용하는 동시에 여러 가지 교육, 연수프로그램에 투자하여 노동력의 인력자본 수준을 높이는 것 등이 있다.

제2절 노동보호와 취직

노동자의 기본 권익을 보호하기 위해 중국에서는 일찍 1994년부터 "중화인민공화국노동법"을 실시하기 시작하였다. 경제발전의 수요에 따라 노동계약제도를 진일보 개선하고 노동계약 쌍방 당사자의 권리와 의무를 명확하게 하며 노동자의 합법적인 권익을 보호하고 조화롭고 안정적인 노동관계를 구축하고 발전시키기 위해 중국에서는 "노동법"을 기초로, 2007년에 "노동계약법"을 반포하고 2008년부터 시행하기 시작하였다. "노동계약법"이 반포, 시행된 이후에 여러 차례 토론과 의견 수렴을 거쳐 2012년 제11차 전국인민대표대회 상무위원회 제30차 회의에서 "중화인민공화국노동계약법"을 수정할 데 관한 규정을 통과시켰고 2013년 7월에 시행하기 시작하였다. 그렇다면 "노동계약법"의 반포와 시행은 노사 쌍방에 어떤 영향을 미쳤을까? 더욱이 대학졸업생이 부단히 증가하고 있는 지금, 이 법은 대학생들의 취직에 어떤 영향을 미쳤을까?

상술한 문제의 답을 찾기 위해 본 절에서는 세 개 의 부분으로 나누어 논의를 하려고 한다. 첫 번째 부분에서는 우선 "노동계약법"의 입법과 수정 과정에 있었던 여러 가지 쟁점에 대해 소개하고 쟁론 쌍방의 근거는 무엇이었는지에 대해 논의할 것이다. 두 번째 부분에서는 "노동계약법"이 현재의 다양한 취직방식에 미치는 영향에 대해 논의하고, 세 번째 부분에서는 "노동계약법"이 대학생들의 취업에 미치는 영향에 대해 소개할 것이다.

1. "노동계약법"의 세 가지 쟁점

"노동계약법"의 내용은 노사 쌍방의 이익에 관계되기 때문에 이 법은 제정과 수정 과정 중에서 줄곧 여러 분야의 인사들의 주목을 받아왔고 "노동계약법"은 시행 전에 수많은 제안을 받았는데 심지어 다른 의견을 가진 사람들끼리 또 격렬한 논쟁을 벌이기도 하였다. 중국경제50인논단 2016년의 연회에서 당시 중국 재정부 부장이었던 러우지웨이(樓繼偉)는 "노동계약법"은 수정해야 한다고 주장하였고 정부, 기업, 학술 각계의 대표와 전문가들은 이 법을 둘러싸고 격렬한 토론을 벌였다. 주요한 쟁점은 다음과 같은 세 가지로 정리해 볼 수 있다. 첫째, 기업의 노동력 원가를 높이지는 않았는가? 둘째, 기업의 고용자주권을 침범한 것은 아닌가? 셋째, 노동자의 권익만 보호한 것은 아닌가?

1) 기업의 노동력 원가를 높이지는 않았는가?

"노동계약법" 제20조에서는 명확하게 규정하고 있다. "노동자의 수습기간의 급여는 본 단위의 최저 수준의 급여 혹은 노동계약에서 규정한 급여의 80%보다 낮아서는 안 되며, 고용 부서 소재지의 최저 임금 기준보다 낮아서는 안 된다." 이로부터 "노동계약법"은 기업에서 인원을 고용할 때의 최저급여의 기준에 대해 규정하고 있음을 알 수 있다. 각 지역의 최저임금 기준이 부단히 올라가고 있는 배경에서 "노동계약법"을 둘러싼 쟁점 중의 하나는 그것이 기업의 고용비용을 늘린 것은 아닌가 하는 점이었다. 한쪽에서는 최저급여기준은 기업(특히 노동밀집형기업)의 고용비용을 늘려 노동력에 대한 수요가 감소되고 실업률이 높아질 것이라고 주장하였고 다른 한쪽에서는 비교적 높은 급여는 노동자의 기타 측면(예를 들면 잔업, 사회보험의 부재)에 대한 합리적인 보상이라고 주장하였다. 아래 우리는 이 두 가지 주장에 대해 이야기해보기로 한다.

경쟁성 노동력시장의 분석의 틀에 따라 보면 노동자의 급여 수준은 노동력 공급과 수요 쌍방이 공동으로 결정한 것이며 만약 인위적으로 노동자의 급여 수준을 결정한다면 기업의 결정권에 영향을 주게 되어 노동자의 급여 수준이 공급과 수요의 균형을 벗어나게 될 때 기업은 고용인원을 줄이게 되어 실업 현상이 발생하는 것을 초래하게 된다. Stigler(1946)은 동질화와 경쟁성이 있는 노동력 시장에서 시장청산(Market clearing) 시의 급여 수준을 높이는 것은 기업의 고용비용을 늘리게 되며, 기업의 고용비용의 증가는 아래의 두 가지 경로를 통해 노동력에 대한 수요를 감소시키게 된다고 지적하였다. 첫 번째 경로는 기업이 노동력원가가 더 낮은 곳으로 옮겨가는 것인데, 이는 본 지역의 노동력 수요가 하락하게 만든다. 두 번째 경로는 기업의 이윤이 적어지게 되어 고용 인원의 숫자를 줄이는 것인데 이 또한 본 지역의 노동력 수요가 하락하게 만든다. 노동력 공급이 변하지 않는 상황에서 시장청산이 이루어질 수 없게 만들어 실업자가 생기게 된다.(Brown et al, 1982) 그들은 1980년 이전의 관련 논문에 대해 자세한 종합적 서술을 한 다음에 다음과 같은 결론을 얻어냈다. "최저임금이 10% 상승하면 청소년의 취직률은 대략 1%-3% 하락한다." 위의 이론과 실증의 근거로부터 볼 때 최저임금의 상승은 기업의 고용비용을 늘려 기업이 고용인원을 줄이게 만들며 취직수준의 하락을 초래하여 실업률이 증가하게 된다.

최저임금 기준을 높일 것을 주장하는 쪽에서는 다음과 같이 말한다. 첫째, 높은 임금은 잔업에 대한 일종의 보상이다. 현재 기업에서 잔업은 보편적인 일로 되어 있으나 잔업 비용은 늘 늦게 발급되거나 심지어 제대로 지급되지 않고 있다. 그러므로 비교적 높은 임금 기준은 노동자들의 잔업에 대한 보상에 해당되는바, 이 부분의 보상 효과를 생각해 본다면 현재의 임금은 높지 않은 것이 확실하다. 두 번째, 높은 임금에는 노령연금과 의료보험 등 여러 가지 종류의 보험 비용이 들어가 있다. 현재 비록 농민공의 노동안전위생 상황이 우려할만한 수준이지만 노령연금과 의료보험 제도는 대부분의 농민공에게 미치지 못하여 건강문제, 심지어 산업재해를 입은 상황에서도 그들이 합리적인 보상을 받지 못하는 상황이 발생하고 있다. 그 외에 농민공의 직업은 안정성이 떨어져서 노동계약 기한이 1년이 되지 않으며 대다수 중소기업에서는 농민공과 노동계약을 체결하지 않는다. 이런 요소를 고려해 볼 때 최저임금 기준은 전혀 높지 않다.

지적해야 할 것은 위에서 논쟁한 최저임금의 기준 문제를 제외하고도 중국의 노동영역에 존재하는 문제는 관련 법률의 실행과 관련이 있는데, 이런 법률을 실행하는 어려움은 법률의 규정이 너무 포괄적이어서 실제로 적용할 수 있는 집행기준이 부족하다는 점이다. 그러므로 노동력 기준을 높이는 동시에 "노동계약법"은 또 법률을 위반한 데 대한 책임과 처벌 방법을 자세하게 규정하여 법률을 실제 시행가능성을 높였고 이로써 노동자들이 권익이 침해당하였을 때 더 효과적으로 법률의 보호를 받을 수 있도록 하였다.

2. "노동계약법"은 기업의 고용자주권을 침범하였는가?

기업과 노동자들이 장기적이고 안정적인 노동관계를 유지하도록 인도하고 격려하기 위해 "노동계약법은" 노동의 기준을 높여서 고용 기업이 일정한 조건에서 노동계약을 종료할 때 지불해야 하는 경제 배상금에 대해 규정하였고 연속 10년 동안 일하였을 때 혹은 연속 두 번 약정 기간의 노동계약을 체결한 다음 세 번째로 노동계약을 체결할 때 노동자가 요구한다면 기업은 반드시 무기노동계약을 체결해야 한다고 규정하였다. 그러나 이 규정, 특히 무기노동계약에 대한 규정은 엄청난 논란을 불러일으켰다. 반대하는 쪽에서는 이 조항이 "기업의 고용자주권을 침해하고", "탄력적이고 자유로운 노동력시장을 파괴하였으며", "과거의 '철밥통'을 다시 주워 와서" "기업의 경쟁력을 약화시켰다"고 주장하였다. 노동자와 무기노동계약을 체결하는 것을 피하기 위해 일부 기업은 "노동계약법"이 반포된 후 노동자와 새로 노동계약을 체결하는 방식을 통해 노동자의 취직연령을 "제로로 만들"거나 혹은 오래 일한 노동자를 해고하였다.

그러나 무기노동계약은 실제로 종신고용제와는 매우 큰 차이가 있다. "노동계약법"이 기업이 일방적으로 노동계약을 파기할 수 있다고 규정한 상황은 거의 모두 무기노동계약에 적용될 수 있다. 그러므로 기업의 고용자주권은 반드시 국가 법률의 관리를 받아야 한다. 다른 나라들을 살펴보면 거의 모든 시장경제국가들이 다 이렇게 하고 있음을 알 수 있다. 노동자에 대한 해고를 예로 든다면, 여러 나라들에서는 모두 노동자의 해고에 대해 엄격한 제한을 두고 있는데 고용주는 마음대로 직원을 해고할 수 없다. 다른 나라와 비교해 보면 중국의 "노동계약법"이 해고 조건에 대한 규정은 매우 느슨한

편이다. "노동계약법"은 기업이 "재산 전이, 중대한 기술개혁 혹은 경영방식의 조정" 시에 인원을 감축할 수 있다고 규정하고 있다. 하지만 해외에서는 기업의 경영에 이러한 상황이 발생한다고 해도 인원감축은 몇 개월에 달하는 담판을 거쳐야 하며 이 과정에서 기업과 노조 쌍방은 서로 양보와 타협을 하여 최종적으로 협의를 달성하여야 한다.

3. "노동계약법"은 노동자의 권익만 보호하는가?

"노동계약법"은 노동자의 권익만 보호하는가? 이는 본 법의 입법 취지에 관계되는 문제이며 "노동계약법"을 제정하는 과정 및 반포, 실시 과정에서 쟁론의 초점이 되었던 문제이다. 우리가 위에서 이야기한 것처럼 법조계에서 공인하는 상식은, 노동자의 권익에 대한 보호를 강조하는 것을 기본 법규와 원칙으로 삼는다는 것이다. 이 입법 원칙을 견지하는 것은 중국의 현실 상황의 수요에 근거한 것이다. 그러나 많은 사람들의 이해와 달리, "노동계약법"은 노동자의 권익만 보호하는 것은 아니다. 우선, "노동계약법"이 노동자의 권익에 대한 보호는 기업이 도전에 직면하게 하는 동시에, 또 기업이 적극적으로 관리방식을 변경하고 관리수준을 높이며 경쟁력을 높이게 하여 변화를 거부하는 기업과 변화하기 어려운 기업으로 하여금 새로운 법률 환경에서 생존하기 어렵게 한다. 하지만 그 근본으로부터 볼 때 노동관계를 조화롭게 하는 것은 기업 발전의 전제조건이다. "노동계약법"을 엄격하게 준수하면 노동자의 권익을 효과적으로 보장할 수 있을 뿐만 아니라 첨예한 노사 갈등이 생기는 것을 방지하여 근본적으로 기업의 발전을 위해 안정적인 외부환경을 마련할 수 있다. 둘째, "노동계약법"의 많은 조항은 기업의 이익을 고려한 것이다. 예를 들면 기업이 일방적으로 계약을 해지하는 경우와 권리, 수습기간의 위약금에 대한 규정, 경제보상금에 관한 제한성 규정 등이 바로 그것이다. 셋째, "노동계약법"의 반포와 실시는 중국의 사회경제가 건강하게 발전하는데 유리하다. 거시적인 경제학의 각도에서 볼 때 노동자의 합법적인 권익을 보장하고 규칙적인 노동력시장을 수호하며 취직환경을 개선하고 노동자의 수입과 처우를 제고할 수 있어서 내수의 부족이라는 이 중국경제의 발전을 오래도록 저애하는 문제를 해결할 수 있다. 그러므로 "노동계약법"은 기업과 사회의 이익 역시 보장하고 있다.

4. "노동계약법"과 자유로운 취직 형태

20세기 70년대에 발생한 변화들은 기업과 노동자가 모두 더욱 자유로운 고용형식을 모색하도록 만들었다(Kalleberg, 2000). 우선, 세계경제 체계 속에서 경쟁과 불확실성의 증가는 기업이 더 높은 이윤을 추구하게 하고 고용의 융통성을 높이는 책략을 사용하게 만들었다. 둘째, 통신과 정보기술의 발전은 기업이 장기적으로 고용하는 노동자가 없이도 한 영역에서 신속하게 임시 노동자 팀을 구축할 수 있게 하였다. 셋째, 경제성장속도의 저하는 모든 노동자가 안정적인 직장을 획득할 수는 없다는 것을 의미한다. 이런 상황에서 자유로운 방식으로 취직하는 것은 부득이한 상황에서 생계를 도모하는 선택이 될 수 있다. 넷째, 본 절의 내용과 긴밀하게 연결되는 하나의 원인은, 노동법이 자유로운 취직 형태의 출현에 촉진 작용을 하였다는 것이다. 앞의 절에서 우리는 중국의 "노동계약법"이 야기한 논쟁에 대해 논의한 적이 있다. 즉 "노동계약법"은 기업의 행위에 대한 규범을 제정함과 동시에 노동자의 권익을 보호했지만 기업의 고용단가를 높이고 기업의 고용자유를 간섭하고 기업의 이익에 손해를 주지 않았는가 하는 것이다. 논쟁 쌍방의 입장과 관점이 어떠하든 지에 상관없이 "노동계약법"을 제정한 목적이 노동자의 기본 권익을 보장하기 위한 것이라는 점은 틀림이 없다. 그러나 객관적으로 볼 때 이 법규의 제정이 기업의 고용단가를 높인 것은 사실이다. 이런 상황은 세계 각국에 모두 존재한다. 탄력 있는 취직을 하는 인원들은 고용주가 노동법이 노동자에 대한 처우와 복리에 대한 일부 강제성을 띤 규정과 요구를 피해갈 수 있게 하여 기업의 운영단가를 낮출 수 있게 하였다. 그러므로 각국 노동법의 제정은 자유로운 취직 형태가 대량으로 나타나게 된 중요한 원인 중의 하나이다.

융통성 있게 취직을 한다는 것은 정규직으로 취직하는 것에 상대하여 존재하는 취직 형태이다. 정규직은 종일 근무하는, 연속적인 취직을 가리킬 뿐만 아니라 노동자가 고용주가 제공한 장소 혹은 고용주의 감독 하에서 근무하는 것을 가리킨다. 한 직업이 정규직으로 불리기 위한 그 핵심은 고용주와 노동자가 관련 법규의 보호를 받는 노동계약을 체결하여 근무의 연속성을 보장받으며 합법적인 노동시간을 규정하고 고용주가 충분한 복리를 제공하는가 하는 점이다. 정규적인 취업과 달리 자유로운 취직 형태는 노동시간, 수입과 처우, 근무장소, 보험과 복리, 노동관계 등 하나 혹은 여러 방면에서 공업화와 현대공장제도의 기초에 구축된, 전통적인 주류취직형태의 여러 가지 취직형식에 대한 총칭이다(장리빈張麗賓, 여우쥔遊鈞, 뭐룽莫榮,

위안샤오후이袁曉輝, 2005). 자유로운 취직 형태는 여러 가지 유형을 포함하는데 프리랜서, 파견, 자가고용, 재택근무, 멀티미디어를 통한 근무 등이 자유로운 취직 형태에 해당된다. 여기에는 SOHO족(대부분이 자유직업자임)을 포함한 "고급스러운" 직업이 포함될 뿐만 아니라 파견근무와 같은 비교적 낮은 위치에 있는 직업도 포함된다. 전면적으로 법률의 보호를 받는 정규직과 달리 여러 가지 형식의 자유로운 취업 형태는 노동법의 구속을 받는 정도가 다 다르다. 하나의 극단적인 예로 자가고용 형태의 취직을 들 수 있는데, 자가고용자는 자신을 위해 근무하고 고용주가 없는데 이런 상황에서는 일반적으로 노동계약이 존재하지 않는다. 아래 겸직(兼職)과 파견근무 이 두 가지 자유로운 취직 형태를 중점적으로 소개하고자 한다. 이 두 가지 자유로운 취직 형태에는 모두 "고용주"가 존재하므로 어떻게 "노동계약법"에 근거하여 노동자의 권익을 보호해야 하는가 하는 문제가 존재한다.

겸직근무(파트타임 근무)는 근무시간이 일반적인 사람들보다 적은, 급여를 취직하기 위하여 일하는 형태를 가리킨다. 예를 들면 미국에서는 근무시간이 주 35시간보다 적은 근무 형태를 가리켜 겸직이라고 부르고, 캐나다와 영국에서는 근무시간이 30시간 이하이면 겸직으로 분류된다. 통계에 따르면 21세기 초에 미국에는 20%에 달하는 노동자가 겸직 인원이었다. 유럽의 겸직 비율은 이것보다는 조금 낮았는데 1996년 유럽의 노동력의 16%가 겸직이었다. 일반적으로 경제가 쇠퇴하거나 경제위기가 닥쳤을 때 겸직 노동자가 많아지고 경제가 번영할 때는 겸직 노동자가 감소한다. 연구는 지금의 현대공업사회에서 겸직 노동자 중에는 여성의 비율이 더 많다는 것을 발견했는데 이는 그녀들이 가사노동과 자녀를 돌보는 일을 더 많이 부담해야 하기 때문이다. 학생도 겸직 노동의 주요한 인원 중 하나 인데 이는 그들이 공부하는 시간 외의 시간을 이용하여 학비, 생활비 등을 벌거나 혹은 경험을 쌓기 위해 일을 하기 때문인데, 이 두 가지 모두가 목적인 경우가 더 많았다. 겸직 근무방식의 출현은 노동자의 자유로운 취직에 대한 요구를 충족시키기 위한 것인데, 그들은 여러 가지 이유로 인하여 짧은 시간 동안 근무할 수밖에 없다. 그러나 이런 겸직 형태의 근무방식의 존재는 더 큰 정도에서 자유로운 취직 형태와 고용자금 인하를 원하는 고용주의 요구를 만족시키기 위한 것이다.

중국에서 "노동계약법"이 시행되기 전에 겸직 형태의 노동은 법률의 관리를 받지 않는 범위에 속해 있었다. "노동계약법"은 겸직을 "시간을 단위로 하여 보수를 계산하는 방식을 위주로 하고, 노동자가 같은 직장에서 일반적으로 매일 근무하는 시간이 4시간을 초과하지 않으며, 매주 근무시간이 24시간을 초과하지 않는 고용형태"라고 규정하고 전일제 고용 형태로 이루어진 노동관계를 전일제노동관계라고 칭하고 있다. 이로부터 다른 국가에 비해서 중국의 법률이 규정한 비전일제 노동관계의 최장 시간이 비교적 짧다는 것을 알 수 있다. 이렇게 규정한 것은 취직을 확대하는 동시에 비교적 근무시간을 비교적 낮게 책정함으로써 고용 부서에서 더 많은 정규직을 고용하도록 격려하기 위해서이다. "노동계약법"은 또 "비전일제 고용 쌍방은 구두 협의를 체결할 수 있다", "비전일제 고용 쌍방은 수습 기간을 둘 수 없다", "비전일제 고용 쌍방의 당사자 양측 모두 상대방에게 통보하는 방식으로 계약을 종료할 수 있다", "고용계약을 종료하면 고용자는 노동자에게 경제적 보상을 제공하지 않는다", "비전일제 고용에서 시급은 고용 직장 소재 인민정부에서 규정한 최저시

급보다 낮아서는 안 된다", "비전일제고동 보수 지불 주기는 15일보다 길어서는 안 된다"라고 규정하고 있다. 그러므로 비전일제 고용은 매우 융통성 있는 고용과 취직 방식임을 알 수 있다.

이밖에 "노동계약법"은 고용 부서에서 비전일제 노동자를 위해 사회보험에 가입해야 한다고 규정하지 않았다. "노동계약법"의 관련 규정은 만약 고용 부서에서 비전일제고용의 관련 규정을 준수하지 않는다면 노동자는 법에 따라 자신의 권리를 주장할 수 있음을 의미한다. 특히 만약 비전일제 근무시간이 법률에서 규정한 상한선을 초과할 경우 노동자는 전일제 노동계약을 체결할 것을 요구하고 고용 부서에서 법률에서 규정한 것보다 낮지 않은 처우를 해 줄 것을 요구할 수 있다.

노무 파견이라는 것은 노동자가 노무파견회사에 계약을 체결하고 노무파견회사에서 노동자를 고용 부서의 근무 현장에 파견하여 그 관리 하에서 근무하게 하는 취직 형태이다(리후이李暉, 2009). 노동자는 노무파견회사에 공식적으로 고용되며, 그 채용, 해고, 교육과 급여, 복지 등은 모두 노무파견회사에서 부담한다. 유럽의 여러 나라에서 노무파견회사는 2-세기 70년대로부터 신속하게 성장하기 시작하였는데 그의 발전 원인은 주요하게 융통성과 고용자금 절약을 원하는 고용주의 요구에 부응하였기 때문이다. 노무파견 근로자를 고용함으로써 고용주는 최소한의 정규직만 고용할 수 있게 되었고 필요에 따라 직원의 수를 조절할 수 있게 되었는데 이렇게 함으로써 상업 주기에 대처하고 고용자금을 줄일 수 있었다. 노무파견의 가장 큰 특징은 근로자가 노무파견회사에 고용되었으나 그 고객회사의 관리를 받는다는 점이다. 중국에서는 20세기 90년대에 처음으로 노무파견이 출현하였는데 당시 국유기업제도의 개혁으로 인해 중국에는 대량의 실업 근로자가 출현하였고 노무파견회사에서는 그들을 고용 직장으로 보내 취업시켰는데 이는 실업 근로자의 재취업 문제를 해결하는 하나의 경로가 되었다. 노무 파견의 발전에 따라 많은 기업에서는 파견 근로자를 고용하는 장점을 인식하게 되었고 대량으로 파견근로자를 고용하기 시작하였다. 통계에 따르면 2008년에 중국에는 2000만 명의 파견근로자가 있었으나 2010년에 파견근로자의 숫자는 6000만에 달하였다. 통계 방법에 따라 그 숫자는 더 높아질 수도 있다. 그러나 이와 동시에 파견근로자의 합법적 권익이 피해를 받는 상황도 빈번히 발생하였다.

"노동계약법"이 반포되기 전에 중국의 법률에는 노무파견에 대한 관련 규정이 없었다. 2008년에 시행된 "노동계약법"은 처음으로 노무파견에 대한 규제를 시작하였는데 파견회사의 자본, 노동계약, 파견협의, 처우와 복리 등 문제에 대해 명확한 규정을 하였다. 비록 "노동계약법"이 노무 파견에 대해 일련의 규정을 제정하기는 하였으나 이는 일부 고용 직장에서 대량으로 파견근로자를 고용하는 추세를 막지는 못하였으며 파견근로자와 정규직 근로자사이의 처우가 다른 문제도 점점 심해졌다(정상위안鄭尙元, 2014). 많은 법률전문가들은 그 배후의 근본적인 원인은 직업의 범위와 처우, 보수에 대한 "노동계약법"의 규정이 부실하기 때문이라고 보고 있다. 그래서 "노동계약법수정안"(2012)은 노무파견에 대해 더욱 엄격하고 세부적인 규정을 제정하였는데 고용 직장에서 파견근로자를 고용할 수 있는 업무의 범위, 파견 근로자의 비례 그리고 같은 업무에 종사하면 같은 보수를 받는 원칙 등이 이에 포함된다. 수정을 거친 뒤의 "노동계약법"의 노무 파견과 관련되는 조항들은 다음과 같은 것들이 있다. "노동계약 고용은 중국의 기업의 기본적인 고용방식이다. 노무

파견은 그 보조 형식으로, 임시적, 보조성 혹은 대체성 근무 시에만 시행할 수 있다.” “앞의 조항에서 규정한 임시성 근무라는 것은 존속시간이 6개월을 초과하지 않는 근무 형태를 가리킨다. 보조성 근무라는 것은 주요 업무에 서비스를 제공하는 비주요 업무에 종사하는 것을 가리킨다. 대체성 근무라는 것은 고용 단위의 노동자가 휴직하여 학습하거나 휴가 등 원인으로 인해 일을 할 수 없는 일정한 기간 내에 기타 노동자가 그 업무를 대체하는 근무 형태를 가리킨다.” “고용 단위에서는 노무 파견 근로자의 숫자를 엄격하게 준수하여야 하며 그 고용량의 일정한 비율을 초과해서 고용할 수 없다. 구체적인 비율 규정은 국무원 노동행정부서의 규정에 따른다.” “노동계약법”은 이외에도 노무파견 근로자를 고용하는 단위에서는 같은 업무 같은 보수라는 원칙을 준수하여야 하며 만약 고용단위에 같은 유형의 근무형태가 존재하지 않는다면 고용단위 소재 지역의 동등한 업무의 보수 기준에 따라 파견인원에게 급여를 지급해야 한다고 규정하고 있다.

비록 노무 파견에 대해 법률에 더 엄격한 규정을 하였지만 노무 파견 근로자를 고용하면 비용이 적게 들고 융통성이 커지므로 노무 파견은 여전히 고용 단위들에게 매우 매력적이다. 그러므로 노무 파견에 대한 규제는 법률조항의 실행가능성 및 실제 시행 과정에서의 엄격한 집행 여부와 관련이 있을 뿐만 아니라 국가, 파견회사, 파견 근로자와 고용단위 등 여러 부서 및 개인의 힘겨루기와도 관련이 있게 된다.

5. 대학생들의 취직에 대한 "노동계약법"의 영향

중국은 1999년부터 대학생 모집을 확대하기 시작하였다. 통계에 따르면 1998년에 중국의 대학들에서는 총 108만 명의 대학생을 모집하였고 대학 입학률은 34%였다. 대학생 모집을 확대한 이후에 대학생 숫자와 입학률은 계속하여 가파르게 성장하였다. 2001년에 260만 명의 대학생을 모집하였는데 입학률은 처음으로 50%를 넘어섰다. 2005년에 599만 명을 모집하였고 2015년에는 942만 명이 입학시험에 등록하여 입학률은 75%에 근접하였다. 대학생의 숫자의 증가가 가져온 결과는, 대학생들의 취직난이 점점 심화된 것이다. 명문대를 졸업했는지 여부와 전공, 성적, 실습경력 등이 전부 선택의 조건이 되었다. 대학생들의 취직이 어려운 문제에 대해 많은 전문가와 학생들은 그 배경이 되는 원인에 대해 분석을 진행하였다. 볜원샤邊文霞(2010)는 여러 관점에 대해 다음과 같이 정리하였다. 첫 번째 관점은 대학에서 학생 모집을 확대하는 자체가 바로 취직난을 야기하는 중요한 원인이라고 주장한다. 두 번째 관점은 대학에서 학생 모집을 확대하는 것은 좋은 점과 나쁜 점이 공존하며 대학생들의 취업난이 발생한 근본적인 원인은 체제 자체의 폐단에 있다고 주장한다. 그 외에 지역 발전의 불균형은 대학생들이 취직 공간에서 제한을 받을 수밖에 없게 만들었다. 세 번째 관점 역시 체제에서 취직난의 원인을 찾고 있는데 중국은 낙후 지역의 인력 단가가 너무 낮은데다가 직업을 바꾸는데 필요한 자금이 너무 많이 들기 때문에 발달지역은 대학생들이 수요보다 많이 몰리고 대학생이 필요한 지역에는 오히려 인재가 부족한 상황이 나타난다고 주장한다. 네 번째 관점은 일반적으로 취직률 통계에서 사용하는 것은 최초 취직률인데 이렇게 하면 졸업

후에 일자리를 찾은 일부 사람을 빠뜨리게 된다고 주장한다. 다섯 번째 관점은 대학의 교육과 시장의 요구가 서로 부합하지 않아서 "일자리만 있고 사람이 없는" 경우와 "사람만 있고 일자리가 없는" 경우가 병존한다고 주장하는 것이다. 여섯 번째 관점은 중국의 산업구조는 여전히 충분히 많은 고급인력을 소화할 수 없다고 주장한다. 마지막으로 많은 학자들은 비판의 예봉을 대학생 본인들에게 돌려서 대학생들의 취직 능력의 부족은 그들이 노동력 시장에서 경쟁력을 잃은 중요한 원인이라고 주장한다. 이로부터 대학생들의 취직난을 초래한 요소는 다방면적이라는 것을 알 수 있다.

그렇다면 이런 취직하기 어려운 상황에서 대학생들은 자신의 취직에 대해 어떻게 예상을 해야 하는가? 취직예상은 개인의 취직여부와 취직 직장의 성격, 취직 처우 등에 대한 예상을 반영한다(판아이아이範皚皚, 처사사車莎莎, 2014). 현재의 연구와 보도의 내용을 정리하면 대학생들의 취직 예상은 어느 정도 우리가 논의한 취직난의 원인과 일치한다. 보도에 따르면 많은 대학생들은 여러 장의 합격통보서를 받지만 여전히 계속해서 취직자리를 알아보는데 이런 "천천히 취직하는" 현상은 점점 보편화되고 있다. 이는 대학생들이 직장을 구하기는 어렵지 않지만 자신이 만족하는 직장을 구하기는 어렵다는 것을 설명한다. 이런 현상이 일어난 원인은 비교적 복잡하지만 취직예상의 각도에서만 본다면 대학생들의 취직 예상이 지나치게 높다는 것을 설명한다. 또 다른 연구에 따르면 취직 예상과 실제 상황의 불일치는 주요하게 급여에 나타나며 졸업한 학교가 좋을수록 불일치의 정도는 더 심하다고 한다.

취직의 부담으로 인해 대학생들은 졸업하기 전에 늘 적극적으로 학교 밖으로 나가 여러 가지 "실습"에 참여하여 취직 경력을 쌓고 이런 방식으로 자신의 업무능력을 높여서 취직할 때 마음에 드는 직장을 구할 수 있기를 희망한다. 실습을 통하여 학생들은 업무능력을 높일 수 있을 뿐만 아니라 직접 경험을 통해 자신이 어떤 직장을 좋아하는 지 알 수 있고 사회 관계망을 형성할 수 있으며 심지어 실습 기간이 끝난 이후에 순조롭게 실습했던 직장과 노동계약을 체결할 수도 있다. 그러나 많은 직장에서 대학생들의 애타게 취직하려는 심리를 이용하여 권익을 침해하는 일이 빈번하게 발생하는데 이로 인해 대학생들은 저가의 노동력으로 전락하기 일쑤이다. 중국청년보 신문사의 조사를 중심으로 한 설문조사에 따르면 71.3%의 대학생들이 실습 과정에서 불공정한 대우를 받은 적 있는데 업무량이 과중하거나 업무 시간이 지나치게 긴 것은 자주 봉착하게 되는 문제였다. 월급을 연체하거나 주지 않는 경우도 자주 있었다. 현재의 "노동계약법"에 따르면 고용 단위에서는 실습 단위에서 대학생을 고용하는 것은 실제로 일종의 "비전일제고용"에 속하므로 관련 조항의 규제를 받는다. 대학생들은 실습 과정에서 불공정한 대우를 받게 되면 "노동계약법"에 근거하여 스스로 자신의 권익을 보호해야 한다.

대학생들이 취직 시장에서 약자의 위치에 처해 있기 때문에 고용 단위들이 대학생들과 고용관계를 맺는 과정에서 법규를 위반하는 사건이 자주 발생하는데 예를 들면 노동계약을 체결하지 않거나, 고의로 수습기간을 연장하거나 하는 등의 수법을 사용하여 고용비용을 줄이려고 시도하는 것이다(쉬리탕徐禮堂, 2009). 이런 상황에 근거하여 "노동계약법"에는 모두 엄격한 규정을 하였는데 이는 고용단위에서 불법 행위를 할 경우 대학생들이 법에 근거하여 자신의 권익을 보호할 수 있게 하기 위해서이다. "노동계약법"은 고용단위에서 노동계약을 체결하지 않는 상황에 대해 자세하게 규정을 하고 있다.

"고용단위에서는 고용을 시작하는 날로부터 시작하여 노동자와 노동관계를 맺어야 하며 동시에 서면으로 노동계약을 체결하여야 한다." "고동단위에서 노동자를 고용하는 날로부터 시작하여 1년 내에 노동자와 서면으로 노동계약을 체결하지 않을 경우 고용단위와 노동자 사이에 이미 무기기한노동계약이 체결된 것으로 간주한다." "고용단위에서 고용을 시작하는 동시에 서면으로 노동계약을 체결하지 않은 경우 만약 명확하게 노동보수에 대해 규정을 하지 않았을 경우 단체계약에서 규정한 기준에 따르며, 단체계약이 없거나 단체계약에서 규정하지 않은 내용이 있을 경우 본 직장의 같은 업무에 종사하는 직원과 같은 기준의 급여를 지급하여야 한다."

고용단위의 수습생 고용을 규범화 하기 위해 "노동계약법"은 다음과 같이 규정하고 있다. "노동계약의 기한이 3개월 이상, 1년 미만일 경우 실습 기간은 한 달을 초과할 수 없다. 노동계약이 1년 이상, 3년 미만일 경우 실습기간은 2개월을 초과할 수 없다. 3년 이상의 계약이나 혹은 고정기한이 없는 고용계약을 체결할 경우 실습기간은 6개월을 초과할 수 없다." 그 외에 "노동계약법"은 또 다음과 같은 규정도 두고 있다. "같은 고용단위에서 같은 노동자에게는 한 번만 실습기간을 둘 수 있다." "일정한 업무량을 완성하는 것을 목표로 하는 노동계약이나 노동계약 기간이 3개월 미만일 경우 실습기간을 둘 수 없다." "실습기간은 노동계약의 기간에 포함된다." "노동계약에서 실습기간만 정했을 경우 실습기간은 성립되지 않으며, 해당 실습시간은 노동계약의 기간에 속한다." "노동자의 실습기간의 급여는 본 단위 같은 부서에서 일하는 직원의 최저급여 혹은 노동계약에서 약정한 급여의 80%보다 낮아서는 안 되며, 고용단위의 최저임금 기준보다 낮아서는 안 된다."

제3절 기술발전과 취직

경제의 발전은 늘 과학기술의 발전과 불가분의 관계에 있었다. 증기기관차의 발명과 광범한 사용을 상징으로 하는 제1차 산업혁명은 노동의 조직방식에 근본적인 변화가 발생하게 하였는바, 수공업공장이 현대화된 공장에 의해 대체되었고 공장에서의 노동이 주요한 취업방식으로 자리를 잡게 되었다. 제1차 산업혁명이 방직업에 대한 영향은 매우 컸으며 공장에서 방직 기계를 다루는 직원들이 대량으로 출현하였다. 19세기 중기에 시작된 제1차 산업혁명은 전기의 발명과 광범한 사용을 상징으로 하는데, 인류의 생산 효율은 엄청나게 제고되었다.

헨리 포드가 일관작업열의 생산방식을 개척함에 따라 대량생산의 시대에 진입하였다. 동시에 과학기술의 진보는 새로운 발명이 부단히 나타나게 하였고 산업이 세분화되고 육체노동과 정신노동의 종류가 부단히 증가하게 하였다. 20세기 40년대 좌우로부터 시작하여 정보기술의 발전은 제3차 산업혁명을 불러왔고 여러 가지 소프트웨어, 새로운 재료, 로봇과 인터넷기술은 취직에 전례 없는 변화를 불러왔다. 새로운 과학기술은 사람들의 작업방식을 변화시켰고 새로운 취직 종류와 형식을 만들어낸 동시에 기존의 취업에 충격을 가져다주었으며 심지어 많은 업종의 직장이 점차적으로 사라지게 만들었다.

이런 배경에서 본 절은 과학기술의 발전이 중국의 취직에 가져온 새로운 변화를 주요한 내용으로 다룰 것이다. 본 절은 크게 두 개 부분으로 나눌 수 있다. 첫 번째 부분에서는 우선 현재 유행하는 인터넷쇼핑과 공유경제를 예로 과학기술이 직종을 만들어낸다는 점에 대해 중점적으로 이야기할 것이다. 왜냐 하면 그것은 모두 과학기술의 발전이 가져온 취직 방식이 다원화된 예이기 때문이다. 첫 번째 부분의 마지막에 우리는 이 문제에 대해 더한층 깊게 토론하게 될 것이다. 새로운 직종을 만들어내는 동시에 새로운 직종의 출현은 또 필연적으로 일정한 정도에서 전통적인 직종을 대체하게 될 것인데 두 번째 부분에서는 중점적으로 이 문제와 새로운 과학기술의 부단한 발전이 가져온 취직의 불안정성에 대해 논할 것이다.

1. 과학은 직종을 만들어낸다.

1) 인터넷쇼핑과 취직

과학기술이 직종을 만들어낸 예를 들자면 중국에서 인터넷쇼핑과 공유경제는 목전에 새로 취직자리를 만들어내는 일에 가장 큰 공헌을 한 두 가지 신흥 영역이다. 인터넷쇼핑은 전자상거래의 형식의 일종으로, 그는 소비자들로 하여금 인터넷을 통해 직접적으로 판매자의 손에서 물건을 구입할 수 있게 한다. 1998년에 마윈(馬雲)이 알리바바를 창립하였는데 이는 중국의 전자상거래의 발전 과정에서 기념비적 의의가 있는 사건이다. 알리바바는 나중에 중국에서 가장 큰 전자상거래 플랫홈으로 발전하였는데 그 산하의 타오바오(淘寶)는 중국, 나아가 세계적으로 규모가 가장 크고 교역량이 가장 큰 인터넷 쇼핑몰이 되었다. 지금 중국에는 한편으로 타오바오, 징둥(京東) 등 본토의 쇼핑몰이 있을 뿐만 아니라 아마존 등 전자판매상들도 중국의 인터넷쇼핑 경제에 발을 들여놓고 있다.

10여 년 전 중국의 대다수 소비자들은 어쩌면 인터넷쇼핑이라는 이런 구매방식에 대해 아직도 생소했을 수도 있다. 그러나 지금 소매는 이미 인터넷에서 매우 큰 기류를 형성하였다. 최근 스마트폰의 발전과 보급으로 인해 사람들은 시간과 장소의 제한을 받지 않고 세계 각지의 상품을 보고 구매할 수 있는데 이런 편리성은 인터넷쇼핑이 이미 도시의 대다수 사람들의 우선적인 구매 형식이 되게 만들었다. 중국 인터넷정보센터(CNNIC)에서 반포한 제40차 "중국인터넷 발전상황 통계보고"의 통계에 따르면 2017년 6월까지 중국의 인터넷쇼핑 고객의 규모는 이미 5.14억에 달하였는데 그중 휴대폰 인터넷쇼핑 구매자의 규모는 4.8억이었다. "2016년 중국 전자상거리 시장 데이터 측정 보고"의 통계에 따르면 2016년 중국의 인터넷 소매시장의 교역액은 5.3만 억에 달하였으며 인터넷 소매시장의 교역 규모는 사회 소비품 판매 총액의 14.9%를 차지하였다.

인터넷쇼핑의 빠른 발전은 취직 시장에 거대한 변화를 불러왔다. 2016년 12월까지 중국의 전자상거래서비스기업에 직접적으로 종사하는 인원은 305만 명을 넘어섰고 전자상거래의 간접적인 영향으로 취직한 인원은 이미 2240만 명을 넘어섰다. 인터넷쇼핑몰의 증가에 따라 실체 소매점은 쇠락하는 조짐이 나타났다. 만약 인터넷쇼핑업에 종사하는 인원의 증가가 다만 실체 소매점 업무에 종사하는 인원들을 대체한 것이라고 한다면 인터넷쇼핑의 발전이 일자리의 창조에 기여한 가장 큰 업적이 바로 택배이다. 왜냐하면 매 하나의 주문은 모두 그에 상응하는 하나, 혹은 여러 개의 택배가 존재하기 때문이다. 인터넷쇼핑 영업액의 증가에 따라 택배없도 전례없는 발전을 가져왔다. 국가 우체국에서 공개한 데이터에 따르면 2016년에 택배 영업량은 313.5만 건에 달하였다. 북경교통대학, 알리연구원과 차이냐오(菜鳥)인터넷이 연합으로 반포한 "전국 사회화 전자상 물류업 종사자에 대한 연구보고(全國社會化電商物流從業人員研究報告)"에 따르면 2016년 초 중국의 전자상 물류 업무 종사자는 203.3만 명이었으며 "택배서비스 '십이오' 기획(快遞服務 "十二五" 規劃)"에 따르면 2010년까지 택배업 종사자는 다만 60만 명을 조금 웃돌았을 따름이다. 이로부터 2016년의 데이터는 5년 전의 3.4배로 증가하였음을 알 수 있다.

2) 공유경제 하의 탄력 있는 취직

공유경제란 대등한 관계를 기초로, 사회교제네트워크 플랫홈의 조절 기능을 통하여 물품이나 서비스를 공급하거나 공유하는 것을 목적으로 하는 활동을 가리킨다(Hamari, Sjöklint and Ukkonen, 2016). 공유경제의 존재 전제는 유효한 수단을 통해 자원 교환 수요가 있는 사람들을 연결하는 것이다. 정보기술과 사회교제 네트워크의 발전은 이런 소통과 교류가 매우 편리해지게 하였고 특히 컴퓨터, 휴대폰과 기타 이동통신설비와 사교매체 플랫홈(예를 들면 위챗微信, 웨이보微博, 여러 가지 논단論壇 등)은 사람들이 직접적으로 소통이나 교역을 할 수 있게 하였다. 공유경제는 물품의 사용률을 높였고 소비자의 비용을 줄였으며 환경보호에 유리하고 사회의 응집력을 높였으며 공유경제에 참여하는 판매자들에게 능동적인 취직 방식을 제공하였다.

'공유경제' 자체는 새로운 사물이지만 공유경제 이념을 기초로 한 자원의 공유는 이미 존재한지 매우 오래 되었다. 정보기술과 도구가 보급되기 전에 비교적 이른 시기에 나타난 '공유경제'는 '카풀

(carpooling)'이였다. 보도에 따르면 지난 세기 70년대에 석유위기가 닥쳤을 때 카풀은 기름 값을 아끼는 외출방식으로, 미국에서 많은 사람들이 사용하였다. 그러나 조기의 카풀은 대부분 이웃과 동료 사이에서 진행되었다. 정보기술(주로는 인터넷과 휴대폰)의 발전으로 인하여 카풀은 차츰 유행하기 시작하였다. 연구 결과 단거리에 비해서 사람들은 더 많은 기름을 소모하는 장거리 여행을 할 때 다른 사람과 카풀하는 경우가 더 많았다. 통계에 따르면 2009년에 카풀은 미국의 모든 자동차를 이용한 외출 횟수의 43.5%와 통근을 위한 외출의 10%를 차지하였다. 카풀 서비스를 제공하는 사람은 일정한 비용(예를 들면 사람 숫자에 따라 계산한 기름값 등)을 받으며 이런 비용의 지불은 자신이 직접 차를 운전해서 외출하기 보다 훨씬 저렴하여 카풀 쌍방의 외출비용을 절감할 수 있다.

이른 시기의 공유경제는 사람들 사이에서 자발적으로 진행된 자원 교환이었다. 최근 몇 해 동안 공유서비스를 제공하는 제3자 기업이 국내에서 대량으로 출현하였는데 그들은 여러 가지 인터넷 플랫홈과 상업 형태를 개발하여 이런 공유경제를 추진하고 이를 통해 이윤을 취한다. 제3자 회사의 출현은 교역이 더욱 편리해지게 했을 뿐만 아니라 그들은 일련의 평가체계를 구축하여 판매자와 구매자 쌍방의 신뢰도를 높였다. 우버Uber, 디디택시滴滴打車, 에어비엠비Airbnb, 그리고 인터넷플랫홈(eBay, Craigslist, 58同城, 趕集網), 중고 상품 거래 등은 모두 이런 공유경제에 속한다. 그 중 매우 유명한 예가 바로 우버이다. 우버 회사는 전문적인 택시 프로그램을 개발하여 효과적으로 여유가 있는 자가용 자동차와 택시 서비스가 필요한 사람을 연결시켜 주었다. 전통적인 택시 서비스와 달리 우버의 기사는 자가용 자동차의 차주이며, 그들은 여가 시간을 이용하여 일을 하는데 택시

비의 기준은 우버 회사에서 정하며 그중의 70-80%의 택시비는 자동차 차주가 가져가고 나머지는 우버회사에서 가져간다. 우버는 쉬고 있는 자가용과 자가용 차주들을 이용하여 인력과 물질자원을 효과적이고 합리적으로 분배하고 사용할 수 있도록 하였다. 에어비엠비는 비슷한 이념에서 출발하여 비어 있는 방을 이용한 것이다. 집주인은 셋집 주인으로 변신하여 일정한 수익을 취하며 고객은 비교적 싼 가격으로 개성화된 방을 빌려 거주할 수 있다. 통계에 따르면 에어비엠비에 올라온 방의 가격은 호텔 가격은 30%-60% 정도이다. 인터넷공유 플랫홈의 출현은 공유경제에 참여하는 것이 더 편하고 융통성이 있게 하였으며 물질자원과 인력에 여유가 있는 사람들에게 탄력 있는 취직방식을 제공해 주었다.

3) 과학기술 발전 하의 다원적인 취직 방식

위의 두 절에서 우리는 인터넷쇼핑과 공유경제를 예로 과학기술의 발전이 취직에 대한 견인 작용을 살펴보았다. 더 깊이 생각해 보면 이 두 사례는 과학기술의 발전이 취직 기회를 늘리는 동시에 취직 방식의 다원화를 불러왔음을 알 수 있다. 비록 산업혁명 때부터 시작하여 과학기술의 변화는 줄곧 취직 방식을 변화시키는 추동력이었지만 현재의 과학기술의 발전 속도는 이왕의 어떤 시대도 비할 수 없는 것이며 그것은 다시 한 번 작업의 조직방식을 변화시키고 취직방식의 다원화를 진일보 추진하였다. 이런 첨단과학기술의 추동 하에 취직방식의 다원화는 주로 융통성 있는 취직 방식의 발전으로 나타났다.

우선 과학기술의 발전은 정식으로 융통성 있는 방식으로 인원을 고용할 수 있게 하였다. 노동법과 취직이라는 챕터에서 우리는 융통성 있는 취직 방식이 나타난 원인에 대해 이야기할 때 노동법과 융통성 있는 취직과의 관계에 대해 중점적으로 논하고 노동법이 고용 비용의 증가를 불러온 것은 고용 단위에서 융통성 있는 취직 인원을 고용하는 동력의 하나라고 하였다. 실제로, 과학기술의 발전과 고용 단위에서 융통적인 고용 방식을 사용하는 것은 불가분의 관계에 있다. 첫째로, 과학기술의 발전은 여러 가지 융통성 있는 취직방식에 대한 고용 단위의 수요를 불러왔다. 세계적인 경쟁체계 속에서 기업은 수시로 과학기술의 발전이 가져온 수요의 변화에 대처해야 한다 (Kalleberg, 2000). 생산성 기업에 대해 그들은 시장의 수요에 따라 노동력의 규모를 조절하여야 한다. 이는 과학기술의 발전과 세계적인 경쟁의 심화로 인해 소비자의 수요의 변화와 시장의 불확실성이 커져서 기업에서는 탄력근무 인원(예를 들면 파견근무 인원)을 고용하여 이런 파동에 대처해야 한다. 과학기술 창신 기업들은 융통성 있는 자원정택을 통해 기업의 창신성을 보장해야 한다. 이는 새로운 과학기술이 부단히 발전하는 반면 과학기술 노동에 종사자의 갱신 속도는 한계가 있기 때문에 이런 상황에서 기업은 일정한 융통성을 발휘하여 현유 직원들의 팀에 새로운 지식과 기능을 갖춘 사람을 추가해야 하기 때문이다. 둘째, 과학기술의 발전은 일부 융통성 있는 취직 형태가 공장에 채택되어 직원들은 현장으로 가지 않고도 똑같은 근무 효과를 거둘 수 있게 하였다. 원거리근무가 바로 그 예로, 직원들은 인터넷과 관련 설비를 사용하여 회사와 실시간으로 소통할 수 있다. 회사의 요구에 따라 작업을 완성하기만 하면 그들은 회사 밖의 임의의 장소에서 근무할 수 있다. 최신 과학기술의 발전은 심지어 회사에서 하나의 인터넷플랫홈을 사용하여 세계적인 범위에서 외주 인원을 찾고 회사의 기술 요구에 근거하여 양질의 직원팀을 꾸릴 수 있게 하였다.

그 다음으로 과학기술의 발전은 자가고용 직업의 다원화를 불러왔다. 물론 자가고용 직업 자체가 많은 종류로 나뉘는데 적은 부류(예를 들면 개체공상업)를 제외하고 매우 많은 피고용직업은 모두 상응하는 자가고용의 유형이 있다. 예를 들면 변호사, 디자이너, 의사, 상담사, 소프트웨어 공정사, 회계사 등이다. 정보기술의 발전은 자가고용 직업에 많은 변화를 가져다 주었다. 첫째, 인터넷의 사용은 자가고용 직업자의 근무 효율을 높여서 작업의 융통성과 탄력성을 높였고 고객의 범위를 확대시켰다. 자가고용 직업자는 인터넷을 통해 고객과 연락을 할 수 있어서 직접 마주하고 일을 토론하는 시간과 경제적 투자를 줄였다. 고객과 실시간으로 소통할 수 있기 때문에 자가고용 직업자는 더욱 융통성 있게 자신의 근무 장소와 시간을 정할 수 있으며 그의 고객도 일정한 지리적 범위에 있지 않아도 되고 심지어 인터넷의 끝이 바로 고객 범위의 끝이라고도 말할 수 있다. 둘째, 정보기술의 발전은 일부 온라인 자가고용 직업을 만들어냈는데 예를 들면 인터넷쇼핑몰 점주, 우버 기사, 에어비엔비 집주인 등이다. 이런 새로 나타난 자가고용 직업은 자가고용의 종류를 풍부하게 만들었는데 그들의 공통점은 오프라인에서의 자가고용 직업과 비교할 때 온라인 자가고용 직업의 문턱이 비교적 낮다는 점이다. 예를 들면 실체 쇼핑몰에게 좋은 장소는 성공의 전제조건이지만 가게세 또한 높다. 하지만 장소는 인터넷쇼핑몰의 영업이익에 영향을 주지 않는다. 또 공유경제 하에서 생겨난 자가고용 직업은 자가고용 직업자가 한가한 자원을 이용하여 인터넷 플랫홈에서 신청만 한다면 참여가 가능하다.

2. 과학기술은 불안정한 직업을 만들어낸다.

1) 과학기술의 발전이 대체한 직업

예전의 모든 산업혁명과 마찬가지로 정보기술의 발전을 표지로 하는 제3차 공업혁명 역시 예전의 생산 방식을 완전히 바꾸어 놓았다. 과학기술의 발전은 직업과 생산 방식의 데이터화, 자동화와 지능화를 불러왔는데 이 과정에서 많은 직업은 사라질 위기에 놓였다. 예를 들면 3D인쇄기술의 성숙은 많은 상품과 첨단과학기술 부품이 출력을 통해 생산이 가능해지게 하였고 수시로 필요한 물건을 출력함으로써 구매와 운수라는 이 중간고리를 생략할 수 있게 하였다. 미래에 3D인쇄기술이 더 한층 보급되면 많은 생산, 판매와 운수노동 종사자가 3D프린터에 의해 대체될 것임을 상상할 수 있다.

그 외에 과학기술이 취직을 대체한 다른 예로 생산 라인에서의 로봇을 사용을 들 수 있다. 국제로봇연합회는 1959년을 첫 번째 로봇이 탄생한 연도로 본다. 이로부터 공업로봇에 대한 연구는 매우 오래되었음을 알 수 있다. 이 몇 십 년 동안에 공업로봇은 부단히 발전하였으나 기술의 한계 및 노동력의 충분한 공급으로 인해 로봇에 대한 각국의 수요는 별로 크지 않았고 공업로봇은 대규모적인 생산되고 광범위하게 사용되지는 못하였다. 최근 몇 년 공업로봇의 생산제조기술이 점점 완벽해지고 인공지능의 폭발적으로 발전함에 따라 공업로봇은 점점 능동적이고 지능적으로 변해갔다. 또 다른 한편으로 발전도상 국가의 노동력의 감소가 초래한 노동력 가격의 상승도 공업로봇에 대한 수요가 크게 증가하게 하였다.

중국에서 공업로봇을 통해 실제 인력을 대체하는 사업은 신속하게 발전하여 현재 이미 세계의 앞자리에 위치해 있다. 2004년부터 2016년까지 중국에 투입되어 사용된 공업로봇의 보존량의 숫자로부터 알 수 있는바 2004년에 중국에는 7000대의 공업로봇이 있었으며 2016년에는 34만대에 달하였다(그림 4.3 참조). 예측에 따르면 2018년부터 2020년까지 중국 공업로봇의 연 평균 판매량은 15%-20%의 속도로 성장할 것이라고 한다. 2016년에 중국은 대략 87,000대의 공업로봇을 구매하였는데 이는 지금까지 로봇이 한 국가에서 발생한 최고판매액이다. 중국에서 로봇에 광범하게 사용된 업종은 전자업인데 예를 들면 반도체칩제조공장 등이고 그 다음은 자동차 업종이다.

중국 정부는 적극적의 생산의 데이터화, 지능화와 자동화를 추진하고 있다. 제조업은 국민경제의 기초이자 지주적 산업이며 한 국가의 경쟁력의 중요한 표현이다. 중국은 과거 30여 년 간 줄곧 세계제조대국이었는데 이는 중국의 개혁개방정책과 충분한 노동력자원에 힘입은 것이었다. 그러나 중국의 노동연령 인구 숫자의 하락으로 인해 노동력 고용비용이 상실됨에 따라 중국은 제조업영역에서의 가장 큰 경쟁력 우세를 잃어버리게 되었으며 국제 제조업은 노동력이 더욱 저렴한 지역으로 이전되기 시작하였다. 동시에, 선진 국가도 적극적으로 본국 제조업을 회복시킬 대책을 찾고 있다. 새로운 국내외 형세 하에서 중국 정부는 2015년에 '중국제조 2025'를 제기하였는데 이는 중국에서 제조강국전략 첫 번째 10년의 행동강령으로, 핵심 목표는 중국을 제조대국으로부터 제조업강국으로 변화시키는 것인데 로봇의 연구, 개발과 사용은 중점적으로 지지하는 영역이 될 것이다.

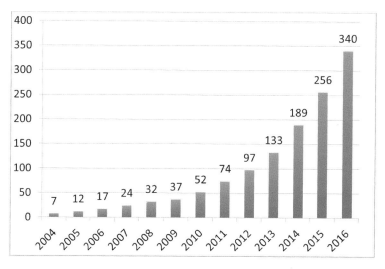

<그림 4.3> 중국 공업로봇의 보존량 변화추세(단위: 1, 000)

2) 과학기술이 가져온 취직의 불안정성

과학기술이 초래한 대체취직은 적극적인 의의가 있기는 하지만 노동자들에 대한 부정적인 영향도 있는데 그것은 바로 취직의 불안정성을 초래했다는 것이다. 많은 일들이 로봇이나 기타 자동화 설비에 의해 대체되고 있거나 대체될 것인 바 이런 대체는 블루칼라 업종에만 국한되는 것이 아니다. 역사를 뒤돌아보면 예전의 매 한 차례의 과학기술의 진보는 모두 일부 직업이 대체되게 하였는데 예를 들면 수공방직공이 방직공장의 기계를 다루는 노동자들에 의해 대체되고, 자동차의 출현은 기사가 마차부를 대체하게 만든 것 등이다. 하지만 이번 기술 발전은 예전과 달라서 이런 정보기술이 주도한 과학기술의 발전은 로봇이 인류를 대체하는 결과를 낳게 되는데 예를 들면 무인자동차의 출현이 직접적으로 기사라는 이 직업의 축소 나아가서는 소멸을 초래할 수도 있다는 것이다. 그 외에 지금의 과학기술 진보는 일부 육체노동이 로봇에 대체되게 할 뿐만 아니라 많은 화이트칼라들의 직업도 이런 운명을 맞게 한다. 예를 들면 ATM이 바로 은행 카운터 직원이 대체된 예이며 인공지능의 발전에 따라 일부 문서작업, 심지어는 복잡한 지력노동도 로봇에 의해 대체될 가능성이 크다. 미국의 702종의 직업에 대한 연구에 따르면 미국의 47%의 노동자의 직업이 자동화될 위험에 처해 있는데 특히 교통, 물류, 판매와 서비스업이 그렇다고 한다(Frey and Osborne, 2017). 불안정한 취직은 노동자에게 수입의 불안정성을 가져다 줄 뿐만 아니라 연구에 따르면 이는 또한 노동자의 건강과 심리 건강에 부정적인 영향을 미친다고 한다(예: Ferrie, Shipley, Stansfeld and Marmot, 2002). 만약 이를 방치한다면 이 개체들에 대한 부정적인 영향은 결국 무거운 사회적 부담을 초래하게 된다. 그렇다면 과학기술이 초래한 불안정적인 취직에 대해 우리는 어떻게 보고 대해야 하는가? 우선 거시적이고 장원한 안목으로 볼 때 과학기술이 초래한 불안정적인 취직은 다만 잠시적인 통증일 따름이다. 사실이 증명하다시피 역사에서의 매 한 차례의 과학기술의 발전은 모두 많은 일자리를 대체하는 동시에 더 많은 취직자리를 만들어냈으며 현대과학기술의 발전이 취직에 미치는 영향에 대해 많은 경제학자들도 낙관적인 태도를 보이고 있다. 둘째, 새로운 과학기술의 응용은 국가의 관련 경제정책의 규제 하에서 진행되는 것이므로 로봇과 인공지능 등 과학기술의 세부적인 사용 범위와 정도는 단순한 기술적인 가능성을 크게 넘어서는 것이다. 셋째, 새로운 과학기술의 연구와 생산에는 비용이 필요한데 비용 계산의 매우 중요한 요소 중의 하나가 바로 현재의 노동력과의 공급관계이다. 만약 노동력의 공급이 충분하다면 자동화 혹은 전면적인 자동화를 진행할 필요가 없을 것이다. 그러므로 국가의 규제와 자본의 통제 하에서 자동화와 노동력 대체 사이에는 동태적이고 균형잡힌 관계가 형성될 것이다. 넷째, 개인을 놓고 볼 때 대체될 위험을 피하기 위해 부단히 자신의 교육과 기술 수준을 제고하기에 힘써야 한다.

과학기술의 진보는 인류 역사에서 줄곧 양날의 검이었다. 취직의 입장에서 볼 때도 역시 마찬가지이다. 기계의 발달은 인류에게 전례 없이 넓은 취직 통로와 취직 공간을 제공하였지만 이와 동시에 사회적인 불안과 취직의 불안정 문제를 불러왔다. 인공지능의 비약적인 발전이 인류의 취직 형태, 취직의 안정성과 취직 범위 등에 대해 어떠한 깊은 영향을 미칠 것인가 하는 것은 아직도 시간을 두고 지켜봐야 할 일이다.

참고문헌

邊文霞, 2010, 『中國大學生就業狀況與面臨困境動因研究成果綜述』, 『現代財經』 第4期.

範鎧鎧、車莎莎, 2014, 『大學生的就業預期與就業選擇』, 『教育發展研究』 第23期.

蔡昉, 2010, 『人口轉變、人口紅利與劉易斯轉折點』, 『經濟研究』 第4期.

蔡昉, 2013, 『人口紅利與中國經濟可持續增長』, 『甘肅社會科學』 第1期.

陳友華, 2005, 『人口紅利與人口負債: 數量界定、經驗觀察與理論思考』, 『人口研究』 第6期.

李暉, 2009, 『勞務派遣及其法律規制—兼論勞動合同法有關條款的完善』, 『中國勞動關系學院學報』 第1期.

劉林平, 萬向東, 張永宏, 2006, 『制度短缺與勞動短缺』, 『中國工業經濟』 第8期.

徐禮堂, 2009, 『淺析<勞動合同法>對大學生就業的影響』, 『職業教育研究』 第5期.

張麗賓、遊鈞、莫榮、袁曉輝, 2005, 『中國靈活就業基本問題研究』, 『經濟參考研究』第45期.

鄭尚元, 2014, 『勞務派遣用工管制與放松之平衡—兼析<勞動合同法>第58條第2款』, 『法學』第7期.

Brown, C., Gilroy, C., & Kohen, A. 1982, "The Effect of the Minimum Wage on Employment and Unemployment." *Journal of Economic Literature* 20.

Cai, F, &Wang, D.W. 2005, "China's Demographic Transition: Implications for Growth." In Garnaut, R., & Song, L. (eds), *The China Boom and its Discontents*. Canberra: Asia Pacific Press.

Cai, F. 2010, "Demographic Transition, Demographic Dividend, and Lewis Turning Point in China." *China Economic Journal* 3.

Ferrie, J. E., Shipley, M. J., Stansfeld, S. A., & Marmot, M. G. 2002, "Effects of Chronic Job Insecurity and Change in Job Security on Self Reported Health, Minor Psychiatric Morbidity, Physiological Measures, and Health Related Behaviours in British Civil Servants: the Whitehall Ⅱ Study." *Journal of Epidemiology & Community Health* 56.

Frey, C. B., & Osborne, M. A. 2017, "The Future of Employment: How Susceptible are Jobs to Computerisation?" *Technological Forecasting and Social Change* 114.

Hamari, J., Sjöklint, M., & Ukkonen, A. 2016, "The Sharing Economy: Why People Participate in Collaborative Consumption." *Journal of the Association for Information Science and Technology* 67.

Kalleberg, A. L. 2000, "Nonstandard Employment Relations: Part-Time, Temporary and Contract Work." *Annual Review of Sociology* 26.

Lee, R., & Mason, A. 2006, "What is the Demographic Dividend?" *GENUS* 62.

Liang, Z., Li, Z., & Ma, Z. 2014, "Changing Patterns of the Floating Population in China, 2000–2010." *Population and Development Review* 40.

Stigler, G. J. 1946, "The Economics of Minimum Wage Legislation." *The American Economic Review* 36.

http://www.cnnic.cn/hlwfzyj/

http://www.100ec.cn/zt/16jcbg/

http://b2b.toocle.com/zt/2015sndbg/

http://www.ilo.org/wcmsp5/groups/public/@ed_protect/@protrav/@travail/docum
ents/meetingdocument/wcms_336934.pdf

http://www.economist.com/node/21553017

https://ifr.org/ifr-press-releases/news/robots-china-breaks-historic-records-in-auto
mation

출처:ttps://ifr.org/ifr-press-releases/news/robots-china-breaks-historic-records-in-
automation

제6장 노령화와 노령사회

21세기와 맞닿아 있었던 1999년은 인구학 학계의 매우 특별한 한 해였다. 이 해에 세계는 60억 인구의 날을 맞았는데 "국제노년인의 해"가 유엔에서 인정을 받았다. 일본 학자 구로다 도시오(黑田俊夫)는 1950년부터 2050까지의 백 년 동안의 '인구세기'는 인류 역사상의 분수령이며 1950년부터 2000년 전반기까지의 인구 폭발로 인해 세계 상의 인구의 수량은 급격히 늘어났으며 2000년부터 2050년의 후반기에는 세계 인구의 구조가 매우 빠른 속도가 노화될 것이라고 하였다.(구로다 도시오, 1999) 인구는 하나의 사회 현상으로, 매우 중요한 구조적 속성을 가지고 있다. 부동한 유형의 인구 구성은 인구 변동과 사회경제문화의 발전에 반영되어 천차만별의 인구 특성을 만들어낸다. 인구의 노령화는 현재 세계 인구의 발전추세이며 또한 여러 나라들에서 보편적으로 중시하고 있는 중대한 사회문제이기도 하다. 본 장에서는 인구의 자연적인 구성(출생률, 사망률, 자연성장률)에 대해 정리할 것이다. 이어 그것을 토대로 인구의 연령구조의 변화로부터 인구 노령화의 특징, 추세, 영향 및 이와 긴밀한 연계를 갖고 있는 노년인구의 사회 문제에 대해 연구하고 인구노령화와 사회경제발전의 최적화된 운영을 위한 기본 경로를 탐색할 것이며 여러 나라의 노령화에 대한 대책을 참조하여 중국특색이 있는 사회주의 노령제도를 확립하는 데 도움을 주고자 한다.

제1절 인구의 폭발과 인구의 노령화

세계인구의 발전사는 상당한 부분이 세계인구가 없던 데로부터 있는 데로, 숫자가 적은 데로부터 점차 많아지는 역사이다. 근대와 현대에 세계 인구의 증가 숫자와 속도는 엄청나게 빨라졌다. 제2차 세계대전 이후에 신생아의 숫자는 현저히 감소하였으며 인구의 평균수명은 날로 늘어나 인구 구조에서 중노년이 차지하는 비중은 점점 커졌다. 지금에 이르러 인구의 노령화는 현재 세계 인구의 발전의 추세이며 여러 나라에서 보편적으로 중시하는 중대한 사회 문제로 되었다.

1. 인구발전사: 인구 전환 이론에 근거하여

(1) 세계인구 재생산유형의 변화

인구의 전환이론은 주요하게 서양의 사회인구 출생률, 사망률과 자연성장률의 역사자료를 근거로 한 인데 미국 인구학자 톰슨(U.S. Thom-son)이 1929년에 처음으로 제기하였고 그 이후에 프랑스의 인구학자 알리 랜드리(A. Landry, 1934)가 「인구혁명」이라는 논문집에서 인구의 전환이론에 대해 보충을 하고 유럽 인구의 발전과정을 다음과 같은 세 단계로 나누었다. 첫 번째 단계는 원시사회와 노예사회의 전형적인 인구재생산 유형인데 시간은 선사시대와 고대로 거슬로 올라갈 수 있다. 이 시기의 인구의 숫자는 매우 제한적이었고 자연 조건의 제한을 매우 심하게 받았기 때문에 매우 높은 고출생률과 매우 높은 고사망률, 매우 낮은 저자연성장률을 보였다. 두 번째 단계는 기본적으로 봉건통치 시기 전체를 포함하는데 생산력이 일정한 정도로 발전하였으나 전쟁, 역병, 기아 등 요소의 영향으로 인해 이 이 과도기의 특징은 높은 출생률, 높은 사망률, 낮은 인구성장률로 나타났다. 세 번째 단계는 전후 두 부분으로 나뉠 수 있다. 산업혁명이 폭발한 이후로부터 시작하여 이 단계의 전반부의 특징은 고출생률, 저사망률, 고자연성장률을 특징으로 하며 공업, 농업의 발전과 의료기술의 발전 그리고 생활수준의 제고로 인해 후반부의 특징은 저출생률, 저사망률, 저자연성장률로 나타났다.

미국의 인구학자 F.W. Notestien(F.W. Notestien, 1945)은 근대와 현대의 세계 각 지역, 발전도상 국가를 포함한 나라들의 인구발전 상황을 연구하고 랜더리(A. Landry, 1934)의 이론을 더욱 확장시켜 인구의 전환 시기를 세 개 단계로 나누었다. 첫 번재는 원시형단계로, 인구가 높은 속도로 증가하는 단계인데, 이 단계에서 인구의 출생률은 비교적 높은 수준의 성장을 유지하며 사망률은 하락하기 시작하여 이 단계의 인구의 자연성장률은 선진국과 발전도상 지역에서 모두 전례 없는 수준에 도달한다. 다음은 전통형 단계, 즉 인구의 과도기 단계인데 이 단계에서는 생산력의 제고와 과학수준의 발전으로 인해 인구의 출생률과 사망률이 점차 하락하며 인구의 전체적인 자연성장률은 하락하기 시작한다. 마지막은 현대형 단계, 즉 저인구성장단계로 이 단계에는 출생률이 계속하여 하락하고 사망률은 평온한 상태를 유지하여 매우 완만한 인구자연증가세를 보인다.

(2) 중국인구의 재생산유형으로의 전환

20세기 하반기에 세계인구의 증가속도는 점점 빨라져서 거의 세계상의 모든 국가에서 모두 역사상의 최고 인구성장률을 기록하였다. 중국 인구의 증가 속도는 특히 빨라서 세계 인구의 증가 속도를 초월하였으며 세계에서 인구가 가장 많은 국가로 되었다. 1949년 중화인민공화국이 성립된 이래, 인구의 자연 변화는 인구재생산유형의 전환 시기를 거쳤는데 중국의 인구발전 단계는 주요하게 다음과 같은 몇 가지로 나눌 수 있다.

1949-1958년은 첫 번째 출산고봉기이다. 갓 전란을 끝내고 창건된 신중국은 백성들의 생활이 초보적으로 개선을 가져오고 사회가 안정기에 접어들었으며 의료업이 흥기하기 시작하여 중국의 인구 규모가 "느린데로부터 급하게" 성장하기 위한 기초를 마련하였다. 인구의 특징은 고출생률, 고사망률, 저자연성장률로 나타났다. 얼마 안 되어 1959-1961년에 연속 3년 동안 이어진 자연재해의 발생으로 인하여 백성들의 생활수준과 건강 상황이 하락하여 중국의 인구 사망률이 급증하였고 출생률은 급격히 감소하여 자연성장률이 0 이하로 떨어지게 되었는데 이것이 바로 제1출생저조기이다.

1962-1970년은 중국의 인구성장률이 가장 높은 또 한 차례의 생육고봉기이다. 사회가 점차적으로 안정되고 국민경제가 호전됨에 따라 보상적 성격을 띤 인구성장기가 나타났는데 인구성장률은 건국 이래 전례 없는 고봉기에 들어섰고 인구의 특징은 고출생률, 저사망률, 고자연성장률로 나타났다. 1971-1980년에 인구의 고속성장이 가져온 부담을 완화하기 위하여 중국 정부는 1971년부터 인구를 통제하기 시작하였고 1973년에는 "늦게, 차이를 두고, 적게"로 대표되는

방침을 확정하였으며 1982년에는 계획출산을 기본 국책으로 헌법에 기입하였는데 이후에 인구는 계획에 따라 성장하는 단계에 진입하게 되었다.

1985-1991년의 제3차출산고봉기는 앞의 두 차례의 인구고봉기에 태어난 인구가 20세, 23세가 되면서 왕성한 생육기에 접어 들어서 형성된 것이다. 그 특징은 출생률이 매우 높지는 않았지만 사망률이 상대적으로 안정되고 자연성장률도 비교적 안정된 것으로 나타났다. 개혁개방 이후에 중국의 사회경제, 정치, 문화 등은 모두 끊임없이 발전하였고 과학기술도 부단히 발전하였으며 의료상황도 개선되었는데 질서 있는 계획출산정책은 인구의 고출생률이 통제를 받고 안정적으로 하락하도록 하였다. 20세기 90년대 이래, 특히는 1998년에 중국 인구의 자연성장률은 10% 이하로 하락하여 중국 인구는 평온하게 성장하는 단계에 들어섰고 인구는 저성장률, 저사망률, 저자연성장률을 나타냈다.(도표 5.1 참조)

21세기에 들어선 이후 중국의 생육정책은 여러 번 조정을 거쳐 "계획출산"으로부터 2013년의 "독신자녀 2자녀" 정책, 다시 2016년의 "전면적으로 2자녀를 낳도록 허용하는" 정책으로 바뀌었다. 이는 중국의 출생 인구 성별 비율이 정상으로 돌아서고 인구부양비율의 상승세를 안정시키며, 노동인구의 공급을 증가하고 인구 감소의 추세를 완화하는데 유효하게 작용하여 일정한 정도에서 노령화의 진행을 늦추었다. 그 외에 전면적으로 2자녀를 낳도록 허용하는 정책은 중국의 가정 구조 유형이 "4-2-1"로부터 "4-2-2"로 전환되게 하여 국가가 양로 문제를 해결하는 면에서의 기능이 강화될 수 있게 하였다.

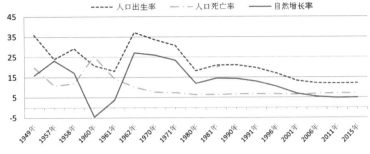

<그림 5.1> 1949년—2015년의 중국 인구의 출생률, 사망률과 자연성장률

2. 인구세기: 인구폭발과 은발(銀髮) 조류

1) 세계 인구 규모의 빠른 성장과 은발 조류

근대와 현대에 세계 인구는 급격하게 팽창하였고 성장 속도가 크게 빨라졌는데 인구가 원래의 배로 늘어나는 시간이 크게 단축되었다. 3세기 전, 즉 1700년에 세계 인구는 7억밖에 안 되었으며 150년이라는 시간을 거쳐 1850년에야 인구는 1700년의 약 두 배로 성장하였다. 산업혁명 이후 생산력의 발전과 생활수준의 제고 및 과학기술의 진보에 힘입어 20세기 후반에 인구의 숫자는 전 세계적으로 급격하게 성장하여 1950년의 25억으로부터 1985년에는 50억으로 늘어났고 1999년에는 60억으로 불어났으며 21세기에 진입한 이후 2015년에 73.5억에 이르렀는데 2060년에는 101.8억에 이를 것으로 추정된다.

세계인구의 숫자가 변화하는 동시에 인구의 구조에도 조용히 거대한 변화가 일어났는데 특히 인구의 연령구조에 큰 변화가 일어났다. 인구의 노령화는 사회경제가 일전한 단계에 이른 후에 나타나는 필연적인 결과인데 전통적인 "고고저"로부터 현대형 "저저저" 인구재생산 형태로 변화하는 과정에 필연적으로 거치게 될 단계이다. 『인구학사전』에 따르면 "인구의 노령화는 인구 중에 노인의 비중이 날로 높아지는 현상인데, 특히 이미 노령화에 들어선 인구 중에서 노인의 비중이 점점 더 높아지는 과정을 가리킨다."(류정劉錚, 1986) 20세기 하반기에 유럽과 북아메리카의 선진국의 인구 집단에 이미 노령화가 나타나기 시작하였고 이어 세계적으로 인구의 노령화의 추세가 계속하여 발전하였고 범위도 점점 넓어졌으며 속도도 선명하게 빨라졌다. 국제사회에서 공인하는 노령화 여부를 가늠하는 기준은 다음과 같다. "만약 한 사회에서 65세 이상의 인구의 사회 총 인구의 7% 이상을 차지하거나 혹은 60세 및 60세 이상의 인구가 사회 총 인구의 10% 이상을 차지한다면 그 사회는 노령화사회라고 부를 수 있다."(리쥔李軍, 2005) 세계 총 인구 중에서 65세 이상의 인구가 차지하는 비중은 이미 1950년의 5.1%로부터 2015년의 8.3%애 이르렀는데 본 세기는 세계 각국이 노령화사회에 진입하는 세기가 될 것이다. 세계은행 데이터에 따르면 2016년에 세계적으로 노령화 정도가 가장 높은 나라들은 대부분 선진 국가였다 (표 5.1 참조).

<표 5.1> 2016년 세계의 주요 국가에서 65세 이상의 노인이 점하는 비율

국가	비율	국가	비율	국가	비율	국가	비율
싱가폴	12.29	캐나다	16.55	일본	26.86	덴마크	19.33
아일랜드	13.5	룩셈부르그	14.13	스웨덴	20.2	독일	21.45
오스트리아	18.92	미국	15.16	스위스	18.27	프랑스	19.49
오스트랄리아	15.32	노르웨이	16.6	스페인	19.07	핀란드	21.02
벨기에	18.45	포르투갈	21.17	뉴질랜드	15.23	한국	13.57
라트비아	19.50	슬로베니아	18.42	영국	17.97	네델란드	18.68

자료출처: 세계은행데이터(단위: %)

2) 중국의 노령화규모는 세계 1위이다.

중국의 노령화 비율은 선진 국가에 비해서 높지는 않지만 노령화 인구의 규모는 세계 1위이다. 1949년부터 2000년까지의 50년 동안에 사망률의 하락과 출산율, 출생율의 증가로 인해 인구의 숫자는 7.15억 증가하여 129.3% 성장하였으며 중국의 인구성장 신기록을 세웠다.

개혁개방은 중국의 사회 경제가 신속하게 발전하게 하였고 백성들의 생활수준이 안정적으로 제고되게 하였으며 인구 평균 수명의 증가와 계획출산 국가정책의 실시로 인해 노인의 인구 비중은 날로 증가하였는데 그 규모는 매우 놀라운 숫자를 보이고 있다. 중국의 65세 이상 노인의 인구 숫자는 세계에서 가장 많은데 세계 노인 인구의 1/5를 차지하며 아시아 노년인구 총수의 1/2를 차지한다. 2040년에 이르러 중국의 노년 인구 총 숫자는 4.11억에 도달하여 총 인구의 29%에 이르게 되어 프랑스, 독일, 이탈리아, 일본과 영국 등 나라의 현재 인구를 합한 것보다도 더 많아질 것이다. 유엔에서 2017년에 "세계 인구에 대한 전망"에서 예측한 바에 따르면 중국의

65세 및 64세 이상의 인구는 2060년에 3.93억의 고봉에 달하게 될 것이며, 인구의 해당 연령 인구는 2075-2080년에 중국을 추월하게 되어 세계 첫 자리를 차지하게 될 것이다. 발전도상 국가이며 또한 세계인구대국인 중국은 현재의 전례 없는 노년인구 규모와 노령화 속도의 도전에 직면하였는데 그야말로 짐은 무겁고 갈 길은 멀다고 해야 할 것이다(도표 5.2 참조).

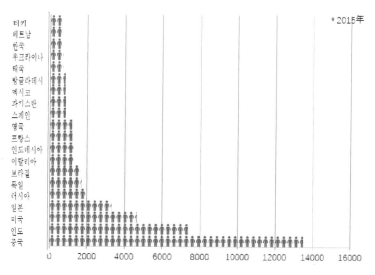

자료출처: 세계은행 개방데이터 2016, 단위(만 명)

그림 5.2 2015년 65세 및 65세 이상 인구의 숫자가
앞자리를 차지하는 세계 20개 국가

3) 이후의 반세기 동안 중국과 세계의 노령화는 급격하게 발전할 것이다.

세계의 노령화 비중은 2060년에 18.1%로 상승하게 될 것인데 이는 이후의 반세기 동안 인구의 노령화가 급속하게 진행될 것을 의미한다. 중국은 건국 이래 인구의 폭발성적인 성장을 경험했는데 이후 계획출산정책을 통해 인구의 지나치게 빠른 성장을 막고 인구가 자원 환경에 가져오는 부담감을 완화하였으며 서구의 선진국에서 100년이 걸린 전환을 빠른 시일 내에 완성하였다. 21세기 초에 중국의 노년 인구는 이미 국제 노령화 국가의 기준에 도달하여 정식으로 노령화 국가의 반열에 들어섰다. 중국은 세계에서 인구가 가장 많은 발전도상국가인 데다가 인구와 자원 환경, 경제사회 사이의 모순과 문제가 점점 심해지고 있는 시대에 처해 있기 때문에 인구에 대한 예측은 중국의 인구 발전 추세를 계획하고 새로운 시기 사회경제와 문화정책을 제정하는 것에 점점 중요한 영향력을 미치고 있다.

인구 예측 방법에서 가장 대표적이고 또 인구예측 실천에서 자주 사용되는 방법은 다음과 같은 다섯 가지가 있다. (1) 인구 총 숫자의 간략한 추정. 그 중에서 가장 간단한 방법은 직접적인 추산법인데, 기본 인구수와 일정한 연 성장수 혹은 연 성장 비율에 근거하여 미래 어느 해의 인구수를 추정하는 것이다. 예측 근거에 따라 인구 총수의 간략한 추정은 선형성장 혹은 감소에 근거한 산수급 숫자 추정법, 모 고정비율의 증가 혹은 감소에 근거한 기하급 숫자 추정법, 지수성장방정추산법, Logistic곡선추산법 등이 있다. (2) 연령이산법. 즉 인구가 시간 함수라는 것에 근거하여 매 연령대의 실제 인구 숫자를 확인하고 일정한 생존율에 따라 해마다 숫자를 차가하여 인구

예측을 하는 방법이다(장원잉蔣運營, 2012). (3) Keyfitz행렬방정. 미
국의 수리 인구 학자 Nathan Keyfitz가 제기한 방법인데 이런 방법
의 기본 이념은 인구를 성별, 연령, 생육율과 생존율에 따라 계산을
한 뒤 행렬을 만들고 행렬곱셈의 상관 원리에 따라 계산을 하여 인
구의 발전 추세를 예측하는 것이다(선웨이沈巍, 2015). (4) Leslie행렬
방정법. 한 편으로 거시적인 인구의 출생, 사망과 이전 세 가지 요소
에 주목하면서 다른 한편으로 인구 숫자가 연령의 변화에 따라 변화
한다는 것을 고려하는 방법이다(리샤오메이李曉梅, 2011). 인구발전
방정. 중국의 학자이며 저명한 세기 말 제재론 전문가 숭젠宋健 등이
20세기 70년대 말에 지기한 일련의 새로운 인구예측 방법이다(장원
잉蔣遠營, 2012).

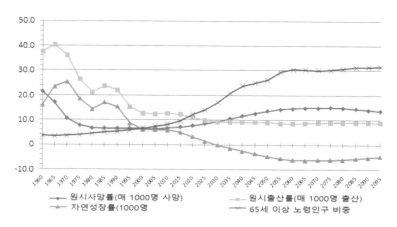

자료출처: 세계은행 개방데이터 2016년(단위: %)

<그림 5.3> 1960-2095년 중국 65세 이상의 노인의 비율 변화

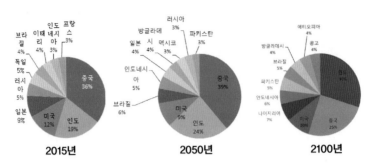

자료출처: 유엔 세계인구전망 2017년. File PPP/POP65+: Probabilistic

<그림 5.4> 2015-2100년 세계 65세 이상 인구의 숫자가
앞 10위를 차지하는 국가들

세계은행데이터(그림5.3)에서 제공한 1960-2095년 중국의 원시사
망율, 원시출생율, 자연성장율, 그리고 65세 이상 노인의 비율예측데
이터로부터 중국이 노령화사회에 들어선 이래 인구의 출생률은 하락
하여 10% 정도에 고정되었으나 사망률은 느리게 증가하여 인구의
자연성장율이 차츰 떨어지고 있음을 알 수 있다. 경제사회의 발전과
국민예측수명의 증가에 따라 중국의 65세 이상 노인의 비율은 안정
적으로 상승하여 2100년에는 31.6%에 이르게 될 것이다.

이외 국제인구 권위적 기관인 유엔에서 세계인구가 2100년까지의
발전 추세에 대한 "세계인구전망 2017"(2017년 수정판 보고)의 장
기인구예측(그림 5.4)에 따르면 미래 2100년에 세계에는 65세 이상
의 인구가 많은 국가 중 앞 세 국가 중에서 인도의 총인구는 2024년
에 중국을 추월하여 세계에서 인구가 가장 많은 국가가 될 것이나,
65세 이상의 인구의 숫자 예산에 따르면 그 노령인구는 2080년에
중국을 추월하여 세계 1위가 될 것이며 미국은 중국과 인도 뒤에 위
치하게 될 것이다. 중국은 매우 긴 기간 동안 세계에서 노령 인구가
가장 많은 국가가 될 것이다.

제2절 중국인구의 노령화 특징

중국은 세계에서 인구가 가장 많은 국가 중의 하나이며 건국 초 생산의 회복과 인구의 폭발성적인 성장으로부터 시작하여 20세기 70년대에 시행한 계획출산과 개혁개방정책은 중국의 인구 성장이 중대한 변화를 거치고 경제실력이 대폭 상승하게 하였는데 그 천지 개벽의 변화는 전 세계의 주목을 받았다. 본 절에서는 중국의 인구 연령구조의 변화 과정, 특히 2000년 노령화국가가 된 이래 노령인구 가 부단히 증가하여 성별, 노령화 증가속도, 도시와 지역 등에서 일 어난 큰 변화에 대해 이야기하고 현재 인구형세로부터 미래 중국사 회 인구의 노령화 변화의 추세에 대해 논해보려고 한다.

1. 인구 노령화의 변화 속도가 빠르다.

<표 5.2> 연령구조의 유형과 중국의 인구 연령구조의 변화

	연도	0-14세 인구 비율(%)	65세 및 65세 이상 인구 비율(%)	노인과 어린이의 비율(%)	평균연령 (歲)
연령구조 유형 기준	청년형	40이상	4이하	15이하	20이하
	성년형	30-40	4-7	15-30	20-30
	노년형	30이하	7이상	30이상	30이상
중국의 6차례 의 보편조사 데이터	1953	36.3	4.4	12.2	22.7
	1964	40.7	3.6	8.8	20.2
	1982	33.6	4.9	14.6	22.9
	1990	27.7	5.6	20.1	25.3
	2000	22.9	7	30.4	30.8
	2010	16.6	8.9	53.42	35.2

자료출처: 중화인민공화국 각가 통계국 홈페이지, 6차례 인구보편조사 데이터. 유엔 인구 연령구조 유형 측정 지표

표 5.2의 유엔 인구 구성 유형 측정표준에 따르면 중국의 6차례 보편조사의 자료로부터 1953년에 제1차 전국보편조사를 진행할 당시 중국 인구의 연령구조는 성년형이었으나 1964년에 제2차 인구보편조사의 결과는 비정상으로 저출생률과 고사망률을 나타냈으며 1959-1961년 3년의 자연재해를 겪은 후에 중국의 인구 구조는 신속하게 전형적인 청년형으로 조정되었음을 알 수 있다. 1982, 1990년의 보편조사 데이터는 중국 인구의 연령구조가 또 성년형으로 변하였음을 나타내는데 그 중에서 주목할 것은 1990년의 제4차 전국 보편조사 지표 중 0-14세의 인구 비중은 27.7%로 이미 노년형의 기준에 달하였으며 65세 및 그 이상의 인구의 비중과 노년, 어린이의 비중 및 평균연령의 지표가 빠른 속도로 노년형에 근접하고 있었다. 해외의 가장 먼저 노령화에 접어든 국가에 비하면 65세 및 그 이상의 인구가 5%로부터 7%로 상승하는데 일반적으로 50년에서 100년 정도, 혹은 더 오랜 시간이 걸린다. 중국의 해당 비중은 1985년의 5.06%로부터 2000년의 6.65%로 상승하는데 15년 밖에 걸리지 않았으며 2000년 중국의 60세 및 그 이상의 인구는 전체 인구의 10.45%를 차지하여 정식으로 노년형 인구연령 구조에 들어섰다. 사회경제의 발전에 따라 중국 인구의 노령화의 변화 속도는 더 빨리질 것이며 현재 이미 유럽의 국가를 초월하여 일본을 이어 두 번째로 노령화가 심한 국가가 되었다.

노령화의 속도에 대해 노령화의 비율이 7%를 초과해서부터 14%에 도달하는 데까지 걸리는 시간을 비교해 보면 프랑스는 115년, 스위스는 85년, 미국은 72년, 영국은 46년, 독일은 40년이 걸렸으나 미국은 24년 만에 1970년의 7%로부터 1994년의 14%에 이르렀으며 중국과 일본의 노령화 속도는 비슷한 수준으로 23년이다. 하지만 일본에 비교해 볼 때 한국의 노령화 속도는 더 빠르며 노령화 비율이 7%를 넘어서부터 14%에 이르기까지 18년 밖에 걸리지 않았다. 앞으로 또 일부 국가의 노령화 발전 속도가 일본, 한국을 추월하여 빠른 속도로 고령화에 진입할 것으로 추정된다.

인구 금자탑의 형태는 중국 인구 연령구조의 변화를 매우 직관적으로 보여준다. 그림 5.5는 1990, 2000년과 2010년 세 차례의 전국 보편조사의 데이터를 성별, 연령구조에 근거하여 그림으로 그린 인구 금자탑이다. 비교를 통하여 인구 연령구조가 한창 노령화되고 있을 뿐만 아니라 밑부분의 노령화가 매우 심하여 탑의 꼭대기가 뾰족하고 탑의 밑바닥이 축소된 형태를 보이고 있음을 알 수 있다. 미래의 10-20년 동안에 시간의 추이에 따라 목전의 인구 중에서 숫자가 가장 많은 30-50세의 인구가 노년기에 진입하고 규모가 적은 젊은 일대는 노동력시장으로 진입하여 더 많은 부양 압력을 받게 될 것이다.

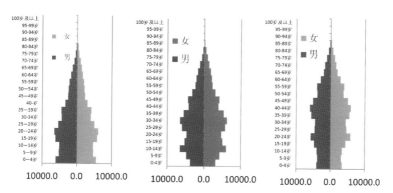

자료출처: 중화인민공화국 국가통계 홈페이지, 1990년의 4차 인구 보편조사, 2000년의 5차 인구 보편조사, 2010년의 6차 인구 보편조사

<그림 5.5> 1990, 2000, 2010년 세 차례의 인구 보편조사에
근거한 인구 연령구조 금자탑

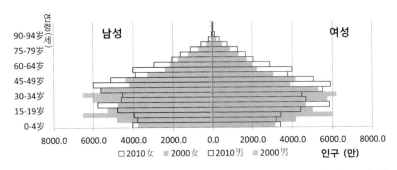

자료출처: 중화인민공화국 국가통계 홈페이지, 2000년 제5차 인구 보편조사, 2010년 제6차 인구 보편조사

<그림 5.6> 중국 인구 구조 변화: 2000년과 2010년의 비교

그림 5.6으로부터 중국이 노령화에 접어든 2000년의 제5차 전국 인구 보편조사로부터 2010년의 제6차 전국 인구 보편조사의 10년 동안에 중국 인구의 출산 수준이 교체 수준 이하로 떨어졌고 소년아동 인구가 전체 인구에서 점하는 비율이 계속하여 하락하여 0-14세의 인구 숫자가 2.9억으로부터 2.2억으로 떨어졌음을 볼 수 있다. 이와 동시에 65세 및 그 이상의 인구는 10년 동안에 0.9억으로부터 1.2억으로 증가하였다. 이외에 75세 및 그 이상의 고령 노년 중 여성이 절대다수를 차지하여 금자탑의 꼭대기 부분은 선명하게 오른쪽으로 기울어지는 경향을 보이고 있다.

인구 연령구조의 변화는 사회 경제에 다방면의 영향을 미칠 수 있는데 "가장 직관적인 반응은 부양비율로 표시할 수 있다"(두펑杜鵬, 2011). 총부양비율은 어린이의 부양 비율에 노년의 부양비율을 더한 것과 같다. 그 중에서 어린이 부양비율은 0-14세의 어린이 숫자와 노동연령 인구의 비율을 말한다. 노년 부양비율은 65세 이상의 인구와 노동연령 인구와의 비율을 말한다.

그림 5.7에서 볼 수 있는 바와 같이 신중국이 성립된 초기와 20세

기 60년대 두 차례의 출생고봉은 1953, 1964년 두 차례의 인구 보편 조사에서 어린이 부양비율과 총부양비율의 숫자가 커지게 하였다. 2010년의 제6차 인구 보편조사 때 총부양비율은 최고점인 79.4%로부터 지속적으로 떨어져 34.2%에 이르렀는데 45.2%가 감소하였다. 어린이 부양비율은 최고점인 73%에서 22.3%로 감소하여 50.7% 감소하였다. 2015년의 인구 샘플 조사 때 중국의 계획출산 정책이 "전면적으로 둘째를 허용"하게 됨으로 인해 어린이 부양비율이 22.6%로 회복되었다. 노인부양비율은 1964년의 6.4%로부터 2010년의 11.9%로 상승하였는데 50년 동안 5.5%가 증가하였으며 그 중 2015년의 수치는 14.3%로, 2010년에 비해 2.4%가 증가하여 노년 인구의 증가 속도가 빨라졌음을 알 수 있다. 노년 인구의 숫자가 증가하고 어린이 출생률이 낮은 수준을 유지함에 따라 국내의 유효노동력의 숫자가 하락하여 노년의 부양비율이 증가하고 사회 부담이 가중화되었다.

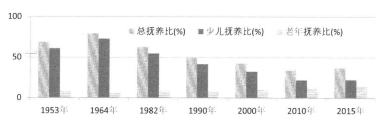

자료출처: 중화인민공화국 국가통계 홈페이지, 1990년의 제4차 인구보편조사, 2000년의 제5차 인구보편조사, 2010년의 제6차 보편조사(단위: %)

<그림 5.7> 중국 역대의 인구 보편조사, 2015년의
인구 샘플조사 시의 부양비율: 총부양비율, 어린이부양비율, 노인부양비율

2. 인구의 노령화 발전이 도시와 시골이 도치(倒置)되는 양상을 보이고 있다.

2016년 연말까지 중국의 도시 인구는 7.93억이었고 시골의 인구는 5.9억이었으며 상주인구의 도시화 비율은 57.35였으며 호적인구의 도시화 비율은 41.2%였다. 상당한 성과를 거둔 도시화가 중국의 낙후한 면모를 바꾸어놓고 있으며 점점 더 많은 중국인들이 빈곤에서 벗어나고 있다. 이와 동시에 많은 농촌 지역의 유수(留守) 문제가 국가와 사회의 광범한 중시를 불러일으켰는데 그 중에서 농촌의 노령 인구는 이미 급히 해결해야 할 사회 문제가 되었다. 그림 5.8로부터 농촌의 68세 및 그 이상의 노년 인구의 비중은 10.46%로, 도시의 노년 인구 비중 8.07%인를 추월하였음을 알 수 있다. 시골 지역의 노령화 정도가 도시보다 높은 도시와 시골은 전체적으로 도치(倒置)의 양상을 보이고 있다. 중국의 방대한 노년 인구와 장시기 동안의 도시와 시골의 이원화 사회 현실은 도시와 시골의 노인이 생활 수준, 복리와 보장, 의료보건과 양로 등 문제에서 서로 다른 도전에 직면하게 하였다.

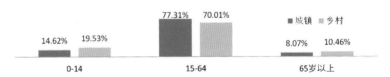

자료출처: 중화인민공화국 국가통계국 홈페이지, 2010년의 제6차 인구 보편조사

<그림 5.8> 2010년 도시와 시골의 노령 인구가
총 인구에서 차지하는 비율: 도시와 시골

중국의 인구 연령구조의 노령화는 도시와 시골에서 그 분포가 고르지 않고 도시와 시골이 도치되는 등 비교적 큰 차이를 보이고 있는데 이런 현상이 발생하게 된 원인에는 아래와 같은 두 가지가 있다.

도시화 과정에서 시골 사람들이 도시로 이전한 것은 이런 형상이 나타나게 된 주요 원인이다. 인구의 도시화 과정에서 시골 사람들이 도시로 이전하는 것은 생산연령의 인구의 이전을 위주로 하며 노년 인구가 이동하는 속도는 상대적으로 느리다. 장기적으로 도시는 의료기술과 서비스 수준이 높고 기초시설이 비교적 구전하며 경제발전이 빠른 등 요소로 인해 대량의 시골 노동연령 인구의 유입을 흡인하였는데 특히 개혁개방 이래 도시로 진출하는 농민공의 숫자는 신속하게 증가하였다. 여러 도시와 시골 사이에는 지리적 환경, 사회경제의 발전수준 등의 차이가 현저한데 이는 일정한 정도에서 여러 도시와 시골의 노동연령 인구가 빈번하게 이동하게 하였다. 도시에 상당한 숫자의 젊은이들이 증가한 것은 도시의 노동력이 부족한 국면을 타개하는데 도움을 주었고 특히 15-64세의 노동자의 비중이 증가하게 하였으며 또 출산률이 계속 하락하여 비교적 낮은 수준을 유지하고 사람들의 출산 관념이 변화하는 등 요소의 종합적인 작용으로 인해 일정한 정도에서 도시의 0-14세 인구와 65세 및 65세 이상 인구의 비중은 낮아지게 되었다.

전통 문화의 영향으로 인해 중국에는 "고향을 떠나기 어렵다", "낙엽은 떨어져 뿌리로 돌아간다" 등 말이 있는데 노년 인구는 고향을 떠나는 것에 대해 청년들처럼 그렇게 높은 열정을 보이지 않는다. 대량의 노동력 인구가 도시로 진출한 이후에 중국의 시골 지역의 유수아동, 부녀, 노인이 점차적으로 많아져 시골 노년 인구의 비중이 상대적으로 높아지게 되었다. 이 외에 시골 지역에는 보편적으로 일찍 결혼하고 일찍 아이를 낳고 세대 사이의 연령 격차가 크지 않은데 게다가 이동 인구의 숫자가 급격히 늘어나고 관리가 어려운 등 요소로 인해 시골은 점차적으로 계획출산을 실행하기 어려운 곳으로 되어 중국의 시골 지역의 어린이 비중은 도시보다 조금 높아지게 되었다.

3. 인구의 노령화는 지역적으로 불균형한 양상을 보이고 있다.

중국의 여러 성, 자치구, 직할 시 지역의 인구 출생, 사망 숫자와 연령구조의 변화는 경제, 지리, 역사 등 여러 방면의 영향을 받기 때문에 여러 지역은 인구 연령의 구조에도 장기적으로 차이가 존재하였다. 중국의 공업화, 도시화, 현대화와 정보화의 추진으로 인하여 시골과 도시, 도시와 도시 사이의 인구 이전과 이동이 빈번하고 대규모의 인구 이동은 지역의 인구 노령화 발전에 영향을 미쳤고 일정한 정도에서 각 지역의 노령화 문제의 중요성에 대한 인식에도 영향을 주었다(국무원 제5차 전국인구 보편조사 판공실, 2006). 예를 들면 선도적 위치에 처해 있는 상해, 북경, 천진, 중경 등 직할시 지역과 산동, 강소, 절강 등 동부의 경제 발전 정도가 높은 성의 인구의 노령화 정도는 상대적으로 높으며 직면한 노령화 문제의 도전도 더 엄중한 편이다.

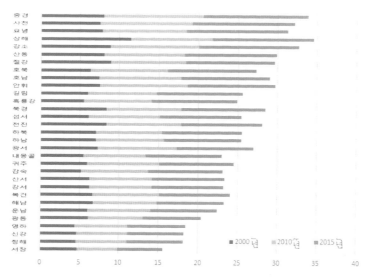

자료출처: 중화인민공화국 국가통계국 홈페이지, 2000년 제5차 인구 보편조사, 중국 통계연감 2016
(단위: %)

<그림 5.9> 2000년, 2010년, 2015년의 전국 지역별 65세 및
65세 이상 인구의 비율의 변화

그림 5.9로부터 2000년에 정식으로 노령화 사회에 들어설 당시 중국의 65세 및 그 이상의 인구가 전체 인구에서 10% 이상의 비중을 차지하는 지역은 상해밖에 없었으며 비중이 7% 이상인 지역은 주로 동부지역의 사천, 하북, 하남 등에 집중되어 있었고 중부지역, 북부, 서부, 남부와 개별 내륙지역의 노령화 현상은 아직 선명하지 않았다. 일부 연구에서는 한 국가 혹은 지역의 인구의 노령화 정도는 그 경제 발전 수준과 밀접한 연구가 있다고 하였다(숭젠宋健, 우시웨이巫錫煒 편, 2012). 전체적으로 볼 때 중국의 지역경제의 발전 정도가 같지 않음으로 인해 산생된 인구 노령화의 지역적 차이는 매우 선명하다. 중국의 동, 중, 서 지역의 구분에 따라 분석해 보면 가

장 일찍 노령화가 진행된 곳은 직할시와 동부 지역인데 인구 밀도가 크고, 경제발전의 수준이 높으며, 출산율과 사망률이 국내의 비교적 낮은 수준에 머물러 있고 인구의 노령화의 정도가 높은 등 특징을 보이고 있다. 한편으로 직할시는 전국의 정치, 경제와 문화 등에서 중요한 지위를 차지하고 있고 동부지역은 중국에서 비교적 우월한 지리적 위치를 점하고 있으며 경제실력이 있는 발달지역인데 이런 지역경제사회는 발전 수준이 높고 의료 기술과 기초시설 건설, 전체적인 종합수준이 높아서 해당 지역의 주문들의 물질 및 정신생활의 질이 높기 때문에 수명도 더 길어지게 된다. 다른 한편으로 본 지역 출신 인구의 연령구조는 부단히 노화되지만 그 지역 발전이 대량의 발달하지 못한 지역의 노동력이 끌어들이기 때문에 노동력이 부족한 문제를 완화시키는 동시에 이전, 이동하는 외래인구의 안치 및 포용, 관리에도 도전에 직면하게 하였다. 다음으로 노령화 수준이 비교적 낮은 지역은 내륙지역, 변경지구의 산간 지역의 소수민족 집결지인데 그 사회발전수준도 상대적으로 비교적 낮으며 인구도 적고 최근 20여 년 동안의 출산율은 여전히 높은 편이어서 인구의 연령 구조도 비교적 젊다.

<표 5.3> 2015년 전국의 지역별 연령구조, 부양비율

지역	전체 인구에서 차지하는 비중			연령구성지수		
	0-14세	15-64세	65세 및 그 이상	총 부양비율	어린이 부양비율	노인 부양비율
전국	16.52	73.01	10.47	36.97	22.63	14.33
북경시	10.12	79.22	10.65	26.23	12.78	13.45
천진시	10.13	79.57	10.29	25.67	12.73	12.94
하북성	18.23	71.60	10.17	39.67	25.46	14.21
산서성	15.05	75.76	9.19	31.99	19.86	12.13
내몽골자치구	13.07	77.37	9.56	29.24	16.89	12.35
요녕성	10.61	76.53	12.87	30.67	13.86	16.81
길림성	11.98	77.10	10.91	29.7	15.54	14.16
흑룡강성	10.57	78.59	10.84	27.25	13.46	13.79
상해시	9.34	77.84	12.82	28.47	12	16.47
강소성	13.56	73.75	12.69	35.59	18.39	17.21
절강성	12.91	75.82	11.27	31.89	17.03	14.86
안휘성	17.77	71.05	11.18	40.76	25.01	15.74
복건성	17.57	73.42	9.01	36.2	23.93	12.27
강서성	21.47	69.47	9.06	43.95	30.9	13.04
산동성	16.35	71.99	11.66	38.91	22.72	16.2
하남성	20.99	69.16	9.85	44.59	30.34	14.24
하북성	15.18	73.59	11.23	35.89	20.63	15.27
하남성	18.41	70.37	11.22	42.11	26.16	15.95
광동성	16.02	76.61	7.37	30.53	20.91	9.62
광서쫭족자치구	22.62	67.61	9.76	47.9	33.46	14.44
해남성	19.82	71.74	8.44	39.39	27.62	11.77
중경시	15.60	71.11	13.29	40.63	21.94	18.69
사천성	15.88	71.18	12.94	40.49	22.31	18.18
귀주성	22.44	68.08	9.48	46.89	32.96	13.92
운남성	19.12	72.48	8.41	37.97	26.38	11.6
서장자치구	23.57	70.73	5.71	41.39	33.32	8.07
섬서성	15.05	74.60	10.35	34.04	20.17	13.87
감숙성	17.10	73.54	9.36	35.99	23.25	12.73
청해성	20.06	72.84	7.10	37.29	27.55	9.74
영하회족자치구	20.09	72.54	7.36	37.85	27.7	10.15
신강위구르자치구	21.82	71.05	7.13	40.74	30.71	10.03

자료출처: 중화인민공화국 국가통계 홈페이지, 중국통계연감 2016년(단위: %)

표 5.3으로부터 2015년 중국의 65세 및 그 이상의 노년 인구가 총 인구에서 점하는 비중은 서장자치구를 제외하고 기타 성의 노령화 수준이 전부 7%를 넘어섰으며 그중 15개 성의 노령화 정도가 10%를 넘어섰음을 알 수 있다. 그중 중경직할시가 13.29%로 중국에서 첫 자리를 차지하였고 인구의 노령화 추세는 동부 지역으로부터 신속하고 중, 서부 지역으로 발전하였으며 동부, 동북과 중부 지역의 노령화 현상은 매우 엄중하며 서부지역의 대부분 지역은 노령화에 막 접어들고 있다.

4. 노령화는 경제의 발전과 같은 보조를 유지하지는 않는다.

Notestien의 인구전환이론(F.W. Notestien, 1945)은 인구가 경제 발전수준이 매우 낮고 의료위생 수준이 매우 열악한 '고고저' 단계로부터 경제와 수입 수준이 모두 일정한 발전을 이룬 '고저고' 과도 계단으로 진입하고 다시 평균소득 수준이 더한층 제고된 '저저저' 단계로 발전하는 역사적 과정을 서술하였다. 서구의 선진 국가의 인구 노령화는 산업화, 현대화가 완성된 이후에 점차적으로 나타난 것이며 2차대전 이후 일본 인구의 노령화는 비교적 발달한 경제기초 및 경제의 고속 발전을 동반하여 빠른 속도로 진행된 것이다. 세계의 주요 선진국에서 65세 이상의 노년 인구의 비중이 5.5%에 도달하였을 때 개인당 국민생산총액은 이미 1000달러에 이르렀다(탕잉 唐澄, 2006). 65세 이상의 인구가 7%에 이르렀을 때 개인당 GDP는 일반적으로 2000달러 이상이었다(덩징鄧晶, 2012). 세계 상의 대다수 선진국의 노령화는 경제의 발전과 물질적 재부의 축적이 일정한 단계에 이른 후에 국가 경제의 현대화 산업화와 도시화와 더불어 나타난 것이다.

하지만 중국은 1990년 65세 이상의 노인 인구의 비중이 5.6%에 이르렀을 때 개인당 GDP는 200-300달러에 불과하였고 2000년 65세 이상의 인구가 6.96%에 달하였을 때 개인당 GDP는 800여 달러에 불과하였다. 어떤 의미에서 중국 인구의 노령화는 경제 발전을 앞질러서 "부유해지기 전에 먼저 늙는" 현상이 매우 두드러진다. 중국의 노령화는 사회경제가 상대적으로 박약한 상황에서 빠른 속도로 발생한 것인데 이런 "'부유해지기 전'의 상황은 전방위적인 것으로 개인당 GDP와 GNP가 낮을뿐더러 기타 예를 들면 인구의 도시화, 문화교육, 위생수준, 산업구조, 노인수입구조, 지역차이, 도시와 시골의 차이 등 방면에서도 드러난다."(우창핑鄔滄萍, 2004)

<표 5.4> 미국, 일본, 한국, 중국의 노령화가 7%에 이르렀을 때의 개인당 평균 GNP

국가	미국	일본	한국	중국
65+노령인구 비율이 7%에 도달하는 시기	1944	1970	2000	2000
1인당 GNP(달러)	1392	1940	8490	840

자료출처: 길버트·C·핏, 짐·리즈, 『미국경제사[M]』, 심양: 요녕인민출판사, 1981.
장사이(張塞), 『국가통계연감-1995[M]』, 북경: 중국통계출판사, 1996:94.
주즈신(朱之鑫), 『중국통계연감-2001[M]』, 북경: 중국통계출판사, 2001:82.
국가통계국, 『국가통계연감-2003[M]』, 중국통계출판사, 2003:52.

세계에서 인구가 가장 많은 발전도상국가로, 계획출산 정책의 성공적인 실시와 경제사회의 빠른 발전으로 인해 중국은 몇 십 년 사이에 빠른 속도로 선진국들이 몇 백 년이라는 시간을 걸쳐서 완성한 인구전환의 과정을 완성하였다. 이는 중국이 경제가 아직 발달하지 못한 상황에서 "국가의 현대화를 앞질러 온"(구바오창顧寶昌, 펑시저

彭希哲, 1993) 노령화의 단계를 맞이하게 하였다. "부유해지기 전에 먼저 늙어버린" 노령화 사회는 경제발전 수준이 낮고, 노인 인구의 숫자가 크며, 부단히 고노령화되는 추세를 나타내고 있는데 이는 중국의 현대화 과정에서 매우 큰 우환이 될 것이며 또한 중대하고, 간과할 수 없으며 급히 해결해야 할 사회적 문제이기도 하다.

제3절 노령화와 노령사회

1. 중국 노령사회학 연구

인구의 노령화는 일종의 사회현상이며, 예로부터 있어 왔던 것은 아니다. 그것은 근대 후기에 사회가 발전하면서 생겨난 산물이다. 인구의 노령화 과정이 빨라진 것은 인구 노령화의 사회적 원인과 그 산생 기제에 대해 연구할 필요가 생겨나게 했을 뿐만 아니라 어떻게 노년 군체의 특수한 요구와 합리적으로 사회보장을 조절할 데 관한 요구를 만족시킬까 하는 문제도 던져 주었다. 그리하여 노년사회학 연구도 따라서 탄생하게 되었다.

노년사회학은 1943년에 E·J·Steiglitz가 처음 사용하기 시작하였으며 1948년에 오토 폴락이 쓴 『노년의 사회적 적응』은 유럽의 노년 사회학이 초보적으로 형성된 상징이 되었다(Otto·Pollak, 1948). 중국의 노년사회학 연구는 19세기 40년대에 시작되었으며 경험조사는 80년대 전후에 성행하기 시작하였다. 현재 해외의 노년사회학이론은 일정한 형태를 이루었으나 중국의 노년사회학은 아직도 탐색의 단계에 처해 있으며 아래의 세 가지 이론 방향으로 귀납할 수 있다.

1) 사회발전이론

사회발전이론은 인구의 노령화 과정과 사회의 현대화와의 관계를 고찰하는 것이다. 인구의 노령화는 사회경제 발전의 필연적인 결과인 동시에 반대로 사회경제의 발전에 영향을 미치기도 한다. 한편으로 경제와 사회과학기술의 발전은 사람들의 생육관에 영향을 미쳐 인구의 출생율과 사망률을 하락하게 하며 또 인구의 평균기대수명도 길어져 인구의 노령화가 출현하게 하였다. 다른 한편으로 인구의 노령화는 노년 인구의 비율이 높아지게 하고 노동연령 인구가 노화되게 할 뿐만 아니라 노년의 부양 계수와 사회의 부담을 가중시켜 사회경제의 발전에 일정한 제약 작용을 하게 된다. 물론 일정한 정도에서 인구의 노령화도 적극적인 영향이 있는데 그것은 바로 노년 인구 자원의 증가이다. 노년사회학의 사회발전이론은 중국의 사회구조의 변화 과정에서 봉착한 노령화 문제에 기반한 것인데 아직 완성 단계에 이르지 못하였다. 탕중쉰(唐仲勳) 등은 인구의 노령화와 사회경제의 발전이 서로 독립적이면서도 다중적인 영향관계 있다고 보았으며 인구의 노령화는 주로 인구 구조의 변화, 기능의 변화, 수요의 변화 등을 통해 사회경제의 발전 시스템에 영향을 미치며, 물질, 문화와 권리 방면에서 부단히 풍부해지는 사회경제의 발전은 또 인구의 노령화 시스템에 영향을 미치게 된다. 두 시스템의 발전을 조화롭게 하기 위해 정책의 참여, 조직의 감독, 사회동원과 지역사회 건설 이 네 가지 시스템은 노년 사회의 통제시스템으로 통합될 필요가 있다(탕중쉰, 1993).

2) 기능이론

퇴직, 이직한 사람들의 개인생활을 연구할 때 많은 학자들은 사회기능전환으로부터 사회적응의 각도에서 연구를 진행하는데 일반적으로 퇴직을 노년기에 접어든 하나의 사회적 표지로 보며 이것은 일종의 사회기능으로부터 다른 일종의 사화기능으로의 전환이라고 본다. 탕중쉰은 이런 기능의 변화 과정을 기대기, 퇴직기, 적응기, 안정기 4가지 단계로 구분하였는데 이 과정에 대한 적응성은 그의 개체적 특징과 퇴직 후의 생활방식에 의해 결정되며 동시에 노인의 성격, 연령, 문화정도, 직업과도 밀접한 관련이 있다(탕중쉰唐仲勳, 1993). 위안지후이는 주요 기능이 직업형으로부터 휴식형 기능으로 바뀔 때 일정한 정도에서 장년기에서 노년기로의 일종의 기능쇠퇴형 전환이라고 지적하였다(위안지후이袁輯輝, 1989).

3) 사회문제

노령사회학 연구의 하나의 공통된 인식은 노령화 자체는 문제가 없다는 것인데 많은 학자들은 사회문제의 각도로 노인의 생활을 관찰한 결과 노령화 문제의 근원적인 성격은 개인이 아니라 사회라는 결론을 얻어냈다. 판광단은 노령화 문제는 가정제도와 공장화 제도와의 모순이라고 하였다. 또 사회 변화 과정에서의 낙차 효과로 인해 사회구조가 조화로움을 잃고 사회 자본이 부족해지는 것은 노령화 문제의 거시적인 원인이며 환경 질의 하락과 가정문제의 증가는 노령화 문제의 미관적인 사회 원인이라고 하였다(판광단潘光旦, 1947).

그러나 구체적인 문제와 그 해결방법에 대해서는 학자들 사이에 서로 다른 견해가 존재한다. 중국의 노령화 문제에 대해 전국위원회에서는 노후의 다섯 가지 문제로 귀납하였다. 그것이 바로 "늙어서 살 곳이 있고, 늙어서 치료받을 곳이 있으며, 늙어서 배울 것이 있고, 늙어서 즐거움이 있으며, 늙어서 이루는 바가 있어야 한다"이다. 노인사회연구센터에서는 노인의 부양 문제를 경제적 양로, 생활에서의 보살핌, 정신상의 위로 등으로 나누었다. 분석의 각도로부터 보면 많은 논쟁의 초점은 이 두 가지 기본 문제, 즉 노령 인구는 의존적인가 아니면 자립적인가 하는 데 쏠려 있다. 노령 인구가 보살핌을 필요로 할 때 그 생활 보장은 도대체 누가 제공해야 하는가?

(1) 노령인구의 의존과 자립 문제

모종 의미에서 이 문제는 이론적 전제에 근거하여 제기한 가설로, 경험에 근거하여 제기한 문제가 아니다. 대량의 경험 조사는 이미 많은 노령 인구의 만년 생활은 대부분 자립적이라고 알려주고 있지만 타인의 보살핌에 근거하여 생존하는 상황도 많은 노령인구에게는 피할 수 없는 사실이다. 노령인구의 부양 계수 자체가 사실 이미 노령인구가 타인에 의지하여 생존한다는 의미를 포함하고 있다. 어린이를 부양하고 늙는 것을 방지하는 것은 타인에 의지하여 생존한다는 사회관념을 보여주고 있다. 이 외에 늙은 이후의 다섯 가지 문제에서 늙어서 살 데가 있는 것과 늙어서 치료할 곳이 있다는 것은 의존성 가설이며, 늙어서 배울 것이 있다는 것과 늙어서 즐거움이 있고 늙어서 이루는 것이 있다는 것은 자립성 가설이다. 그 중에서 늙어서 이루는 것이 있다는 것은 이론적으로 최대한도의 자립성을 가정한 것이다. 많은 노령 인구의 경험조사와 연구의 논쟁 역시 늘 의존적인가 아니면 자립적인가에 집중되는데 심지어 이와 관련하여 노령인구는 사회의 부담인가 아니면 사회의 재산인가 이런 가치판단의 문제에까지 미치게 된다.

(2) 노령인구의 보장 문제

만약 의존성이 노령인구의 피할 수 없는 문제라면 만년의 생활 의

존은 누구에 의지하여 보장받아야 하는가 하는 것은 이론적인 문제일 뿐만 아니라 현실적인 문제이기도 하다. 이 문제와 관련하여 많은 학자들은 중국에서 양로는 주요하게 가정에 의지해야 한다고 주장한다. 대다수 학자들은 공업화, 도시화가 가정구조, 가정규모에 대한 영향을 주목한다. 도시화와 공업화의 추진은 가정의 규모가 축소되고 세대 간의 차이가 깊어지며 세대 간의 교류가 감소되고 자녀가 부모를 돌볼 수 있는 능력이 떨어지며, 사회보장이 노년의 돌봄에 대한 영향이 증가되게 하고, 가정이 노인에 대한 돌봄 기능이 점차 하락하게 하였다. 개인, 가정, 지역과 국가에서 공동으로 노년 인구의 만년 생활을 공동으로 보장해야 하지만 중국의 사회보장 제도의 불완전성으로 인해, 가정은 그 중에서 여전히 주요 기능을 발휘하고 있다.

(3) 노령화와 가정 양로방식의 변천

중국의 인구 변천은 출산율이 낮은 수준으로 안정되고 인구의 노령화 정도가 가중되는 '저저저' 단계에 처해 있는데 도시화, 공업화가 빠른 속도로 추진되고 문화 전통환경이 변화하는 등 인구, 사회, 경제 요소의 영향을 받아 중국의 가정이 규모, 구조, 기능 그리고 세대 간의 관계 등 방면에서 변화가 발생하여 노인의 만년의 생활 방식에도 변화가 불가피하게 되었다. 양로 방식의 전환은 이미 사람들이 직시하지 않을 수 없는 시대적 과제가 되었으며 가정전환이론의 주요한 특징은 부동한 인구 전환 단계가 가정에 미치는 영향에서 표현되는데, 이를테면 "인구 전환의 첫 번째 단계에서 가정의 평균 규모는 확대되고 대가정의 숫자는 약간 증가되었으며, 인구 전환의 마지막 단계에서 가정의 평균 규모는 부단히 축소되고 가정 구조는 핵심화된다" 등이다(추리핑褚麗萍, 1997).

우선 가정구조는 부단히 소형화되고 핵심화된다. 장기적으로 시행된 계획출산정책은 가정의 규모가 점차적으로 감소되는 효과를 낳았고 개혁개방은 전통적인 가정 관념이 충격을 받아 지금의 사회와 가정문화배경을 변화시켜 일정한 정도에서 가정의 규모와 구조에 영향을 주었다. 노령화는 중국의 연령구조가 '거꾸로 놓은 금자탑' 형태를 나타나게 하는 동시에 '4-2-1'의 가정구조가 생겨나게 하였다. 그림 5.10으로부터 2000년에서 2010년에 이르는 10년 동안의 중국 가정의 유형 중 한 세대만 있는 가정의 비중이 22%로부터 34%로 증가하였고, 두 세대 가정의 비중은 59%에서 48%로 감소하였으며 더 많은 현상은 노인과 자녀가 같은 도시의 다른 곳에 거주하는 것인데 3대가 한 집에 거주하는 가정이라고 할지라도 노인이 자녀와 함께 거주하려는 생각은 줄어들고 있다.

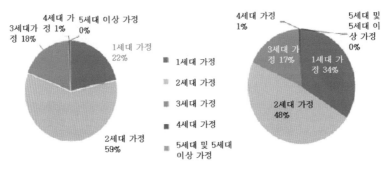

데이터 출처: 2000년, 2010년의 '5차 인구 보편조사', '6차 인구 보편조사' 데이터

<그림 5.10> 2000년, 2010년의 중국 가정 유형의 변화: 1세대 가정, 2세대 가정, 3세대 가정, 4세대 가정, 5세대 및 5세대 이상 가정

<표 5.5> 2000년, 2010년 중국의 65세 및 65세 이상 노년 인구가 있는 가정의 숫자

연도	65세 및 그 이상의 노인이 한 명 있는 가정	65세 및 65세 이상의 노인이 두 명 있는 가정	65세 및 65세 이상의 노인이 세 명 있는 가정
2000	4962.7	1853.3	23.4
2010	5946.5	2823.3	33.8

데이터 출처: 2000년, 2010년의 '5차 인구 보편조사', '6차 인구 보편조사' 데이터

　　물질적 욕구가 만족되는 동시에 문화생활에 대한 노인들의 정신적 욕구도 날로 높아지고 있다. 문화생활이란 "사회생활 중에서 문화와 긴밀히 연결된 부분, 즉 정신생활의 범주에 속하는 부분"을 가리킨다(톈쉐위안田雪原, 2004). 미국의 학자 Rose가 제기한 노년아문화군체이론(우창핑鄔滄萍, 2011)은 노동자의 연령이 증가하여 노동을 그만두게 된 뒤에 같은 배경(노쇠, 고독 등), 문제(물질, 정신과, 돌봄의 수요)와 이익의 추구(늙어서 살 곳이 있고, 늙어서 치료받을 곳이 있으며, 늙어서 배울 것이 있고, 늙어서 즐거움이 있으며, 늙어서 이루는 바가 있어야 한다) 등을 갖고 있는 노인들이 집에서 할 일이 없어서 한가한 시간에 공중장소로 가서 다른 노인들과 접촉하고 함께 여러 가지 체육이나 오락활동 등을 함으로써 노년아문화군을 형성한다고 하였다. 노년아문화군체이론은 목전 노년의 정신문화에 대한 관심은 심리건강, 위생환경에만 집중해서는 안 되고 노년들이 건강, 과학에 관심을 가지고 문화활동에 적극적으로 참여하도록 해 노인들이 생활에서 연령으로 인한 기시를 적게 받고 공동언어가 있는 노인아문화군체를 찾아 다시 자신을 인식하고 사화외의 소통과 동질감을 찾도록 해야 한다고 주장한다. 현재 중국은 노년 문화생활을 수요를 만족시키는데 많은 노력을 하고 있다. 예를 들면 각지의 주민위원회, 촌위원회에서는 노인들의 문화오락, 체육단련 등

수요를 만족시키기 위한 활동센터를 만들었는데 이런 센터에서 진행한 문화활동은 일정한 정도에서 노령 인구의 사회교제의 수요를 만족시키고 있다. 하지만 도시와 시골, 지역, 도시와 도시 사이의 발전 차이로 인해 절대다수의 지역은 문화오락 장소를 제공하는 외에는 노인들에게 가정, 의료보건, 학습교육 등 노인의 생활수준에 맞는 서비스를 제공하지 못하였고 전문 인원과 사회 봉사팀을 만들어 노인들에게 전문적인 지원과 서비스를 제공하지 못하였다.

다음으로 세대 간의 거주, 돌봄과 경제이동 등 관계의 전환이다. 한편으로 노년 인구의 숫자는 부단히 증가하여 65세 및 65세 이상 노인 인구가 있는 가정은 2000년의 6839만 가구로부터 2010년의 8803만 가구로 증가하였다. 게다가 노인을 부양하는 자금이 비교적 많이 들기 때문에 가정에서 노인을 부양하거나 돌보는 자원의 한계로 인해 자녀의 부양 부담은 매우 큰 편이다. 다른 한편으로 세대 간의 관계가 현대 가정에 대한 영향은 점차적으로 감소하고 있다. 가정 유형의 변화는 한 세대 가정을 향해 진행되고 있는데 두 세대, 세 세대, 및 그 이상의 가정이 한 곳에 거주하고 있다고 하더라도 매 세대 간의 경제수입과 재산은 서로 분리되어 있다. 또 중국의 경제, 사회와 문화가 부단히 발전함에 따라 상응한 세대 간의 왕래와 소통 방식도 변화하고 있으며, 이는 일정한 정도에서 여러 세대 간에 일정한 거리가 존재하게 하였다.

마지막으로, 가정의 기능은 부단히 약화되고 있으며, 양로 방식도 변화하고 있다. 전통적인 가정에서 만년을 보내는 양로 방식은 가정의 기능, 돌봄 자원, 생활방식, 관념의 변화 등 여러 가지 방면에서 오는 충격을 받고 있는데 그 중에서 양로기능은 사실상 감소하고 있다(덩사鄧莎, 2011). 시장경제 조건 하에서 인구의 노령화의 가속화

발전과 세대 간 관계의 신속한 변화는 중국의 사회보장제도의 수립과 부단한 발전으로 인해 2000년과 2010년의 두 차례 인구보편조사 데이터에서 노인의 주요생활자원 중에서 주로 가정 및 기타 구성원의 봉양, 노동 수입의 비중이 점차 하락하고 퇴직금을 받아 노년을 보내며 최저생활보장이 일정한 수준으로 증가한 모습을 보였다. 이 외에 자녀와 부모 관계의 전이 양상과 세대 사이의 봉양 관계에서도 전통적인 부모가 자식을 부양하고 자식이 부모를 봉양하는 쌍방순환적인 '반포(反哺)' 양로방식에서 점차적으로 부모가 자녀를 부양하고 자녀는 여전히 그 자녀를 부양하는 단방향적인 '계주형' 형식으로 바뀌고 있다.

(4) 노령화와 사회보장기능

사회보장제도는 사회의 안전네트워크이며 지진감소장치보, 인류사회에서 없어서는 안 될 일종의 기본안정기제이다. 사회역사발전 과정에서 사회보장제도의 형식과 사회의 경제발전수준, 전통문화습관 등은 긴밀히 연결되어왔으며 일정한 정도에서 인구 숫자, 연령구조의 변화와 서로 연계되는 특징을 나타냈다. 다시 말하면 인구의 노령화와 사회보장제도의 전환은 기본적으로 함께 진행되는 것이다. 중국의 사회보장은 예로부터 있어왔는데 유교의 대동사회에 대한 논술 중에 "늙으면 만년을 보낼 장소가 있고, 젊은 사람은 일할 데가 있으며 어린이는 자랄 곳이 있고 홀아비, 과부, 고아, 장애인 등은 모두 부양하는 곳이 있다"(대성戴聖, 서한)라는 말이 있다. 최근 들어 세계 각국에서 모두 각자 기준과 정도가 다른 사회보장제도를 만들었는데 중국은 사회주의 시장경제체제에 근거하여 사회보험, 사회구조, 사회복무와 각종 정부와 기업의 보조, 사회호조 등 사회적 보장제도를 마련하였다(정궁청鄭功成, 2005). 노령화 정도의 심화와 사회경제문화의 발전 요구가 점점 높아짐에 따라 사회보장제도의 형태는 인구 노령화의 심각한 도전에 직면해 있다.

우선, 사회보장 급여수준의 지속적인 증가와 규모의 확대, 노령 인구의 증가 등인 사회보장비용의 부담을 가중시켰고 사회보장자금에 적자가 발생하게 되었다. 그림 5.11로부터 노인들의 생활 자원 중 양로연금, 최저생활보장은 3위와 4위를 차지하는 중요한 양로 보장임을 알 수 있는데 노령 인구의 빠른 증가는 노동연령 인구 중 퇴직인원의 신속한 증가를 초래하여 직접적으로 퇴직양로연금의 확대를 초래한다. 이외에 사회보장자금은 제도적으로도 완벽하지 못하다. 첫째, 자금의 발생경로가 단일하다. 자금의 주요 출처는 정부의 지원인데, 재정지출 중 사회보장에 사용되는 비용은 해마다 상승하고 있지만 그것이 차지하는 비중은 여전히 매우 적다. 둘째, 사회보장의 개인 계좌는 장기적으로 "빈 계좌만 운영되는" 상황에 처해있어 사회양로, 의료보험을 "계좌를 통합하여 관리하는" 관리방식과 '옛 세대', '중간 세대', '새로운 세대' 등 여러 가지 연령 단계에 처해 있는 사람들에 대한 관리방식이 다름으로 인해 날로 늘어나는 퇴직인원들에게 퇴직연금을 주기 위해서는 개인 계좌의 자금을 이용하여 적자를 메꿀 수밖에 없게 된다. 셋째, 사회보장자금의 가치증식이 어려워 많은 사회보장자금은 은행 계좌에 보관되어 있는데 중국 경제의 신속한 발전과 CPI의 지속적인 성장으로 인해 낮은 수익금으로는 사회보장자금을 증식할 수가 없게 되었다.

자료출처: 중화인민공화국 국가통계 홈페이지, 2000년 제5차, 2010년 제6차 인구보편조사 데이터
(단위 %.)

<그림 5.11> 2000년, 2010년 중국의 60세 및 이상 노인의 생활자금 구성과 그 변화

다음으로, 현재의 사회보장의 수준은 낮은 편이다. 중국의 노령화가 노인 인구의 숫자가 많고 발전이 빨라서 "부유해지기 전에 먼저 늙어버린" 특징 등을 나타내고 있기 때문에 대다수 지역의 보장금은 기본적으로 생활에 보탬이 되는 정도밖에 되지 않으며 보장을 필요로 하는 군체에 생활적 보장을 제공해 줄 수가 없다. 중국인구의 도시화 수준은 낮으며 현재의 사회보장네트워크의 범위도 "상대적으로 협소한" 편이어서 보장의 대상이 전면적이지 못하다. 사회보험을 예로 든다면 상당한 숫자의 개인기업의 직원과 융통성 있는 방식의 취직을 한 사람들은 보장체계 속으로 진입하지 못하였다.

그 다음으로 사회보장의 발전정도가 낮다. 사회보장제도의 수립은 일정한 정도에서 정통적인 출산관념의 변화를 가져왔고 중국의 인구통제의 계획출산 정책에 영향을 주었다. 현재 중국의 노령화정도는 비록 일본처럼 심하지는 않지만 인구의 평균기대수명의 연장으로 인해 돌봐야 할 노인의 숫자가 부단히 증가하고 출산율의 하락은 외동 자녀를 둔 가정이 증가되게 하고 가정이 소형화되어 가정에서 노인을 부양하는 기능이 약화되게 하였다. 노인은 신체가 쇠약해져 스스로를 돌볼 수 없게 되었을 때 가정에서 노인을 부양하기 어렵게 되는 추세가 나타나게 될 것이며 이런 준엄한 현실은 점점 많은 국민들이 현대의 사회구조에 적응하고 사회화의 경로를 통해 만년을 보내는 것을 선택하게 한다. 비록 선진국들에서는 모두 가정보장으로부터 사회보장으로의 전환을 완성하였지만 중국의 사회화양로기구는 숫자가 적을 뿐만 아니라 수준의 차이가 매우 크며 사회화 서비스의 종류에 한계가 있고 가격이 높으며 주로 변두리에 위치해 있고 서비스 인원들의 수준이 일정하지 않아서 여러 번 부정적인 사건이 나타나는 등 여러 가지 현실적 원인으로 인해 노인들은 사회화 양로서비스를 받는데 한계가 있다. 그래서 감정적으로 의존할 수 있는 전통적인 방식인 가정에서의 노인 부양은 여전히 중국 노인의 주요한 부양 방식이다.

마지막으로 중국 사회는 전체적인 통합관리의 수준이 낮고 범위가 통일되지 않았다. 첫째로, 중국의 도시화와 도시와 시골 일체화의 빠른 추진으로 인해 사회보장의 측면에서 도시와 시골은 보장종류, 보장대상, 보장수준 등에 모두 일정한 차이를 보이고 있다. 중국의 주민건강에 대한 보장인 의료보험제도를 예로 들면 도시와 시골의 이원구조의 기초에서 도시와 시골의 여러 층위의 의료보장과 농촌에서는 큰 병의 통합적인 관리를 위주로 하는 새로운 형태의 농촌합작보장제도를 제정하였으나 도시와 시골의 주민이 받을 수 있는 의료품, 영수증처리 등 비율 면에서 모두 차이가 있다. 둘째로, 사회보장은 이동인원들에게서 수금하고 보장을 하며 타지로 이전해서 지불하는 등 면에서 큰 문제들이 있다. 셋째, 중국의 사회보장의 통합관리 수준은 비교적 낮고 구조성 모순이 심하며 여러 성의 사회보장기금이 균일하지 않아서 앞으로 진일보 사회보장기금의 통합관리 수준을 높여야 하며 성급 통합관리로부터 양로기금의 전국적인 통합관리를 실현해야 할 것이다.

이외에 노년사회보장은 노인의 합법적인 권익에 대한 보장을 각별히 중시하여야 한다. 정부에서는 육속 '헌법', '혼인법', '민법통칙', '형법' 그리고 목적성이 뚜렷한 '중국인민공화국노년권익보장법' 등 여러 가지 법률를 제정하여 노인의 합법적인 권익을 보호하고 있다. 근년에 사회에서 노인을 학대하고 폭력으로 상해를 주거나 노인을 무시하는 등 사건이 빈번히 발생하여 노인은 사회적 약자 군체로 '변두리화', '빈곤화'에 빠지기 쉬운데 특히 여성 노인들의 권익은 더 침해를 받기 일쑤여서 노인들에 대해 더 많은 관심과 보호를 진행할 필요가 있다. 경제의 성장과 사회의 발전에 따라 여전히 노인들의 사회적 지위와 인권 보장을 강화할 필요가 있으며 노인에 관한 법률과 법규를 진일보 수정하고 완벽화할 필요가 있다.

(5) 노인의 생활방식과 기초시설 보장

도시화는 한 국가의 공업발전수준을 가늠하는 중요한 지표 중의 하나이다. 현재 중국의 도시화과정은 노령화가 빠른 속도로 진행되는 배경에서 진행되고 있는데 노인의 생활방식은 물질적으로 상응하는 기초시설과 관련 서비스를 제공하는 기초에서 진행되어야 하기 때문에 노령화는 장애가 없는 도시건설에 대한 요구도 높였다고 할 수 있다. 개혁개방 이후에 중국의 경제가 신속하게 발전하는 동시에 정부도 적극적으로 도시화 건설을 추진하고 있다. 중국은 비록 도시화가 빠른 속도로 진행되고 도시의 확장과 갱신 과정에서 일부 성과를 거두기는 하였으나 도시의 발전과 기초시설의 건설의 시작이 늦은 등 원인으로 노인들이 필요로 하는 기초시설의 건설에서 자금의 부족이 심하고 시설의 사용효율이 높지 않으며 관리와 수리가 합리적이지 못하고 사회서비스에 대한 투자가 적은 등 적지 않은 문제점을 안고 있다. 예를 들면 도시의 노인이 거주하고 있는 지역에는 보편적으로 과학적이고 규범적인 관리가 진행되지 못하고 있으며 많은 오래된 지역에는 엘리베이터가 없는 등 생활시설이 부족하고 양로시설이 낡아빠지거나 더럽고 부족한 등 문제가 있어서 노인들의 날로 늘어나는 물질 수요를 충족시키지 못하고 있다. 노인의 생활방식의 새로운 수요를 만족시키기 위해 노인들에게 만족스러운 생활공간을 제공할 수 있는 주택, 교통 등 방면의 기초시설을 구축할 것이 절실하며 이후의 도시화 건설에서 현재 노인의 생활방식의 특성을 충분히 고려하고 생활의 편의성을 보장해 주어야 한다.

제4절 선진국과 선진 지역의 노령화의 경험과 귀감

　인구의 전환 이론으로부터 보면 낮은 출산률은 소년아동의 숫자와 비중이 감소되게 하는데 낮은 사망률과 기대수명의 연장으로 인해 노인 인구의 비중이 더 커지게 되며 인구는 총체적으로 낮은 자연성장률을 보이게 된다. 본 절에서는 세계적인 범위에서 노령화 정도가 가장 높은 일본과 경제수준의 발전 정도가 가장 높음 미국, 그리고 동시기에 노령화사회에 진입하였으나 유효한 통제에 성공한 한국, 그리고 사회보장수준이 높고 대책도 비교적 완벽한 덴마크를 선택하였다(그림 5.12 참조). 인구에 대한 환경의 수용능력이 감당할 수 있는 전제하에서 자원 제한의 각도에서 서술을 진행하고 다른 나라의 정책을 학습하고 참조하는 방면에서 기타 노령화에 들어선 나라들의 경험과 내책을 논하며 어떻게 인구의 노령화가 경제, 사회발전에 미치는 부정적인 영향을 줄이고 중국의 인구규모를 환경자원

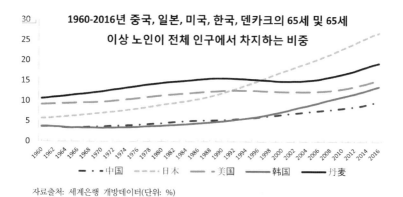

자료출처: 세계은행 개방데이터(단위: %)

<그림 5.12> 1960-2016년 중국, 일본, 한국, 미국의 65세
및 65세 이상의 노인의 숫자

이 감당할 수 있는 한도로 통제하여 노령사회의 지속가능한 발전을 도모할 것인지를 검토할 것이다.

1. 일본

제2차 세계대전 이후의 짧은 10년 동안에 일본의 경제는 신속하게 회복되었고 국가의 경제실력은 유럽의 선진국들을 따라잡았다. 일본 경제의 지속적인 빠른 발전은 전 세계의 주목을 받았다. 동시에 일본의 인구의 전환도 매우 신속하게 진행되어 20세기의 출산고봉을 거쳐서 21세기로 진입한 이후에 젊은 세대가 지속적으로 결혼과 출산의 시기를 늦추는데다가 의료기술수준이 평균수명을 연장시켜 65세 및 65세 이상의 인구가 총 인구에서 점하는 비중이 계속하여 증가하였다. 일본 인구의 노령화 비율은 1970년에 7%였으나 짧은 14년을 거쳐 1994년에는 14%가 되어 전세계에서 노령화가 가장 빨리 진척된 나라가 되었다(그림 5.13 참조). 2016년까지 일본의 65세 및 65세 이상의 인구는 전체 인구의 26.9%를 차지하여 세계에서 노령화 정도가 가장 심한 나라가 되었다. 거시적으로 볼 때 일본 인구의 노령화는 경제의 발전에 부정적인 영향을 미쳤지만 세계 제3경제지역과 아시아에서 가장 큰 선진국으로 이렇게 높은 부양율을 감당하는 것으로부터 볼 때 인구의 연령구조의 전환에 대한 일본의 인식과 처리방식은 인구의 노령화를 대처하는 경험으로서 비슷한 문화와 전통적인 습관을 가진 중국에 중요한 참고 가치와 현실적 의의가 있다.

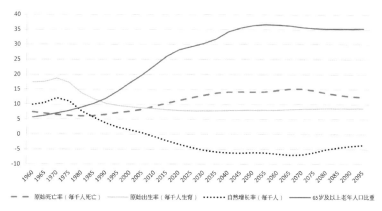

<그림 5.13> 일본의 1960-2095년의 세 가지 비율과 65세 및
65세 이상 노인의 비중의 변화 및 예측: 원시사망률(천 명),
원시출생률(천 명), 자연성장률(천 명), 65세 이상 노인의 비중

(1) 사회보장법과 법규를 제정하고 양로보장체계를 부단히 개
    선한다.

양로보장 방면에서 노년의 사회보장에 관한 법률과 법규를 계속
하여 제정하고 개선하며 정부에서는 노년 인구의 기본 권익에 대한
보장과 수호제도를 계속하여 개선한다. 1963년에 일본 정부에서는
'노년복지법'을 반포하였고 그 이후에도 정부는 계속하여 1986년에
'연금수정법', '노년보건법'등을 반포하였으며 1996년에 '고령사회대
책기본법'등 일련의 법률과 법규를 반포하였다. 또 서구의 선진국들
보다 더 일찍 노령연금 수령시기를 늦추는 정책을 폈다. 벌써 1994
년에 일본 정부에서는 여성의 퇴직연령을 58세까지 늦추고 남성은
60세에 노령연금을 수령하는 정책을 내놓았고 이외에 일본정부는
노년의 개인근무 염원을 충분히 존중하여 남성들은 65세까지 근무
하는 것을 선택할 수 있도록 하였다(리중성李仲生, 2015). 그 후 국

가경제와 사회의 발전에 따라 정부는 2000년, 2004년에 적당히 사회노령연금제도의 범위를 확대하였고 새 시기 인구의 노령화 상황에 근거하여 노령연금 비용에 대해 개혁을 진행하였다.

의료보장 방면에서 일본 정부는 한편으로 2000년, 2002년 그리고 2008년에 진일보로 의료의 구조기능을 확정하고 효율을 높였으며 효과적으로 의료비용의 증가를 억제하고 종합적이고 단계적으로 의료보장제도의 개혁을 진행하였다. 다른 한편으로 혼자서 생활하기 어려운 노인에 대해 2000년부터 '간호보장제도'를 시행하였다. 노인들이 생활이 불편할 때 돌봐주는 사람이 있도록 보장하는 동시에 전문인원이 정기적으로 방문하여 의료와 간호 서비스 및 재활지도를 제공하도록 하여 노쇠의 진행을 늦추고 건강을 관리할 수 있게 하여 대량의 의료비용을 절감하였다.

(2) 노인 자원을 중시하고 노인의 취직을 추진한다.

일본은 노령인구가 고소비자일 뿐만 아니라 중요한 노동력자원이라는 것을 인식하고 있다. 노인들 중에서 경제생산 활동에 종사할 수 있는 인구를 찾아내면 그들의 풍부한 실천경험과 지식을 활용할 수 있을 뿐만 아니라 일정한 정도에서 노인들의 취직 문제를 해결하여 경제의 발전을 추진할 수 있다. 이를 위해 일본에서는 2004년에 '노인고용안정법'을 수정하여 단계적으로 퇴직 연령을 늦추어 2013년에는 노동인구가 65세에 퇴직하도록 하였다. 또 일본에서는 노인의 취직을 위한 지속고용정책을 추진하여 노동과 취직을 늘리는 동시에 세수를 늘려서 국가의 양로기금을 증가시켰다.

(3) 사회관리를 중시하고 노인들이 사회활동에 참여하는 것을 격려한다.

일본의 자녀 감소, 독신자와 고령화 증가 등 발전추세, 특히는 지난 세기 70년대에 처음으로 '고독사'가 출현한 상황에 직면하여 80년대에 매체에서 처음으로 제기한 '고독사'는 새로운 사회학 명사로 되어 사회 각계의 광범위한 주목을 받았다. 2015년에 도쿄의 고령화 사회백서에 따르면 일본의 서울 도쿄는 노령에 자식이 적고 고령화가 심한 엄중한 형세에 직면하여 있으며 10년 사이에 노인의 '고독사'는 111%나 늘어났고 65세 및 65세 이상의 노인들이 '고독사'한 사례는 2002년의 1364명으로부터 2013년의 2869명으로 늘어났다. '고독사'가 일본에서 더 이상 만연되는 것을 통제하기 위해 일본 정부에서는 거시적인 면에서 '고령사회대책기본법'을 반포하여 실시하고 노인과 관련이 있는 '고용대책법', '노인복지법' 등을 수정하였다. 미시적인 면에서는 노인의 실제수요로부터 출발하여 간호, 의료, 보건, 오락 등 여러 가지 지표를 포함한 전방위적인 서비스를 갖춘 지역사회를 통한 자택에서의 양로형식을 개발하는데 주력하였다(양인핑楊銀平, 2013). 지역사회의 관리를 강화하고 긴급연락망을 구축하며 사회배달원을 등 사회서비스인원을 조직하여 독거노인들의 생활을 일상적으로 관찰하게 하였다.

노인들이 더욱 의의가 있고 건강하게 생활하게 하기 위해 20세기 50년대에 일본정부는 노년클럽의 운영과 확대를 적극 지원하였다. 노년클럽은 오락, 학습, 운동 등을 주요 내용으로 하여 지역의 퇴직한 노인들을 모아 오락 활동을 진행하고 노인들 사이의 소통과 교류를 강화하여 노인들 사이의 지원과 관심을 추진하였다. 그 외에 정부는 또 "노인들에게 여러 가지 해외취직 정보와 파견방식의 근무를 제공하고 풍부한 지식과 경험, 능력을 보유하고 발전도상 국가의 사회발전에 공헌을 할 의사가 있는 노인들이 해외에 가서 근무하는 것을 격려함으로써 남은 에너지를 발휘하게 하고 노인들의 해외지원자 사업의 발전을 추진하였다"(사오쥔츄邵俊秋, 장링링張玲玲, 2011).

2. 한국

세계은행 개방데이터의 자료에 따르면 기본적으로 중국과 한국은 동시에 노령화사회에 들어섰다. 2000년에 한국의 65세 및 65세 이상의 노인은 전체 인구의 7.3%를 차지하였고 중국은 6.7%를 차지하였으며 2016년까지 한국의 총인구는 5125만 명인데 그중 노년 인

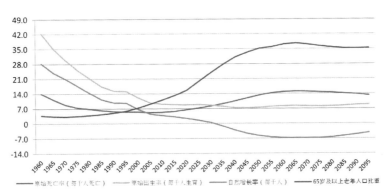

자료출처: 65세 및 65세 이상 인구가 총 인구에서 점하는 비중에 관한 세계은행 개방데이터, 세 가지 비율과 2015-2095년의 예측 부분은 유엔 경제와 사회사무부, 인구사(2017)의 수정을 거쳤다. (단위: %)

<그림 5.14> 1960-2095년 한국의 세 가지 비율과 65세 및 65세 이상 노인의 비중의 변화 및 예측: 원시사망률(천 명), 원시출생률(천 명), 자연성장률(천 명), 65세 이상 노인의 비중

구가 전체 인구의 13.57%를 차지하였다. 그림 5.14에서 볼 수 있는 바와 같이 한국의 65세 및 65세 이상 인구의 비중은 2065년에 최고봉인 37.7%에 달하게 될 것이다.

노령화사회에 진입한 한국은 여러 가지 노년 인구에 적합한 정책을 펼쳤다. 노인과 그 가족들이 매우 걱정하는 양로 문제를 해결하기 위해 한국정부는 2000년에 보건복지부에 '노인장기요양보호정책기획단'을 설치하였고 2001년에는 보건복지종합대책위원회를 꾸렸으며 2003년에는 노인요양촉진기획단을 세웠고 2004년 2월에는 노령화와 미래사회발전 대통령고문위원회를 세워 미래의 정책과 발전전략을 연구하였다. 2005년 5월에는 '저출산율과 인구의 노령화에 관한 기본법'을 제정하였고 2006년 6월에는 노령화사회와 인구정책연구 대통령위원회를 설립하였으며 2008년에는 노인장기요양보험제도를 제정하였다. 그 외에 한국정부에서는 노인복지관, 경로당, 노인교회 등 노인 전용시설의 개발과 보수를 매우 중시하며 노인의 여러 가지 여가생활의 수요를 만족시키고 있다(잔쥔詹軍, 챠오위한喬鈺函, 2017).

노령화에 대처하는 대책 중에서 한국은 노년노동력의 재취업을 중시하여 1992년부터 노년층에 정책적인 지원을 하고 있다. 2006년에 '노령친화산업진흥법'을 제정하고 시행하여 노인과 중, 청년의 건강과 편의, 안전을 도모하였으며 기업에서는 시장경제의 규칙에 따라 상품과 서비스를 제공하는 '노년친화산업'을 추진하였다(천밍陳茗, 2002). 그 외에 한국의 양로보장제도는 표 5.6에서 볼 수 있는 바와 같이 한국의 사회양로보장의 가장 중요한 특징은 공무원, 군인, 사립학교 교직원을 대상으로 하는 연금과 직원, 농어민, 자영업자와 프리랜서 등 일반 대중들을 대상으로 하는 국민연금 두 종류로의 구분이다. 이런 다양한 층위의 양로보상제도는 양로보장의 범위를 최대한 확대하여 더 많은 직종과 유형의 연금자원을 조절하고 확보할 수 있게 하였다.

<표 5.6> 한국의 사회보장법규, 제도의 발전

	관련정책	내용
1960년	공무원연금계획	정부 공무원, 경찰과 사법인원 대상
1963년	군인연금제도	임기 내의 군사 인원에게 연금을 설립
1975년	사립학교교사연금	사립학교 교사 연금 개설
1988년	'국민연금법'	국민연금납부 국민에 대한 보장체계
1992년	'노령인고용촉진법'	노년 노동력의 취직을 지원하는 정책을 제정, 2003년에 수정 진행.
2005년	'저출생, 고령사회기본법'	대통령이 직접 관할하는 저출생, 노령사회위원회 설립
2006년	'노령친화산업진흥법'	노령산업의 발전을 지원하고 적극적으로 추진
2008년	'노년인장기요양보험법'	'장기보건보장제도', '가정간호사 파견' 등을 통해 의료비 지출을 줄이고 의료제도 전체를 점차적으로 개선 중

3. 미국

미국은 1944년에 노령화사회에 진입해서부터 지금까지 이미 70여 년 동안 인구의 총제적인 출생율은 계속하여 하락하여 기본적으로 15% 정도를 유지하고 있으며 사망률은 안정적으로 10% 정도에 고정되어 있다(그림 5.15 참조). 자연성장율은 느리게 하락하고 있으며 인구의 노령화도 느리게 증가하고 진행되고 있는데 이는 미국 사회가 비교적 높은 출산율을 유지하는 동시에 대량의 청, 장년기의 이민을 흡수한 것과 관련이 있고 다른 한편으로 의료위생 기술수준과 사회보장복지정책 등 객관적인 요소의 영향과도 관련이 있다.

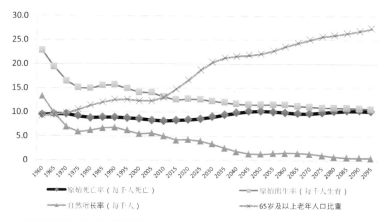

자료출처: 65세 및 65세 이상 인구가 총 인구에서 점하는 비중에 관한 세계은행 개방데이터, 세 가지
비율과 2015-2095년의 예측 부분은 유엔 경제와 사회사무부, 인구사(2017)의 수정을 거쳤다.
(단위: %)

<그림 5.15> 미국 1960-2095년의 세 가지 비율과 65세 및
65세 이상 노인의 비중의 변화 및 예측: 원시사망률(천 명),
원시출생률(천 명), 자연성장률(천 명), 65세 이상 노인의 비중

1) 출산을 격려하는 인구 정책

미국의 출산정책의 핵심 목적은 인구의 성장을 일정한 정도로 통제하여 최종적으로 미국의 인구가 정지하도록 하는 것이다(란하이옌蘭海豔, 2014). 미국의 출산율은 비록 하락하기는 하였지만 1975년 이래 총 출산율은 항상 중국보다 높았다. 미국의 인구 성장은 자연성장율에 의지하는 외에 이민은 미국 인구가 증가하는 중요한 원인이다. 1776년 건국 이래 이민이 줄곧 미국의 증가한 인구의 반 이상을 차지하였지만 미국이 결코 모든 이민신청을 모두 다 받아들이는 것은 아니다. 미국은 1924년에 '이민법'을 반포하고 시행한 이래 외래 이민의 숫자에 대해 제한하는 정책을 폈으며 합법적으로 영구

하게 거주하는 이민에 대한 정책은 국가 자원을 기반으로 하는 보조 정책과 가정의 상봉을 핵심으로 하고 있다(장자동張家棟, 2012). 많은 불법이민의 문제도 존재한다. 그 외에 연방정부는 양호한 조건과 우월한 처우를 통해 세계 각 영역의 우수한 인재를 미국에 유치하는 데 주력해 왔는데 최첨단 인재를 대상으로 추진한 '인재수입' 정책은 특히 사람들의 이목을 끈다. 세계 여러 나라와 지역의 청년들은 여러 가지 이민정책을 통해 미국에 몰려들어 일정한 정도에서 미국 인구의 노령화의 증가세를 완화시켰다. 2010년에 유엔에서 진행한 세계이민보고에 따르면 미국에는 전체 인구의 13.5%를 차지하는 4300만 명의 해외이민이 있는데 이로 인해 '이민의 기초 위에 건립된 나라'로 불렸다. 현재 미국의 노령화의 속도는 서양의 국가 중에서 중등 수준에 처해 있다.

양로보장제도에 있어서 20세기 40년대 이래의 노령화 문제를 대처하기 위해 미국은 입법을 통해 노인과 실업 문제를 해결하는 것을 골자로 하는 '사회보장법안'과 노인의 권익을 보호하는 것을 목적으로 한 '미국노인법' 및 노인의 취직을 보장하는 '노인을 경시하는 것을 금지하는 취직법' 등을 제정하고 시행하였다. 이외에 미국 정부는 전문적으로 노인문제관리소 등 노인문제를 관리하는 부서를 설립하고 전문인원이 전문적으로 관리를 진행하도록 하였다.

2) 지속적인 발전이 가능한 양로보장제도

1981년의 '연방세금법', 1974년의 '고용인원퇴직수입보장법'과 1987년의 '미국주거법안' 등 법이 잇따라 제정됨에 따라 미국은 여러 개의 지지축을 가진 연금구조를 구축하여 전체 국민을 포함하는

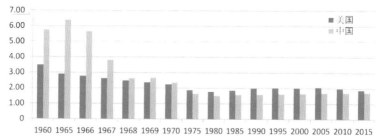

자료출처: '세계인구전망 2017' 유엔 경제와 사회 사무부, 인구사(2017년)

<그림 5.16> 1960-2015년 중국, 미국의 총출산율(모든 산모 생존)

노인, 유족, 장애인 등을 포함하는 통합적인 사회보장급여와 일반노
동자의 연금을 초과하는 개인계좌를 구축하였다. 현재 연방정부의 3
분의 1을 넘는 예산이 65세 및 65세 이상의 노인의 군체에 사용되
고 있으며 "사회안전부서에서 퇴직자에게 매년 지급하는 금액은
7000여 억 달러, 의료보험은 5000억 달러에 달하며 매년 각 연령의
빈곤층에게 지급하는 30000억 달러 중 3분의 1이 65세 및 65세 이
상의 노인들에게 지급된다"(쉬수메이徐淑梅, 2015). 미국의 노령화
정도의 심화에 따라 노인의 숫자는 계속하여 증가할 것이며 위의 숫
자가 현재 빠른 속도로 증가하고 있다.

4. 덴마크

덴마크는 일찍 1925년에 노령화사회에 진입하였고 1957년에 노
령화 비중이 10%를 넘은 것을 계기로 주택을 중심으로 하는 노인의
복지정책을 정식으로 시행하기 시작하였다. 덴마크의 노인복지정책
의 경험과 교훈은 현재 많은 선진국과 이미 노령화에 들어선 발전도

상 국가들에게 중요한 참고가치가 있다.

1) 덴마크의 노령복지정책

덴마크는 '세상에서 가장 행복한 나라' 중의 하나로 평가되는데 이는 덴마크 사회의 고도의 민주화, 사회평등, 정부의 높은 신뢰도 등 요소뿐만 아니라 요람으로부터 무덤에 이르기까지의 보장정책과도 관련이 있다. 덴마크의 복지 정책은 주요하게 주택정책을 가리키는데 즉 이 정책은 거주로 시작해서 거주로 끝난다고 할 수 있다. 이를테면 마츠오카 요코(松岡洋子)의 말대로 "덴마크의 노인들은 건강이 좋지 않다고 하더라도 가정과 지역사회에서 존엄을 유지하고 자립적으로 생존할 수 있다"(코이케 나오토小池直人, 시잉즈西英子, 2007). 이는 덴마크의 노인주택제도에 힘입은 바가 크다. 덴마크에서 노인에게 제공하는 것은 특별한 거주 장소가 아니라 평범한 집이다. 면적은 110제곱미터 이하를 기준으로 하며 자립형은 60-80제곱미터, 간호형은 40제곱미터이다. 물론 휠체어 생활을 고려해서 지은 무장애 주택은 간호인의 작업공간과 화장실 공간의 설계 등이 7제곱미터 정도에 이른다. 그 외에 기타 방의 배치는 일반적인 주택과 별로 차이가 없어서 주로 침실과 거실, 그리고 주방설비를 갖추고 있어서 가족과 친구를 초대하여 차를 마시고 식사를 할 수 있다. 노인은 자신의 습관에 따라 방을 꾸밀 수 있어서 자신이 편안하다고 느끼는 공간을 만들 수 있다(松岡洋子, 2011)

그 다음은 간호이다. 방문간호 서비스는 덴마크의 지방자치단체에서 제공하는데 노인이 생애를 마감할 때에 이르러 종료된다. 노인의 건강 상황에 근거하여 매일 24시간 동안 낮, 밤, 심야 3교대로 서비스를 제공하며 전문 관리인이 자신의 관할 구역을 돌면서 검사하는 방식을 취한다. 한 명의 관리자는 여러 집을 관리하는데 매 집에 머무르는 시간은 대략 5분에서 30분 정도이다. 머무르는 시간은 짧지만 매일 순방을 통해 간호관리인은 노인의 미묘한 건강과 마음의 변화를 체크할 수 있어서 전면적인 서비스를 제공할 수 있다. 서비스에는 음식과 의복을 바꿔주는 돌봄으로부터 쇼핑, 청소, 빨래 등 일상생활의 지원, 심지어는 샤워, 인슐린 주사 등이 포함되는데 요컨대 노인이 자립적으로 일상생활을 할 수 있는 간호서비스를 제공한다. 집에 거주하면서도 간호를 받을 수 있기 때문에 노인들은 혼자 거주하더라도 안심하고 생활할 수 있다.

덴마크의 노인복지의 특징은 다음과 같다. 첫째, 복지와 의료에는 지역적 차별을 두지 않는다. 예를 들면 덴마크에서 의료서비스는 GP(General Practitioner) 가정의사 제도를 실시하는데 간호사는 GP의 지시를 따라 간호와 관리를 진행하는 보조 인원이다. 노인의 수요에 따라 사람을 중심으로 하는 의료간호서비스와 생활지원서비스를 제공한다. 둘째, 노인의 자립에 필요한 지원을 제공한다. 덴마크의 복지 목표는 손을 벌려서 도움을 청하게 하는 것이 아니라 뒤에서 지원해 주는 것이다.

2) 덴마크 노인복지정책의 성공 원인

덴마크가 높은 수준의 사회복지를 실현할 수 있는 원인은 주로 다음과 같은 세 가지가 있다.

첫째, 아래로부터 위로 구축한다는 명확한 이념이다. 덴마크의 노인은 간호의 대상으로 간주되지 않으며 생존의 주체로 대해진다. 이는 노인에 관한 세 가지 원칙에 의해 산생된 복지의 기본 이념 때문이다. 이른바 노인에 관한 세 가지 원칙이란 "스스로 결정하는 것을 존중하고, 자신의 자원을 활용하며, 지속 가능한 형태로 유지한다"는 세 가지 원칙을 가리킨다. 다시 말하면 노인이 스스로 결정한 생활방식을 존중하고 노인의 여유 있는 개인 자원을 활용하며(남아 있는 능력) 최대한 노인의 생활이 바뀌지 않도록 지원하는 것이다. 이 기본이념은 바로 노인 자신이 아래로부터 위로 구축한 것이다. 1979년에 국회는 노인정책위원회를 설립하고 복지개혁에 관한 토론을 진행하였는데 덴마크 전국의 도시와 시골의 100개 공작소조에서 노인자신이 자신의 노후 정책에 관한 토론을 벌였고 그 중에서 노인의 진정한 수요만을 가려 뽑아 노인에 관한 세 가지 원칙을 제정하는 기초를 마련하였다. 이 세 가지 원칙에 근거하여 덴마크의 노인복지는 간호시대로부터 급속하게 자립을 지원하는 시대로 바뀌었다. 그 동력은 노인 자신이었는데, 이 이념은 복지정책에서 효과적으로 실천되어 덴마크의 복리서비스의 핵심이 되었다.

둘째, 공민의 정책제정권이다. 덴마크 정부는 더 좋은 복지사회를 만들기 위해 공민의 정책 제정 권리를 강화하였다. 우선 지방분권을 실행하였다. 현재 덴마크는 연금 이외의 의료, 간호, 복지 등 사회보장의 실행 주체가 모두 지방자치단체이며 그 재정은 지방에서 징수한 주민세에서 온다. 국민수입의 절반 이상이 세금으로 징수되며 소비세는 일률적으로 35%를 납부하고 국가의 세금징수부담액은 대략 70%로, 스위스를 초과하여 세계에서 가장 높은 수준이다. 세금 징수 대상은 정규직을 포함할 뿐만 아니라 프리랜서, 장애인도 마찬가지로 세금을 내야 한다. 그러므로 국민들은 그 혜택과 부담의 관계를 쉽게 이해할 수 있으며, 그 장점은 세금에 따라 서비스 품질의 개선을 요구할 수 있다는 것이다. 덴마크의 지방 분권은 다양한 복리 수요에 따라 발전한 것이다. 1960년에 덴마크가 처음으로 노인시설을 구축할 때 경제의 성장으로 인해 많은 여성이 사회로 진출하였고 노인과 아이를 돌보는 사회 수요가 급격히 늘어났다. 그러나 당시의 지방자치단체는 시민의 다양한 수요를 만족시킬 수 없어서 국가의 재정까지 동원해도 문제를 해결하기 어려웠다. 1970년에 덴마크는 대담한 행정개혁을 진행하여 지방자치단체를 720개로 합병하고 국가에서 부담하던 복리기능을 지방자치단체에 이양하여 자치단체에서 예산과 분배를 결정하게 하였다. 이렇게 하여 다양한 복지 수요를 대처하였을 뿐만 아니라 행정효율이 떨어지는 문제도 해결하였다. 그 후 2007년에 두 번째 행정개혁을 진행하여 지방분권이 더 한층 발전을 가져왔다.

셋째, 주민참여형의 사회계통-노령위원회이다. 익히 알다시피 덴마크와 기타 북유럽의 국가는 모두 성숙된 민주주의 사회이다. 덴마크의 민주주의 특징(노인복리, 육아, 교육, 의료 등 사회보장 공공서비스를 받는 주민은 직접적으로 지방자치단체의 정책 결정과 실행 과정에 참여할 수 있다)인 시민참여형의 민주주의의 개념은 이용자 민주주의라고 불린다(朝野賢司, 2005).

1997년의 법규에 따라 전국의 98개의 지방자치단체에는 모두 덴마크노령위원회가 설립되었다. Kirsten Feld가 Roskilde시의 노령위원회 위원장과 전국의 총회장을 맡았다. 그는 노령위원의 주요한 작용은 노인의 목소리를 집중적으로 대변하여 의회에 반영하는 것이라고 여겼다. 의회는 노인과 관련된 정책을 제정할 때 의무적으로 노령위원회의 의견을 수렴해야 한다. 노령위원회는 노인과 의회의 중재적 역할을 하며 노인들의 의견을 수렴한다. 총체적으로 볼 때

자문기구의 성격을 띠고 있고 결정권은 없지만 지역의 노령인구는 노령위원회를 통해 정책의 제정에 참여할 수 있다. 기타 북유럽지역에도 유사한 위원회가 있기는 하지만 덴마크의 가장 큰 특징은 60세 이상의 모든 노령인구가 모두 선거권과 피선거권이 있으며 임명제가 아니라 직접적인 선거에 의해 위원을 선발하고 선거는 4년에 한 체례씩 진행되며 투표율은 50%에 이른다는 점이다(덴마크의 국정선거는 보통 80% 이상의 투표율을 기록하지만 여러 자치단체에 설립한 위원회의 투표율로부터 볼 때는 상당히 높다). 1982년에 Roskilde시에서도 같은 위원회를 설립하여 현재 15명의 위원이 자원봉사자 활동을 하고 있다. 관련 영역은 노령인구의 주택문제 뿐만 아니라 집에서 간호를 받는 노인의 복지 및 노인의 교통문제, 의료보험 등이 있다. 매 달마다 1차례의 저유적인 토론회를 열며 위원회의 구성원과 노인들은 여러 가지 교류를 진행한다.

덴마크에서 노인의 피동적인 대상이 아니라 적극적으로 자신의 요구와 의견을 표현하며 정책의 참여자이다. 덴마크 정부는 기껏해야 풀뿌리운동에 대해 법제화를 진행하여 노인의 의견을 정부의 부서에 반하고 전국에 확대하여 그 영향력을 강화하는 역할을 했을 따름이다. 다시 말하면 정부는 아래로부터 위에 이르는 역량을 정책에 활용하여 시민참여형의 사회시스템을 설계하였는데 이는 덴마크 정부로 하여금 성공적으로 더욱 합리적인 복지정책을 실현하여 노인이 자립적인 시민으로 사회에서 역할을 발휘할 수 있게 하였다.

제5절 노령화에 대한 중국의 정책

중국의 노령화가 급속도로 진행됨에 따라 인구의 연령구조와 노령화의 현황, 특징과 영향 등 문제는 날로 사람들의 관심을 받고 있다. 미국, 일본, 한국, 덴마크 등 네 개 국가의 노령화에 대처한 경험을 참조할 필요성과 중국의 실제 상황에 결부하여 본 장에서는 노령화의 발전에 대한 건설적인 대책을 제안하고자 한다.

1. 양로정책의 이념을 새롭게 할 필요가 있다.

양로이념은 피양로자의 자립적인 생존방식으로 전환할 필요가 있으며 양로정책의 목표는 손을 벌려서 도움을 청하게 하는 것이 아니라 뒤에서 지원해주는 것이 되어야 한다. 이는 두 가지 원인에 기인한다. 하나는 국가의 재정지원능력이다. 중국의 양로재정에는 큰 구멍이 뚫려 있어서 급증하는 노령인구의 규모를 감당할 상황이 못 된다. 중국뿐만 아니라 발달한 북유럽의 국가들도 똑같은 문제에 봉착해 있다. 덴마크는 1960년대에 대규모적인 빈곤구제원, 양로원 등을 건설하고 전문화된 서비스 기능을 갖추었다. 당시 덴마크 정부는 노인들에게 높은 효율의 서비스를 제공하는 것을 가장 좋은 정책이라고 여겼지만 1970년에 이런 양로기초시설의 건설비용과 간호비용은 사회복지예산의 60%에 이르렀고 1973년에 세계석유위기를 맞이하여 덴마크의 재정은 어려움에 봉착하였는데 이는 정부로 하여금 예전의 복지정책에 대해 조절과 개혁을 할 수 밖에 없게 만들었다. 다른 하나는 노인의 생존 활력이다. 노인이 생존능력을 상실하였을 때 제공된 집중간호를 받는 것은 비록 고효율적이기는 하지만 노인은 피동적인 방식으로 처리되어 자립하고 자주적으로 결정할 수 있는 기회를 상실하게 되는데 그 결과 노인이 생존의 활력을 잃는 결과를 초래하기 쉽다. 덴마크의 노령화 복지정책의 성공은 노인을 서비스를 받는 대상으로 설정한 것이 아니라 노인 자신의 자립권과 자기결정권을 충분히 존중하고 노인을 주체로 대하며 노인을 지원하여 독립적으로 생활하게 한다는 관념을 실행하였기 때문이다. 그러므로 덴마크의 경험을 받아들여 개인의 간호 수요를 판단하는 동시에 노인이 할 수 없는 일을 판단하지 말고 그들이 할 수 있는 일을 평가하여야 한다. 예를 들면 "일어설 수 없다" 혹은 "길을 걸을 수 없다"가 아니라 "보조도구를 이용하면 걸을 수 있다", "휠체어를 이용하면 이동할 수 있다"와 같은 판단을 하여 그에 상응하는 지원을 하여야 한다. 이런 자립적 지원을 제공하면 노인이 자립능력을 발쉬할 수 있도록 인도하여 노인의 생활의 질을 높일 수 있다.

2. 사회적으로 체계적이고 전면적으로 국민이 양로보험제도에 참여하는 정책을 제정하여야 한다.

북유럽의 덴마크 등 국가들은 그 민주주의의 성숙도, 국가의 규모, 정부구조 등에서 중국과 매우 큰 차이가 있어서 과거에 참고하고 본받을만한 대상이 아니라고 배척당한 바 있다. 하지만 당금의 중국은 이미 노령화사회에 진입하였으나 의료와 복지 영역의 고유 관념에 얽매어 있는데 제도에 대한 근본적인 개혁과 정책에 대한 개선이 시급한 상황이다. 이런 상황에서 장벽을 타파하여 정수를 흡수하고 찌꺼기는 버리는 방식으로 세계적으로 양로정책 서비스가 좋은 국가의 경험을 참조하여 새로운 사회 시스템을 전면적으로 설계할 필요가 있다.

중국의 노령양로보장정책의 설계는 노인복지영역에만 국한되지 않고 금융, 세금징수, 노동력시장, 전자정부, 의료, 교육 등 여러 영역을 포함해야 한다. 동시에 더 많은 층위의 양로보장일체화를 확대하여야 한다. 예를 들면 도시와 시골 보장의 일체화를 진행하여야 한다. 중국의 도시와 시골의 양로보장은 비록 개선되기는 하였으나 여전히 정책을 빨리 제정하여 농촌 지역의 "새로운 형태의 농촌합작진료", "새로운 형태의 농촌보험제도"의 시행지역을 확대하며 각 지역에서는 본 지역의 경제사회발전수준에 근거하여 과학적으로 보장의 기준을 제정하고 보장의 처우를 개선하여 보장대상의 기본생활을 보장하여야 한다. 다음으로, 더 많은 도시의 농민공, 비정규직 노동자, 노인노동자를 보장체계에 망라하여 그 합법적인 권익을 보장하여야 한다. 금후의 사회보장에 대한 개혁에서는 다음과 같은 두 가지에 유의하여야 한다. 첫째, 보장의 통합관리를 강화하여야 한다. 둘째, 사회보장지역간의 연결문제를 해결하여야 한다. 새로운 사회 시스템의 전면적인 설계규모는 커야 하며 정책의 효율을 높이기 위해서는 합리적이고 투명도가 높은 정책을 제정하여야 한다. 그중에서 적극적으로 노령인구가 광범위하게 참여할 수 있는 정책을 제정할 수 있는 플랫홈을 마련하여야 한다. 노인은 더 이상 피동적인 상대가 아니라 적극적으로 자신의 요구와 의견을 반영하고 정책의 제정에 참여할 수 있는 존재가 되어야 한다. 아래로부터 위에 이르는 공통된 인식을 정책의 제정과 실시에 반영해야만 양로서비스의 품질과 효율의 제고를 최종적으로 실현할 수 있다.

3. 양로 자원과 산업을 발굴하여야 한다.

사회의 여러 연령층은 모두 자신만의 소비 특징과 수요가 있는데 중국의 노령화속도의 가속화와 정도의 심화로 인해 사회에서 중, 노년 인구가 점하는 비중이 부단히 증가하였고 상당한 숫자의 노령인구의 물질, 정신 방면에서의 변화는 경제사회의 시장발전, 산업구조와 상업형태의 산생에 큰 충격을 가져다주었다. 노인의 다양성과 잠재적인 수요를 깊이 이해하고 발견하여야만 노령 자원과 산업을 발굴할 수 있고 나아가 관련 산업의 발전을 추동할 수 있는데 이는 또한 미래의 중국 경제사회의 발전 문제를 해결할 수 있는 관건이기도 하다.

사회에는 다양한 노인들이 존재한다. 인구의 규모로부터 볼 때 노령시장의 수요는 계속하여 확대되고 있다. 노인들의 다양성은 연소득, 보유자산에 반영될 뿐만 아니라 건강상황, 학력, 흥미, 대인관계 등에도 반영되며 성별에 따라 그 의식도 차이가 있다. 그러므로 상업, 행정 방면에서 최대한 대상을 세분화하여 노인의 특성에 주목하고 개체의 속성에 관한 정보를 통해 그들의 진정한 수요가 무엇인지 찾아내며 효용성 없는 정책을 지양하여야 한다(그림 5.17 참조).

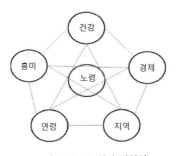

<그림 5.17> 노인의 다양성

노인의 인력자원을 발굴하는 측면에서 보면 방대한 노인 군체 중에는 여전히 새로 노동력 시장에 투입하여 경제활동에 참여할 의지와 능력을 갖고 있는 사람들이 있으며 이런 부류의 노인들의 경험과 지식 축적량은 매우 풍부하여 현재 중국의 경제발전이 매우 빨라 노동력이 부족한 상황에서 노인들이 다시 사회의 발전에 참여하도록 격려하고 노인의 인력자원을 합리적으로 개발하고 이용할 필요가 있다. 이에 대해 정부에서는 관련 정책과 법률, 법규를 제정하여 취직하는 노인의 합법적인 권익을 보장하여야 하며 노인에게 재취업기능의 학습과 훈련을 받을 수 있는 기회를 제공하여 노인의 취직 경쟁력을 높여야 한다. 또 시장에서 노인에게 적합한 직업을 찾아내어 재취직 플랫홈을 구축하고 관련 서비스를 제공하여야 한다.

노령산업을 발전시키는 면에서 중국의 노령산업의 잠재력은 매우 클 뿐만 아니라 갓 시작되었기 때문에 숫자가 방대하고 소비경향이 있는 노년소비자를 위해 노인들의 수요를 만족시킬 수 있는 기술 산업을 개발하여야 한다. 예측에 따르면 2025년에 사회보장비용의 증가, 의료, 간호인원이 부족한 등 문제가 잇따라 발생할 것이다. 하지만 노인들은 대부분 가능한 한 가정 혹은 익숙한 지역에서 여생을 보내기를 희망하며 자신의 능력에 의지하여 생활하고 자립할 수 있기를 희망한다. 최근 각 영역의 인공지능의 발전은 점점 빨리고 있는데 인공지능은 이미 노인의 간호 영역에서 널리 사용되고 있다. 구체적으로 본다면 이런 영역에는 거주간호, 음식물, 의료건강, 외출 네 개 영역이 포함된다. 우선, 거주간호영역에 사용할 수 있는데 그 기능은 간호 인원의 부담을 줄여주는 것이다. 예를 들면 여러 가지 간호 도구, 간호기계(로봇), 간호감응기 등이다. 그 다음은 음식물

역역인데 노인의 음식의 질을 높이고 건강수명을 늘릴 수 있다. 노인의 음식을 개선하고 음식물 방면에서의 지도서비스를 강화하여야 한다. 의료건강은 이후에 급속하게 추진하게 될 산업영역이다. 그 다음으로 여러 가지 혁신적인 의료기술에 사용되어 노인의 건강과 수명을 연장할 수 있을 뿐만 아니라 부단히 증가하고 있는 가정에서의 양로의 수요를 만족시킬 수 있다. 마지막으로 외출 영역인데 자동운수기술, 교통예약 등 노인의 자유로운 외출이 가능해지도록 할 수 있으며 노인의 사회관계를 유지하도록 도울 수도 있다. 이런 방면에서 노인에게 새로운 기술활력을 제공하는 시장은 노인 숫자의 증가와 더불어 계속하여 확대될 것이다.

<표 5.7> 노인의 주요기술(상품-서비스)

영역	종류	사례
거주	간호로봇, 로봇, 복지도구 (소모품 포함)	간호로봇, 보행기, 이동기기, 간호침대, 휠체어, 의수/의족, 가발, 개인간호, 교류기계
	지능주택, 가사로봇	언어단말기, 청소로봇, 빨래와 이불정리용 로봇
	예방, 간호서비스 (운동기능, 인지기능)	예방, 간호서비스, 운동기능진단기계, 휴가기계, 질병진단로봇
	지역에서의 노인 피해 예방	감시장치, 경보기, 특수사기경보기능을 장착한 전화기, 경고기능을 가진 신용카드
음식	노인에게 적합한 음식물	간호식품, 영양보조식품, 기능성식품, 식자재, 보건품
	음식물, 식재료의 배달	가정의 음식물, 식재료의 배달, 노인시설의 배송
	식사 공급	노인시설을 상대로 한 식사 공급
	음식물지도서비스	광범위한 영양지도, 음식물지도를 통한 만성질병 예방
의료건강	의료기계(새로운 의료기계)	인공지능영상진단기, 재생의료, 유전자개별화치료, 저위험검사, 수술로봇
	의약품(새로운 의료기술)	
	가정의료기초	여러 가지 직업과 관련된 정보시스템, 가정에 적합한 의료기계

	건강관리, 유전자진단, 자기검사	착용가능한 설비, 건강관리서비스, DTC유전자 검사, OTC의약품
외출	자동운수	자동운수차량
	수요에 따른 이동	자동운수를 이용한 대중교통(시내버스, 택시), 수요에 따른 이동(간호택시)
	개인의 이동	초소형이동, 노인용전용차, 1인승 이동수단

4. 적극적인 노령화를 창도하고 도시화의 발전을 추진하여야 한다.

1) 건강하고 적극적인 노령화를 실천하는 사회분위기를 만들어야 한다.

(1) 민족의 전통적인 미덕을 선전하고 노인을 존경하며 어린이를 사랑하는 사회 분위기를 만들어야 한다.

인구의 노령화에 대처하기 위해서는 사회 전체 구성원의 노력이 필요하며 우선 노인을 존경하고 아이를 사랑하는 사회 분위기를 만들어야 한다. 노인을 존경하고 어린이를 사랑하는 것은 중화민족의 전통적인 미덕으로, 한편으로 사회주의 정신문명의 건설과 사상도덕 교육 작업을 통해 사회주의 핵심가치체계와 긴밀히 연계시켜 전통 미덕에 새로운 활력을 불어넣어야 한다. 다른 한편으로 Web3.0시대의 사회화 매체, 즉 웨이보, 위챗과 런런왕(人人網) 등 여러 플랫폼을 통해 적극적으로 노령 인구에 대한 관심과 토론을 할 수 있도록 홍보하여 노령 인구에 대한 사회의 관심과 사랑을 불러일으키고 최종적으로 노인을 존중하고 존경하며 노인과 젊은이가 함께 잘 살아가는 문명한 분위기를 형성하여야 한다.

(2) 노년에 대한 전통적인 관점을 버리고 노인이 일을 할 수 있는 사회 풍기를 형성하여야 한다.

적극적으로 정부, 기업, 비정부조직을 포함한 사회의 역량을 동원하여 건강한 노령화, 적극적인 노령화를 홍보하고 노인들이 평생동안 학습하며 재취업과 기타 사회참여활동을 진행하는 것을 격려하여야 한다. 노년에 대한 전통적인 관념을 바꾸는 것이 더욱 중요한데 한편으로 노인들의 재취업에 관한 관점을 바꾸어 재취업을 통해 노인들이 능력이 비치는 범위에서 자신의 지식과 경험을 발휘할 수 있게 하고 다른 한편으로는 노인들의 재취업이 젊은이들과 일자리를 경쟁하는 것이라는 편협한 사고를 버리고 노인들의 재취직의 특수성을 보아야 하며 젊은이들의 취직과 노인의 재취직과의 관계에 대해 합리적으로 인식하여야 한다.

2) 노령인구의 건강을 중시하고 장기적인 간호보험제도를 도입하여야 한다.

노인들은 연령의 증가로 인해 신체의 기능이 부단히 노화되며 시력, 청력에도 장애가 생기기 시작하고 행동이 굼떠져 주변의 의료, 간호와 장애시설에 일정한 요구를 제기하게 되어 연금과 의료보험만으로는 노인들의 간호 수요를 만족시킬 수 없다. 노령인구의 사회보장, 생활 돌봄과 서비스 등 방면의 수요를 합리적으로 처리하고 만족시키며 인구의 노령화와 경제사회의 전면적이고 지속 가능한 관계를 조화롭게 처리하며 건전하고 적극적인 사회보장제도를 확립하여 장기적으로 효과적인 노령인구의 보장정책을 추진하여 건강한 노령화, 적극적인 노령화의 발전을 점차적으로 추진하여 전 국민을 대상으로 한 사회보장제도를 확립하여야 한다. 현재 노인에 대한 장기간호는 이미 서구의 국가들과 많은 중등수입 수준의 발전도상 국가들이 직면한 중요한 문제가 되었다. 장기 간호는 일련의 보장기제를 필요로 하는데 가정간호, 지역간호, 노인 간호, 친족간호와 장기간호병원 등이 이에 속한다. 중국의 노령인구가 신속하게 증가함에 따라 생활기능을 상실한 노인에 대한 장기적인 간호 위험이 날로 선명해지고 있는데 이는 중국이 현 단계에서 적극적으로 노인의 장기간호보험을 위주로 하고 상업보험을 보조로 하는 노인간호보험제도를 연구하고 제정하여 사회의 역량을 동원하여 함께 노인을 돌볼 수 있게 해야 함을 의미한다.

<표 5.8> 장기간호보험제도정책표

시간	정책	주요내용
2012	중화인민공화국 노인권익보장법(수정초안)	장기간호보장제도의 제정을 계획하고 상업보험회사에서 장기간호 방면의 보험 업무를 전개하는 것을 격려, 지원하고 인도하며 생활능력을 상실한 노인들의 상황에 근거하여 보조금을 지급한다.
2015	'십삼오' 계획	"장기간호보험제도의 제정방안을 탐색"할 것을 제기
2016	'장기간호보험제도 테스트 지역을 지정할 데 관한 지도의견'	상해, 소주 등 전국의 15개 지역에서 전개된, 장기적으로 생활능력을 상실한 사람들에 대한 기본생활 돌봄과 의료간호를 위해 보장을 제공하는 사회보험제도이다.
2017	"'십삼오' 국가노령사업발전과 양로체계 건설 계획"	장기간호보호 테스트를 진행한 지역에서는 통합적으로 정책을 실행하여 상업보험회사에서 적합한 장기간호보험상품을 개발하고 판매하는 것을 격려하고 인도함으로써 노인의 장기간호에 대한 다양하고 다양한 차원의 수요를 만족시킨다.

3) 노년시설의 건설을 추진하고 노인이 사회활동에 참여하는 것을 격려하여야 한다.

정부에서는 노령인구의 위생과 건강을 중시하고 홍보와 교육을 강화하여야 한다. 노인들의 심리건강을 중시하고 여러 가지 심리자문 서비스를 제공하여 노인들이 제때에 자비감, 의기소침 등 소극적인 정서를 해소할 수 있도록 도와야 한다. 자녀들은 노인들이 유익한 사회활동에 참여할 수 있도록 지지하고 격려하여야 한다. 이를 위해서는 정부에서 노인들의 건강에 유익한 문화체육활동을 추진해야 하는데 중국에서는 일본의 경험을 참조하여 노인협회, 노인활동센터 및 노인클럽 등의 건설과 발전을 중시하여 이런 조직 형태를 충분히 이용하여 퇴직한 노인들을 조직하여 퇴직 이후의 일상생활을 여유롭고 풍부하게 할 수 있다.

이를 기초로, 정부는 노인에 대한 서비스 시설, 조직에 대한 자금 지원의 폭을 늘려 노인들이 건강한 단체를 만들 수 있도록 인도하고 지원할 수 있다. 노인들 단체라는 이 플랫홈을 이용하여 노인들은 서로 연락하고 대인관계를 개선하며 인적 교제를 강화할 수 있으며 이런 노인 단체를 통해 목소리를 내고 노인들의 권익을 보호할 수 있다.

참고문헌

杜鵬主編, 2011, 『中國第五次人口普查資料分析』, 北京: 中國人民大學出版社.
鄧晶, 蔣事臻, 2012, 「我國人口老齡化背景下衛生需求研究」, 『醫院管理論壇』, 第3期.
鄧莎, 2011, 「淺析我國新型居家養老服務模式」, 『法制與社會』, 第11期.
國務院第五次全國人口普查辦公室, 2006, 『世紀之交的中國人口』, 北京: 中國統計出版社.

華宏鳴, 2013, 『"積極養老"的全方位探索——應對人口老齡化方針、內容和動力研究』, 上海: 複旦大學出版社.

蔣遠營, 2012, 『基於年齡移算法的人口預測』, 『統計與決策』, 第13期.

李曉梅, 2011, 『人口預測模型研究及應用』, 成都: 西南財經大學出版社.

李軍, 2005, 『人口老齡化經濟效應分析』, 北京: 社會科學文獻出版社.

宋健、巫錫煒編, 2012, 『中國人口問題與人口學發展:21世紀初十年的回眸與展望』, 北京: 社會科學文獻出版社.

邵俊秋、張玲玲, 2011, 『日本老齡化應對措施及其對中國的啟示』, 『長春理工大學學報(社會科學版)』, 第12期.

唐瀅, 2006, 『我國的人口老齡化』, 『人口與經濟』, 第4期.

唐仲勳、戴惠珍, 1993, 『人口老齡化和社會現代化』, 南京大學出版社.

徐淑梅, 2015, 『徐改(修改稿)中美老齡化問題對比研究投稿版』, 學術論文聯合比對庫.

袁輯輝、王因爲、徐勤, 1989, 『當代老年社會』, 複旦大學出版社.

鄭功成, 2005, 『社會保障學』, 北京: 中國勞動社會保障出版社. 詹軍、喬鈺涵, 2017, 『韓國的人口老齡化與社會養老政策』, 世界地理研究, 第4期.

제 3편

사회생활

제7장 사회조직과 사회 관리의 혁신

"만약 어떤 지방정부의 일 년 재정수입이 100위안이라면, 아마 그 중 70위안으로 각종 사회모순을 처리할 것이다. 그러나 상해에서는 새로운 더욱 효과적인 방법을 만들었다. 상해지방정부에서는 100위안 중에서 20위안으로 사회조직에서 서비스를 구매하고, 다시 35위안으로 문제를 해결하여 최종적으로 사회모순을 처리하는 문제에 55위안만을 소비하였다. 사회관리 자본을 낮췄을 뿐더러 전문사회조직, 사회복지사의 서비스 등 사람들의 정부에 대한 만족도도 높아졌다." 이 내용은 사회관리 실천에 참여한 상해시 양푸구(楊浦區)의 사회조직에 대한 중국 청년신문 기자의 조사보도이다. 이 보도에서는 "구도시의 철거과정 중 정부가 법률단체를 요청하여 모든 과정에 참여하게" 한 사례도 자세하게 진술하였다. 상해 모 법률사무소의 변호사자격증을 소지한 변호사는 동시에 공익성법률서비스센터의 자원봉사자이다. 시간당 수임료가 수천원에 달하는 유명 변호사가 '철거조정자'의 화신이 되어 의무적으로 철거대상가족을 위해 '가족회의'를 진행하고, 가족모순을 조정하고, 법률조문과 철거정책을 해석해주고, 철거 및 재산분할문제의 각종해결방안을 제공한다. 철거대상가족이 순조롭게 철거회사와 계약하고 합리적으로 합법적인 범위 내에서 최대한의 권익을 보장받도록 해준다.(중국청년신문, 2017-7-12) 우리의 일상생활에는 자원봉사자와 각종 사회조직이 활약하고, 사회조직의 인지도, 수용성에 대한 사회의 요구도 지속적으로 높아지고 있다. 중국정부에서 발표한 관련 통계숫자 및 중국 사회조직 사이트에서 발표한 통계에 따르면 2017년 말까지 중국의 사회조직 총 수량은 80만 개를 넘었다. 그 중에는 재단 6322개, 사회단체 37.3만 개, 민영비기업단위 42.1만 개가 있다. 2017년 사회조직 수의 증가 속도는 최근 십여 년의 최고기록을 세웠다.(인민망, 2018-6-22)

우리는 왜 사회조직을 필요로 할까? 수량이 급증하고 규모가 방대해진 사회조직은 우리의 어떤 수요를 만족시켰을까? 왜 사회조직이 사회 관리에 참여하는 것은 사회발전과 국가발전에 중요한 역할을 한다고 하는가? 본 장에서는 이 문제에 초점을 두고 사회조직의 의미, 기능, 발전단계특징 및 사회조직발전의 특수성과 의의에 대해 분석하고자 한다.

제1절 사회조직과 현대사회의 조직체계

사회조직은 일정한 사회기능을 발휘하고 사회목표를 완성하며 하나의 독립적인 단체를 구성하는 사회단체를 가리킨다. 초기인류사회의 무리공동체는 혈연, 지연, 가족관계를 유대로 한 가족, 종족, 촌락, 부락 등이었다. 사회 대분업 후 사람들의 사회관계와 사회활동이 날로 복잡해졌다. 사회구성원은 다양한 신분을 보유함과 동시에 집단생산, 재분배 및 교환수요와 기능 상호 의존을 기초로 하는 사회재생산의 유대로 연결되어 일정한 사회조직활동에 참여하게 되었다. 사회조직도 이로 인해 상회역량 중 얕볼 수 없는 중요한 부분이 되었다(장평성張澧生, 2015). 인류사회 발전의 역사는 사람들이 끊임없이 사회관계를 조절하고 사회질서를 구축한 과정이다. 이 과정에서 다양한 경제사회환경을 마주하고 사회관리 참여자도 관리방식을 조절하여 환경의 변화에 적응하고자 한다. 양성 사회형태는 모든 사회역량의 역할과 헌신을 필요로 한다. 사회조직은 사회역량의 주체 중 하나로 현대사회관리체계의 중요한 구성 요소이다.

다양한 사회조직과 사회관리의 관계를 탐구함에 앞서 우선 기본적인 질문에 대답할 필요가 있다. 사회조직이란 무엇인가? "사회조직"은 여러 가지 함의를 가지고 있으며, 사회학에서는 사회 및 사화관계의 동의어로, 일정 규모의 단체를 가지고 있는 것으로 본다. 당대 사회학 학자는 대부분 사회단체의미에서 사회조직의 개념을 사용한다.

1. 사회조직형성의 기초: 사회단체의 결합특성

사람사이의 사회적 상호작용은 역사문화계승과 사회의 존속에 매우 중요하다. 사람들은 흔히 상호관계를 변화시키는 방식으로 새로운 형세에 대한 적응을 도모한다. 시대변혁의 새로운 요구에 응답하려면 사회구성원 사이에 사회관계를 건립하는 방식을 끊임없이 식별해내야 한다. 사회학적 언어로 얘기하면 "사회는 어떻게 조직되어지는가?"에 대답하는 것이다.

사회학언어에서의 그룹이란 한 무리의 임의숫자로 구성된 모종의 상호관계를 가진 사람을 가리킨다. 구성원들 사이에는 비슷한 행동표준과 가치관념 및 사회기대가 있다. 마치 대학 내의 비보이 그룹, 연극단, 합창단, 자원봉사자협회 등과 같다. 보통 작게는 두 개 이상의 가족으로 구성되거나 크게는 민족국가 모두를 그룹이라고 할 수 있다. 그룹은 보통 관계가 비교적 직접적이고 친밀하고 장구한 사람들이 구성한 집단이다. 사회단체와 군중은 다소 구별되는바 사회단체는 구성원들의 단체에 대한 귀속감을 보다 강조한다. 일반 항공기의 승객, 박물관 내의 참관하는 사람들은 연고가 없이 모인 사람들로, 그들 사이에는 관련이 없으며 사회단체를 구성할 수 없다(達維久克, 1988).

사람들은 흔히 서로 다른 군중분류 표준으로 사회단체를 구분한다. 즉 연령, 민족, 성별, 교육 수준, 다양한 신분과 직업, 서로 다른 사회적 지위, 주거 공간, 조직기구 등으로 사회구성원을 노년단체, 친구단체, 문화단체, 하위문화단체, 상업단체, 노동단체, 동일지역에 거주하는 단체, 서로 다른 사회단체로 조직된 집단 등으로 구분하는 것이다. 집단행동의 성격에 따라 사회구성원을 다양한 목표의 군중집합체로 볼 수 있는바 마치 대학생들을 학습군, 유희군, 공략군 등으로 구분할 수 있는 것과 같다. 무리구성원들은 모종유형의 공동 활동으로 결합된 것으로, 공동 활동은 모두의 공통된 목표를 위해 힘쓰며 모든 구성원의 개인수요를 만족시키는데 도움이 된다. 사람들은 "군(群)" 내에서 귀속감을 찾는 것을 즐거워하며 소식을 얻고 전송하는 과정에서 인정받는 느낌을 얻는다. 사회집단에는 또한 대형단체와 소형단체 구분이 있다. 사람들은 하나의 공통적 객관특징으로 인해 함께 결합하고 이 특징은 그들이 하나의 상대적으로 독립적이고 안정적인 조직으로 존재하도록 판정한다. 그러나 이 조직의 전체구성원은 사람이 많아 직접적으로 교류할 수 없는바 이런 종류의 단체를 대형단체라고 한다. 이런 종류의 단체로는 계급, 계층 민족, 정당, 공회, 협회 및 기타 연합회, 국민경제 모 부문의 직원 등이다. 대형단체와 상대적인 소형 사회단체는 공통된 시간과 공간, 구성원들 사이이 실재하고 직접적으로 교류하는 인류 집합체이다. 즉 노동자그룹, 중학교 학급, 대학 학년, 군대 분대, 가족 등이다.

사회단체는 개인과 개인사이의 구체적 관계, 개인과 사회사이의 모종의 특정된 상호관계를 구체적으로 체현한다. 서로 다른 관계는 다양한 사회조직방식을 형성한다(주이팅朱貽庭, 2002). 사회조직방식은 사회정합과 사회질서 양성운행의 기초를 지탱한다. 첫째, 어떤 사회조직방식이든 모두 모종의 이론전제와 가치 관념을 포함하고 있다. 둘째, 어떤 사회조직방식의 설립이든 모두 사람들의 의식형태의 동질감에 의해 산생된 조직력에 의지하는데, 여기서 의식형태는 정치, 사회적 조직의 합법적 근거나 운행의 전통 관념을 가리킨다. 그것은 사람들에게 사회질서의 원칙을 구축하고 사회질서구조의 형태를 형성하도록 한다(진관타오金觀濤, 2000) 셋째, 어떤 사회조직방식이든 모두 사람들의 이익에 직접적으로 관계되며 그 배후에는 모두 한 개 또는 여러 개의 지배자가 존재한다. 사람들은 흔히 자신의 이익에서 출발해 조직과 자신의 사회생활의 제도에 대해 이해하고 평가한다. 뿐더러 이해하고 평가한 것을 자신이 아는 지배자에게로 확장하고 이런 사회생활방식 및 지배역량에 대한 인정 혹은 반대를 모형화한다(리여우메이李友梅, 치아오잉肖瑛, 황샤오춘黃曉春, 2007). 사회정합은 항상 지배자 즉 사회조직자의 의식형태정체성과 긴밀히 관련된다. 현실생활에서 사람들 사이의 상호관계를 유지하는 것은 기본적인 가치, 수요와 이익이다. 기본적인 가치, 수요와 이익도 사회적 조직, 단결과 공동체의 기초이다. 양성적 사회질서는 본질상에서 사회가치공동체적결과이다. 양성사회질서의 유지는 그와 어울리는 사회조직방식에 의지한다(이여우메이, 李友梅, 2014).

사회조직방식의 초기 형태는 또한 초급사회단체라고도 한다. 초급단체는 얼굴을 마주하고 형성된 친밀한 인관관계의 사회단체를 가리킨다. 그것은 개인 일생에서 최초로 참여하거나 기본생활과 활동을 진행하는 단체이다. 개인의 이상과 개성의 형성에 기본적인 작용을 한다. 초급단체는 사회조직의 초기 형태로 사람들 사이의 제일 간단하고 제일 초보적인 사회관계를 반영한다. 미국의 이른 시기의 사회학자 Charles Horton Cooley는 1900년 출판한 저서 『사회조직』에서 가정, 이웃, 동년배의 단체를 초급단체라고 불렀다. 초급단체의 주요특징은 다음과 같다. 개인의 감정수요의 만족을 중요시하는 것, 직접적이고 밀접한 인간교류, 사람 수가 적고 규모가 작고 비교적 지속적이며, 개성의 형성과 발전에 대한 영향이 매우 크다. 초급단체를 기초로 하는 전통사회에서 개개인의 생활공간은 기본적으로 고정적이고 사회교류에 참여하는 사람도 기본상 확정적이며 개인이 맡은 사회적 배역은 심지어 천성적이며, 이러한 사회 환경에서 사회질서의 통합은 비교적 수월하다.

사회조직은 초급단체에 비해 더욱 복잡하고 더욱 고급적인 사회조직방식이다. 사회조직의 특징은 마침 초급단체의 형성과 선명한 대비를 형성한다. (1) 사회조직은 일반적으로 상당한 규모가 있고 일정한 계약자에 의해 건립된다. (2) 사회조직내부의 상호작용은 보통 정식적인 행동규범을 준수한다. (3) 조직구성원의 관계는 보통 공적인 일은 공적으로 처리하는 관계로 적어도 원칙상에서는 감정색채를 거의 띄지 않는다. (4) 사회조직은 특정된 명확한 사회목표를 가지고 있고 그 기능은 흔히 단일적이다. 조직 내에서는 개인이 조직에 대한 책임과 공헌을 더 강조한다. 현대사회에는 혈연, 지연, 민족연을 기초로 하는 초급사회단체가 있을뿐더러 사회분업, 집체화생산, 재분배, 교환수요와 기능의 상호 의존을 기초로 하는 사회재생산단체가 있다. 이런 단체는 사회발전과정에서 끊임없이 생산되고 심화된 것이다. 특히 현대사회에서 사람들은 현대통신, 인터넷, 교통기술을 통해 끊임없이 공간, 시간 및 문화개념을 변화시키고 직업은 날로 탄력적이다. 과거 비교적 확정적인 교류 사이트도 계속 변화하고 사회구성원의 자주성, 이질성, 상호의존성, 이동성도 날로 뚜렷해진다. 사회질서의 통합성도 점점 어려워진다. 이로 인해 사회조직은 사회관계를 촉진하고 사회질서를 구축하는 현실 장치로서의 중요한 역할이 더욱 선명해진다. 서로 다른 나라들이 사회 조직의 발전을 통해 현대 사회 조직 체제를 구축하는 것을 통해 사회 조직이 개체와 더 거시적인 사회 영역을 아우르는 중개적 역할과 기능을 발위할 수 있도록 보장한다. 또한 이것으로 사회 전체의 관계 조정과 질서

안정을 촉진하며 더 나아가 경제 사회 발전과 국가 발전을 위한 탄탄한 사회 초석을 다진다.

2. 현대 사회 조직 구조의 기원과 형태

사회 조직의 출현과 발전은 사회 수요를 충족시키고 사회 문제를 해결하기 위한 것으로 인류의 사회적 행위의 조직적 장치이다. 사회 조직의 개념은 넓은 의미와 좁은 의미의 구분이 있다. 넓은 의미의 사회 조직은 인류 공통 활동의 집단을 가리킨다. 좁은 사회 조직은 사람들이 효과적으로 특정한 목표에 도달하기 위해 조직적으로 수립한 일종의 제도화된 공동 활동 집단을 말한다. 오늘 우리가 언급한 사회 조직은 흔히 비영리 조직 혹은 제3부문으로 불린다. 미국 존스홉킨스 대학교 교수 레스터 살라몬(Lester Salamon, 2002)은 비영리 조직이 다음과 같은 일곱 가지 특징을 지니고 있다고 밝혔다. 조직성(formal organization), 비정부성(nongovernmental), 비영리성(nonprofit distributing), 자치성(self-governing), 자원성(voluntary), 비정치성(nonpolitical)과 비종교성(nonreligious)(레스터 M. 사라몬, 2002) 등이 그것이다. 이런 특징들은 비영리 조직이 정부 기관과 다를 뿐만 아니라 또한 경제조직과도 구분되는 조직으로 결정하였다. 이 때문에 비영리 조직은 제3부문으로 불리며 현대 사회의 3대 주축으로 인식되고 있다.

거시적으로 보면 현대 사회의 조직 구조는 주로 3대 부문으로 구성되어 있다. 조직의 분류측면에서 '정부의 것'과 '시장의 것' 외에, 나머지는 모두 '사회의 것'이다.(리페이린, 2013) 20세기 말엽 이래,

정보기술의 발전에 따라 인류 사회는 새로운 시대로 접어들었다. 현대 정보기술, 특히 인터넷의 전 세계적인 확대로 크라우드소싱(crowd sourcing), 크라우드 펀딩 (crowd funding), 위키노믹스 그리고 '대규모의 사회협조' 등 새로운 생산모델이 생산 분야와 생활 영역에서 혁명적인 전형(轉形)을 초래하고 있다. 사람들이 나눔, 재미, 이타(利他), 성취감, 지역 귀속감 등 다양한 원인과 동기로 지혜를 공헌한다. 지속적인 상호협력과 공유 과정에서 지역 내지 사회의 번영과 휘황찬란한 성과를 이루어낸다. 그리고 이러한 과정에서 협력과 공유가 인류 사회관계 유대의 새로운 특징이 되었고 효과적인 협력이 경제사회 발전의 내재적 수요가 되었다. 인터넷, 특히 모바일 인터넷의 발달함에 따라, 사회 구성원들은 여러 경로를 통해 상호 연계를 맺으며 자신이 관심을 갖는 공익사업의 운영에 적극적으로 참여하고 있다. 사회 통치 패턴은 점차 일방적인 관리에서 상호작용하는 방식으로 변하고 있고, 인터넷 밖에서의 교류를 인터넷에서의 교류까지 포함시켰으며 단순히 정부 관리감독 방식에서 사회 협동 통치 방식을 중시하는 쪽으로 바뀌었다. 사회적 유대의 성격과 형태의 변화에 따라 장치 역할을 하고 있는 사회조직과 그것의 운영형태도 중요한 변화를 일으켰다. 현대 사회조직 체계의 3대 부문으로 보면 다음과 같은 특징들을 드러낸다.

제1부문은 행정기구를 주체로 하는 국가 정부 조직이다. 제1부문의 정부 조직은 사회 건설에 필요한 공공자원의 투입 주체로서 지도, 계획, 그리고 총괄적으로 조화를 이루는 역할을 하고 있다. 정부는 모든 것을 책임지지 않아도 되고 정부의 가장 중요한 책무는 공공자원을 충분히 투입하고 또 합리적으로 배치하는 것이다. 그리고 정부는 지속적으로 사회관리 체계의 개혁과 보완에 힘쓰고 사회 각

계의 적극적인 참여를 동원하며 점차 모든 사회 구성원이 공평공정하게 사회건설의 성과를 누리는 것을 실현해야 한다. 예를 들면, 미국 정부는 자선과 봉사 조직에 의탁해서 서비스 프로젝트를 실행하는데, 특히 위생, 교육, 복지서비스에 중심을 두고 있다. 정부는 자선조직과 봉사조직을 직접적으로 지원하거나 간접적으로 지지하는 것을 통해 절반 이상의 위생, 교육, 복지와 같은 정부에서 담당해야 하는 서비스를 사회조직에게 나눠준다. 정부는 자선과 봉사단체에 대한 기금 지원은 물론 아동 돌보기, 노인 돌보기, 주택 수당 등을 봉사단체에 대해 면세, 감세와 같은 간접적인 지지 정책을 적용한다.

제2부문은 기업을 주체로 하는 시장경제적 조직이다. 제2부문은 주로 기업의 사회적 책임을 담당하는 방식으로 열학을 한다. 기업의 사회적 책임의 핵심은 지역 참여와 사회 책임, 생산 과정의 사회적 책임과 노동관계의 사회적 책임 등에 있다. 지역참여와 사회책임은 일반적 지역 사무, 농업 발전, 지방경제발전, 지역발전, 문화 교육과 연수, 환경보호, 건강, 입주, 체육, 복지 등 내용을 포함한다. 생산 과정적 사회 책임은 환경보호, 위생과 안전, 인력자원 및 기업 책임적 윤리를 가리키며 노동관계적 사회책임은 고용인 복지와 교용참여를 포함하고 기업의 의사결정과 사회적 책임 실천에서 노동자를 중요한 이익관계자로 고려하는 것이다. 대략의 연구를 통해 기업의 사회적 책임의 이행과 기업의 이윤을 창출하고 증장하는 것은 상부상조적인 관계인 것을 밝혔다. (딩위안주丁元竹, 2013) 중국은 또한 시장적 수단으로 사회문제를 해결할 수 있는 사회적 기업을 등록과 형태 측면에서 제2부문으로 분류한다. 사회적 기업은 기업과 비영리 조직의 특징을 혼합한 혼합 조직으로 동시에 시장 윤리와 사회 논리의 이중적 압력을 받는다. (왕탠푸王天夫 등 2017)

예를 들어 모우위스(茅於軾)가 설립한 베이징 부평가정서비스센터와 산서 영제부평 소액 대출회사, 중국부빈기금회에서 세운 중화농신사업관리공사, 정웨이닝(鄭衛寧)이 창립한 심수잔우집단공사 등은 모두 처음에 회사로 명명하였으나 사실 그것들의 운영 목적은 이윤을 유일한 목표로 삼기보다 빈곤과 고용 문제를 해결하기 위한 것이었다.

제3부문은 비영리 기구를 주체로 삼은 사회조직이다. 사회 통치 측면에서 볼 때 비영리 조직은 정부와 기업에 비해 상대적으로 장점을 지니고 있다. 첫째, 이러한 조직이 상당히 융통성이 있어 사회적 서비스의 수요에 따라 매우 빠르게 대응책을 내놓을 수 있으며 서비스에 더욱 목적성을 띠게 한다. 둘째, 그들은 일반적으로 모두 지역 사회와 대중에 밀착되어 대중의 요구에 대해 더욱 깊이 이해를 한다. 셋째는 정부 부처에 비해 운영원가가 낮으며, 서비스 원가를 낮추고 서비스 품질을 높이는 경쟁을 통해 정부의 자금 지원을 받을 수 있다. 넷째는 공익의 목표를 보장하고, 이익을 도모하는 목적을 하지 않으며 법적으로는 배당금의 이윤을 얻을 수 없다. 다섯째는 그것이 제공하는 서비스가 더욱 다양한데 다양성의 수요와 서로 다른 특수 수요를 만족시킬 수 있다는 것이다(리페이린李培林, 2013) 예를 들어 영국 비영리 조직과 사업기업 모두 공공 서비스 제공에 참여한다. 비영리 조직과 상업 기업의 다른 점은, 그들이 제공하는 서비스의 사회 포용성이 다르다는 데 있다. 장애아동의 교육을 위한 자선단체라든가 아니면 지적 장애가 있는 성인에게 서비스를 제공하는 사회적 기업이라든가 또 혹은 마약 중독자를 위한 물리치료센터라든지 모두 취약계층이나 소외계층을 대상으로 서비스를 제공하고 있다. 그러므로 그늘의 시장은 틈새 시장이며 정부의 균일성이

있는 서비스나 단순히 시장적 가치를 추구하는 기업이 접할 수 없는 경제적 공간이다. 비영리 조직의 서비스 제공은 평등의 정신을 구현하고 있다. 그들의 서비스는 현저한 효과가 있을 뿐만 아니라 운영비용도 같은 종류의 정부 기관보다 훨씬 낮다.(딩위안주丁元竹, 2013) 미국 학자 버턴 웨스턴 브로드는 '공급-수요' 이론(Burton A. Weisbrod1988)을 구축했다.(Burton A. Weisbrod, 1988) 그 이론으로 생동하게 사회조직과 정부가 공공물품의 공급 측면에서 상호 대체 관계가 있다는 것을 설명하였다. 공공물품의 공급 영역에서 사회조직은 천부적인 융통성과 전문성을 지니고 있다. 정부가 국민의 다양성 요구를 만족시키는 정도는 사회조직의 수량을 결정한다. 국민이 정부로부터 제공하는 공공물품에 대해 불만이 있을수록 사회조직의 수량도 많아지고 있다.

3. 사회조직의 운영을 지탱하고 영향을 끼치는 제도 실행

현대사회의 효과적인 관리는 정부, 시장, 사회, 공중 등 다원적 통치 주제들 간의 상호 협동하고 각자의 직책을 맡은 '유효 정부, 질서 있는 시장, 활력 있는 사회'와 같은 조직 체계에 의존한다. 사회 조직은 사회의 요구를 만족시키고, 사회 질서를 만들고, 사회 진보를 촉진하는 데 있어서 매우 중요한 역할을 하고 있다. 사회 조직은 사회의 장치로서, 공공 통치 구조의 중요한 구성 부분이다. 정부는 시장과 사회의 힘을 빌려 공공 서비스를 제공하기 때문에 정부와 사회 조직 간의 합리적인 구조 관계와 협력 방식이 매우 필요하다. 전 세계적으로 정부와 사회 조직의 협력은 끊임없이 증가하고 있다. 선진국과 신형 공업화 국가를 포함한 대다수 국가와 지역은 이미 비교적 완벽한 사회 조직 관리 체제를 기초로 하는 현대 사회 조직 체제를 수립하였다. "현대 사회 조직 제체는 인간 사회 발전 과정에서 세계 각국이 끊임없이 탐색하고 부단히 축적하며, 지속적으로 정리하고 개선하는 것을 통해 형성된 사회조직 체제이다. 그리고 현대 사회 조직 체제는 사회조직이 발전과 규제 측면에서 인간의 보편적인 가치를 갖춘 현대적, 공통된, 체제적 산물이다"(왕밍王名 외, 2013)

전 세계 사회 조직의 왕성한 발전이 사회의 조직화를 구현하는 것은 역사 문화 전통에 기초한 사회 발전의 필연적 추세라는 것을 보여주고 있다. 현대 국가 정치 사회 제도의 발흥은 상향 국가 구성원을 한데 연결시키는 사회 조직 방식의 변화과정을 수반한다. 그러나 국가 및 지역에 따라 사회 조직의 내재적 의미에 대한 이해는 다르다. 즉 어떤 의미의 사회조직을 구축하는 것은 어떤 의미의 사회를 통치하는 것에 결정된다. 우선 사회적 가치 관념의 인식은 사회 조직의 발전적 선택, 즉 어떤 사회적 사명이 있는지가 우리가 어떤 사회 조직을 발전시켜 나갈 것인지를 결정한다. 그 다음, 특정한 사회적 수요가 사회 조직의 작용 공간을 결정한다. 사회 조직은 모두 특정한 사회적 수요를 충족시키는 과정에서 구축되며 개선된다. 셋째, 사회 지배 구조의 형태가 사회 조직의 운영 방식에 영향을 미치며, 사회 조직이 지속적인 활력과 생명력을 유지하는 것이 공개적이고 투명한 운영 방식에 의존한다. 넷째, 사회 자체(예를 들어 이익관계)의 관계구조, 운영 메커니즘이 사회조직과 기타 사회주체의 관계에 영향을 미치고 있으며, 특히 사회조직과 정부 간의 관계에 영향을 끼치고 있다. 사회 조직은 어느 정도 사회적인 '변압기'이며, 각종 사회관계를 조정하는 사명을 맡고 있다. 현대 사회 조직 체제는 통속적인 의미에서 말하면, 그것은 사회 조직의 수립, 운영과 발전에 영향을 미치는 일련의 제도 안배를 지탱하고 지원하는 것이다. 사회 조직 관리 체제의 요소 구성이 비슷하지만 각국 혹은 각 지역에서는 사회 조직을 지원하는 배경, 모델, 제도, 정책 도구 등 측면에서 여전히 큰 차이가 있다.

현대사회 조직 체제는 제도적으로 크게 세 가지 요소로 구성된다. 하나는 정부와 사회조직의 분공과 합작 상호작용 기제이다. 구체적으로 말하면 현대사회의 조직감독기제, 즉 "정부와 사회를 분리하는" 원칙에 따라 정부에서 비행정영역의 사회 관리와 사회서비스의 정책에 대해 인도, 등록관리, 법제감독 등을 진행하고 사회조직에서는 정부의 감독을 받아들이는 동시에 구체적인 사회 관리와 사회서비스를 책임지는 것이다.

사회조직의 발전 리스크에 대한 통제체제는 사회조직의 등록, 관리, 분류감독과 행위관리 등 제도 및 사회조직을 감독하고 관리하는 행정기구의 설치, 권리의 획분, 권력의 운행기제 등 방면의 체계와 제도를 포함한다. 현대정부와 사회조직의 합작체제는 정부와 사회의 공존과 합작을 강조하는데 정부와 사회조직인 공중서비스의 공급상의 합작체제, 정부와 사회조직이 정채의 제정과 실행에서의 합작체제, 공공부서와 사회조직이 관련 공공의제에서의 합작과 상호작용, 연합행동합작체제 등을 포함한다.

여러 국가와 지역의 정부와 사회의 합작과 분공 방식은 다양하고 차이가 있으며 일정한 정도에서 이런 차이와 다양화는 정부와 사회의 관계가 정치적, 문화적 경제적 다양한 요소의 영향을 받음을 의미한다. 간단하게 이야기하면 정부와 비영리조직간의 관계는 아래의 네 가지 종류로 분류할 수 있다(추이카이윈崔開雲, 2011). 첫째, 정부가 비영리조직을 통제하는 경우. 즉 정부 부서에서 공공서비스의 자금을 출자하고 서비스를 공급하는 등 독점적 지위를 점하고 있는 경우이다. 둘째, 비영리조직이 정부를 제약하고 있는 경우, 즉 일부 아직 형대국가형태로 발전하지 못한 지역에서 사람들은 정부의 공공서비스에 대한 수요가 강하지 않으며 심지어 특정된 의식형태나 종교의 영향으로 인해 정부가 사회서비스를 제공하는 것을 반대하는 경향을 보이는데 그로 하여 비영리조직이 공공서비스의 자금 모집 및 실제적인 제공에서 중요한 역할을 발휘하고 정부의 활동 공간이 상대적으로 제한적인 경우이다. 셋째, 정부와 비영리조직이 서로 간섭하지 않는 경우, 즉 정부와 비영리조직이 각자 제한된 영역에서 공공서비스활동을 진행하고 양자가 서로 간섭하거나 침투하지 않는 경우이다. 넷째, 정부와 비영리조직이 서로 영향주고 합작하는 동반자 관계로, 정부가 공공서비스를 비영리조직에 위탁하는 것이 가장 보편적인 방법이다. 이 네 가지 관계 유형 중 정부와 비영리조직의 합작관계를 강조하여 사회의 경제의 수요를 만족시키자는 목소리가 가장 높은데 솔로몬(Prof. Lester M. Salamon) 교수는 이를 '새로운 관리' 형식의 세계적인 발전추세로 본다. 정부가 사회조직에 의지하여 정부에서 출자한 공공서비스를 제공하는 '새로운 관리' 형식은 최근 사람들이 급박한 사회, 경제와 환경 문제를 해결하는 과정에서 이미 달성한 보편적인 공동인식으로, 정부와 비영리조직의 합작을 확대하는 것은 잠재적인 우세가 있다고 보는 것인데 이런 '새로운 관리' 형태를 여러 나라 및 지역에서 실천하는 그 어려움은 이론적인 일반 형태보다 훨씬 높다.

이익 관련자의 각도로부터 볼 때 정부와 사회의 합작의 영향을 받는 것은 정부, 사회조직과 공공서비스의 수익자 세 부류이다. 세 가지 이익 관련자들이 추구하는 목표가 감당할 수 있는 부담이 다르고 이런 합작관계의 영향에도 이점과 폐단이 있다. 정부의 입장에서 보면 사회조직의 성장은 정부의 기능운행에 유효한 버팀목이 되며 정부는 사회조직과의 합작을 통해 공공서비스 영역에서 더 빠르고 영활하게 사회의 수요를 파악할 수 있고 제때에 효과적으로 사회문제를 해결하고 사회를 조화롭게 할 수 있다. 사회조직의 입장에서 보면 정부와의 합작을 통해 사회조직은 발전에 필요한 인력, 자금, 물질 등 자원을 지원받을 수 있으며 실제 문제를 해결하는 과정에서 자신이 공공사무를 처리하는 발언권과 관리능력을 부단히 높일 수 있다. 하지만 동시에 사회조직은 정부의 지원과 제약으로 인해 특수성과 자주성을 잃어버릴 위험도 감수해야 한다. 공공서비스의 수익자의 입장에서 보면 수익자는 이런 합작관계에서 서비스의 제공자를 선택할 수 있고 제때에 효과적인 서비스를 제공받을 수 있다. 정부와 사회조직 관계의 실천 형태는 일정한 정도에서 누가 서비스를 제공하고 누가 어떤 서비스를 제공하였는가와 관련이 있는 것이 아니라 어떤 방식으로 혹은 어떤 방식으로 합작하여야만 더 효과적인 서비스를 제공할 수 있는 가에 의해 결정된다. 바꾸어 말하면 "정부와 사회조직 관계의 실천형태는 복잡하고 다양한데 이는 정부가 공공서비스의 여러 영역에서 유일하고 직접적인 제공자냐에 의해 결정되지 않고 정부가 어떻게 공공서비스의 공급을 계획하고 조직하며 인도하는가 및 다양성, 영활성과 수량, 질 및 기회에서 서비스대상으로 하여금 상당한 수준의 만족감을 느끼게 할 수 있는가에 의해 결정된다."(린상리林尚立, 왕화王華, 2006).

정부에서 사회서비스를 구매하고 감독하며 사회조직의 발전을 지원하는 공공재정체계와 세금혜택 정책을 보자. 현대사회에서 여러 형식의 사회조직은 대량의 공공서비스, 사회관리 등 공공사무를 부담하고 있으며 많은 사회조직은 직접적으로 공공사무를 부담하고 있지는 않지만 호익성 혹은 공익성 조직으로 사회의 관리에 참여하여 공공영역에서 중요한 역할을 발휘하고 있다.

사회조직의 비영리성은 그 중에 절대다수가 시장체계로부터 오는 자원을 획득하지 못하고 주로 자선기금 등 사회자원에 의지하게 한다. 사회조직의 발전을 추진하기 위해 많은 나라들은 여러 가지 형태의 사회조직지지체계를 구축하였다. 지지체계라는 것은 사회조직의 양성과 발전, 성장에 대한 지원, 혜택과 보조 등 여러 가지 지원성을 띤 국가의 정책과 제도의 합을 가리키는데 사회조직의 양성과 발전제도, 구매서비스 등에 우선적으로 참여시키는 등 지원과 추진 제도, 세금 혜택제도 등이 있다. 현대사회조직의 지지체계는 실질적으로 국가와 사회의 관계의 다른 한 측면을 보여주고 있는데 그것은 사실 바로 공권력을 행사하고 공공자원을 사용하여 사회의 역량을 양성하고 사회 건설을 강화하며 사회조직의 건강한 발전을 추진하는 일종의 국가제도이다. 이를테면 "미국에서 여러 계층의 정부는 해마다 사회조직의 서비스를 구매하는데 천억 달러에 달하는 금액을 지불하는데 이는 사회조직의 운영금액의 30-40%를 차지한다. 독일과 북유럽의 일부 국가에서 이 비중은 심지어 60-70%에 달하는데 영국은 자선법의 틀에서 자선위원회를 핵심으로 하는 자선조직 지지체계를 구축하여 자선조직을 여러 급의 정부행정기능의 범주에 포함시켰다"(왕밍王名 등, 2013).

현대사회조직의 양성발전은 유효한 감독관리기제를 떠날 수 없다. 일반적으로 정부, 대중, 사회 등 다방면의 역량을 통해 사회조직에 감독과 관리를 진행하는데 주로 사회조직의 구제 행위가 법률을 위반하는지, 공익자산에 손해를 주었는지, 공공의 이익에 위배되는지 등을 주목한다. 정부는 주로 세무기관, 등기기관, 회계감사기관, 사법기관 등 여러 부서를 통해 사회조직에 상응한 감독과 관리를 진행하며 사회 대중의 알 권리와 감독권을 보장하고 이로써 사회조직이 내부 자율성을 갖추도록 추진한다. 사회조직은 정부의 합작측으로 그 집행기능의 좋고 나쁨은 정부의 공신력과 긴밀한 관계에 있기 때문에 정부는 사회조직의 직원의 훈련, 기술의 개선과 시설, 규범전략의 제정 등 방면에 대해 감독과 지원을 해야 한다. 다른 한편으로 사회조직은 사회의 기부를 받고 세금우대 혜택을 받으며 비영리성을 취지로 하는 공익활동을 약속하였기 때문에 공중의 감독을 받을 책임이 있다. 공중의 감독은 사회조직의 감독관리체계에서 중요한 위치를 점하고 있으며 공중감독은 매우 큰 정도에서 정부의 감독과 관리의 보족함을 대체하고 사회조직의 합법적인 운영과 건강한 발전을 보장하였다. 예를 들면 미국, 독일 등 선진국들은 보편적으로 아래의 방법을 사용하여 사회조직의 운영과 활동을 감독한다. 첫째, 사회조직의 서비스를 구매하는 영수증을 정확하게 챙기며 통일적인 경로를 통해 각 부서 및 지방정부에서 사회조직의 서비스를 구매한 정보를 공개한다. 둘째, 장기지원계약과 단기계약을 합리적으로 체결하여 장기적으로 자원을 투입하여 전문역량을 발전시켜야 할 사회조직이 지속적으로 발전할 수 있도록 보장한다. 셋째, 프로젝트의 진행 상황을 주목할 뿐만 아니라 사회조직의 능력의 제고를 중시하며 신용평가체계를 포함한, 사회조직에 대한 종합평가제도를 발전시킨다.

현대사회조직의 운영체제와 관리체제. 현대사회조직의 운영체제는 공평하고 투명하며 책임을 지고 높은 효율을 보장하는 것을 4대 원칙으로 하며 과학적이고 합리적인 내부 관리구조, 고도로 투명한 정보공개제도, 부단히 제고되는 전문능력의 건설과 시장화, 기업화의 방향 등 네 개 방면의 내용을 포함한다. 현대사회조직의 관리체계는 협동관리, 공동관리 및 사회조직 내부의 민주적 관리 등이 있다. 현대사회조직의 내부관리는 정부와 다를 뿐만 아니라 기업과도 다른데 그 비영리성, 공익성과 사회성 등 특징으로 인해 결책기구에서 전문화, 민주화, 고사회자본 등 특징을 갖추고 결책 과정에서 민주화, 공개화의 원칙을 관철하며 관리의 진행에서 직업화, 고효율화 등 특징을 갖추어 사회조직의 전체적인 능력을 높일 것을 요구한다(왕밍王名, 2013). "중국사회조직발전평가보고"(2015)는 여러 가지 유형, 평가등급의 사회조직은 내부관리 수준에 적지 않은 차이가 있다고 지적하였다. 해당 보고는 사회조직의 내부관리 지수는 세부적으로 발전계획, 조직기구, 인력자원, 지도층의 조직, 재무관리, 당안과 증서 관리 등 여섯 가지로 나뉜다.

현대사회조직의 운영체계와 관리체계 건설은 주요하게 경제, 과학기술, 민생 등 영역의 사회조직에 미치는데 자원봉사자조직, 행정협회상회조직, 과학기술단체, 공익자선조직 그리고 도시와 시골의 지역사회 서비스조직 등이 이에 포함된다. Anthony Y은 사회조직의 운영에는 12가지 특징이 있다고 하였다(Anthony Y, 2000). 영리를 목적으로 하지 않는다. 주로 공공물품과 서비스를 제공한다. 공정성과 효율 사이의 모순이 더 크다. 목표와 발전전략에서 영업성조직에 비해 더 많은 제약이 따른다. 수입에 비가격래원의 성격이 있다. 세금 수입과 법률에 특별한 규정이 있다. 관리감독이 잘 안 되는 고질적인 병폐가 있다. 조직 구성원의 행위를 제대로 파악하기 어렵다. 전문기술인원이 주도적 지위를 차지한다. 각종 유형의 사회조직의 내부구조는 차이가 비교적 큰 편이다. 자금 방면에서 곡개에 대한 의뢰도가 낮다. 상품화된 운영에 치우치는 편이다. LesterM.Salamon (2002)은 사회조직은 그 비영리성, 공익성과 자원성의 특징으로 인해 사회조직 활동의 운영 중에 곤경에 처할 때가 있는데 많은 원인으로 인해 지원자 활동이 정상적으로 진행될 때가 있고 도움을 받는 군체들이 받은 수익이 사회에서 지출한 자원에 훨씬 못 미치는 '지원이 효과적이지 못한' 문제가 발생한다고 하였다. 이런 내적 결함은 다음과 같은 원인에 기인한다. 첫째, 자선(慈善)의 부족이다. 비영리조직에서 '생산'하는 공공품의 자원은 다음과 같은 세 가지에서 온다. 사회기부, 정부의 지원과 수금. 그러나 조직 활동에 필요한 지출과 모금해야 할 자원 사이에는 큰 차이가 존재한다. 둘째, 가장식 기풍. 비영리조직에서 실제적으로 자원을 관리하는 사람들은 어떻게 자원을 사용할지에 대해 비교적 큰 발언권을 갖고 있으며 그들이 내린 결정은 일반적으로 대다수 사람들의 의견을 수렴하는 절차를 거치지 않고 대중들에게 책임을 지거나 감독을 받지도 않는다. 셋째, 여가성과 아마추어성이다. 자원적인 의무서비스는 늘 자비심이 있는 지원자들이 감당하며 전문인원의 자발적인 참여는 비교적 적은 편이다. 이는 조직의 효율과 서비스품질에 영향을 미치지 않을 수 없다. 넷째, 지원자의 분포의 불균형성이다. 비영리조직의 활동 대상은 늘 일부 특정된 사회 군체인데 예를 들면 특정된 성별, 연령, 종족, 종교, 지역의 주민 등이다. 뿐만 아니라 여러 비영리조직의 자금을 모으거나 인원을 조직하고 동원하는 능력이 다름으로 인해 여러 군체들에서 획득하게 되는 서비스도 다를 수밖에 없으며 적지 않은 지원자의 서비스는 큰 효과를 거두기 어려워 효율이 낮다.

제2절 사회조직의 사회관리 참여

사회관리의 대상은 사회 자신이 아니라 사회에서 생활하고 조직이 가능한 기제이다. 사회관리는 사회의 공통된 인식을 모으고 사회의 유대를 발굴하며 사회질서를 통합할 수 있는 기제를 제공하는데 목적이 있다. 사람들이 기탁하고 있는 사회와 조직은 도대체 어떤 방식으로 운영되고 있는지에 대해 깊이 있게 이해하는 것, 이는 매우 중요한 문제이다. 사회는 사람으로 구성되었으며 복잡한 사회관계는 사람과 사람 사이의 관계로 구성된 것이다. 사람들 사이에 화목하게 공존해야 사회가 안정되고 질서가 잡힐 수 있다. 사회가 하나로 뭉치고 좋은 질서를 구축하기 위해서는 일정한 유대와 규칙이 있어야 하며 사회조직은 개체와 더 넓은 사회질서의 중개와 유대이며 이런 관련 존재이기 때문에 사회의 관리, 재조직과 사회질서의 진보를 추진할 수 있다.

1. 사회의 재조직: 사회관리방식의 변화

사회는 사람들이 일정한 관계에 근거하여 서로 결합되어 생겨난 생활공동체로, 사람들의 상호작용의 산물로, 여러 가지 사회관계의 종합체이다. 인류사회의 발전의 역사는 동시에 사람들이 부단히 사회관계를 조절하고 사회질서를 구축한 역사이기도 하다. 이 과정에서 여러 가지 사회 환경에 직면하게 되며 사회 관리의 참여자는 그에 따라 관리방식을 조절하여 환경의 변화에 대처한다. 발전도상의 사회는 반드시 여러 방면에서 조직수단의 효과적인 변혁을 진행하고 사회 조직체계와 관리 구조를 재건해야만 새로운 사회질서를 구축할 수 있다.

귀납하여 이야기하면 인류사회의 관리는 세 개 단계와 세 가지 관리방식으로 분류할 수 있는데 농업사회의 통치형 관리로부터 공업사회의 관리형 관리, 후공업사회의 서비스형 관리가 바로 그것이다(딩위안주丁元竹, 2012). 동시에 권치(權治)로부터 법치(法治), 법치로부터 다시 덕치(德治)로 발전해 왔다(룬즈강閏志剛, 2006).

첫 번째 단계, 전통사회의 관리방식. 전통사회는 낯익은 사람들의 사회이며 이동하지 않는 사회이기도 하다. 사람들은 같은 시골에 거주하면서 비슷한 생계활동, 예를 들면 농사, 유목, 어업 등에 종사하였고 사람들의 사회생활의 배정과 일상생활의 리듬은 기본적으로 같았다. 독일의 사회학자 페르디난트 퇴니에스는 이런 사회생활을 "여러 사람이 동일한 문화와 공동체 내에서 생활하는 것"이라고 정의하였다. 퇴니에서(1999)는 '공동체(community)'와 '사회(society)'는 인류의 공동생활의 두 가지 표현방식이라고 지적하였다. 공동체는 "일종의 지속적이고 진정한 공동생활"이며 혈연, 이웃과 친구 관계 등을 통해 구축된 사람의 단체로, 생명의 역사와 불가분의 관계에 있다. 혈연공동체, 지연공동체와 종교공동체는 공동체의 기본 형식으로, 사람들 사이의 상호 연계는 친밀하고 배타적이고 소박한 자연감정의 기초에서 유기적으로 연결된 연결체였다. 하지만 사회는 외재적이고 이익이 합리적인 기초에서 기계적으로 조합되어 구축된 군체로, 사회는 사람의 이성 즉 '선택적 의지'에 의지하여 구축된 군체의 조합으로 권력, 법률, 제도의 관념을 통해 조직된 것이다. 전통사회의 공동체 방식의 사회생활에도 여러 가지 사회업무 예를 들면 혼인, 장례, 사람과 사람 사이의 충돌, 교육, 양로 등이 존재하기는 하였지만 이런 문제는 주로 가정과 동네의 명망 있는 인물 등 사회의 엘리트를 통해 관리되었다. 예를 들면 옛 중국의 전통사회에는 이중적인 통치형태가 존재하고 있었는데 하나는 밑으로 현급까지에 이르는 정규적인 관료기구의 활동이었고 다른 하나는 각지의 진신(搢紳)의 가족에서 지휘하고 영향력을 행사하는 비정규적인 네트워크 형태의 시스템의 활동이었다(페이정칭費正淸, 1995). 이런 비정규적인 네트워크 시스템은 대체적으로 "3대 체계의 사회조직"으로 나눌 수 있다. 하나는 상층 통치가 기층통치의 촉각에까지 연장된 이사(裏社) 보갑(保甲) 방상(坊廂) 계열이고 하나는 가정(家庭) 종족(宗族) 향족(鄕族) 계열이며, 또 다른 하나는 경제형 향족조직 및 그 항업성조직이다(장옌張硏, 뉴관제牛貫傑, 2002). 이 기층의 네트워크 구조에서 신사(紳士)는 핵심적인 지위에 위치해 있으며 보갑 조직은 국가가 기층사회를 통제하는 기본 단위로, 행정, 부역법, 보안 3위일체의 기능을 갖고 있었다(장지순張濟順, 1996). 전통국가의 기층의 이런 황권, 향신, 보갑의 권리구조가 유지될 수 있었던 것은 국가의 기층사회에 대한 침투 능력과 동력이 부족하였기 때문인데 한편으로 전현대 국가에 정권을 기층사회에 미치는 능력이 결여되었기 때문이고(리화이인李懷印, 2017), 다른 한편으로는 국가에서 한 번도 지방에 진정으로 관할권을 행사하려는 의도를 가지고 있지 않았기 때문이기도 하다(장징張靜, 2000).

두 번째 단계는 공업사회와 후공업사회의 관리 형태이다. 공업사회는 농업사회 혹은 전통사회를 이어 나타난 사회발전단계이다. 경공업을 주로 하는 것은 공업사회 전기였고 중공업을 위주로 하는 것은 공업사회 후기였는데 시간으로부터 볼 때 대략 증기기관차가 출현한 후로부터 20세기 70, 80연대 전자정보기술이 광범위하게 사용되기 시작되기 전이다. 산업혁명은 주요하게 1760-1830년의 영국에서 발생하였는데 그것은 동물의 힘이 아닌 에너지를 노동에 사용한 과학혁명이다. 일부 공업에서 동력으로 작동되는 기계는 공장의 노동자에 대한 수요를 줄여 임금을 줄이는 것이 더욱 쉬워지게 하였다. 산업혁명 이후 대공업조직의 출현과 대중소비 생활방식의 형성으로 인해 대량의 인구가 도시로 집중되는 동시에 사회의 이동성도 부단히 증가하였고 사람과 사람 사이의 거리도 멀어졌으며 사회의 개체 사이에는 서로 격리되어서 공식적인 사법, 계약과 대중 전파의 방식을 통해서만 연결되게 되었으며 사회는 낯선 사람의 사회와 '대중사회'로 퇴화되었다(Kornhauser, 1959 ; 埃裏克·霍弗, 2011). 개체는 차츰 전통적인 혈연과 지연관계의 구속에서 벗어났고 개체의 자주성이 강화되었으며 새로운 관계 형태 속으로 진입하였다. 어떻게 낯선 사회에서 사람과 사람 사이의 상호 관계를 구축할 것인가? 이는 공업사회과 직면한 어려운 문제가 되었다.

농업사회의 역사 단계에서 사람들 속의 강자에게는 더 많은 관리의 책임이 부여되었고 농업사회의 분배 관계 중의 등급 특권을 향유하였다. 공업화의 진행 과정에서 인류사회는 거대한 경제효익을 획득하는 동시에 사람과 사람 사이의 자연 차이로 인해 형성된 제도의 불평등도 형성되었다. 기업주, 정부 관원과 지식인은 모두 새로운 사회의 강자였으며 사회 지위의 배정도 세습적 속성이 있는 등급 제도에 머물러 있는 것이 아니라 그들을 향해 평등하게 열려 있었다. 많은 사회학자들은 우리가 지금 마지막 후공업 시대에 살고 있다고 믿는다. 후공업사회의 도래는 일반적으로 20세기 50년대로 보는데 당시의 공업화 사회에는 처음으로 서비스업에 종사하는 노동자가 대량 출현하였다. 후공업화 과정에서 지식과 정보의 광범한 공유 및 그것을 기초로 인류가 창조해 낸 시대를 초월한 의의가 있는 과학기술은 우리의 생활과 교제의 방식을 변화시키고 있다. 정보기술의 응용은 또 사회의 조직방식을 변화시켰고 인터넷을 통한 교제는 얼굴을 마주하는 식의 접촉을 필요로 하지 않게 되었다. 온라인과 오프라인, 가상 사회와 실제 사회 사이의 작용은 당새 인류사회 발전의 특징의 하나가 되었다. 예를 들면 최근 사회교제매체의 발전으로 인해 "웨이보를 통한 유괴범 잡기(微博打拐)", "무료점심", "물방울 모금(水滴籌)" 등 공익활동이 웨이보, 위챗 등에서 활약하고 있는데 이런 활동은 온라인에서 오프라인으로 확대되어 상당한 일부 사회 구성원들의 공익 수요를 만족시켰다. "웨이공익(微公益)"의 참여자 중에는 공익조직과 정부, 기업이 포함되었을 뿐만 아니라 사회 엘리트로부터 보통 백성들까지 모두 "웨이공익" 활동에 참여할 수 있다.

능력이 있는 자가 통치한다는 원칙이 전체 공업시대를 지배하던 시기에 사회지위의 획득과 권력의 분배는 공업사회 말기에 하나의 새로운 기준을 더하게 하였는데 그것이 바로 기술적 재능이다. 이런 사회에서 기술재능의 획득은 사람들이 사회지위의 경쟁과 권력의 배분에 참여하는 하나의 기본 조건이 되었다. 이후의 공업화 과정에서 사회는 점점 다원화되어 사람들은 기술적재능을 제고할 기회가 평등하게 향유됨에 따라 불평등 문제가 해소된 것처럼 보였지만 실제로 사람과 사람 사이의 차이는 점점 더 커졌고 사람과 사람 사이의 차이가 날로 확대됨에 따라 대다수 보통 사람들이 불만 정서를 가지게 되었다. 사회 환경의 복잡성과 불확실성의 신속한 증가, 창조성과학기술의 대량 출현 그리고 사회네트워크구조의 생성 등은 날로 많은 차이를 만들어내는 동시에 인류로 하여금 리스크 사회에 빠지게 하였다. 인류 전체가 이로 인해 철저하게 훼멸되지 않게 하기 위해서는 사회를 관리하는 제도의 설계와 관리방식이 능력자가 통치하는 것이 아닌, 강자가 관리책임을 부담하는 합작기제를 수립하여야 한다. 다시 말하면 차이를 인정하고 포용하는 것을 기초로 관리책임을 감당하는 경로를 합작관계의 구축을 향하게 해야 한다는 것이다(저우쥔周軍, 2014). 이런 의미에서 산업혁명으로부터 20세기 70년대까지 정부는 사회관리의 가장 중요한 주체가 되었으며 공익사업 대한 정부의 일련의 개입을 통해 정부가 사회 사무관리에 참여하는 역사적 길을 열어놓았다. 다른 한편으로 정부도 산업사회 시기의 경쟁관계를 지지하고 구축하는 관리형정부로부터 공업사회의 관리합작관계를 지향하는 서비스형정부의 형태로 전환하고 있다. 네트워크 정보기술이 흥기됨에 따라 후공업사회와 리스크 사회의 다중 논리학이 병존하고 사회조직의 형태도 더욱 복잡해지게 될 것이다.

세 번째 단계는 글로벌 시대의 사회 통치의 새로운 국면이다. 글로벌화는 어떤 의미에서 동시다발적으로 발생할 수 있는 일련의 상호 강화와 상호 의존적인 사회 구조로 이해될 수 있다. 그것은 인간 사회의 교류와 협력의 시공적 구조를 변화시키고 새로운 규칙으로 글로벌 사회를 재조직하겠다는 발상을 예고하며 인간 합작의 새로운 체제를 부단히 재생산할 것을 요구한다.(리여우메이李友梅, 2006)

지난 수십 년간에 글로벌화는 각 경제체, 사회, 자연환경을 크게 변화시켰으며, 또한 전례없이 전 세계를 연결시켰다. 세계화는 세계 발전을 위한 기회를 창조하는 동시에 글로벌 이익과 원가 배치의 불균형 등의 문제를 초래하였다. 글로벌화 이익은 모든 국가에 이익을 가져다 준 것은 아니다. 이는 사실 전 세계 사회와 지역의 지속적인 발전에 중대한 영향을 끼치고 있다. 글로벌화 과정 속에서 과학기술의 변혁에 따라 상품, 서비스, 자본과 노동력은 더 빠른 속도로 이동하고 있다. 그리고 다양한 국가 간, 지역 간, 문화 간의 상호 교류를 특징으로 하는 사회성 이질 지역이 빠른 속도로 형성되고 있다. 글로벌화는 사람들의 관계를 더욱 밀접하게 연결시켰으나 그것과 관련된 관리체제는 상대적으로 정체되어 있으며 인간의 공생공존 문제는 가장 근본적인 문제가 되었다. 글로벌화는 사회통치가 의존하는 민족국가 모델 역시 매우 큰 도전과 부딪치게 하였다. 하버드대 케네디스쿨 국제정치경제학 포드재단 강석교수 대니 로드릭(Dani Rodrik, 2011)은 글로벌화가 사회 통합에 충격을 줄 수밖에 없다고 지적하였다. 충격은 세 가지 측면에서 발생한다. 첫째, 고기술 근로자와 저기술 근로자 간의 격차가 벌어지고 둘째, 국가 간 부동한 이념 및 제도의 충돌이 심각해지며, 셋째 정부가 제공하는 사회보장과 관련된 문제가 증가된다. 국제이민조직(IOM)과 중국과 글로벌화지구(CCG)가 공동적으로 발표한 '세계이민보고서'(2015)에 따르면 전 세계에 현재 2.32억 국제 이민자가 있다고 한다. 이 숫자는 2000년과 1990에는 각각 1.75억과 1.54억에 달하였다. 이민의 주요 목적지는 고도의 도시화와 고수입 나라이다. 예를 들어 호주, 캐나다, 미국, 프랑스, 독일, 스페인, 영국 등이다. 이와 같은 전 세계적인 인구이동, 새로운 형식의 이민, 이민 네트워크 및 소셜 네트워그 서비스의 등장은 다른 인종과 문화 전통을 가진 민족의 혼합정도를 한층 높였고 동서양 도시의 인구 구조와 교류 패턴을 크게 변화시켰다. 그리고 이러한 이민으로 인해 일부 현실 문제도 초래하였다. 예를 들어 인종 차별, 인종에 의한 사회 불평등, 인종 격리 등이 뚜렷해지고 있다. 우리가 유럽과 미국 같은 선진국에서 볼 수 있는 것처럼 경제 불평등의 지속적인 심화에 따라 이민은 이 문제의 근원전인 원인으로 지목되었다. 그러면서 이민을 거부하는 현상이 발생하고 있다.

이동성이 증가하여 대중 상호의존도가 낮아지는 글로벌화 속에서, 일정한 내재적인 집중력과 응집력을 갖춘 현대 지방사회를 재건하는 것은 필요하고도 어려운 일이다. 전 세계의 과학기술 변혁과 기술 전환 과정에서 대량의 노동력이 실효하여 실업률이 증가할 수 있는데, 이러한 '잉여' 노동력의 적절한 배치 문제가 처리되지 않으면, 새로운 사회 불안정과 사회 충돌을 일으킬 수 있을 것이다. 글로벌 산업의 다국적 경영과 관리는 사회 구조의 새로운 변천과 이익 구조 조정의 새로운 문제를 촉발하게 될 것이다. 만약 사람들이 자신의 개인적 운명과 역사적 운명을 통찰하고 파악하지 못한다면 세계화, 글로벌 이슈, 그 내적 관계 속에 숨어 있는 심각한 위기를 피하기 어려울 것이다.

글로벌화의 지속적 발전은 인간 사회를 위험 사회로 변화하게 하고 금융 리스크에서 환경오염, 핵 위기에서 사회 실정, 유행성 질병에서 개인의 존재적 불안, 글로벌 테러로부터 일상적 식생활 안전에 이르기까지, 인류의 모든 행동이 위험사회의 생산과 재생산 속으로 말려들어갈 것이다. 현재 전 세계는 이미 매우 불확실성이 높은 위험사회의 깊은 수로에 진입하고 있다. 신기술 혁명으로 인해 더욱 선명해지는 인성, 도덕, 윤리적 위기는 현대사회의 운행 논리와 규칙을 변개하고 있다. 인류 사회의 가치이념과 행동방식은 체계적으로 다시 구축되고 글로벌통치는 다시 '글로벌 위험사회' 통치로(판루귀範如國, 2017) 심화되고 있다.

2. 사회조직의 단계적 발전

사회조직의 단계성 발전과 변천은 인간 사회의 과학기술 변혁, 경제의 글로벌화 과정의 지속적인 영향을 받는다. 사회조직의 단계성 변화는 인류사회의 부동한 발전 단계의 사회변천을 보여주고 있다. 인류사회의 필수적인 관리활동으로서 사회통시는 인류사회 발전의 전체 과정에 따라, 또한 인류사회의 발전에 따라 부단히 조절되고 진화된다. 현대 사회 통치는 다원적인 참여, 이성적인 협상, 건설적으로 사회 문제를 해결 등 점을 강조한다. 이것은 끊임없이 우호, 존중, 포용, 신임 등 적극적인 요소를 구축하고 적축하는 과정이다. 사회조직의 참여와 사회 통치는 사회 통치의 관건이며 정부와 사회 합작의 내재적 요구이다. 이것을 통해 사회자원을 동원, 사회적 서비스를 제공, 사회적 사무 관리의 참여 등 역할을 한다. 또 사회 전체의 참여성, 자주성, 창의력을 향상시키며 부단히 발전하는 사회를 위해 개성적이고 인간적인 공익 상품과 서비스를 다양하게 제공해 준다. (양리楊麗, 자오샤오핑趙小平 외, 2015) 이러한 과정 속에서 사회조직이 점차 공익 서비스를 제공하는 것에서 사회관계의 협조, 사회 연합의 촉진, 지역과 국제 사회의 새로운 질서를 만들어내는 방향으로 전환한다.

글로벌 사회조직의 발전은 다음과 같은 4단계로 나눌 수 있다(양퇀楊團, 거다오순葛道順, 2002).

첫 번째 단계, 19세기 50, 60연대부터 20세기 초엽까지는 현대 사회조직의 맹아시기이다. 인류 사회는 산업혁명 이래 대공업 조직의 출현과 대중 소비 생활방식의 형성에 따라, 인구가 대량으로 도시에 집중되어 왔다. 이와 동시에 사회 유통성도 끊임없이 강화되었다.

그리고 이 때문에 전통사회 관계와 공동체에도 충격을 가져왔다. 이 시기에 전통 자선방식은 공민 자선방식으로 전향하였는데 효과적인 빈곤 구제, 각종 구제기구를 조절하는 것을 목표로 삼은 자선 조직 회사와 사회공사 운동이 영국과 미국에서 성행하였다. 국민의 독립적인 의식과 자유 선택을 바탕으로 하는 현대 공민 자선조직이 많이 성립하였는데 이는 현대 자선사업의 조직적, 전문적 특징을 보여주었다.

두 번째 단계, 19세기 말, 20세기 초부터 제2차 세계 대전 일어나기 전까지는 사회조직의 성장시기였다. 이 시기에 자선사상의 영향을 받은 공업 대장들이 자선 전통을 계승하고 역사가 유구한 자선 신탁 법률 모델을 세우는 것을 고려하기 시작하였다. 그러면서 일종의 회사형식의 자선기금회를 창립하였다. 록펠러 재단, 카네기 재단 등 현대 재단의 창립은 비영리 조직의 사회적 지위를 확립하였다.

세 번째 단계, 제2차 대전 이후는 비영리 조직의 확대 시기이다. 제2차 세계대전 이후, 사회조직의 발전은 더 이상 유럽과 북미 선진국에 국한되어 있지 않고 많은 발전 중 나라에서도 새로운 자선조직이 설립되었다. 발전도상국가의 비영리 조직은 보통 경제를 발전시키고 빈곤에서 벗어나는 것을 조직의 목표로 삼고 또한 지역을 활동하는 주요 공간으로 삼으며 현지 정부와 일정한 관계를 유지한다. 발전도상국가의 비영리 조직은 선진국 나라의 비영리 조직과 다른 특징을 보여주고 있다. 제2차 세계대전 이후, 한편으로 전쟁은 전대미문의 재난과 거대한 낭비를 야기했고, 한편으로 지역 간, 국가 간, 민족 간의 차별과 갈등이 지속적으로 존재하여 격화될 가능성을 지니고 있었다. 이 시기에 국가 간의 관계를 조절하는 UN조직이 성립하였고 후진국 나라와 지역을 위해 빈곤 성, 원조 성 대출을 제공하는 세계은행도 성립하였다. 또한 세계 위생조직의 성립을 통해 후진국 나라와 지역의 위생과 건강 문제에 대해 관심을 가지게 되며 일정한 지원도 제공해주었다. 이상과 같은 비정부 조직의 출현과 발전은 세계 발전과 글로벌 사회의 통합을 위해 일정한 역할을 하고 있다.

네 번째 단계, '글로벌결사혁명(球性結社革命)'의 출현은 사회관리 형태가 단향적인 정부 관리에서 정부와 사회조직의 합작관리 형태로 변하게 하였다. 20세기 70-80연대 이후 민족국가 내부에서든 아니면 국제사회에서든 사회조직은 모두 놀라운 속도로 발전하였다. 이 시기 세계적으로 일련의 사회적 위기가 나타났다. 발달한 자본주의국가는 사회복리로 인한 지출의 증가와 대규모적인 재정적자로 인해 크게 비판을 받았고 많은 발전도상국가의 권위주의를 통한 발전의 길은 더 이상 지속되기 어려워져 구소련과 동유럽 등 사회주의국가의 국가사회보험 '제도는 정부의 무거운 부담이 되었다. 그 외에 세계적인 환경위기의 심화와 사회구조변화 및 통신혁명이 형성한 정보의 세계화추세는 대중이 정부의 관리능력에 대한 실망을 더 심해지게 하였다(스뷔녠史柏年, 2006). 세계 각국에서 정부가 주도하여 사무를 처리하는 방식이 보편적인 질의를 받는 상황에서 각국에서는 대량의 사회조직을 만들어 결사의 형식으로 자신이 흥미를 가지는 사회 업무에 참여하게 하였으며 이런 사회조직은 환경보호, 부녀권익보호, 민권 등 운동에서 주도적인 역할을 하였는데 미국의 비영리조직 연구 전문가 살라몬(2002)은 이 변혁은'세계적인 결사혁명'이라고 명명하였다. 이번'결사혁명'을 특징으로 하는'글로벌화'조류에서 사람들은 인류사회의 관리형태로 볼 때 사회는 국가, 시장과 마찬가지로 무시할 수 없는 자원배치 기구, 합작확장기제, 자주적인 관리기세라는 것을 알게 되었다(린상리林尙立, 2007).

현재 우리는 세계적인 사무를 처리해야 하는 새로운 시대에 진입하였고 생산과 노동력 시장의 변화, 과학기술의 신속한 발전 그리고 무역, 투자와 글로벌생산 네트워크의 강화 등 새로운 추세는 우리의 미래를 변화시키거나 영향을 줄 수도 있다. 우리가 현재 근무 중에 사용하는 과학기술지식은 2050년과 비료해 볼 때 과학기술의 매우 적은 일부분에 불과할 것이다. 사회의 여러 층위(사회조직과 개체)는 다가오게 될 과학기술의 미래에 적응할 때 모두 전례없는 도전에 직면하게 될 것이다. 이런 배경에서 세계적인 정부, 시장과 비영리 조직의 합작은 점점 넓어지고 깊어질 것이다. 예를 들면 2017년 4월 6일부터 7일까지 스위스의 제네바에서 열린 글로벌대화 심포지엄(LO's Global Dialogue)에는 전 세계에서 온 경제학자와 연구자, 정부대표 그리고 고용주 대표와 노동자조직으 대표들이 참여하였는데 700명에 가까운 인사들이 시대적 중대한 변화 하에서의 여러 가지 추진 요소에 대해 더 심도 있는 교류와 이해를 진행하였다. 연구자들은 젊은 세대가 미래의 정치, 경제, 사회의 추진력이지만 젊은 세대는 미래의 추직 중에서 큰 곤경에 빠질 것이라는 것을 인식하였다. 과학기술의 창신, 근무와 생산의 조직형태의 변화, 글로벌화, 기후의 변화, 제도적 환경, 인구와 이전 등 글로벌화사회의 변천을 추동하는 요소들의 진행이 부단히 빨라지고 있으며 젊은 세대가 미래에 직면하게 될 가장 큰 불평등은 아마도 기술의 차이일 것인데 어떤 사람은 어려워지고 어떤 사람은 신속하게 발전하게 될 것이다. 이런 변화에 직면하여 국제노동자조직은 글로벌단체의 설립을 더 기대하고, 정부와 사회 각계의 사회적 대화(Social Dialogue)를 통해 공동으로 미래의 사업을 건설하며 한 사람도 뒤떨어지지 않게 할 수 있기를 희망하였다.

3. 사회조직의 관리 기능의 성향

사회조직의 관리 기능의 성향에는 대체적으로 다음과 같은 두 가지가 있다. 첫 번째 관점은 새로운 공공관리 이론의 영향을 더 많이 받은 것인데 사회조직이 '시장이 통제를 잃는' 것과 '정부가 통제를 잃는 것'을 막을 수 있으며 공공서비스를 제공할 수 있다는 것이다. 두 번째 관점은 저치사회학의 '국가-사회' 시각에서 사회조직의 주요한 기능은 이익의 요구를 표현하고 사회의 관리에 참여하는 것이라는 주장이다. 도시화, 현대화와 글로벌화의 과정에서 날로 심화되는 사회 전형과 사회관리의 새로운 유대의 출현은 사회조직을 사회가 재생산과 사회질서의 구축을 연결하는 중요한 조직의 주체로 인식되게 하였다. 비록 자연환경, 인구, 과학기술과 사회불평등 등이 모두 사회를 변화시키는 요소가 될 수 있지만 사회의 변화를 추동하는 중요한 힘은 사회의 자조직(自組織)이다. 사회의 자조직은 특유의 목적이 있고 일정한 정도에서 자주성과 자원획득의 네트워크 및 상응한 행동능력과 책략을 구비하고 있다. 사회조직은 공식화, 구조화될 가능성이 가장 높은 법인 조직이며 비공식화, 변통성을 가질 수도 있어서 단체 행동과정에서 우발성 정도도 가장 높다. 사회조직의 작용의 발휘는 직접적으로 사회 공공성의 생산과 재생산을 추진하였다. 예를 들면 세계자연보호기금(WWF)에서 발기한 '하루 한 시간' 활동은 2007년 3월 31일에 오스타랄리아의 시드니에서 처음 전개된 이후에 신속하게 전국에 퍼져 180여 개 국가와 지역의 7000여 개 도시에 전파되었는데 수억 명의 지지자가 생겨났다. 개인, 지역, 기업과 정부에서는 자발적으로 한 시간 동안 전기를 끄는 행동을 통해 지구를 보호할 데 관한 사람들의 책임감과 기후변화 등 환경문제에 대한 사고를 불러일으켰다.

첫째, 공공서비스의 감당자로서이다. 정부와 경제조직을 제외한 조직이 사회에 출현하고 그 효능을 발휘한 것은 최근 몇 십 년 사이에 나타난 일이 아니며 이태리, 독일과 싱가폴의 비영리조직의 역사는 심지어 국가의 역사보다도 더 길다. 영국의 경제학자 웨스브포드는 16세기의 영국 정부에서 제공한 공공물품과 서비스가 부족한 상황에서 개인의 자선기구가 오늘날 우리가 정부의 책임이라고 생각하는 공공서비스를 대량 제공하였음을 이야기한 바 있다. 19세기 서양의 사회가 경험한 구조 변천은 수공업자와 공인들로 이루어진 사회단체협회(corporative associations)를 파괴하였고, 대규모적인 공업생산은 사회단체의 정신이 붕괴의 위협을 받게 하였다. 대규모의 공업사회구조에 적응하기 위해 Emile Durkheim은 직업행동체계를 구축하여야 한다고 주장하였다. 이런 행동체계는 가정보다 더 오래 지속되고 더 효과적으로 서로 돕는 기능을 발휘할 수 있도록 발전할 수 있기 때문이다(양허옌楊和焰, 2006)

사회조직이 진정으로 사람들의 중시를 받은 것은 20세기 70년대 이후에 발달한 자본주의국가 중의 복지국가의 위기, 번환기 국가의 국가사회주의위기 및 제3세계의 발전모식의 위기 등이 사람으로 하여금 국가가 사회 업무를 주도하는 능력과 작용에 대해 의심을 품기 시작하고 국가에 대한 비현실적인 의뢰 심리를 버리고 점점 민간의 역량과 작용의 발휘를 중시하면서부터인데 비영리적 사회조직은 사회경제의 발전에서 감당하는 책임이 점점 커지게 되었다(톈카이田凱, 2004). 예를 들면 사회조직에 대해 프랑스가 의지하기 시작한 것은 20세기 80년대부터인데 사회 대중들의 비판과 당시 사회당정부가 복리서비스를 제공하는 방면에서의 무기력함으로 인해 정부에서는 더 능동적인 사회구조의 형식을 찾기 시작하였고 여러 사회조직에 도움을 청하게 되었다.

사회조직을 공공서비스의 주체로 보는 연구는 주요하게 새로운 공공관리 이론에서 이론적 근거를 얻었는데 이 이론적 연원은 사회조직이 국가와 시장부문에 비해서 상대적으로 독특한 조직적 우세를 갖고 있다는 것을 강조한다. 새로운 공공관리 이론의 시각 하에 정부의 주요 책임은 공공정책을 제정하고 감독과 평가를 진행하는 것이며 구체적인 공공서비스는 시장조직, 사회조직과 하위급의 정부조직에서 경쟁을 하는 방식으로 제공한다.(천전밍陳振明, 2003). 사회조직은 사회 관리의 '세 번째 손'으로 여겨졌고(Lester M. Salamon 등, 2002) '유한 정부'의 관리 구멍을 막을 수 있는 것으로 인정되었다. 사회조직을 통해 정부에 대한 효과적인 관리를 진행할 수 있고 정부와 공민들 사이에 효과적인 소통의 통로를 마련할 수 있으며 그로부터 사회 구성원에게 공공물품을 효과적으로 전달할 수 있어서 시장과 정부의 공공서비스 공급의 부족점을 메꿀 수 있다. Lester Salamon교수가 1994년에 "세계적인 결사(結社) 혁명"을 제기한 이래 사회조직은 '국가위기' 혹은 '정부가 기능을 잃는' 상황에 대처하는 중요한 역량으로 점점 더 많은 주목을 받게 되었다. 이 이론에서 사회조직은 젖점 더 정부 부처 밖의 또 하나의 공공서비스의 주체로 여겨지고 있다. "사회조직이 시장과 국가 사이 밖에서 점하고 있는 독특한 지위로 하여 그것은 늘 작은 규모와 공민과의 연계성, 개인의 주동성을 자극하여 공공서비스를 지원하는 목표를 달성하는 능력 및 최근에 새롭게 발견된 사회자본을 구축하는데 대한 공헌 등으로 인해 그 전략적인 작용 등을 통해 그 전략적인 작용을 드러낸다(, 2002). 이런 이론적 시각에서 사회조직이 갖고 있는 정부 부처와 다른 우세가 충분한 인정을 받았고 오늘날 중국의 학술계와 공공서비스 부처에 사회조직의 발전 등 문제를 사고하는 기본적인 가설을 제공하였다(황샤오춘黃曉春, 장둥수張東蘇, 2015).

둘째, 사회 관리에 참여하고 사회질서를 구축하는 중요한 조직적 주체로서이다. 사회조직은 공공생활의 질서를 구축하는데 중요한 의의를 가지며, 국가의 관리와 사회의 통합 중에서 중요한 작용을 발휘할 수 있다. 거의 모든 경전 연구에서 사회조직은 다중심적 사회 관리 구조의 중요한 일환으로 인식되어 왔다(황샤오춘黃曉春, 장둥수張東蘇, 2015). 이상적인 의미에서의 사회조직의 기능은 공공서비스를 포함해야 하며 이익의 표현과 사회관리의 참여도 포함해야 한다. 사회조직의 기능의 발휘는 사회조직이 사회관리의 주체가 될 능력이 있는가 여부에 의해서도 결정되지만 국가의 법률, 사회조직에 대한 정부의 규범, 인지 및 이해와도 관련이 있다.

인류사회의 발전 과정에서 산업혁명 이래의 경제사회의 변천은 사회의 생산방식과 생활방식을 크게 변화시키는 동시에 사회관계의 유대의 전환에도 크게 영향을 미치고 있다. 바로 이 전환으로 인해 사회구조와 질서는 끊임없이 발전하고 변화할 수 있다. 현대 국가의 발전은 어떻게 초급사회 유대와 사회재생산 유대를 서로 접목시켜서 변천 이후의 더 큰 사회를 통합할까 하는 문제에 직면해 있으며 또 어떻게 다원화된 사회 군체를 '통일체'로 만들어 더 큰 '사회'를 구축하여 최종적으로 통일된 민족국가로 집중되게 할 것인가 하는 문제에 직면해 있다. 사회관계와 연결의 현실적 저장 장치로서, 사회조직은 한편으로 사회의 개인을 하나로 모아야 하며 동시에 더 큰 사회 영역과도 연결되어야 한다. 사회 구성원 개체와 그 상환의 관계의 유대집합체로서의 사회조직은 사회에서 오는 내재적 활력을 대표할 뿐만 아니라 복잡한 사회의 여러 이익 집단과 다원화사회가 자신의 여러 가지 요구를 표현하는 개방적인 플랫이기도 하다. 그러므로 사회조직은 여러 사회 구성원들의 통합을 의미할 뿐만 아니라 이로부터 사회질서를 구축할 수 있다는 것도 의미한다.

1990년대 이래 관리전형은 전 세계 경제발전의 중요한 추세가 되었으며 사회의 관리 주체는 정부 외에 또 사회사무와 밀접히 관련된 사회조직과 개인이 감당하게 되었다. '관리(governance)'가 오랜 시간 동안 진행된 '통치(government)'를 대체한 것은 주요하게 국가의 공공사무와 관련된 관리 활동과 정치활동에 적용된다. '관리'는 일련의 정부에 국한되지 않는 사회공공기구와 행위자, 여러 개인 부처와 자원봉사단체에서 점점 더 많은, 원래는 국가에서 감당하였던 책임을 감당하며 여러 사회공공기구 사이에 존재하는 권력에 대한 의지, 참여자의 자주적인 네트워크 및 공공사무의 관리에 대한 관리방법과 기술 등을 강조한다(스토크, 2000). 관리 과정에서 정부와 사회의 관계는 더 이상 통치와 피통치의 관계가 아니라 일종의 합작 관계가 된다. 관리는 다원적인 이익주체가 조화롭게 함께 관리하는 것을 강조하며 효과적인 공동 관리의 실천은 늘 제도화된 공공공간을 형성하여 공동 관리에 참여하는 여러 단체가 구역의 공공복지에 대한 공통된 인식을 갖고 공공부처의 관리에 참여하도록 보장할 것이 요구된다. 즉 여러 가지 제도 관계에서 권력을 통해 다원화된 주체에서 관리에 참여하는 여러 가지 활동을 인도, 통제 및 규범화하며 최대한 공공이익을 증가해야 한다. 예를 들면 생활의 품질을 개선하기 위해 발기한 환경보호 행동이나 일련의 특정된 사회 안건(이를테면 제방뚝, 철도 등 대형건설프로젝트, 권익보호, 성차별 반대 등)들을 둘러싸고 형성된"집단적인 노력을 통해 생활이 새로운 규칙을 만드는 "(Herbert Blumer 1955) 사회운동 등은 모두 여러 주체를 여러 주체가 공공의 공간에 참여하도록 추동한 것이다. 이외에 관리가 '훌륭한 관리(善治)'가 되게 하기 위해서는 반드시 관리에 합법성, 투명성, 책임성, 법치, 응답, 유효성 등이 구비되게 하여야 하며(斯莫茨, 1999), 이로부터 정부와 민중이 공공생활에 대한 공동관리가 이루어지게 해야 한다.

셋째, 공공성 생산의 저장 장치로서이다. 알다시피 모든 개체는 단체를 떠나서 홀로 생활하는 고립적 개체가 될 수 없으며 반드시 타인과 교제를 하여야 하는데 이것은 '사회'가 나타난 기본 전제조건이다. 그러므로 인간의 존재는 한편으로는 개체성을 띠고 있으며 자신의 특수한 이익, 인격과 수요가 있지만 다른 한편으로는 공공성을 띠고 있어서 반드시 타인의 이익과 존엄을 지켜야 한다. 공공성이란 무엇인가? Everett는 '공공성'에 대해 비교적 자세한 규정을 하였다(Everett, W.J. 1997). 공공성이란 사람들이 여러 가지 공공영역을 구축하고 그 속에 참여하려는 노력을 가리키는데 창조성 공공생활을 찾으려는 모든 활동을 포함한다. 이런 활동 주에서 사람들은 자신의 굳은 신념을 표현하고 공공생활 문제에서의 공통된 인식을 찾아낸다. 그 중 굳은 신념에 대한 표현은 전제조건인데 이렇게 하여야만 공통된 인식은 충성스러운 약속과 상호 신임에 확립될 수 있다. 공공성 생산의 여러 저장장치 중에서 사회조직은 가장 중요한데 이는 사회조직의 일상생활의 실천 층위에 위치하고 있기 때문이며 직접적으로 개인의 일상이익과 생활에 관련되어 있기 때문이다. 사회조직의 본체성 가치는 공공성 정신과 실천을 키우고 발전시키는 것인데 이는 또한 사회조직이 사회서비스를 제공하는 기초에서 사회의 문명화를 추진하는 필요한 경로이기도 하다.

사회조직은 공공성 생산 중에서 가장 핵심적이고 유효한 위치에
처해 있는데 이는 공공성이 간단하게 개인의 심리와 도덕에 의지하
는 것이 아니라 더 구체적인 사회조직, 의식형태, 교육 등 여러 플
랫폼을 통해 부단히 민중의 공공성의식과 행동을 재생산해야 하기
때문이다. '공공성'의 네 가지 핵심은 '참여(participation)', '다양성
(plurality)'과 '설복(persuasion)' 및 '공성(commonality)'이다. '참여'란
개인이 공통된 선(善)을 찾는 과정에서 다른 사람의 앞에서 자신의
의견과 신앙을 표현하는 능력이 있는 것을 가리키는데 이로부터 참
여자 사이의 이론적인 평등 관계를 행동적인 평등관계로 전환시키
고 일부 사람들이 다른 사람들에 대해 폭정을 실시하는 것을 막을
수 있다. '다양성'은 서로 아무런 관련이 없는 개인들의 입장을 가리
키는 것이 아니라 많은 군체가 공공 영역에 나타나는 것을 가리키는
데 개인은 오직 결사와 군체를 통해서만 더 큰 지혜와 진리를 획득
할 수 있기 때문이다. '설복'이라는 것은 참여자를 공동의 신념, 이익
을 기반으로 하는 공동행동으로 인도하는 과정을 가리킨다. '설복'은
명령이 아니고 이성의 응용도 아니며 그것을 지지하는 것은 일종의
합리성을 공유한다는 신념인데 이렇게 합리성을 공유함으로써 말하
는 사람과 듣는 사람은 자신을 토론 상태에 들어가게 할 수 있다.
'공성'은 사람들이 의의를 공유하는 세계에 존재하는, 대중의 자발적
토론을 가능하게 하는 공동언어와 재생구조를 가리킨다. 간단하게
말하면 '공공성'은 '참여'로 이해할 수 잇는데 즉 공민이 자발적으로
'공공공간의 구축에 참여하는 것'이다. '참여'는 '정치참여'와 '사회참
여'로 구분할 수 있다. '정치참여'라는 것은 정책의 제정 혹은 사회
의"구성원이 사회 전체 혹은 부분 단체의 공통된 공송사무에 참여하
는 것 "을 가리킨다. '사회참여'라는 것은 정책의 실시, 즉 자발적으

로 복지서비스, 환경보호, 보안순라 등 공공서비스를 제하는 것을 가리킨다(리여우메이李友梅, 샤오잉肖瑛, 황샤오춘黃曉春, 2012). 이런 '공동생산'의 '사회참여'는 국가의 재정부담을 경감할 수 있을 뿐만 아니라 국가보다 더 효율적인 서비스를 제공할 수 있는데 그 결과는 공민이 그가 속한 집단의 구축과 돌봄에 더 관심을 가지게 할 뿐만 아니라 국가에 대한 신임도도 더 높아지게 한다((Thomas Heberer · (Gunter Schubert, 2009). 사회조직은 공공성의 담당체로서 구체적으로 다음과 같은 역할을 한다. 첫째, 공권력 기구에 민중의 요구를 반영하고 민주과 공권력기구 사이의 중개적 역할을 하여 공권력기구에서 신속하고 전면적으로 민중의 공공성에 대한 요구를 파악할 수 있도록 한다. 둘째, 민중의 자기조직과 자기관리의 담당체로서 자발적으로 사회의 질서를 수호하고 공공성의 재생산을 추진한다. 셋째, 정부의 여러 사회서비스를 구매하고 자신의 전문적 우세를 발휘하여 부분적인 사회서비스 기능을 감당하여 정부의 부담을 줄여주고 사회서비스의 품질과 대중의 만족도를 높인다.

제3절 사회조직 발전의 중국 노선

중국의 급격한 사회발전에 따라 사회조직 자체의 발전도 빠른 속도로 여러 개의 발전 단계를 거쳤다. 사회조직의 발전의 매 단계는 모두 서로 다른 함의를 나타내고 있는데 중국의 전통 사회에서 주로 농촌에서 형성되고 활동을 진행하는 '민간조직'과 구별될 뿐만 아니라 중국의 현재 민정 부문에 등록한 몇 개의 큰 부류의 사회조직에 포함될 수도 없다. 중국의 사회조직의 발전은 중국의 사회발전의 과정에 포함되어 있으며 사회생활의 풍부하고 다채로운 방향을 보여주고 있다.

21세기의 중국 사회는 중국특색이 있는 사회주의 건설 이론의 지도하에서 전면적으로 개혁을 심화하고 깊이와 범위를 더 확대하는 새로운 단계에 들어서 있다. 200년 전에 유럽에서 시작된 산업혁명은 전 세계에 확산된 이후에 완성되었으나 현대 중국은 단지 몇 십년 만에 현대화로의 역사적인 비약을 실현하였다. 하지만 계획경제로부터 시장경제로 전환하는 동시에 빠른 공업화와 도시화의 이중 압박을 받고 소비사회, 정보화, 글로벌화의 거대한 충격과 도전을 받고 있다. 이런 전례 없는 변화는 근본적으로 중국 사회 운행의 많은 기본 기제를 변화시키고 있으며 전통적인 사회관리 형태가 부단히 개혁과 창신의 긴박성에 맞닥뜨리게 하였다. 새로운 세기에 들어선 이후 중국의 사회주의 시장경제체제의 개혁과 건설이 부단히 심화되고 공공자원의 배치를 핵심으로 하는 제도적 분배와 사회생활의 조직 형태에 매우 중요한 변화가 일어났다. 이는 사회관계의 양식과 사회질서에도 변화가 발생하게 하였다. 이게 근거하여 최근 중국은 정부의 행정부처가 주도하는 사회 관리를 점차적으로 집권당이 지도하는 여러 주체가 참여하고 서로 의지하는 협동관리로 바꾸고 있으며 사회조직은 그가 구비하고 있는 사회서비스를 제공하고 사회문제를 해결하는 효능으로 인해 사회 관리에서 대체할 수 없는 역할을 발휘하고 있다. 중국공산당의 19차 대표대회는 사회 관리에 대한 인식을 새로운 높이로 끌어올려 개혁개방을 전면적으로 심화하는 전체적인 틀 안에서 사회 관리의 체계에 대한 관점과 상대적으로 완정한 사상체계를 형성하였다. 중공의 19차 대표대회 보고는 사회조직에 더 높은 기대와 요구를 제기하였고 국가 관리 체계와 관리 능력의 현대화 국면에서 사회조직이 중국의 사회주의 현대화건설의 불가결이 요소이며 앞으로 더 중요한 역할을 발휘할 것임을 반영하였다. 새로운 시대 시진핑의 중국특색이 있는 사회주의 사상을 지도로, 중국 특색이 있는 사회주의 이론을 구축하였다.

1. 중국의 사회조직 체계의 변천

신중국이 설립된 이래의 역사를 되돌아보면 중국공산당과 국가는 사회 건설의 이론과 실천에서 장기적으로 부단한 탐색을 진행해 왔다. 특히는 최근 중국정부는 줄곧 어떤 새로운 제도를 통해 사회를 재조직할 것인가 하는 문제에 직면해 있다. 사회체제 개혁의 중요한 구성부분으로서, 사회조직체계는 사회의 건설과 관리에서 중심 지위에 처해 있다. 사회체제개혁은 경제사회의 발전 추세에 부합되는 사회조직 체계를 집중적으로 건설하고 이를 통해 사회의 재조직화를 추진하고 사회 질서를 새롭게 구축할 것이 필요된다. 사회 조직은 사회 질서 구축의 중요한 주체이며 사회 관리의 담당체와 대상이며, 사회조직을 규범화하고 이끌고 이로써 사회질서를 실현하는 사회조직체제로, 사회생활의 변화를 반영하였을 뿐만 아니라 사회가 조직될 수 있는 내재적 논리도 반영하였다.

개혁개방 이래 중국 사회 조직의 성장과 발전에 대한 실천은 중국의 사회조직의 독특한 생성기제와 운영논리를 드러냈다. 시장화, 글러벌화와 네트워크화는 현대 중국 사회조직의 변화에 중요한 영향을 주고 있다(딩후이핑丁惠平, 2017). 모두 알다시피 1949-1978년 사이의 중국의 사회조직의 역사적 특징은 계획경제체제 하의 '국가-단위-개인'을 일원주체로 하는 사회 관리의 형식이었으며 이는 개혁개방 전의 중국사회가 인정하는 기초적인 원칙이었다. 개혁개방 이래 중국 사회의 조직의 형태에는 중요한 변화가 일어나 전통적인 '개인이 단위에 의지하고 단위에서 국가에 의지하는' 국면이 사라졌고 개인은 점점 더 시장으로 나아갔으나 이 과정에서 공공물품에 대한 개인의 수요는 국가에 대한 의존도를 줄이지는 못하였다. 20세기 90년대 초에 중국의 시장경제 개혁의 추진에 따라 중국 사회는 빠른 발전 시기에 들어갔으며 전통사회의 질서가 바뀌는 과정이 빨라졌고 사회의 자주성도 증가하기 시작하였으며 사회 구조와 이익의 국면에서 중대한 변화가 나타났다. 그 구체적인 내용은 다음과 같다.

첫째, 시장의 발전은 개인의 이익과 개인의 이익을 둘러싸고 설립된 여러 사회단체, 소직의 산생을 추진하였는데 가령 건물주위원회(業主委員會), 항업협회(行業協會), 상회(商會) 등이 바로 그것이다. 개혁개방 정책의 실시는 중국이 사회주의시장경제체계를 핵심으로 하는 시장화발전 노선으로 가는 길을 터놓았다. 경제시장의 인도로 들어온 이성적인 시상과 경제 기제는 점차 사회생활의 영역에 만연되었다. 전통적인 계획경제체제구자가 점차 흔들리는 과정에서 끊임없이 새로 생겨나는 경제시장의 영역에서는 새로운 시장관리주체와 상응하는 관리 기제를 도입할 것이 필요하였다. 이런 배경에서 이를 테면 항업협회, 상회, 농업경제합작조직 등 경제류의 조직은 경제와 시장 관리의 중요한 도구와 담당체가 되기 시작하였다. 국가는 의식적으로 이런 항업류의 사회조직의 발전을 지지하고 도움을 받기 시작하였으며 관련 지원정책을 제정하여 항업류의 사회조직의 활동범위, 운영규칙, 자원보장 등 내용을 확정하여 경제관리 영역에서의 사회조직의 우선적인 발전을 추진하였다.

둘째, 경제체제개혁이 주도한 개혁개방은 사회의 활력을 풀어주고 증가시켰으며 사람들이 자주적으로 연합해서 자신의 생산 활동을 관리하려는 욕구와 능력이 제고되었다. 시장화의 전환에 따라 80년대 이래 지속적으로 추진된 정부 기제의 개혁도 사회조직의 발전에 일정한 공간을 제공해 주었다. 대량의 원래의 정부기구, 사업단위에서 분리하여 나온 기구의 전환은 공공서비스와 사회 관리에 참여하는 사회조직, 그와 관련된 정부 역역의 기능과 사무의 전이, 대량의 사회단체, 민간비기업단체의 성장과 발전에 제도적 기반을 마련해 주었다. 1995년에 북경에서 열린 세계부녀대회는 중국의 사회조직의 발전에서의 이정표가 되는 사건이다. 중국에서의 국제기구의 사업은 신속하게 추진되었고 사람들에게 관건적 이념, 즉 사회지역의 대중이 자발적으로 조직을 만들어 자신의 발전을 추구할 수 있고 이를 통해 참여와 능력의 제고를 실현할 수 있다는 것을 알려주었다. 그 후 중국사회에는 하나의 특정된 정보가 전파되기 시작하였는데 그것은 바로 사회의 대중들은 자발적으로 조직을 만드는 방식으로 전 사회의 공공업무에 참여할 수 있다는 것이었다(타오촨진陶傳

進, 2018). 바로 이러한 배경에서 중국의 사회조직 정책은 그게 적합한 기제를 갖출 수 있었다. 2007년부터서 시작하여 중국은 공식적으로 사회조직으로 '민간조직'을 대체하였는데 한편으로 당의 16차 6중전회와 당의 17차 대표대회가 민간조직을 사회의 건설과 관리, 건설과 조화의 사업에 대거 포함시켰기 때문이고 다른 한편으로는 민간조직은 정부와 대립된다는 사회의 그릇된 인식을 바로잡기 위한 것이었다. 정부, 기업과 달리 사회조직은 비영리성, 비정부성, 독립성, 자원성, 공익성 등 기본 특징을 가지고 있다. 이런 면에서 사회조직은 사회단체, 기금회와 민간비기업단위 세 가지 부류로 나뉠 수 있다. 사회단체는 공민이나 기업단위에서 자발적으로 결성하고 규정에 따라 활동을 전개하는 사회조직으로, 행위성사회단체, 학술성사회단체, 전문성사회단체와 연합성사회단체 등이 포함된다. 기금회는 재산 기부를 통해 공익사업에 참여하는 사회조직으로, 공모기금회와 비공모기금회로 나뉜다. 민영비기업단위는 기업사업단위, 사회단체와 기타 사회역량 그리고 공민 개인이 비국유자산을 이용하여 설립한 사회서비스활동에 종사하는 사회조직을 가리킨다. 민영비기업단위는 주요하게 교육류(여러 가지 사립학교), 위생류(여러 가지 민영병원), 체육류(여러 가지 체육클럽), 문화류(여러 가지 민영 문화센터), 과학기술류(과학연구소), 사회복지류(양로원), 공익자선류(지원서비스중심) 등 사회의 여러 영역으로 나뉜다. 2017년에 실행한 '민법총칙'은 사회단체, 기금회와 민영비기업단위 이 세 가지 큰 부류의 사회조직과 사업단위를 함께 비영리법인의 부류에 포함시켰는데 중국의 사회조직에 대해 볼 때 이것은 이정표의 의미가 있다. 사회조직은 이로부터 법률의 층위에서 관리체계에 편입되었고 법적 신분과 관리주체로서의 지위가 관리의 보장이 되었다.

셋째, 사회자주공간의 확대, 풀뿌리 힘과 풀뿌리 군체의 활발한 성장, 예를 들면 종교단체, NGO, 네트워크 군체 등이다. 개혁개방 이래 시장화와 세계화의 발전, 특히는 정보화, 도시화의 진행, 중국 사회생활 영역의 자주성과 자발적인 조직의식과 능력의 제고는 아래로부터 위로 향하는 역량으로, 부단히 사회조직을 추동하여 더 빨리 발전하게 하였고 다원화 합작의 발전 방향을 더욱 잘 체현하게 되었다. 이런 사회 자체에서 촉발된 자주성 발전은 대량의 풀뿌리 지역사회의 발전을 충분히 체현하였다. 중국의 실천에서 대량의 등록하지 않은 국가권력 이외의 형태의 비법인단체, 예를 들면 건물주 위원회, 동창회, 고향사람모임, 가수팬 등이 나타났다. 그러나 사회의 자주적 발전의 목표와 방향은 꼭 정부에서 예정한 목표와 방향과 완전히 일치한다고 볼 수는 없기 때문에 사회의 역량과 정부의 역량 사이의 긴장 관계를 형성하였다. 캉샤오광(康曉光)과 한헝(韓恒)은 연구에서 중국 대륙의 정부가 여러 부류의 사회조직에 대한 통제는 '분류통제'라고 하였다. 정부는 공회의 조직, 협회의 조직, 종교 조직, 지역사회의 조직 등에 대해 분류하여 등기통제, 관리구조통제, 활동통제와 자원통제 등 여러 가지 통제 전략을 사용하는데 이는 일정한 의미에서 사회조직의 활력을 제약하였고 사회조직이 그 우세인 자주성을 발휘하기 어렵게 하였다.

사회조직 자체의 위치 정립과 정부와 관계에 집중해 보면 중국공산당 18차 대회에서는 사회체제개혁을 심화하자는 것에서 출발하여 사회 관리체계를 빨리 형성할 것을 제기하고 구조성 지원의 입장에서 정부와 사회의 분리, 권리와 책임의 확정, 법에 의한 관리를 원칙으로 하는 현대 사회 조직 체제를 빨리 형성할 것을 요구하였다. 18회 3중 전회에서는 사회관리 체제를 새롭게 하고 사회조직의 활력을 높이자는 새로운 요구와 새로운 계획을 제기하였다. 이는 중국의 사회건설이 이미 사회 관리의 창신에서부터 사회 관리를 추진하는 새로운 시기에 진입하였음을 예고하는데 그 핵심은 전환기 시장경제와 부합되는 사회체제를 형성하고 그 발전을 추진하는 것이다. 사회 건설이 2020년에 전면적으로 '소강사회(小康社會)'를 실현하는데 높은 품질의 서비스를 제공할 수 있는지 여부는 사회의 양성 운행에 달려 있다. 좋은 사회질서는 본질적으로 사회 가치가 인정을 받은 결과이며 좋은 사회 질서의 유지는 그와 짝을 이루는 사회체제에 의존한다. 사회체제와 정치제제, 경제체제, 문화체제는 각각 사회의 양성 운행에 필수적인 구조적 기능을 담당하고 있는데 그것의 효과적인 운행은 한 국가가 어떤 방식으로 사회 질서에 영향주고 있으며 어떤 방식으로 사회의 공공 자원을 분배하고 있는지를 반영할 수 있다. 공공상품의 배정에 따라 확립된 일련의 제도적 배치는 늘 사회복지제도, 사회조직방식과 사회의의체계로 표현되며 사회복지제도와 사회의 조직방식은 '사회체제'의 주요한 구성부분이다. 현재 경제체제의 개혁에 비해 중국의 사회체제의 개혁은 그 폭과 깊이에서 모두 뒤떨어진 상태여서 새로운 단계의 경제사회 발전의 수요에 적응하기 어렵다. 사회체제 개혁의 추진은 관련 제도와 환경의 개선에 의존할 뿐만 아니라 전업화된 현대사회조직의 참여가 있어야 한다. 사회건설이 지속적으로 심화됨에 따라 사회관리가 새롭고 효과적으로 진행됨에 따라 중국의 사회조직 건설은 새로운 시대에 진입하였다. 새로운 시대에 진입함에 따라 중국의 사회조직에는 더욱 명확한 위치가 설정되었다. 사회조직은 중국 특색의 사회주의 사업의 '오위일체'의 총체적 구상에 편입되어 새로운 시대에 전방위적으로 국가건설에 참여할 수 있는 중요한 역량이 되었다. 중국공산당 19차 3중

전회는 사회조직을 당과 국가 기구 개혁의 일부분으로 설정하였으며 사회조직은 처음으로 국가의 가장 큰 층위의 구조로서 개혁 설계를 받았고 당과 국가 기구 개혁의 총체적계획에 편입되었다. 사회조직은 중국공산당의 전체 국면을 확정하고 조절하는 중요한 주체적 역량이 되었다. 중국의 사회조직의 법률체계가 완성되고 정보감독관리 체계와 신용상벌 체계 등이 확립됨에 따라 사회조직은 발전의 새로운 기회를 맞았고 기층관리에 참여하고 서비스를 제공하는 방면에서 대체할 수 없는 중요한 역할을 하고 있다(중국사회조직보고, 2018년)

2. 중국특색의 사회조직체계

사회조직에는 여러 가지 분류 기준이 있는데 중국의 사회조직의 유형은 더욱 복잡하다. 사회조직은 발전은 특정한 사회의 시대의 조건에서 진행된 것이며 사회조직 발전의 내적 논리에서 사회조직의 발전에 대한 여러 이익주체의 의도를 체현하는데 이런 의도 자체는 사회 조직의 발전과 자체의 위치의 정립에 영향을 준다. 중국의 사회조직의 발전은 선명한 '쌍궤제(雙軌制)'(胡薇, 2013)의 특징을 보이는데 위에서 아래로 향하는 경로와 아래에서 위로 향하는 두 가지 경로가 있으며 정부와 사회의 두 가지 역량의 영향을 받는다. 세부적으로 말하자면 중국의 사회조직의 발전은 아래와 같은 세 개 다른 층위를 보이고 있다.

당위정부가 주도하는 사회조직. 즉 계획체제 하에서 단위제도의 방식으로 만들어진 사회조직, 즉 공회, 공청단, 부녀연합회의 기층조직은 체제와 고도로 합치되어 경비에는 재정적 보장이 따르고 조직의 네트워크가 구전하며 특정한 집단을 위해 서비스와 과학, 기술, 문화, 위생, 사회서비스, 사회보장을 제공하는 등 사회사업의 발전을 위해 일한다. 이런 조직들은 정당과 정부 기능이 사회영역으로 확장된 것으로 볼 수 있는데 당과 정부가 사회업무를 발전시키는 주요한 기반이 되며 정부와 사회가 소통하는 매개체이기도 하다. 이런 조직의 운영은 매우 큰 정도에서 당위정부의 의지의 영향을 받는데 그 행위에는 행정 색체가 더 짙은 동시에 사회적 활력과 효율이 부족하고 현실사회의 수요를 자주 이탈하는 문제가 존재한다.

개혁개방 이래 법을 기준으로 형성된 새로운 형태의 사회조직. 이런 사회조직은 주로 일부 지식인, 기업가가 추진하여 설립한 것인데 민영비기업단위, 사회단체, 기금회 등을 포함한다. 이런 조직들은 체제 밖에 존재하며 법에 근거하여 등록하고 정부의 감독과 관리를 받으며 스스로 경비를 마련하고 사회화 혹은 시장화 운영을 하며 정부에서는 그에 대해 선택적으로 지원을 하는데 이는 여러 기능 유형의 새로운 사회조직의 발전이 고르지 못하고 활력과 문제가 병존하는 양상을 초래하였다. 이런 사회조직의 형성과 발전은 지식 엘리트와 경제 엘리트의 역할을 떠날 수 없는데 그들은 강열한 사회책임감, 혹은 자신의 영향력을 강화하기 위한 수요에서 출발하여 사회조직을 통해 사회의 공공 사무에 참여한다. 지역사회는 사회건설과 사회관리의 기초공간으로, 전국에는 70만 개에 도시와 시골의 자치조직이 지역사회의 서비스와 관리에서 중요한 역할을 하고 있다. 정식으로 등록한 사회조직 중에는 대량의 '위로부터 아래로'의 사회조직이 존재한다(정부에서 창설한 사회단체, 정부에서 창설한 기금회 등). 즉 개혁개방 이래 중국정부가 추진한, 성부와 사회를 분리하는 과정에서 정부 체계 내의 일부 조직이 변하여 형성된 사회조직, 예를 들면 일부 전문성사회단체 등이 이에 속한다(구신顧昕, 왕쉬王旭, 2005). 이런 조직에 대한 정부의 신임 정도는 매우 높은데 일반적으로 인사, 재정 등 방면에서 제약적 수단을 사용하며, 이런 조직도 더 쉽게 정부의 여러 측면의 지원을 받아 각자의 영역에서 모종의 독점 지위를 차지하고 있다.

민간사회에서 유래한, 대중이 자발적으로 형성하고 활동을 전개하는 대량의 느슨한 형태의 자발성조직. 이런 조직은 대다수가 법에 따라 등록을 하지 않았지만 기층 사회 생활에서 매우 활약적인 상태를 유지하고 있는데 예를 들면 네트워크동아리, '광장춤' 군체, 거우회(車友會), 지역 사회 '풀뿌리' 조직 등이 그러하다. 이런 사회조직은 사회의 대중에 의해 만들어졌으며 흥미가 서로 투합하거나 모종의 관련 이익에 대한 추구 등으로 인해 형성된 것이며 여러 가지 흥미의 만족 혹은 이익의 획득을 추구하며, 그들은 숫자상에서 백만 단위로 계산되지만 체제와의 관련은 크지 않고 늘 정부의 지원과 감독 밖에 있다. 20세기 90년대 이후에 상술한 '아래로부터 위로' 발생하고 자주적으로 운영하는 민간 조직은 정부의 체제 밖에서 신속하게 발전하여 2000년 이후에 민간의 자발성 사회조직의 숫자는 신속하게 증가하였다. 그 자원은 매우 다양한데 정부의 자원에 완전히 의지하지 않지만 사회서비스, 환경보호, 항업관리, 권익수호 등 면에서 발휘하고 있는 역할은 점점 커지고 있다. 쉬퉁우(徐彤武, 2018)는 새로운 시대 중국의 '민간사회조직'의 범위는 벌써 목전의 국내법이 정한 '세 가지 큰 부류'의 사회조직을 훨씬 초월했으며(민정계통에서 관리하는 사회단체, 기금회와 사회서비스기구), 유엔을 중심으로 한 다변국제체계 내에서 여러 해 동안 통용된 '민간사회(Civil Society)'

의 개념에 근접하고 있다. 국제사회에서 공인하는 '민간사회'의 기본 함의는 당대 여러 국가 공민이 자원에 의해 만들었고 공공 사무를 관심하며 비영리성사업에 종사하는 민간(비정부성) 조직 혹은 그것들의 집합체에 대한 범칭이다. 낭대 중국의 사회조직의 풍부하고 다채로운 조직실천과 조직 현상은 일정한 정도에서 국내의 현행 사회조직에 대해 분류하여 관리하는 행정 관리의 틀에서 벗어났는데 이런 현상은 국제사회의 보편적인 이해와 공통된 인식에 부합되는 것이다. 새 시대 중국의 사회 관리의 매우 긴박한 책임 중의 하나가 바로 사회 관리의 실천에 비해 낙후되어 있는 체제기제의 속박과 법률 법규의 장애를 없애고 여러 가지 다양한 민간사회조직이 갖고 있는 사회 활력을 살리며 사회의 자기조절, 자기복무, 자기관리의 능력을 제고하는 것이다.

여러 사회 조직은 다른 배경에서 산생되었고 다른 존재형태, 운영 기제와 기능을 갖고 있으며 그로 인해 현유의 체제의 겸용성과도 다 차이가 있다. 상술한 세 가지 부류의 사회조직 사이에는 분공도 있고 합작도 있어서 중국특색이 있는 사회조직체계를 구성하였다. 정부의 입장에서 볼 때 사회조직이 사회 관리의 국면에서 중요한 조절 작용을 발휘하고 당의 18차 대표대회에서 현대사회조직체계를 형성하고 추진할 것을 제기하고 19차 대표대회 보고에서 사회조직을 중국 특색이 있는 사회주의사업의 '오위일체'의 총체적 국면에 포함시킨 이후 사회조직은 새 시대의 국가건설과 발전 사업에 전방위적으로 참여하는 중요한 역량으로 인정되었다. 당의 19차 대표대회 보고는 사회조직이 사회 관리에서 발휘하는 적극적인 작용에 대해 여러 번 언급하였다. 사회주의협상민주에 대해 언급할 때 사회조직의 협상작용을 강조하였고 사회의 관리를 새롭게 하고 환경관리체계를 구축할 것을 이야기할 때 사회조직의 역할을 강조하였으며 기층 당 조직의 건설을 이야기할 때 사회조직의 당 조직의 작용과 사회조직 에서 당원을 발전시킬 것을 강조하였으며 보장을 제고하고 민생 수 준을 높일 것을 이야기할 때 자선사업을 발전시키는 것의 역할을 강 조하였으며 사상도덕건설을 이야기할 때 자원서비스의 제도화하는 것의 역할을 강조한 것 등이다. 새로운 시대, 새로운 발전 도로에서 사회조직의 역할은 다양하여 정치건설, 경제건설, 사회건설, 문화건 설, 생태문명건설과 당의 건설 등 다양한 영역을 포함하였다.

3. 사회관리 전환 중의 사회조직

20세기 중엽 이래 중국의 사회조직은 단위사회, 쌍궤제사회 및 사 회관리를 향해 전환하는 단계 등을 거쳤다. 관리 전환의 과정은 마 찬가지로 관리의 주체가 부단히 자신을 발전시키고 관리를 실천하 는 현실적 과정이다. 물론, 중국이 여전히 사회주의의 초급 단계에 처해 있는 상황에서 중국특색이 있는 사회주의 관리 현대화의 새로 운 단계에 들어섰다. 중국의 사회주의 현대화 건설은 새로운 시대에 진입하였으며 이 새로운 시대의 중요한 특징이 바로 중국 사회의 주 요 모순에 역사적인 전환이 발생하여 "인민들의 날로 성장하는 아름 다운 생활에 대한 수요와 균형적이지 못하고 충분하지 못한 발전 사 이의 모순"으로 된 것이다. 사회조직은 중국의 사회주의 현대화 건 설의 중요한 역량이며 또 중국의 새 시대의 주요 모순을 해결하는 역동적인 힘이다.

사회 관리의 현대화 과정에서 사회조직은 어떻게 자신의 조직 우세를 관리 우세로 전환할 것인가? 우리는 새로운 시대의 사회관리 전환의 전체적인 배경에서 중국의 사회조직이 발전하는 내재적 논리, 주체성건설 그리고 작용과 영역 및 방법 등 문제를 잘 인식해야 한다. 간략하게 말한다면 중국의 사회조직의 발전에는 세 개의 기본적인 목표와 작용 방식이 있다. 첫째, 경제 발전 수준이 부단히 높아지는 배경에서 사회조직을 발전시키는 것은 사회모순을 해결하고 사회서비스수준을 높이는 중요한 근거이다. 둘째, 시장화 배경에서 정부의 기능을 전환하고 정부의 규모를 정예화하려면 사회조직이 더 많은, 예전에 정부에서 담당하였던 기능과 새로 나타난 사회서비스 기능을 담당하는 길로 나아가는 것이 필수적이다. 다음으로, 사회조직의 발전은 사회의 자발적 조직, 자기관리와 자기서비스 능력을 제고하고 인류의 현대화와 사회의 문명화를 진일보 제고하는데 도움이 된다.

사회건설 문제를 둘러싸고 사회조직을 발전시켜, 그것이 사회건설의 사회세포가 되도록 해야 한다. 중국공산당 제16차 4중 전회에서는 처음으로 "조화로운 사회주의 사회를 건설하는 것"을 집정 능력 건설의 중요한 목표로 제기한 뒤에 '사회건설'은 중국의 정계와 학술계에서 토론하는 심각한 의제가 되었다(황샤오춘黃曉春, 2015). 새로운 시기의 사회 건설은 '오위일체'의 불가결의 요소일 뿐만 아니라 소강사회를 전면적으로 건설하고 개혁을 전면적으로 심화하는 중요한 동력이다. 사회 건설에서 해결해야 할 근본적인 문제는 인민이 인정하는 사회주의사회를 건설하는 것이다. 사회건설의 중요한 임무는 바로 정부와 사회의 관계를 명확히 하고 사회의 공정성을 발전시켜 더 많은 사람들이 중등수입의 단계에 진입하게 하는 것이므로 사회체제개혁과 사회관리 체제의 창신을 더 빨리 추진해야 한다.

사회관리 체제는 심층적인 수준에서 여러 사회의 심리상태와 질서의 특징을 정확하게 이해하는 기초에서 제도적 배치의 층위, 사회생활의 층위 그리고 심층적인 문화구조의 층위에서 사회의 공공서비스의 공급을 부단히 풍부하게 하고 발전시켜야 한다. 동시에 여러 군체를 합리적으로 인도하여 여러 층위의 사회 심리상태의 질서를 구축하고 인민 대중들에게 안정적인 예상과 희망을 주며 그로부터 사회의 공정주의를 추진하여 개혁의 발전에 안정적이고 양성적인 사회질서의 기반을 제공해야 한다.

중국의 사회구조 변천과 관리의 전형 과정에서 사회조직은 사회건설과 사회발전에 모두 중요한 의의가 있다. 한편으로 이론계에서는 사회조직의 발생과 발전을 중국사회의 재조직화의 중요한 경로로 보며, 사회조직을 사회 역량의 담당체로 간주하여 더욱 주목하고 있다. 다른 한편으로 사회건설이 정부의 틀과 국가의 전략을 기초로 '민생을 중점으로' 할 것을 강조하기 때문에 사회조직은 사회생활에 근접하여 사회서비스를 제공하고 사회문제를 해결하는 효능을 갖게 되었으며 국가에서도 점차적으로 그 발전공간을 확대하고 여러 가지 자원을 투입하고 있다. 20세기 90년대 중기 이래 중국의 사회조직은 규모나 양이나 유형에서든 아니면 사회 기능에서든 모두 큰 발전을 가져왔다. 특히 2006년에 사회주의를 건설하고 사회를 조화롭게 한다는 중대한 결책이 정해진 이후 사회조직은 그 발전의 속도가 더 빨라졌다. 사회조직은 민생을 보장하고 사회생활의 양질의 질서를 구축하는 면에서 중요한 역할을 발휘하고 있다. 2012년부터 지금까지 중앙재정에서는 해마다 2억 원의 전문적인 자금을 투입하여 사회조직이 사회서비스에 참여하는 것을 지원하고 있다. 2013년 9월, '정부에서 사회적 역량으로부터 서비스를 구매할 데 관한 국무원판공청의 지도의견'의 반포에 따라 각지의 정부에서는 정부 기능의 전환을 가속화하여 원래 자신의 손에 장악하고 있던 기능을 가능한 한 사회조직으로 전이하였다. 2016년에 재정부, 민정부에서 연합으로 발표한 '정부에서 서비스를 구매하여 사회조직의 육성과 발전을 지원할 데 관한 지도의견'을에서는 "무릇 사회조직이 제공하기에 적합한 공공서비스는 최대한 사회조직이 담당하게 할 것"을 강조하고 "정부에서 공공서비스를 구매하는데 사용한 지출 중 새로 증가한 부분에서 사회조직으로부터 구입한 비중이 원칙적으로 30%보다 낮아서는 안 된다"라고 하였다(타오촨진陶傳進, 2018). 사회조직은 전문 능력을 갖고 있어야만 정부의 공공서비스 기능의 전이를 감당할 수 있다. 사회조직의 생태체계 건설은 사회조직이 전문적인 서비스 능력을 갖추게 하고 높은 수준의 서비스 체계를 갖추도록 하는 것이다. 사회조직의 생태체계는 하나의 분층, 합작의 조직체계로 조직생태체계의 첨단 위치에 처해 있는 것은 중추적 역할을 하는 지지성 조직이며, 그것은 기타 사회조직에 지원 서비스를 제공하고 정부와 사회조직 사이에서 유대와 교량의 역할 및 종합정보 플랫홈, 사회의 상황과 민간의 의견을 소통하는 플랫홈 등 역할을 하여 항업의 감독과 자율성을 발휘하게 하는 역할을 한다. 조직생태의 두 번째 층위는 성숙되고 안정적이며 과학적인 조직 내부 관리체계를 구축하고 조직 자체에 자기 제고와 발전 능력을 갖추게 하는 것이다. 조직생태체계의 세 번째 층위는 기층 지역사회에 기반을 두고 그 지역사회, 관학지역과 지역 내의 현지 주민의 사회조직에 서비스를 제공하는 것이다. 상술한 세 개 층위의 사회조직이 모두 건강하게 발전하고 서로 합작하여 하나의 완전한 조직생태체계를 구성할 때 사회는 자기조절, 자기관리의 역량을 갖추게 될 것이다.

사회 전형의 배경 하에서의 사회관리 주체. 중국의 사회조직의 발전의 기능에 대한 위치 설정은 사회 관리의 기능이 새롭게 전환됨에 따라 점차적으로 민생 건설을 중시하고 공공서비스를 제공하던 데로부터 사회관계의 조절에 참여하고 사회의 연합을 추진하는 데로 전환되었으며 이로부터 주체적 건설을 강화하였다. 현재 중국은 급격한 사회의 변화를 겪고 있는데 일부 심층에 있던 모순과 문제가 점차 드러나고 있어서 점점 개방적이고 세분화된 사회 속에서 새롭게 사회의 다원화된 역량을 모으고 흡인하여 함께 사회 관리의 새로운 형식에 참여하도록 해야 한다. 최근 중국의 사회관리 체계와 관리능력 건설은 부단히 새로운 발전을 취득하여 심도 있는 글로벌화의 배경과 개방, 이동적인 사회형태에서 중국 특유의 당위원회, 정부, 사회역량의 다원화 관리구조의 역사적 진행을 추진하였다. 사회 관리와 인민대중의 획득감, 행복감, 안전감은 매우 밀접한 관련이 있으며 다원화된 주체의 합작과 공동 관리를 통해 추진하는 사회 관리의 실천도 사회관리 체제의 창신을 추진하고 있다. 사회관리 체제의 창신은 다원화되고 복잡한 실천 창신에 대한 개괄인데, 비록 사회관리 구조가 여러 공공의제 중에서 여러 가지 조합방식이 있기는 하지만 사회 관리의 원칙과 방향은 일치하다. 즉 공동으로 건설하고 공동으로 관리하며 공공으로 향유하는 사회 관리의 국면을 만들어 사회관 리 체제의 구축과 완성을 추진하는 것이다.

중국의 사회조직의 전체적인 발전 맥락을 살펴보면 1949년 전에 황권과 지방자치 사이에 처해 있던 '중간층'으로부터 1949년 이후에 단위제의 주도 하에 발전이 정지되고 상대적으로 변두리에 처해 있던 지위로, 다시 개혁개방 이후에 정부의 권력의 기층으로의 분산과 공간의 방출로 인해 점차 확장된 사회영역에서 사회조직이 경제영역에서의 역할을 하던 데로부터 점차 사회 영역의 공익사회서비스를 제공하는 데로, 다시 새 시기의 사회관 조건에서 공공서비스와 이익관계 조절을 진행하는 새로운 역할을 하는 데로 발전하였다. 사회조직은 이 발전 과정에서 점차적으로 사회에 기반한 주체성과 주요성을 획득하였다. 사회관리 과정에서 사회조직이 부담하는 사회기능은 진일보 확대될 것이며 이로부터 점차적으로 '사회조절, 공공참여'의 역할을 발휘하는 사회관리의 주체가 될 것임을 예측할 수 있다. 사회조직이 다원화 공동관리에서 중요한 관리주체가 될 것이라고 보는 것은 그 조직 특성과 큰 관련이 있다(황샤오춘黃曉春, 장둥수張東蘇, 2015). 첫째로, 사회조직은 공중과 민간사회의 조직적 특성을 보유하고 있는데 이는 사회조직이 특정된 사회 군체의 이익을 대표하는 성격을 지니게 하였다. 그러므로 여러 사회조직을 흡수하여 다중심적 관리네트워크에 편입시킬 수 있으며 이로부터 사회의 여러 이익 집단의 요구를 더 잘 조절하여 장기적으로 효력을 발생할 수 있는 사회의 자기조절 기제를 추진할 수 있다. 둘째로, 대다수의 활력을 갖춘 사회조직은 모두 비교적 높은 사회적 신망과 공중신임 기반을 가지고 있는데 이런 사회조직이 사회 관리에 참여할 때 광범한 사회합법성을 기초로 하는 사회질서를 형성할 수 있다. 다음으로, 사회조직은 더 융통성 있는 수단으로 사회 구성원들을 동원하고 교육하여 사회질서를 유지하고 효과적으로 사회의 자기조절 기능과 자기서비스 기능을 높여서 정부의 행정관리 비용을 낮출 수 있다.

셋째로, 사회조직의 자조직. 인류사회의 발전의 과정은 또한 관계유대가 사회재조직의 실천을 추진하는 과정이기도 하다. 현대 경제사회의 빠른 발전과 관리 전환은 사회관계 유대와 그 성격의 변화를 일으켜 사회질서의 구축에 지속적인 변화를 일으켰고 전통적인 구조를 기반으로 한 사회성이 점차적으로 새로운 사회성에 의해 대체되게 하였으며 사회질서의 구축방식과 함의의 변화를 추진하였다. 사회 구성원 개체와 그 상호 관계 유대에 의해 뭉쳐진 사회조직은 일정한 정도에서 이런 변화의 영향을 받아 그 내부에 여러 가지 사회적 특징이 나타나게 하였다. 21세기에 진입한 이래 중국이 날로 글로벌 경제체계에 녹아들게 됨에 따라 외부의 환경이 국내의 경제사회에 미치는 영향을 날로 뚜렷해 졌고 정보기술의 빠른 발전과 그것이 사회생활에서의 보급은 사회의 생산방식, 생활방식 그리고 사람들의 행위방식에 모두 큰 변화가 발생하게 하였으며 관계유대의 변화는 인류사회의 세기적 변화를 관찰하는 창구가 되었다. 사람들 사이의 관계 연결과 조직형태는 끊임없이 발전하고 변화하였으며 개인 사이의 공유로부터 공공 공유로 전환됨에 따라 전통적인 단체적 행동이 필요로 하던 비용을 크게 감축하였고 약한 연대 관계(weak ties)가 진정으로 전체 사회의 운영을 추진하는 관건적인 역량이 됨에 따라 사회통합의 난도가 더 커지는 도전에 직면하였다. 이와 대응되는 것은 사회관계의 조직 담당체로서, 사회조직과 그 조직성행위는 이로부터 개인이 더 넓은 사회와 연결되는 매개체가 되었다는 점이다. 인터넷기술, 자신의 사회행동을 확대하는 네트워크를 빌리는 과정에서 사회조직은 자신의 조직의 구축을 실현하였고 그것을 기초로 그 매개체의 지위와 역할을 드러내었다. 여러 가지 형태와 단계에 처해 있는 사회조직은 모두 현실적으로 사회의 질서와 합작의 달성에 역할을 한다. 바로 우리가 보았다시피 사회의 구성원 개체 그리고 서로 간의 관계유대는 사회조직의 실체를 구성하였다.

21세기에 들어선 이래 기층 지역사회, 민간의 사회조직 심지어는 일반적인 공민에 이르기까지 모두 일정 정도에서 사회 관리의 주체가 되었고 적극적으로 사회관리의 실천에 참여하였다. 기층 지역사회의 실천으로부터 보면 주택을 상품화하는 개혁이 진행됨에 따라 기층의 지역사회의 생활은 행정관리체계의 영향에서 점점 멀어져 갔고 날로 그 사회성을 드러내게 되었다. 가령 주민 구역의 물류관리회사, 건물주위원회 등은 각각 다른 '관계공동체'에 소속되어 모두 공식적인 조직의 특징을 지니고 있지만 그들 사이에는 예속 관계가 성립되지 않으며 이런 조직이 사회의 공공 사무를 처리할 때 늘 '지역사회 공동관리'의 구도 속에 들어가 공공사무를 둘러싸고 일련의 동태적인 과정의 협상을 진행하며 협상의 최종 목적은 공공이익을 기반으로 하는 합작 형태를 구축하는 것이다(리여우메이李友梅, 2007). 미시적인 기층 지역사회와 비슷하게 사회공공문제의 관리 과정에서 사회조직의 참여는 불가결의 요소인데 프로젝트 형태의 확대와 상응하게 진행된, 최근 흥기하기 시작한 '공익창업투자'가 바로 경제 영역의 '리스크투자', '창업투자'의 이념을 공익서비스의 영역에 끌어들여 이로써 자금의 사용 효익을 높이고 정부에서 공익서비스 기능을 정규적이고 전문적인 사회조직에 다 잘 '위탁하게' 함으로써 사회공익 문제의 효과적인 해결을 추진하도록 하는 것이다(징이자敬乂嘉, 2013).

바로 이런 사회 관리의 전환이 사회조직의 발전에 객관적인 조건을 마련해 주었으며 이로부터 사회조직은 사회관리에 참여하는 중요한 주체로서 그 중요한 역할을 드러내기 시작하였다. 이를테면 상해에서 현재 등록한 청년사회조직의 숫자는 5000개에 이르는데 청년사회조직과 그들이 발기한 도시운동, 공익사업은 점차 상해의 도시 발전을 추진하는 중요한 역량으로 되고 있다. 상해청년공익연맹, 상해청년사회조직연맹과 여러 공익서비스센터의 설립은 청년사회조직에 공익자원을 공유하고 공익프로젝트를 싹틔울 수 있는 조건을 마련해 주었으며 청년사회조직이 사회 관리와 기층건설에 참여하는데 넓은 무대를 제공하여 청년사회조직이 전면적으로 발전하고 광범위하게 참여할 수 있는 기회를 얻을 수 있게 하였다. 이런 청년사회조직의 활동 형식은 매우 다양한데 자금과 물자의 지원, 교육과 계몽 활동의 개방, 공익서비스의 제공, 조사연구 등이 포함된다(중신망中新網, 2015-1-13). 이런 사회조직의 참여는 현실 속의 사회문제를 해결하는 효율과 수준을 높일 수 있을 뿐만 아니라 동시에 합작 과정에서 비교적 밀접한 사회네트워크를 구축할 수 있어서 사회의 단결을 추진하고 이로부터 사회질서를 새로 구축하기 위한 기반을 마련할 수 있다.

'사회조직청서: 중국사회조직보고(2018)'(황샤오융, 2018)에서는 새로운 시대 중국의 사회조직의 발전은 새로운 역사적 기회를 맞이하는 단계에 접어들었다. 우선, 새로운 시대의 주요사회모순을 해결하기 위해서는 사회조직이 더 큰 역할을 할 것이 필요하다. 사회조직은 한편으로 중국의 도시와 시골의 기층 지역사회라는 이 주요 영역에 발을 붙이고 적극적으로 사회 관리에 참여하며 도시와 시골의 지역사회 주민들에게 더 좋은 서비스를 제공하여 사람들의 날로 늘어나는 아름다운 생활에 대한 수요를 만족시켜야 한다. 다른 한편으로 사회조직은 반드시 중국의 영역을 벗어나 해외로 발을 내디며 국제사회와 '일대일로'의 국제 합작과 민생서비스 영역의 사업에 참여하여야 한다. 다음으로, 사회조직은 정부의 사회관리 창신을 실현하는 주요한 의지 역량이 될 것이며 인민들이 질서 있게 정치에 참여하기 위한 협상주체가 될 뿐만 아니라 사회주의협상민주와 전 사회의 문명 정도를 높이는데 적극적인 역할을 발휘하게 될 것이다. 그 다음으로 공동으로 건설하고 공동으로 관리하며 공동으로 향유하는 사회정치의 국면을 만들려면 사회조직의 참여를 더욱 떠날 수 없다. 사회조직의 주체성은 또 한창 점차적으로 새로 증가된 서비스 영역의 주력군이 된 데에서도 반영된다. 사회조직은 교육, 취직, 의료, 사회보험, 양로 등 기본공공서비스 영역에서 날로 중요한 서비스제공자가 되고 있다. 새로 증가한 공공서비스 영역에서 사회조직은 주력군의 역할을 하고 있다. 사회 요구가 부단히 증가하고 사회조직의 새로 증가된 서비스 영역이 매년 확장됨에 따라 보조교육, 장애인지원, 청소년, 외래인구, 환경보호, 사회지원, 법률지원, 특수인 단체에 대한 서비스, 사회사어서비스 등 다양한 영역에서 사회조직은 부단히 서비스의 넓이와 깊이를 확대하여 이미 대체할 수 없는 주요 역량으로 부상하였다.

참고문헌

埃裏克·霍弗, 2011, 『狂熱分子: 群眾運動聖經』, 南寧: 廣西師範大學出版社.

陳振明, 2003, 『政府再造—西方"新公共管理運動"述評』, 北京: 中國人民大學出版社.

崔開雲, 2011, 『當下西方國家政府與非政府組織關系研究述評』, 『理論參考』第6期.

達維久克, 1988, 『應用社會學詞典』, 哈爾濱: 黑龍江人民出版社, 第209-210頁.

丁元竹, 2013, 『現代社會組織體制建設的國際視角』, 『中國社會組織』第2期.

範如國, 2017, 『"全球風險社會"治理』, 『中國社會科學』第2期.

費正清, 1995, 『中國: 傳統與變革』, 陳仲丹等譯, 南京: 江蘇人民出版社.

海貝勒、舒耕德, 2009, 『從群眾到公民—中國的政治參與』, 北京: 中央編譯出版社.

賀藝、劉先江, 2007, 『非政府組織與社會治理: 作用、困境及其出路』, 『武漢科技大學學報』第4期.

胡薇, 2013, 『雙軌制: 中國社會組織發展的現實路徑分析』, 『中國行政管理』 第 6期.

黃曉春、張東蘇, 2015, 『十字路口的中國社會組織』, 上海: 上海人民出版社.

黃宗智, 2005, 『中國的"公共領域"與"市民社會"──國家與社會間的第三域』, 鄧 正來、亞曆山大編, 『國家與市民社會──一種社會理論研究路徑』, 北京: 中央編譯出版社.

賈西津, 2008, 『中國公民社會圖綱』, 『社會學家茶座』 第1期.

傑裏米‧裏夫金, 2012, 『第三次工業革命: 新經濟模式如何改變世界』, 中信出 版社.

金觀濤, 2000, 『中國現代思想的起源』, 香港: 香港中文大學出版社.

敬義嘉, 2013, 『政府社會組織公共服務合作機制研究: 以上海市的實踐爲例』, 『江西社會科學』第4期.

萊斯特‧M‧薩拉蒙等, 2002, 『全球公民社會──非營利組織視界』, 北京: 社會 科學文獻出版社.

萊斯特‧塞拉蒙, 1998, 『第三域的興起──西方志願工作及志願組織理論文選』, 上海: 複旦大學出版社.

李懷印, 2017, 『中國是怎樣成爲現代國家的?──國家轉型的宏觀曆史解讀』, 『開放時代』 第2期.

李培林, 2013, 我國社會組織體制的改革和未來, 『社會』 第3期.

李友梅, 2006, 『全球化背景下的人類合作新機制的生成』, 『社會理論』 第1期.

李友梅, 2014, 『在新的曆史起點上推進社會體制改革』, 『光明日報』 5月5日 11版.

李友梅、汪丹, 2014, 『改善民生創新治理──社會發展活力的源泉』, 上海人民出 版社.

李友梅、肖瑛、黃曉春, 2007, 『社會認同: 一種結構視野的分析』, 上海人民出 版社.

李友梅、肖瑛、黃曉春, 2012, 『當代中國社會建設的公共性困境及其超越』, 『中國社會科學』 第4期.

李友梅等, 2016, 『新時期加強社會組織建設研究』, 北京: 經濟科學出版社.

利昂‧E‧艾裏什、萊斯特‧M‧薩拉蒙、卡拉‧西蒙, 2009, 『政府向社會組 織購買公共服務的國際經驗』, 世界銀行報告.

林尚立, 2007, 『兩種社會建構: 中國共產黨與非政府組織』, 『中國非營利評論』 第1期.

林尚立、王華, 2006,『創造治理: 民間組織與公共服務型政府』,『學術月刊』第 5期.

劉創楚, 1977,『工業社會學』, 台灣巨流圖書公司印行.

盧文剛、王雅萱, 2018,『社會治理視域下社會組織信任危機應對與品牌重塑』, 『社會科學文摘』第3期.

彭克宏, 1989,『社會科學大詞典』, 北京: 中國國際廣播出版社.

閆志剛, 2006,『關於後工業社會的治理模式』,『重慶科技學院學報』第2期.

史柏年, 2006,『"全球性結社革命"及其啟示』,『中國青年政治學院學報』第3期.

湯蘊懿, 2008,『"志願失靈"現象值得關注和反思』,『人民論壇』第14期.

田凱, 2004,『國外非營利組織理論述評』,『學會』第10期.

托克維爾, 1988,『論美國的民主』, 董果良譯, 北京: 商務印書館.

托克維爾, 1992,『舊制度與大革命』, 馮棠譯, 北京: 商務印書館.

王名、張嚴冰等, 2013,『談談加快形成現代社會組織體制問題』,『社會』第3期.

王天夫等, 2017,『社會企業: 社會治理創新的新動力』,『社會政策研究』第2期.

楊和焰, 2006,『第三部門的興起』,『南京社會科學』第1期.

楊麗、趙小平、遊斐, 2015,『社會組織參與社會治理: 理論、問題與政策選擇』, 『北京師範大學學報』第6期.

楊團、葛道順, 2002,『中國城市社區的社會保障新範式』,『管理世界』第2期.

袁世全、馮濤, 1990,『中國百科大辭典』, 北京: 華廈出版社, 第273頁.

張濟順, 1996,『淪陷時期上海的保甲制度』,『歷史研究』第1期.

張靜, 2000,『基層政權: 鄉村制度諸問題』, 浙江人民出版社.

張澧生, 2015,『社會組織治理研究』, 北京: 北京理工大學出版社, 第1頁.

張研、牛貫傑, 2002,『19世紀中期中國雙重統治格局的演變』, 中國人民大學出版社.

周軍, 2014,『後工業化進程中社會治理責任承擔的新路徑』,『社會主義研究』第3期.

朱貽庭, 2002,『倫理學大辭典』, 上海: 上海辭書出版社, 第263頁.

康曉光、韓恒, 2005,『分類控制:當前中國大陸國家與社會關系研究』,『社會學研究』第6期.

黃曉勇, 2018,『社會組織藍皮書：中國社會組織報告(2018)』, 社會科學文獻出版社.

陶傳進, 2018,『社會組織發展的四階段與中國社會演變』,『文化縱橫』2月號.

丹尼·羅德裏克, 2011,『全球化的悖論』, 北京: 中國人民大學出版社.

Anthony Y. 2000.Alternative Models of Government and Non-profit Sector Relations:Theories and Internationa IPerspective[J]. Nonprofit and Voluntary Sector Quarterly,Vol.29,No.1.

Everett, W.J. 1997.Religion, Federalism, and the Struggle for Public Life. New York: Oxford University Press.

Kornhauser, William. 1959. The Politics of Mass Society. Glencoe: The Free Press.

Weber,M. 1978.Economy and Society, Berkeley: University of California Press.

Dani Rodrik.1998.Has Globalization Gone Too Far?,.Challenge, Vol. 41, No. 2.

Weisbrod,B. A.1988.The Nonprofit Economy.Cambridge,Massachusetts:Harvard University Press.

ILO.2017.The Future of Work We Want: A global dialogue. http://www.ilo. org/global/topics/future-of-work/dialogue/—MS_570282/lang--en/index. htm.08.17.

제8장 변화 속의 중국 가정

　본 장의 주제를 시작하기 전에 먼저 하나의 사회뉴스를 살펴보도록 하겠다. 2018년 4월 어느 날 출근하는 도중에 필자는 무의식중에 텔레비전 뉴스를 듣게 되었다. 사천 의빈의 깊은 산중의 한 마을에서 구순에 가까운 노부부 천 할아버지와 장 할머니는 일곱 명의 자녀가 있지만 지금은 자녀와 같이 살지 않고 노령연금에 의시하여 겨우 고독하게 지내고 있다. 불행하게도 2017년 11월, 천 할아버지는 넘어져서 오른쪽 다리가 골절된 이후 침대에 누워서 일어나지 못했고 그 후 어느 자녀도 누구도 부양의 책임을 지지 않았다. 천 할아버지의 장자 천문의 아들 천대는 여러 차례 아버지와 삼촌, 고모가 같이 할아버지, 할머니를 부양하라고 권하였지만 아무런 소용이 없자 몇 명의 형제와 협력하여 의빈현 법률원조센터의 도움을 통하여 아버지와 삼촌을 기소하였다. 결과적으로 천 할아버지의 여섯 명의 자녀는 법원의 조정 방안을 받아들여 같이 노인을 부양하고 아울러 개인별 매월 3백 위안을 두 노인에게 지급하고 매월 순서대로 누워있는 천 할아버지를 5일간 돌보며 만약 돌보고 싶지 않거나 돌볼 시간이 없다면 매일 80원을 기준으로 하는 병간호비를 지급하게 되었다.

그러나 기자가 이 보도를 집필하려 할 때 천대는 할아버지, 할머니를 위한 당월 부양비를 받지 못하여 걱정하고 있었다(성도상보, 2018). 위의 내용은 중국의 가정에 관한 뉴스이지만 이 가정은 전통적인 가족 관념에서 묘사하는, 부모는 자애롭고 자식은 효성스러우며, 함께 천륜지락을 누리는 화면에 부합되지 않는다. 반대로, 우리는 위의 내용에서 많은 다자녀 가정이 분가한 뒤 노인부부 가정을 포함한 여러 소가정으로 분리된 것을 보았고 동시에, 우리는 자녀들이 노인 부모를 부양하는 것을 거부하고, 손주들이 법률의 힘을 빌려 부모 세대를 고소하여 조부모의 봉양 문제를 해결하는 것을 보았다. 중국의 가정은 과거와는 다른 것 같다. 그렇다면 무엇이 우리로 하여금 오늘날의 가정이 과거와 다르다고 느끼게 하였는가? 가정은 확실히 작아졌는가? 가정 내의 세대 간의 관계는 더 이상 아버지의 권위를 중심으로 하고 있지 않은가? 고령 노인은 천 할아버지 부부와 같은 부양할 사람이 없는 위험한 상황에 직면한 것인가? 본 장에서는 과도기적 사회에서 가정변천의 주제에 중점을 두고 가정 구조, 가족 관계, 가정 위험 등의 문제를 논의할 것이다.

제1절 과도기적 사회에서의 가정구조의 변화

사회생활의 기본 단위인 가정은 정적인 것이 아니고 사회발전과 변천의 과정에서 사회와 끊임없는 상호작용을 진행한다. 가정은 사회 변천의 운반자이며 사회 발전의 영향을 받는다. 그러나 가정변천은 또한 사회 변천의 중요한 측면이며 사회 발전에 대한 반작용을 가지고 있다(양산화楊善華, 2006). 20세기 전반에 걸쳐 중국가정은 중국사회의 정치, 문화, 경제 등 각 영역에 거대한 변화에 지대한 영향을 받았고 가정제도, 가정 정서에서 가정책임 등에 이르기까지 다방면의 변화가 있었다(멍센판孟憲範, 2008). 그러나 중국 가정생활의 변천을 전면적으로 이해하려면 우선 중국가정의 구성 방식과 거주 안배 상에서의 변천추세를 이해해야 한다. 가정 사회학의 연구에서 가정의 규모와 가정구조의 두 가지 다른 측면은 가정구성의 지표로 반영되며 종종 근대화 사회의 정도를 판단하는 기준 중 하나로 간주된다. 서방의 가정 현대화 이론에 따르면, 가정의 핵심화와 현대화 사이에 내재가치의 통일성과 적응성이 존재하는데 (마크 허만 Mark Herman, 1987) 그래서 한 사회의 근대화 과정은 핵가족이 다른 가족의 형태를 뛰어넘어 현대 가정의 표준 모델과 지배적 유형이 되게 할 것이다. 이 밖에 파슨스(Parsons)가 말했듯이, 현대 사회의 핵가족은 친척 네트워크와 고립된 독립적인 가족생활 단위이며, 본 부모의 가정에 대한 의무관계도 없다(Parsons, 1943). 현대 중국인 가정의 변화에 대해 우려하는 많은 학자들이 중국 가정이 근대화 과정에서 핵가족 단계에 접어들게 될지에 대한 탐구에 전념하고 있지만 연구 결과는 서로 다르다. 비록 중국의 가정과 결혼변화 정도, 사회변화

정도가 기본적으로 일치하지만 상당수의 학자들은 중국 문화와 제도적 배경에 더 부합하는 설명 이론을 제안하려고 노력했다(당찬, 2010). 이 절에서는 개혁 개방 이후 중국 도시 및 농촌 지역 가족 구성원의 주거지 마련의 변화에 집중하여 논의를 할 것이다. 구체적으로 우리는 중국인의 가정의 규모와 가정 구조 방면에서 겪었던 중요한 변화 및 이러한 변화로 어떠한 요소의 영향을 받았는지에 관심을 기울였다.

1. 중국의 가정은 점점 작아지는가?

서양학자가 제기한 현대가정의 이론 중에서 다음과 같은 몇 가지 기본 가설을 볼 수 있다(마춘화馬春華, 스진췬石金群, 리인허李銀河, 왕전위王震宇, 탕찬唐燦, 2011).

1) 산업화와 도시화 과정에서 개인주의와 평등주의의 가치관이 상승하고 핵가족의 모델이 이러한 변화에 최대한으로 적응할 수 있으므로 반드시 지배적인 가정의 모델이 될 것이다(Goode, 1963).

2) 서로 다른 사회 가정의 변화 과정은 단일 라인의 모델로 발전하여 대가족에서 핵가족으로 전환된다.

3) 산업화는 가족 변화에 불가피한 영향을 미치며, 기술적 변화는 가정 변화의 단일 영향 요인으로 여겨진다(구더古德, 1986).

4) 핵가족화 추세에서 친족네트워크에서 독립된 핵가족에는 고립화 현상이 나타나고 본 부모의 가정에 대해서도 의무가 존재하지 않는다(Parsons, 1943).

그 후의 발전 과정에서 가정의 현대화는 진일보 진행되었다. 가령 근대사회의 가정의 변화는 단선 진화의 일원화 모델이 아니며 다른 전이 경로와 복잡하고 다원적인 발전 형식을 나타낼 수 있다. 그리고 기술 변화 요소 이외에 가정의 변천은 문화와 이데올로기 등 비경세 요소의 영향을 받는다. 동시에 근대사회에서 친족네트워크는 더 이상 전통사회에서의 지배력을 가지고 있지 않지만 여전히 중요한 기능을 가지고 있고 핵가족과의 상호작용을 유지하고 있다(마춘화馬春華, 2011).

　가정의 현대화 이론은 서양의 학자들이 서양의 선진국의 상황에 근거하여 제기하고 발전시킨 것으로, 보편적으로 적용되는 원리는 아니다. 예전의 연구에서 국내외의 학자들은 여러 번 가정의 현대화 이론이 중국 사회의 가정의 변화를 설명하는데 적합한 지에 대해 논의한 적이 있다. 중국 가정사를 돌이켜 보면 중국 가정의 규모의 변화는 산업화 시기로부터 시작된 것이 아니라 진(秦), 한(漢) 시기에 이미 가족이 집단적으로 거주하던 데로부터 가족제도의 약화, 가정 네트워크의 흥기, 소가정으로의 점차적인 변화 과정을 거쳤다. 근대 이후에 중국 가정의 규모는 빈곤, 전란 등 요소의 영향 하에 부단히 축소되는 추세를 보였다(타오시성陶希聖, 2011). 우리가 관심의 중점을 현대 중국사회에 두고 전환기의 중국가정의 변화에 둘 때 인구학자와 사회학자의 핵심적인 관심사는 "중국의 가정이 과연 점점 더 작아지는가?"에 있는데, 이른바 "작아진다"는 것은 가정의 규모가 축소된다는 것을 가리키며 가정의 구성방식에서 간소화의 방향으로 발전하는 것에 관련된다. 바꾸어 말하면 1) 가정을 이루는 절대 인원수는 작아지는가? 2) 가정의 구조가 이전에 비해 간소화 되는가? 하는 것이다.

　가정의 규모와 구조가 두 개의 서로 다른 개념이듯이 이와 대응되는 가정의 소형화와 가정의 핵심화도 가정의 두 가지 변화 추세를 반영하였다. 양자 사이에는 필연적인 연계가 있다. 한 가정을 놓고 볼 때 구조가 복잡하다는 것은 해당 가정의 구성원 숫자도 많을 수 있다는 것을 의미한다. 하지만 가정의 규모가 비교적 크다는 것은 다만 부부가 낳은 자녀가 비교적 많다는 것만을 의미할 수도 있으며 가정의 구조에서는 핵심사정의 형식으로 존재할 수도 있다. 그러므로 한 사회를 놓고 볼 대 가정의 핵심화와 가정의 소형화 사이의 관계는 출산율 등 요소의 합계에 의해 결정된다(장이張翼, 2014). 그 외에 발생 순서에서 이 두 가지 추세는 동시에 출현했을 수도 있으며(대다수의 서양 사회와 마찬가지로), 동시에 일어나지 않았을 수도 있다. 예를 들면 일부 학자들은 중국의 가정의 소형화는 가정 구조의 핵심화보다 늦게 나타났다고 주장한다(장샤오쥔張小軍, 2011).

가정의 규모를 보자면 20세기 50년대부터 중국가정의 평균 인구수는 분명한 하강 추세를 나타냈다. 1953년에 처음으로 인구 전면 조사를 했을 때 가정의 평균 인구는 4.33명이었고 그 후 2010년의 제6차 인구 보편조사 때의 평균 인구수는 순차적으로 4.43명(1964년), 4.41명(1982년), 3.96명(1990년), 3.46명(2000년), 3.09명(2010년)의 순이었다(장이張翼, 2014). 동시에, 이전의 여러 차례 인구 조사에서 총 출산율도 분명한 하락 추세를 보였다. 1953년 첫 번째 인구전면 조사 때의 총 출산율은 6.05에서 1964년 두 번째 인구 조사 때의 6.18로 약간의 상승이 있었다. 1982년 제3차 전면인구 조사에 이르러서 가족계획 정책의 효과는 분명했고 총 출산율은 2.86으로 크게 줄었다. 이후의 몇 차례 인구조사의 총 출산율은 줄곧 하향했고 2.31(4회, 1990년), 1.23(5회, 2000년), 1.18(6회, 2010년)의 순이었다. 2015 년 전국 1% 인구 표본 조사에서, 평균 가구 수는 3.10

가구는 기본적으로 6회와 동일하지만 중국의 출산율은 1.05로 2014년 세계은행이 발표한 국가 199개국과 지역의 출산율보다 낮다고 보고했다(국가 통계국, 2016b). 출산율의 장기하락은 학계와 정부 부서의 경각심을 일으켰다.

상술한 두 가지의 지표를 통해서 출산율의 부진과 중국가정 규모의 축소 사이에 밀접한 연관이 있음을 알 수 있다. 가정 규모를 가족 구성원의 크고 작은 범주로 나누면 1-3명으로 구성된 소규모 가족 수가 크게 증가한 것을 알 수 있다. 1990년 5인 혹은 5인 이상의 대가족 구성이 모든 가정의 3분의 1을 차지했고(33.15%), 2010년에 이르러 5차 인구 보편조사의 데이터를 보면 이 비율은 반으로 하락하여 겨우 16.46%(2000년 21.73%)에 그쳤다. 상대적으로 말하면, 모든 가구에서 3인 가구의 비율은 비교적 안정적이며, 1990년의 23.71%에서 2000년에는 29.95%로 증가한 다음 2010년에는 26.86%로 감소했다. 반면 2인 가구의 비율은 4차 보편조사 때에서부터 6차 보편조사 때까지 11.05%(1990), 17.04%(2000), 24.37%(2010)로 크게 증가했다. 1990년대에는 전국의 1인 가구가 6.27%에 불과했고 2000년에는 8.3%로 약간 증가했으며 2010년에는 14.53 %에 이르렀다. 2015년에는 전국 인구 표본 조사 자료의 1%에 해당하는 비율이 2010 년보다 약간 더 높았다. 기본적으로 1인 가구, 2인 가구, 3인 가구 및 5인 가구 이상의 가정이 각각 13.15%, 25.28% 및 26.42%와 17.25%.를 유지했다. 이와 같이 1990년부터 2015년까지 25년 동안 5인 혹은 5인 이상의 대가족의 비율은 절반 가까운 숫자로 하락했고, 2인 가구와 1인 가구와 같은 매우 적은 가구의 비율은 원래 수준의 두 배 이상으로 증가했다. 현재의 수준에 따르면 중국 가정의 의 평균 가구 수는 3인이며, 가장 일반적인 가족 수는 2인

또는 3인 가구이다. 평균 2가구당 2인 혹은 3인 가구이다. 비록 5명 이상의 대가족이 여전히 일정 비율을 차지하지만 향후에도 계속 줄어들 수 있다. 동시에 공업화와 도시화 정도의 심화 인구성비의 불균형, 노령화, 결혼관과 출산관의 변화 등 여러 가지 요소의 영향아래 미래의 1인 가족의 비율은 높아질 것이며 가정의 수도 점차 감소할 것이라는 인식을 가지고 있다.

　1990년대의 조사 자료에 의하면 중국 도시 및 농촌 사회는 산업화와 근대화 과정에서 서로 다른 지위에 처해 있으며 도시 및 농촌 지역의 가정 및 결혼의 변화는 그 사회의 변화와 상호 대응하는 변화 정도를 보여준다(양산화, 선충린沈崇麟, 2000a). 따라서 중국의 가정제도의 변화에 대한 토론은 장기적인 도시와 농촌 이원화의 대립과 사회 경제의 단계 발전에서 형성된 사회변화의 배경을 중시해야 한다(양산화楊善華, 2011). 가정의 규모가 작아지는 소형화를 놓고 볼 때 5회와 6회 인구보편조사에서의 성(省), 진(镇), 향의 데이터를 비교해 보면 가정의 크기 감소 경향이 특히 도시 가정에서 두드러짐을 알 수 있다. 2000년, 도시 가정의 인구수는 3.03명이었고, 2010년에 와서 2.71명으로 줄었다. 성에서 진, 농촌에 이르기까지 가정의 규모는 점차 줄었지만 두 차례의 인구 보편조사에서는 더 한층 축소되었다. 5차 인구 보편조사에서 시에는 농촌 가정의 평균인구수는 3.68, 6차 인구 보편조사 시에는 약간 축소된 3.34명이었다. 가정규모를 좀 더 비교해보면 도시와 농촌의 가족 구성원 수의 자세한 상황을 알 수 있다. 도시 지역에 비해 4인 혹은 5인 이상의 대가족은 농촌 지역에서 출현할 확률이 더 높았으며 2000년 농촌가정에서 4인 혹은 5인 이상의 대가족은 절반 이상(53.32%)을 차지했다. 진에 거주하는 가정의 이 비율은 37.33%로 낮아졌으며 도시가정은 겨우

4분의 1을 상회하였다. 2010년의 제6회 인구조사 때 이 비율은 세 가지 부류의 가정에서 모두 감소했으나 도시와 시골의 격차는 여전히 매우 컸다. 도시 가구의 12.13%와 8.85%가 4인 가족과 5인 이상의 대가족에 속했으나 농촌 가구는 여전히 21.03%와 21.83%가 각각 4인 가정과 5인 이상의 가정에 속했다. 다른 하나의 다른 농촌과 1인 가족에 있다. 2000년과 2010년 사이에 도시의 1인 가구의 비율은 10.16%에서 17.95%로 증가했으며 농촌 지역에서는 6.93%에서 12.44%로 증가했다.

2. 핵가족화 추세 하에서의 다원화 가정 구성

가정의 '소'는 또 가정 구조의 각도에서 이해할 수 있다. 이런 시각에서 본다면 한 가정이 '대가족'이냐 아니면 '소가족'이냐 하는 것은 그 가족 구성원수로 결정되지 않고 가정 내의 세대층이 얼마나 있느냐에 의해 결정이 된다(판윈캉潘允康, 1986). 한 가정이 단지 부모 및 그 미혼자녀로 구성된다면 바로 핵가족이다(양산화楊善華, 2006). 앞에서 이야기했듯이 현대가정의 이론의 기본 가설은 핵가족은 가족을 주도하는 유형이다. 이른바 가족 구조의 핵심 구조는 핵가족의 비율이 점점 지배적인 형태로 증가하는 현상을 말한다. 일부 학자들은 사회의 핵가족화 과정은 핵가족의 점한 비율에 따라 3단계의 다른 부류로 나눌 수 있다고 주장하는데 즉 초기 핵심화, 중간 핵심화, 고도 핵심화의 단계이다. 그중 초기 핵심화는 핵가족이 50%이상에 다다르고 같이 생활하는 핵가족의 인구가 가정 총 인구의 50%보다 많은 것을 말하며, 두 지표가 모두 60%에 이르면 중도핵심화이고 만약 둘다 70%에 이르면 고도의 가정핵심화 단계에 이르렀다고 본다(왕뤄성王躍生, 2007). 핵심화는 점진적인 과정이며 가정의 구조가 복잡한 데로부터 간단한 데로 변화하는 것을 의미하며 핵가족 비율의 일반 증가와 동일하게 보지 않는다(궈즈강郭志剛, 1995).

핵가족이외에 늘 볼 수 있는 가정에는 다음과 같은 유형이 있다(양산화楊善華, 2011).

1. 주간主幹(직계)가정: 즉 아버지세대(부모 2인 혹은 둘 중 한 분)와 아들 세대 부부, 자손세대가 같이 구성된 가정.
2. 부부가정: 단지 부부 2인으로 구성된 가정, 자녀가 없거나 자녀가 있더라도 같이 생활하지 않는 가정.
3. 연합가정: 1) 아버지세대(부모 두 분 혹은 그 중 한 분)와 두 쌍(혹은 두 쌍 이상)의 자녀 세대 부부와 자손이 함께 구성된 가정 혹은 2) 같은 세대 2쌍의 부부 및 그 자녀가 함께 구성된 가정.
4. 홀로가정: 아버지 혹은 어머니 한 분과 미혼자녀로 구성된 가정.
5. 세대가정: 자손 세대와 같이 살지 않는 상황에서 할아버지세대와 손자세대로 구성된 가정.

중국사회의 장기적인 자급자족의 소농경제 생산방식과 부모권력을 중심으로 한 가족제도의 영향 하에서 중국 가정은 규모 상에서 인원수가 부족하여 '대가정'의 물질적 기초가 부족하지만 구조적 방면에서는 장기적으로 주간(직계)가정이 기본가정의 모델이 되었다. 직계가정은 상대적으로 충분한 노동력으로 소생산의 지원을 제공하고 가정 내의 복잡다단한 인관관계가 모순이 되는 단초를 피할 수 있다(양산화楊善華, 2006). 지난 세기 80년대 이후 중국인구사 연구에서 지적한 근대 이전의 일부 문헌에서 대대적으로 과장한 4대 혹은 4대 이상이 같이 사는 여러 세대 가정은 중국사회에 보편적으로 존재하지 않았다(장이張翼, 2014). 일부 학자는 역사자료의 분석을 통하여 핵가족은 18세기 중후기의 중국 가정에서 반수(57.04%)를 넘었고 직계가정(29.04%)과 함께 가정의 주요 모델을 구성하였다고 본다(왕웨성王躍生, 2000). 이 연구는 농지개혁 전에서 개혁개방 전의 하북, 절강, 호북 등 성내 농촌가정의 구조를 조사하였고 지역 간의 차이가 존재하지만 토지 개혁 전 3대 및 이상의 재결합 가정은 농촌지구의 점유율이 높지 않고, 주요한 가정구조의 유형은 핵가족과 직계가족이라는 것을 발견했다. 20세기 60년대 중기에 와서 복합가정은 북방에서건 남방에서건 모두 위축되었고 핵가족은 중국 농촌의 주류 가정형태였으며 동시에 직계가정은 여전히 중요한 가정의 모델이었다(왕웨성王躍生, 2006)

　이러한 핵가족이 주도하고 직계가족을 보조적인 형태로 하는 형국은 개혁개방 초기까지 계속 이어졌다. 1982년 핵가족은 전국 가정 총 수의 68.3%를 점하여, 제2위, 제3위를 차지한 직계가족과 1인 가정보다 월등히 높았다. 1990년에서 2000년의 10여 년 동안 핵가족의 비율은 70.61%에 다다랐고, 또한 80년대 초와 기본적으로 같은 수준(68.18%)으로 약간의 증가세를 보였다(왕웨성, 2013). 앞서 제기한 기준에 근거하면 1982-2000의 근 20여 년 동안 중국가정은 기본적으로 중등의 핵심화 수준을 유지하였고 핵가족은 의심할 여지 없이 가정구조의 유형을 주도했다. 주의 깊게 볼 것은 2010년의 6차 데이터에서 보듯이 핵가족의 비율은 하락추세(60.89%)를 나타냈고 그 전의 3차 인구 보편조사보다도 분명히 낮았지만 여전히 분명하게 가정 모델을 주도했다. 그 후에 몇 년의 표본조사 데이터에서 볼 수 있다시피 핵가족의 비율은 기본적으로 60%이상을 유지하고 있었다(국가위생출산위원가정사, 2015 ; 국가 위생출산위원가정사, 2016).

다시 말하면 중국가정의 변천은 핵심화 지표에서 비교적 안정된 단계에 처해 있다고 할 수 있다. 그러나 여기서 인용한 데이터 분석 중의 핵가족이 부부 2인 가족을 포함한다는 것을 고려하면 실질적으로 표준 핵가족의 정의(부모세대와 미혼자녀 세대의 공동생활)에 부합되는 가정의 비율은 다소 감소할 것이며 이에 근거하여 판단한 중국 가정의 핵심화 정도 역시 더불어 내려갈 것이다.

핵심화 정도가 점차 안정되는 동시에 직계가정 역시 총체적으로 안정되어 5분의 1의 수준을 유지하였으며, 1982-2000년의 4차 인구보편조사 중에서 각각 21. 74%(1982), 21,33%(1990), 21,72%(2000)과 22.99%(2010)을 점하였다(왕웨싱, 2013). 앞의 세 차례의 인구보편조사에 비해서 2010년의 직계가정의 비례는 약간 상승했다. 이것은 현대화 과정중의 중국 가정의 변화가 결코 "단선진화패턴"과 부합하지 않는다는 것을 설명한다(구더古德, 1986). 직계 가족의 비율은 핵가족보다 훨씬 낮지만 장기적이고 안정적으로 높은 비중을 보인 것은 후자로, 당대 중국가정의 변천 과정에서의 전통과 현대의 교차 공존을 반영하였다. 최근 몇 해 동안 북경 대학의 중국 가정추종조사(CFPS) 데이터의 매년도 '중국가정발전보고'에 따르면 직계 가족의 비율은 꾸준히 23% 이상을 유지하여 2015년에 26.2%에 달했다(국가위생계획출산위원회 가정사, 2015). 해당 보고서는 또한 직계 가족의 비율이 앞으로 일정 기간 동안 계속해서 크게 증가 할 것이라고 예측하였다. 중국 가정의 변화는 '전통으로부터 현대로'라는 이런 간단한 말로는 표현하기 어려우며 '전통과 현대의 대결' 속에서 다원화의 양상이 나타났다(마춘화馬春華, 2011).

개혁개방 이후 한 세대 가정은 핵가족과 직계 가족에 이어 3위의 가족 구조 유형으로 자리하고 있으며 1982년에 7.98%를 차지했다.

1990년 한 세대 가구 비율은 6.34%로 소폭 하락했으며 10년 후에는 2000년대 수준의 8.57%로 증가했다. 2010년까지 독신 가구 비율은 13.67%에 달했는데(왕웨성, 2013), 이는 2000년의 1.6배인 1980년대 초에 비해 71.3% 증가한 수치이다. 그러니까 매 7-8가구 수 중 한 가구가 일인생활 가정인 셈이다. 기타 가정의 구조유형에 비해 일인가구는 일반적인 의미상의 완전한 가정의 모델이 아니고 한 사람의 생활과 거주단위이다. 미국, 일본 등 선진 사회에서 일인 가구의 빠른 성장은 이미 후진적 공업사회의 분명한 추세로 되었고 상응하는 사회문제도 대두되고 있다(Eric Klinenberg, 2015: 일본 NKH 특별프로그램제작조, 2014 ; 중국신문망, 2017). 일부 학자는 중국 가정의 구조 변천이 서방 사회와 같은 추동력을 갖추고 있지는 않을 수 있지만 공업화와 도시화의 다른 사회에서 1인가구의 성장 문제는 결국 같은 결과를 낳을 수 있어서 모두 일인 가구가 끊임없이 상승하는 단계에 진입할 수 있다고 보았다(장이張翼, 2014). 2016년에 국무원에서 반포한 '국가인구발전계획'(2016-2030) 역시 이 추세에 대한 전망을 반영하여 독신가족의 비율이 점차 증가할 것이라고 하였다.

만약 핵가족을 부부(또는 그들 중 한 명)와 미혼 자녀로 구성된 표준 핵가족에 한정할 경우 우리는 독신가정보다 성장 추세가 더욱 분명한 유형의 가정이 바로 자녀와 함께 생활하지 않는 2인 가정(무자녀)의 부부 가정임을 발견할 수 있다. 왕웨성(2013)의 인구 보편조사 데이터에 대한 계산에 따르면 1982년 부부 2인 가족의 비율은 겨우 4.79%로, 표준적인 핵가정에 훨씬 미치지 못하였으나 1990년의 제4차 인구조사에서는 이 비중이 조금 증가하였다(6.49%). 제5차 인구 보편조사 시에는 부부 2인 가정의 비율이 현저히 높아져 12.93%에 이르러 개혁개방 초기의 2.7배가 되었다. 2010년에는 부부 2인 가정의 비율이 계속하여 대폭 증가하여 18.46%에 이르렀다. 이와 동시에 표준핵심가정의 비율이 오히려 1982년의 48.16%에서 33.14%로 내려갔다. 왕웨성(2013)의 표준 핵가족과 부부의 비율에 대한 분석을 통해 개혁개방 초기인 1982년에 표준 핵가족의 비중은 부부 2인 가정의 10.05배였고 이후에 이 비중은 점차 8.25배(1990년), 3.62배(2000년), 1.80배(2010년)로 축소되었음을 발견할 수 있다. '중국가정발전보고'(국가위생가족계획위원회가정사, 2015, 2016)도 2인 부부가정의 증가 추세를 반영하였다. 표준 핵심가정과 2인 부부가정이 비중이 점차 줄어든 것은 가정 유형의 다양성의 총체적 추세를 반영하며 혼인생활의 변천 추세를 나타낸다. 2인 부부 가정의 비율이 점차 증가하는 원인으로는 결혼관과 출산 관념의 변화, 노인가정, 인구이동 등 여러 가지 요소가 있는데 다음 절에서 다시 논의를 할 것이다.

몇 가지 점유율 비율이 높은 가정 유형을 제하고 조부모 세대와 손자 세대로 구성된, 부모 세대가 빠진 격세가정은 전체 가정인구의 점유율에서 미미하지만 상승추세를 나타내고 있다. 2010년의 6차 데이터 통계에서 격세가정은 전체가정의 2.78%를 점하여 2000년(2.11%)보다 높았는데 1982년의 해당 비율은 0.95%(왕웨성, 2013)에 그쳤다. 이 추세는 중국사회과학원의 도시 가정의 변천에 대한 연구에도 나타나 있다(마춘화, 2011). '격세대'라는 용어는 가족생활에서 두 가지 가능성을 암시한다. 즉, 조부모가 손주 세대를 돌보거나 손주 세대가 조부모를 돌보는 경우이다. 그러나 1982년부터 2000년까지 세대 간 평균 연령대를 분석 한 결과, 격세대 가정의 85% 이상이 조부모가 손주 세대를 돌보는 것이었으며 성인 손자가 노인 조부모를 돌보는 격세대는 10-15%(왕웨성, 2009)에 불과했다. 격세대 가정의 비율이 증가한 주된 원인은 자녀 양육에서의 부모 세대의 부재이다.

3. 가정구조는 왜 변화하는가?

위의 두 절의 내용을 통해 우리는 총 출산율은 계속 감소하는 동시에 중국 도시와 농촌 가구 가정의 규모는 계속 축소되고 있음을 알 수 있다. 가정구조의 변천은 핵가족이 지배적이지만 그 비중은 하락하고 직계가족은 안정되었으며 부부 2인가정과 홀로 가구 수의 비중은 현저히 높아지고 격세대 가정 역시 분명한 증가세를 보이는 등의 특징을 볼 수 있다. 물론, 총출산율은 단지 가정 규모와 구조에 영향을 주는 요소 중의 하나이다. 이밖에 가정구조는 사회 경제적 발전 수준, 관념과 규범 안에서의 사회 문화 변화를 포함한 가정 생활주기 등 요소의 제한을 받는다(양산화楊善華, 2006). 동시에 도시와 농촌의 출산정책의 차이가 가정의 변화에 주는 영향에도 주의를 돌려야 한다.

1) 사회경제의 단계적 발전, 인구이동이 가정 구조에 미치는 영향

개혁개방 이래 원래의 계획 경제는 점차 사회주의 시장 경제로 전환되었으며 사회 경제는 급속도로 발전했다. 생산방식의 변화 역시 가정제도와 가정구조의 변화를 추동하였다. 지리, 자원, 개발정책, 인구의 자질 등 여러 방면의 차이로 인하여 도시와 시골의 발전 속도는 불균형하였으며 사다리식 발전 양상을 나타냈다. 장기적인 도시와 농촌의 이원사회 경제구조는 도시와 농촌의 발전의 차이가 확대되게 하였고 지역 사이의 발전 차이와 교차하여 복잡한 분열 구조를 형성하였다. 그래서 중국가정의 변천을 조사할 때 도시와 농촌의 차이의 시각을 등한시해서는 안 된다. 동시에 대규모의 도시화 과정에서 천만을 단위로 하는 이동인구가 교차적으로 도시와 농촌 지역을 왕래하며 그 가정은 '동태적이고, 이산화'된 가정이 되어 가정구조와 가정 형태의 이동성과 복잡성을 추진하였는데(우샤오잉吳小英, 2017) 아래 하나하나 논의하도록 한다. 도시와 농촌 경제 발전의 차이와 농촌 노동력에 대한 도시가 시골 노동력을 흡인하여 시골 노동령기 대량으로 흘러나가게 한 것은 모두 도시와 시골의 가정구조에 영향을 미쳤다.

비록 도시 가구의 가정 구성원 중에도 장기 외출이 잦아서 가정 거주 배치에 변화가 일어나는 경우가 있긴 하지만 그 비중은 매우 낮다(2010년 10%). 하지만 농촌 가정은 30% 이상의 인구가 반 년 이상 외출한다(왕웨성, 2013). 지난 세기 90년대를 시작으로 대량의 농촌 청장년 노동력이 외지의 도시에 가서 비농업 업종에 취직할 수 있는 기회를 찾았다. 특히 대량의 여성 농업인구가 이동하여 직업을 선택하는 대오에 가입하게 되었을 때 농촌 가정 구조의 미친 직접접인 영향은 대량의 부부 분가 가정이 형성되고 부모세대의 부재로 인해 조부 세대에서 손자 세대를 돌보고 키우는 격대 가정이 형성된 것이다. 통계 숫자로부터 보면 핵가족의 비율은 낮고 부모가 돌보지 않는 격대가정과 결손 핵가족의 비율은 증가하고 있음을 알 수 있다.[8] 농촌의 격대 가정을 자세히 살펴보면 가족 구성원이 장기적으로 외출하는 비중이 3분의 2 이상을 차지하고 있음을 알 수 있다

---

8) 위치이탈형 격세가정이란 부모 세대가 집을 떠남으로 인해 자리를 비우고 조부모 세대가 격대 손자 세대를 돌보는 가정 형식을 가리킨다. 위치이탈형 격대 가정은 부모가 일찍 사망하여 손자 세대가 조부모에 의존하는 생물성 위치이탈 가정과 비슷하기는 하지만 생성 원인은 다르다. 다른 한 종류의 격대 가정은 앞에서 이미 언급한 바 있는데 즉 봉양형 격대가정으로, 성인이 된 손자 세대가 부모를 대신하여 조부모를 봉양함으로써 형성된 격대 가정을 가리킨다(왕웨성, 2009).

(2000년은 67.89%, 2010년은 82.93%). 그중에서 주로 두 명 혹은 그 이상의 가정 구성원이 외출해 있었다(2000년은 57.33%, 2010년은 68.75%))(왕웨성, 2013). 다른 한편으로 도시 지역의 1인 가정의 구성을 이해할 때 이동인구의 영향도 고려해야 한다. 도시와 시골의 1인 가족의 연령에 대한 분석에 따르면 21세기에 들어선 이후 1인 가정의 증가 원인이 되는 인원의 연령 구조는 상하 두 연령대가 두드러져 35세 이하와 노인 중에서 1인가정이 비중이 신속하게 높아지는 특징을 보였으며 연령과 호적, 성별 등 요소가 교직되는 특징을 보였다(왕웨성, 2013). 젊은 세대의 1인 가정에서 남성의 비중은 여성보다 높았으며 이동인구의 비중은 호적 인구보다 많았다. 하지만 노년 1인 가정에서 여성의 비중은 남성보다 높았다. 주목할 것은 1인 가정의 증가나 감소는 독신 비중의 증가 혹은 감소와 직접적으로 대응시켜서는 안 된다는 것이다. 실제로 상당히 숫자의 1인 가정은 기혼 부부가 이동으로 인해 단독 거주하게 됨에 따라 형성된 것이다. 전국적인 조사 데이터에 따르면 30세 이상의 이동인구 중에서 남성은 여성보다 혼자 거주할 가능성이 더 높았다(국가위생출산위원회 가정사, 2016)

2) 사회경제의 빠른 발전, 가정 관념과 규범의 조용한 변화

사회경제가 빠르게 발전하는 시기에 사람들의 가정 관념과 상응하는 사회 규범 역시 서서히 바뀌고 있다. 개혁개방이 현재에 이르기까지 중국사회는 시장 전환과 동시에 혼인관의 변화와 개성 해방의 과정을 겪었다. 도시 지역을 논하자면 일부 학자는 '개인가정'(iFamily)의 개념으로 개인의 요구와 선택을 중심으로 구축된 가정의 형식을 묘사하였다(선이페이沈亦斐, 2013). 자유로운 직업의 선택, 태어난 집을 떠나 독립적인 생활, 부부의 평등의식의 성장은 개체화 시대 도시거주민의 중요한 관념적 특징이 되었다. 개인의식의 굴기는 결혼율, 출산율의 하락과 이혼율의 상승 등 변화 추세에 대한 유일한 해석이 될 수 없지만 우리가 이러한 현상을 이해하는 시각을 제공해 주었다. 출산율을 이야기 하자면 개혁 개방과 병행하여 시행한 가족계획 정책은 도시 커플의 출산 행위를 엄격하게 제한했고 제도적 환경은 인위적으로 중국 사회의 낮은 출산 모델을 만들었고 동시에 현대화 과정은 출산 관념의 변화를 촉진했다. 혼인 후 아이를 늦게 출산하거나 선택적으로 아이를 낳지 않은 것은 2인 가족의 성장 원인의 하나이다. 젊은 세대의 개인의식의 강화, 집을 떠나 독립적인 생활, 결혼 후 '남편과 함께 생활하는' 등 변화는 홀로가족과 '노인부부 가정'의 증가에 영향을 미쳤다. 농촌 지역에서 가정 구조의 변천은 마찬가지로 관념 변화의 영향을 받는다. 가정의 유일한 생산 조직 단위로서의 기능이 점차 약화되고 전통 농촌 가정에서 원래 있었던 권력 구조는 도전을 받고 가정의 구성원은 가정 내의 권력 분배의 전향의 태도를 보였고 이전에 아버지 세대에 집중되었던 가정권력은 점차 분산되었다(양산화, 2011). 이밖에 젊은 세대는 고향을 떠나 도시에서 일자리를 찾으며 가정 수입구조에 중대한 전환이 되었고 더하여 지역 간의 이동으로 인하여 오래된 가부장 제도가 이어지기 어렵게 만들었다. 동시에 도시로 이주하는 많은 농촌 청장년 노동자는 농업 생산 및 자녀 양육, 교육 등 가정의 기능을 유지해야 하기 때문에 그 아버지 세대에 의지해야 한다. 그 결과는 한편으로는 옌윈상이 지난 세기 90년대 동북의 농촌 지역에서 발견한 것처럼 젊은 세대가 이미 '개인생활의 변혁'을 진행하여 배우자 선택에서 거주 안배 등 여러 방면에 이르기까지 부모 세대가 점차적으로 아들 세대의 사생활에 대한 통제와 지배력을 잃었다(옌윈샹閻雲翔, 공샤오사龔小夏, 2017).다른 한편으로는 농촌지역에서 가정의 소형화의 추세 하에서 대량의 격세대 가정이 나타났다.

그러나 다른 한편으로는 우리는 가정 관념의 변화가 단일한 방향으로 진행되는 것은 아니라는 것도 주의해야 한다. 사회보장 체계의 개혁과 시장 경제 하에서의 경쟁의식의 부흥 및 부단한 강화에 따라 개인은 이전보다 더 많은 중요한 위험에 직면에 있고 많은 일부 많은 사회 구성원은 '바람을 피할 수 있는 항구'의 지지를 필요로 하고 있다. 이밖에 인구의 변화는 이미 중국 사회를 노령화 사회 시대로 이끌고 있으나 노인은 여전히 자녀로부터 보호를 받을 것을 기대하고 있으며 이 시대의 변화에 맞게 근본적으로 변화하지 않고 있다. 더하여 사회의 양로시설의 부족은 나날이 더해가는 노인 부양의 스트레스를 가중시키고 있고 가정의 양로 책임은 점차 증가할 것이며 직계가족의 비율도 증가추세로 진입할 것이다.

도시지역에서 가족계획 정책의 장기적인 엄격한 실행은 대량의 독신자녀 가정을 만들었다. 이러한 가정에서는 부모와 자녀 간의 관계가 전통적인 다문화 가정보다 더 가까우며 성인 자녀는 부모가 스스로 생활 문제를 해결할 수 있는 능력이 없을 때 집을 떠나 홀로 생활하기를 갈망하고 있더라도 부모를 부양해야 하는 책임을 피할 수 없음을 느낄 가능성이 더 크다. 그래서 비록 핵가족이 가정의 주도형 모델이기는 하지만 직계가정과 전통가족의 행위 규범은 현대화 도시에서 여전히 안정적으로 존재하며 영향을 미치고 있다. 농촌 3세대 직계가정 증가의 원인은 도시와 유사한 가정과는 차이가 있다. 도시 가정에 비해 농촌가정은 고령의 노인과 같이 거주하고 돌보는 책임을 맡고 있다. 시골 지역의 3세대 직계 가족은 또 도시 가족보다 더 강한 부인과 유아를 돌보는 기능을 갖고 있는데 특히 부친 세대로 인구 이동으로 인해 부재하는 가정에서 더 그렇다(왕웨성, 2014). 다시 말해 전통 중국 가정의 노인 부양과 세대 간의 유아를 돌보는 가정 관념이 농촌 3세대 직계 가정에서 더욱 두드러지게 나타났다.

3) 가정의 생명주기

사회 경제제도와 환경의 영향 외에 가정 구조는 가정 생명주기의 영향, 즉 '자연 변화의 요소'로부터 오는 영향을 받는다(양산화, 2006). 자녀가 결혼 후 분가하고, 손자 세대가 태어나고, 이혼하고, 배우자가 사망하고 부모 세대가 홀로 생활할 수 없는 노년 단계에 진입하는 것 등은 모두 가정의 구조적 변화를 초래할 수 있다. 대다수의 가족이 유사한 가족 생명 주기에 진입하게 됨에 따라 한 사회의 가정 구조의 변천은 많거나 적게 서로 상응하는 추세를 보이고 있다.

가정의 생명주기가 가족 구조에 미치는 영향을 이해하기 위해 우리는 이성연애를 한다는 전제 하에서 개별 가족의 구조적 변화를 가상화해 보기로 하자. 설명을 단순화하기 위해 가정에 자녀가 한 명만 있다고 가정하고 이혼 등 더 많은 변화를 가져올 수 있는 요인을 제외한다. 또한 이해를 돕기 위해 부모의 사망이 자손보다 앞선다고 가정한다. 그림 7.1에서 볼 수 있는 바와 같이 신혼부부 한 쌍은 두 가지 거주지 선택에 직면한다. 만약 그들이 원래 태어난 가정을 떠나 독립적 생활을 한다면 한 부부로 구성된 두 가정이 형성된다. 그들의 아이들이 태어나면 이 가정은 부모 세대와 미성년 세대로 구성된 표준 핵가정이 되는 것이다. 그러나 처음 부모가 된 부부는 일과 가정의 책임을 충분히 감당하지 못하기 때문에 이 단계에서 다시 원래의 부모와 같이 살게 되고 3대 직계가정이 새로이 구성된다. 물론, 만약 신혼부부가 독립적으로 살기를 선택하지 않고 본가 부모와 함께 산다면 아이가 태어난 후에도 여전히 3세대의 직계 가족이 형성되는 것이다. 자녀를 갖지 않기로 결심 한 부부의 경우 결혼 후 부모와 같이 살든 살지 않든 부모의 사망이 자녀보다 먼저 발생하는 경우 결국 자녀가 없는 2인 가정 즉 '딩크가족'의 형태로 존재하게 된다.

출산 후 핵가족 형식이 된 부부의 경우, 그들의 핵가족 구조는 자녀가 결혼하기 전까지 유지된다. 기혼 자녀가 독립하면 그들은 '노인 가정'의 형태로 돌아간다. 그 후 배우자의 사망은 가정의 구조를 구조적 결함이 있는 홀로가족의 형태로 변화시킬 것이다. 그림의 7.1의 간략한 예에서 우리는 결혼한 부부가 출산을 선택하기만 하면 가정의 생명의 주기에 따라 자연스럽게 핵가정 혹은 직계가정구조로 진입하게 됨을 알 수 있다. 가정의 출산자녀 수의 증가한다면 가정 구조의 변화 가능성은 상대적으로 증가하고 먼저 같이 살고 후에 분가하는 것, 이혼, 재혼, 재출산 등 당대 사회에서 늘 볼 수 있는 요소로 가정구조의 변화 가능성은 더욱 복잡해진다. 그러나 이 그림의 목적은 간단한 정보를 통해 가정 구조의 동태적인 성격을 보여주는 데 있다. 이 지식을 기초로 하여 각 가정 구조의 분포 상황을 더 쉽게 이해할 수 있다. 그림 1은 현실생활 속의 일부 가능성을 고려하지 못했다. 가령 '딩크' 부부는 부모가 나이가 들어 노인이 된 후 다시 태어난 본가로 돌아가 노인을 부양하는 의무를 이행할 가능성이 있다. 그러나 이미 분석에서 나타났듯이 도시의 3세대 직계 가정의 어린아이를 돌보는 역할이 특히 두드러졌으며 70-75세 이상의 노인이 어린이와 함께 살고 있는 비율은 현저히 감소하였고 동시에 '노

인 부부' 홀로가족의 비율이 높아졌다. 이와 상응하여 표준 핵가정의
비율은 자녀가 초등학교와 중학교를 다니는 중년 부부의 경우에 가
장 보편적이었다(왕웨성, 2013).

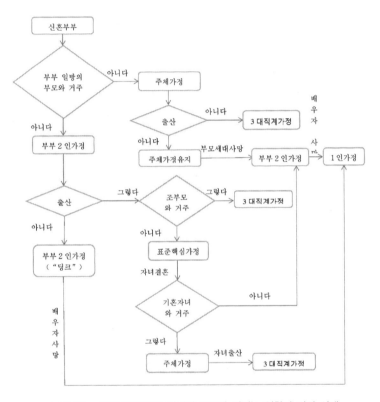

<그림 7.1> 가정생명주기가 가정의 구조에 미치는 영향의 간명 사례

위에서 정리한 가정 구조의 변천 요인은 단지 주요한 영향 요소일 뿐이다. 미래 중국의 가정의 규모와 구조적 방면에서의 변천 추세는 연구와 예측을 지켜보아야 하며 더욱 복잡한 요소의 영향을 받을 것이다. 가령 가정 구성원이 물질과 정신 방면에서 수요가 모두 상승할 수 있고 노령화 정도는 나날이 심화되고 아동 양육의 기대치와 원가는 점차 높아지고 나아가 세계화 등 중국의 가정 구조의 구성을 진일보 바꾸어 놓을 것이다. 미래 중국가정의 주요 모델은 핵가족과 직계가족이지만 핵가족화 정도는 노령 인구의 증가와 늦게 결혼하고 늦게 출산하는 관념 아래 부부 2인가정과 홀로가정의 증가 등 추세의 제약을 받는다. 이밖에 가정구조에는 더욱 분명한 연령분화가 나타날 것이다. 표준적인 핵 가정은 중년부부와 그들의 자녀가 주로 구성원이 되고 직계가정 중의 조부 세대는 부양능력을 갖춘 중, 저 연령의 노인이 위주가 될 것이다. 2인 부부가정의 비율의 증가 원인은 출산 관념의 변화로 무자녀 부부 가정과 젊은 사람의 독립적인 의식의 궐기, 집을 떠나 독립적으로 생활하는 방식으로 인해 형성된 '노인 가정' 등이다. 농촌과 도시의 독신자녀 가정의 비율 상승은 도시와 농촌의 직계가정 비율을 상승시킬 수 있지만 우리는 인구의 지역적 이동, 심지어 국가를 넘어선 이동의 추세는 더 므낳은 가정이 장기적으로 다른 지역에 헤어져 거주하고 심지어 타국에서 거주하는 방식을 형성하게 될 것임을 유의하여야 한다.

제2절 가정생활과 가정 관계

가정의 변화의 다른 하나의 핵심적인 범주는 가정 관계, 즉 가정 내부의 모든 공동 생활하는 가정 구성원 사이의 관계이다(양산화楊善華, 2006). 가정 내부의 인간관계의 형성 원인으로부터 보면 가정 관계는 혈연관계, 혼인관계와 혼인에 기반한 친척관계 등을 포함한다. 전자는 친자관계와 형제관계 등이며 후자는 시어머니와 며느리의 관계, 동서간의 관계 등이다. 가정 관계는 가정 구조 내에 있는 인간관계의 총 합이기 때문에 여러 가정에는 서로 다른 가정 내의 인간관계의 조합이 있으며 가정 관계의 복잡한 정도는 가정 관계의 복잡한 정도에 영향을 미치게 된다. 예를 들면 부부 두 사람이 가정에서의 관계를 볼 때 만약 한 가정에는 두 사람의 혼인관계만 존재하지만 네 세대의 직계가족으로 구성된 가정에서는 가정 관계가 구성원 각자의 가정에서의 역할을 위주로 비교적 복잡한 네트워크를 구성할 수도 있다. 가정 관계가 가정의 외부로 확장될 때 친족 네트워크를 포함한 가정 네트워크가 생겨나게 된다(양산화楊善華, 2006). 가정 네트워크에서 우리는 가정과 친족 군체의 관계를 고찰할 수 있다. 이 외에 넓은 범위의 가정 관계는 또 가정과 그가 처한 사회지역과의 관계도 포함하게 된다.

편폭의 제한으로 본 절에서는 친족 네트워크에 대해서는 언급하지 않고 가정 내부의 인간관계의 변화만 논하기로 한다. 전통적인 중국 사회에서 가정 제도는 부권제를 기초로 하며 가정의 구성원들이 사회화되는 과정에서 점차적으로 여러 가정 내부의 인간관계의 실질과 상응한 행동규범을 배우게 된다. 그러나 심각한 사회 변화의 충격을 거친 뒤 중국인의 가정 내부 관계도 전통가족제도가 도전에 직면에 직면하고 가정의 규모와 구조가 현저한 변화를 가져오는 동시에 점차적으로 전환되고 있다. 아래 가정 내부의 종적인 세대 관계의 변천과 횡적인 부부 관계의 변천에 대해 중점적으로 논의하려고 한다. 이 외에 본 절에서는 또 작은 소절을 마련하여 아동과 당대 중국 가정 생활의 상황에 대해 이야기하려고 한다.

1. 변화하는 세대 관계

명칭을 살펴보면 가정 내의 세대관계는 두 세대 사이의 관계를 가리키며 그 기초는 혈연과 혼인관계이다. 세대관계는 이웃한 두 세대 사이의 관계만을 가리키는 것이 아니라 격세대(예를 들면 조손 관계) 사이의 관계도 포함한다. 다음으로 세대 관계는 일종의 쌍향 관계이다. 이른바 '세대'라는 것은 통속적으로 말하면 한 사람이 가정 (그리고 가족) 내에서의 서열을 말한다. '세대'와 '서열'의 세대 관계에 근거하여 가정과 가족 내에 일종의 내부구조와 질서가 형성된다 (우판吳帆, 리젠민李建民, 2010). 물론, 아래의 소절에서 우리는 세대 관계는 가정 속의 유일한 구조와 질서가 아니라는 것을 알게 될 것이다. 전통적인 중국 사회에서 부권제 하의 '연속성을 띤 사업 군체(綿續性的事業社群)'로서 가정의 주축은 부자(父子)와 시어머니, 및 며느리로 이루어진 종적인 세대 관계이다(페이샤오퉁費孝通, 2013). 이 주축을 따라 가정 내부에는 소농경제생산방식에 적응된 부계 부권 가장제와 '주종형(主從型)' 세대관계가 형성되었다(양산화楊善華, 2006). 세대 관계로부터 볼 때 주종형 관계는 부권이 의심할 바 없는 지위에 처해 있고 적장제(嫡長制)의 규칙에 따라 계승되는 형태를 보이고 있다. 가족과 가정의 자원 분배와 기타 중대한 가정 사무의 결정에서 부권으로 대표되는 어른은 절대적인 권리를 가지고 있다. '세대'의 가정에서의 증가 자체는 시간의 흐름을 암시하며 세대 관계의 변화와 발전은 여러 가정 관계에서도 특히 사회의 변천과 사회의 전향 과정 중의 가치관의 변천, 문화의 변천과 제도의 변천이 가정생활에 남겨 놓은 흔적을 가장 잘 반영한다(선후이沈暉, 2011).

　페이샤오퉁은 20세기 80년대 초에 중국의 가정 구조를 이야기할 때 친자관계는 전체 사회구조를 구성하는 가장 기본적인 군체 기초이며 친자관계 모식의 차이는 가정구조의 차이보다 더 중국과 서양 사회의 차이를 반영할 수 있다고 하였다. 주요한 차이점 중의 하나가 바로 '단체성 군체(團體性社群)'로서의 서양 가정에서 자녀는 부모에 대한 봉양 의무를 감당하지 않으나 중국 가정의 자녀에게 부모를 봉양하는 것을 떠밀 수 없는 책임이다. 그러므로 서양 가정의 친자관계는 한 세대, 한 세대씩 전해내려가는 '계주 형식'이지만 중국의 가정은 부양과 봉양이 동시에 존재하는 '반포 형식(反饋模式)', 즉 매 세대의 사람들은 어린 시절에 모두 윗세대의 부양을 받고 성년이 된 뒤에는 이미 연로한 윗세대를 봉양해야 한다(페이샤오퉁, 1983). 부권제와 세대간의 반포 형식으로 인해 전통적인 중국 가정은 분가한 이후에도 "다른 곳에 거주하면서 재부를 함께 사용하는(異居通財)" '연속체'에 더 가깝다. 일부 학자들은 이런 부양과 봉양 향위로 구성된 쌍방향의 관계는 또 일종의 세대 간의 교환 이론(궈위화郭於華, 2001)을 반영하였다고 주장하였다. '반포형식'이 경제적 지원과 생활 돌봄에 대한 강조와 비해 세대교환이론은 친자 두 세대는 유형의 물질과 돌봄 교환과 무형의 정감 교환이 존재한다고 인정한다.

이를테면 가정구조, 세대 관계를 포함한 가정 관계는 생산방식, 사회문화, 사회와 정치제도, 도덕가치관 등 다양한 힘에 의해 형성된다. 현대화의 진행 과정에서 중국의 가정의 규모는 점차 축소되었고 동시에 직계가정의 비율이 안정적인 양상을 보이기는 했지만 가정의 구조는 총체적으로 단순해지고 있다. 이 추세는 가정 관계에 다음과 같은 문제들을 던져 주었다. 전통적인 가정에서의 가정 관계의 주축은 이미 종적인 친자 관계로부터 횡적인 부부 관계로 변화된 것은 아닐까? 부권은 약화된 것이 아닌가? 중국 가정의 '반포 형식'은 이미 현대화의 과정에서 서양 사회에서 자주 보게 되는 '계주 방식'에 자리를 내준 것은 아닌가? 가정사회학 연구계에서 이 문제에 내놓은 답은 일치하지 않다. 예를 들면 지난 세기 말에 진행된 도시와 시골의 가정변천 연구에서는 친자관계는 더 이상 중국 가정의 주축이 아니라고 하였다(쉬안치徐安琪, 2001; 양산화楊善華, 선충린沈崇麟, 2000). 그러나 일부 21세기에 진행된 가정연구에서는 친자관계가 변하였음을 의미하는 관건적 특징은 평등화이지 주축의 지위가 부부관계에 의해 대체되었는지 여부가 아니라고 하였다(캉란, 2009). 또 친자관계 혹은 부부관계의 주축으로서의 지위는 가정에서의 구체적인 현실 상황에 의해 결정된다는 주장도 나왔다(선이페이沈亦斐, 2013). 이로부터 중국 가정 내부의 세대관계는 여전히 변화하는 과정에 처해 있으며 도시와 시골의 차이 및 지속되는 가정의 변화 속에서 정해진 답을 찾기는 쉬운 일이 아님을 알 수 있다. 그렇기는 하지만 이미 진행된 관련 연구들을 살펴보면 우리는 여전히 개혁개방 이후의 세대 관계의 변화가 아래와 같은 몇 가지 기본특징을 갖고 있음을 발견할 수 있다.

1) 부권이 쇠락하고 세대 관계가 총체적으로 평등화로 가고 있다.

공업화 정도의 제고, 교육기구의 증가 등 요소들은 가정의 구성원들에게 중요한 전제조건을 마련해 주어 그들로 하여금 윗세대의 가르침과 자원의 분배에 대한 의존도를 줄일 수 있게 하였다. 시장경제를 발전시킨 이래 중국의 산업구조와 전체적인 직업구조의 발전에는 선명한 변화가 나타났고 대량의 농업 인구가 토지를 떠나 도시에 진출하여 비농업 직무에 종사하게 되었다. 지식과 기술의 획득으로부터 보면 자녀 세대가 부모 세대와 조부 세대의 경험에 대한 의존도는 아주 크게 하락하였고 더 많이는 학교의 교육과 직업훈련 등 경로를 통하게 되었다. 충분한 교육 기회를 획득하지 못한 개체라고 할지라도 그 경험이 꼭 가정에서 왔다고 할 수는 없게 되었다. 도시화 과정에서 자녀 세대의 지역을 넘어서는 이동은 세대의 분리를 초래하였고 윗세대는 자녀의 생활을 지배하고 간섭할 수 있는 현실적인 환경을 상실하게 되었다. 동시에 더 강한 취직능력을 갖고 있는 자녀 세대는 늘 가정에서 더 중요한 경제적 버팀목이 되어 가정경제구조의 세대 간의 역전을 가져왔는데 이는 자녀가 가정에서 평등한 발언권을 획득하고 심지어는 우월한 발언권을 가질 수 있는 물질적 기초가 되었다. 또 교육수준의 제고는 자녀 세대가 부친 세대가 익숙하지 않은 현대사회의 여러 관념과 지식을 습득하게 하여 부권제의 쇠락에 이념적인 조건을 마련하였다. 옌윈샹은 그가 지난 세기 90년대 동북의 시골에서 전개한 현지 조사에서 부부관계는 이미 친자관계를 대체하여 가정에서 중심적 지위를 점하고 있음을 발견하였다. 젊은 부부가 결혼 후에 분가하는 것은 이미 보기 드문 현상이 아니다. 비록 일부 주요 가정들에서는 여전히 부모가 실제적인 가장이지만 부모 세대가 권력을 행사하는 방식은 이미 "비교적 절제되어 있고" "비교적 온화하다"(옌윈샹閻雲翔, 궁샤오샤龔小夏, 2017). 반대로, 자녀는 공개적으로 부모에게 자신의 견해를 말할 수 있게 되었고 결혼한 아들은 부모와 아내 사이에서 분쟁이 일어날 때 공개적으로, 혹은 간접적으로 자신의 아내를 지지한다.

도시 지역에서 가정의 소형화와 핵심화는 부부 관계가 가정생활의 중심 지위로 향하게 하였다. 사회보장제도와 사회양로서비스 체계의 점차적인 구축도 부모 세대의 양육과 자녀 세대의 반포 사이의 평형을 깨뜨렸다(왕웨성王躍生, 2012). 그 외에 장기적으로 독신자녀 정책을 펴 온 도시 가정은 자녀 세대에게 독특한 중심 지위를 부여하여 그들이 성년이 된 후의 부모 세대와의 평등 관계에 기초를 마련하였다. 간단하게 말하면 도시든 시골이든 물론하고 중국 가정의 세대 관계는 평등화의 추세를 나타내고 있으며 자녀 세대의 가정에서의 발언권과 개체 의식이 강화되는 양상을 보이고 있다. 지난 세기 60-70년대의 사회정치 격변 중에서 중국 가정의 세대 관계에는 일시적으로 심각한 왜곡과 위치의 전도 현상이 나타났다(선후이沈暉, 2011) 그러므로 중국 가정의 세대 관계의 평등화는 부권제의 선형 쇠락으로 이해해서는 안 되며 그것은 경제의 발전, 출산 정책, 관념의 전파, 사회보장제도 등 여러 가지 요소의 영향 하에서 전통과 현대가 대결을 펼친 결과이다(마춘화馬春華, 2011).

2) 세대의 중심이 아래로 이행하고 세대 관의 관계가 호혜적 이며 대등하지 않다.

세대 관계의 평등화에 대한 논의는 주요하게 부모 세대와 성년이 된 자녀 사이의 관계를 둘러싸게 진행하게 될 것이다. 위에서 이야기한 대로 이 평등화의 과정에는 부모 세대 권위의 쇠락과 부부 관계가 친자 관계를 대체하여 가정 관계의 주축이 된 것이 포함되었다. 그러나 지난 세기 80년대 이후의 현대 중국의 가정, 특히는 도시의 가정에서 출산율의 하락에 따라 세대 관계의 중심이 아래로 이행하는 현상이 두드러지게 나타났다. 가정에서 자녀에 대한 양육을 날로 중시하는 상황에서, 3세 이하의 어린이를 맡길 수 있는 어린이집이 부족한데다가 적지 않은 맞벌이 부부가 직장과 가정의 평형을 유지하기 어려운 상황에서 많은 도시의 가정은 자신의 부모를 아이의 양육에 참여시키거나 심지어 그들을 아이의 주된 양육자가 되게 한다. 예를 들면 2014년의 '중국가정추적조사' 데이터에 따르면 전국의 1-5세의 유아들 중 조부모가 주요 양육자인 비중은 41.1%에 달하였다(국가위행계획출산위원회가정사國家衛生計生委家庭司, 2016). 자녀를 도와 손자를 양육하는 것은 부모 세대가 긴 시간을 들여 전통적인 세대 관계를 유지하는 방식의 하나이다.

세대관계에 대한 많은 선행연구의 결과에 따르면 지난 몇 십 년 동안 중국의 가정에는 비록 가정의 소형화, 핵심화의 추세가 나타나기는 하였지만 부모 세대가 세대 관계에 투입하는 자원과 감정은 줄어들지 않았을 뿐만 아니라 오히려 늘어나는 양상을 보이고 있으며 자녀 세대의 의무와 책임의 감당 수준은 선명하게 약화되었다(천제밍陳皆明, 2010). 왕웨성은 일곱 개의 성과 지역의 데이터 분석을 통해 양로보장제도가 상대적으로 잘 구비되어 있는 도시 지역에서 상당한 일부분 노인들이 혼자 생활하는 경향을 보이고 있어서 자녀 세대의 봉양 수요를 확연하게 덜어주고 있음을 보여주었다. 양로보양제도가 상대적으로 잘 되어 있지 않는 시골에서 노인들은 자녀와 공동으로 거주하는 경향이 더 짙었으며 늘 가정의 생산 노동에 참여하고 자신의 생활 능력을 높이는 것을 통해 자녀의 봉양 부담을 덜어주었다(왕웨성王躍生, 2012). 총적으로 세다 간에 "교환할 수 있는 자원과 관계를 제공해 주는 경제기초와 교환이 유지될 수 있도록 하는 구조적 속박"이 지속적으로 변화하고 있음을 알 수 있다(궈위화郭於華, 2001). 전통적인 세대 관계 중에서 쌍방향으로의 평형율 유지하는 '양육-반포'의 공평성 논리는 이미 도시와 시골의 가정에서 파괴되었고 양육과 봉양이 대등하지 않고 세대 간의 상호 작용이 어긋나며 세대 관계의 중심이 아래로 이행하는 "세대 간의 경사" 현상이 나타났다(류구이리劉桂莉, 2005). 이는 "기존 물질, 경제의 유형 교환"과 "감정과 상징 면에서의 무형교환" 원칙에 이미 변화가 발생하여 중국 가정의 양로 규범도 그에 따라 변화할 것임을 의미한다(궈위화郭於華, 2001). 또 일부 학자들은 '반포' 모식의 변화는 사회 변천 과정에서 전통화 현대화가 세대 관계 층위에서의 '충돌과 통합'을 반영하며 중국 가정의 세대관계가 새로운 동태적이 평형에 이르기 전의 과도기적 단계에 놓여있음을 의미한다고 하였다(선후이沈暉, 2011).

3) '세대 간의 골짜기(代溝)'와 '세대 차이(代差)'의 병존, '문화반포(文化反哺)'가 세대 관계를 변화시킨다.

Goode는 자신의 저서에서 가치관의 변화는 가정의 변화에 심각한 영향을 미친다고 강조한 바 있다(Goode, 1963). 중국 가정의 세대 관계는 전통과 현대화의 대결의 영향을 받을 뿐만 아니라 문화의 변화와 관념의 전파 등 비경제적 요소의 영향도 받는다. 중국 가정의 부모 세대가 여전히 전통적인 가정 관계와 도덕, 정감의 상호혜택 형식을 유지하려고 노력하며 심지어 그 속에서 '종교적인 가치와 의미'를 보아내는데 반하여(허쉐펑賀雪峰, 귀쥔샤郭俊霞, 2012) 세대 간의 관계에 대한 자녀들의 이해는 차츰 현대 사회의 이성을 나타내고 있으며 행위 면에서도 시장교환의 방식과 유사성이 없지 않은 행위 방식을 나타내고 있다(선후이沈暉, 2011). 세대 관계에 대하여 부모 세대와 자녀의 가치 관념과 행위 방식에서 드러낸 차이는 미드가 제기한 '세대 골짜기' 현상과 부합되는 양상을 나타낸다(Mead, George Herbert, 1987). 개혁개방 이후에 젊은 세대는 사회의 빠른 변화를 통해 부단히 새로운 가치 관념을 받아들이고 새로운 행위 가치관을 나타내어 전통적인 가치관과 행위규범과 격차, 충돌이 나타나기 시작하였다. 20세기 80년대 말에 '세대 골짜기'의 개념이 중국에 유입되었고 세대 골짜기의 문제는 학계와 대중의 보편적인 관심을 받았다(선후이沈暉, 2011). 저우이 등 학자들이 20세기 90년대에 세대 골짜기에 관해 진행한 연구에 따르면 세대 골짜기 현상은 도시와 시골의 사회에 보편적으로 존재하지만 심각한 세대 간 충돌을 야기하지는 않았고 적당한 양성 단계에 처해 있다(저우이周怡, 1994). 그러나 사회 변화의 정도가 심해지고 가치관이 날로 다원화지게 됨에 따라 '세대 골짜기'에 대한 사람들의 이해가 점점 깊어지고 있기는 하지만 세대 차이가 초래한 행위 곤경도 더 한층 심화되고 있다(저우이周怡, 1995a). 21세기에 진입한 이래 일부 학자들은 '세대 차이'라는 개념을 사용하여 세대 간의 조화라는 시각에서 세대 차이를 강조하기 시작하였으며 '세대 골짜기'는 세대 간의 거리를 반영하는 개념으로 이해되기 시작하였다(캉란康嵐, 2009).

'세대 골짜기'든 아니면 '세대 차이'든 모두 세대 간의 대립이나 거리만을 의미하지는 않으며 다른 '세대' 사이의 공통점을 찾고 차이점을 보존할 수 있는 가능성을 포함하고 있다. 저우이(1995b)는 '세대 골짜기'는 비록 세대 간에 충돌이 발생할 가능성을 의미하지만 동시에 세대를 넘어서 상대방의 가치관을 선택할 가능성도 열어놓았다. 즉 젊은 일대가 전통에 대한 선택과 지속, 그리고 윗세대가 새로운 사물과 새로운 관념에 대한 선택적인 접수 등이다. 저우샤오훙(周曉虹)은 미드의 '후유문화(後喩文化)' 이론에 근거하여 '문화반포(文化反哺)'라는 어휘로 젊은 세대가 새로운 가치관, 지식문화, 행위방식 등을 반대 방향으로 연장자 일대에게 전파하는 현상을 지칭하였는데, 즉 "급속한 문화 변천 시대에 발생한 연장자 일대가 젊은 일대를 통해 광범위한 문화를 접수하는 과정을 가리킨다(저우샤오훙周曉虹, 1988). '문화반포'는 일상생활에서 적용되는 범위가 매우 넓은데 가치관과 행동방식을 포함하지만 기물(器物)의 측면에서 특히 두드러지게 표현된다(周曉虹, 2015). 일상소비, 전자상품으로부터 네트워크 정보에 이르기까지 젊은 세대는 소비주의의 열풍 속에서 주도권을 장악하였을 뿐만 아니라 심지어 이미 그들의 윗세대와 '데이터 골짜기'를 사이에 두고 있다. 노년들은 비록 인터넷의 사용과 스마트폰, 위챗 등 새로운 정보획득 방식에 열정을 보이기는 하지만 그 정보의 획득 기능은 늘 가정의 젊은 세대의 '반포'에 의존해야 하며 획득한 내용도 젊은 사람들처럼 깊지 못하다. 뿐만 아니라 양호한 교육을 받은 노인이라고 하더라도 여전히 인터넷의 사용이 숙련되지 못하여 사기를 당할 수도 있으며(주디朱迪, 가오원쥔高文珺, 주옌챠오朱姸橋, 2018), 인터넷 발언권을 상실할 가능성에 직면하고 있다. 하지만 또 일부 학자들은 세대 간의 단순한 위치 교체는 장기적인 추세가 아니라고 주장하고 세대 간에 서로 도움을 주는 '문화호

포(文化互哺)'의 개념을 제기하여(선후이沈暉, 2011) 자녀 세대와 부모 세대는 기물과 경력 방면에 모두 장점이 있다고 하였다.

2. 가정생활에서의 남녀평등

세대 관계의 기본 형식 외에 전통적인 농업사회의 주종형 가정 관계는 부부가 가정에서의 역할에 대해 명확한 기대가 있다. 농업 수입을 가정의 주요 수입과 생산 기초로 하는 소규모 생산 방식의 형태에서 남성은 가정 경제의 주축이며 여성은 논쟁할 여지가 없는 가사노동 담당자가 되었다. 성별에 근거한 노동 분공 방식의 배후에는 뿌리 깊은 "남자는 바깥일을 하고 여자는 집안일을 한다"는 사회성별 관념이 자리하고 있으며 이와 대응되는 것은 '남편이 부르고 부인이 따라하는' 가정관계이다. 건국 후 도시 여성은 "여자가 반쪽 하늘을 떠받칠 수 있다"는 국가의 성별의식 형태에서 대거 취직하였다. 여성의 취직을 충분히 격려하기 위해 도시 지역에서는 대량의 단위제에 의탁한 탁아소(托兒所), 유아원(幼兒園)과 식당을 만들어 가사노등을 부분적으로 사회화하는 방식으로 직장 여성들의 우려를 덜어 주었다. 경제적 독립은 기혼 여성들이 "남자가 바깥일을 하고 여자가 집안일을 하는" 역할을 벗어나는데 가능성을 마련해 주었다. 동시에 남성의 수입이 더 이상 가정의 유일한 경제 원천이 아니기에 옛날부터 있어왔던 "아내는 남편에게 복종해야 한다"라는 불평등 국면도 변하기 시작하였다. 농촌 지역에서 부권제 가정제 도는 점차적으로 쇠락하고 젊은 부부는 더 독립적이고 자유로운 가정생활 방식을 선택하였다. 최근 농촌 여성 노동력이 밖으로 나가 비농업 직종에 종사하는 것은 농촌 가정의 부부 평등에 더 많은 물질적 기반을 마련해 주었다. 이 외에 건국 이래 여성의 교육 수준의 제고도 도시와 시골 여성들이 가정에서의 평등 지위를 획득하는데 관념적 기반을 마련해 주었다.

물론, 가정에서의 부부 관계가 평등해졌는가 하는 것은 쉽게 결론을 내릴 수 없는 복잡한 문제이다. 부부 쌍방의 가정에서의 권리와 의무는 여러 측면에 관련되는데 예를 들면 가사노동의 분배, 가정결정권, 가정 내부에서의 역할 등이다. 시장의 변화가 일어난 후 노동력시장에서의 성별에 의한 불평등은 점점 심화되고 있으며 기혼여성과 낮은 연령대의 자녀를 둔 여성은 특히 준엄한 도전에 직면에 있다(Zhang, Hannum,Wang, 2008; 허광화賀光燁, 우샤오강吳曉剛, 2015). 그러므로 비록 여성이 경제적 독립성을 획득하기는 하였지만 대다수 가정에서의 남성과 여성의 수입의 국면에는 실질적인 변화가 발생하지 않았으며 여전히 남성의 수입이 가정의 주요 경제 원천이라고 인식한다. 한때 국가적으로 위로부터 아래로 구축한 성별평등의 식형태는 개체의 소질을 강조하는 시장의 가치관에 의해 대체되었고 후자는 동시에 날로 부활하고 있는 전통적인 가치에서 근거를 찾고 있다(우샤오잉吳小英, 2009). 그 결과 전통적인 성별 역할 형식과 행위규범은 일부 변화를 가져오기는 하였으나 여전히 가정생활에 중요한 영향을 미치고 있다.

경제의 발전과 현대화 정도의 제고는 가정 내부의 성별 역할의 인정 면에서 유럽과 기타 동아시아 사회와 같은 평등화 추세를 나타내도록 하지 못하였다. 전통적인 성별 역할에 대한 인식은 유지되었을 뿐만 아니라 심지어 최근에 심화되는 추세를 보이고 있다(쉬안치徐安琪, 2010). 일부 연구 결과에 따르면 여성의 성별 관념은 현대와 평등에 더 가깝지만 여러 연령 단계의 남성들은 보편적으로 전통적인 성별 관념을 찬성하는 경향을 보이고 있다(류아이위劉愛玉, 둥신修新, 2014). 실제로 일상생활에서의 부부 관계에서 중국의 도시와 시골 가정의 보편적인 분공 양상은 여전히 부인이 가사노동을 담당하는 것이다. 위자(2014)는 CFPS(2010) 데이터에 대한 분석을 통해 도시의 여성은 가사노동은 남편과 비교한 상대적 수입이 증가하는 상황에서 지속적으로 감소되고 있지만 전통적인 관념의 영향이 가장 심한 농촌 지역에서는 상대수입의 증가도 여성이 가사동을 분담하는 방면에서의 협상 능력을 높이는데 도움이 되지 않는다. 류아이위(劉愛玉) 등 학자들의 연구는 또 경제적 독립(혹은 경제적 의존)이 가사노동에 미치는 영향 면에서 성별 차이가 존재한다는 것을 발견하였다. 남성과 비교할 때 여성이 가사노동에 종사하는 숫자와 시간은 경제의존도와 성별역할 관념의 교차적인 영향을 받아 여러 가지 정도의 '성별 역할'이 존재한다. 경제적 의존도가 높을수록 여성은 가사노동에서 '성별 역할'을 할 가능성이 더 높다(류아이위劉愛玉, 둥신修新, 푸웨이付偉, 2015). 부부의 권력 구조 방면에서 부부의 권력 형태에 대한 지역 차이에 대한 연구에 따르면 경제가 발달한 지역의 부인이 더 많은 가정권력을 가진다고 말할 수는 없으며 경제 발전 정도가 좀 떨어지는 도시에서 부인은 더 많은 가사 노동을 부담하며 가정의 권력도 더 많이 가진다(마춘화馬春華, 2011). 다른 연구에서 쉬안치(2004)는 가사노동과 가정 권력은 깊은 관련이 있으나 가정에서의 일상결정권을 갖는 것은 혼인과 가정 지위에 대한 부인의 만족도를 높이는데 도움이 되지 못한다고 하였다.

세대 사이의 관계로부터 볼 때 중국 가정은 현대화의 과정에서 확실히 부권이 쇠락하는 징조가 나타났다. 그러나 많은 문헌들은 우리에게 중국 가정의 변화는 경제의 영향만을 받는 것이 아니라는 것을 알려준다. 오랜 전통을 가진, 뿌리 깊은 가정문화 관념, 성별에 대한 기계적 인식 등 비경제 요소의 영향으로 인해 현대화, 가정규모의 축소화, 구조의 핵심화 등은 중국 가정의 "남자가 바깥일을 하고 여자가 집안일을 하는" 역할 분담의 국면을 진정으로 바꾸지는 못하였다. 동시에 여성이 가정에서 얻은 이른바 실권이라는 것은 어쩌면 여성이 여전히 가사노동의 주요 담당자라는 것을 반영하는 것일지도 모른다.

3. '중심'과 변두리: 가정생활에서의 아동

대량의 당대 가정의 변화에 관한 사회학 연구에서 아동과 관련된 연구는 별로 사람들의 이목을 끌지 못한다. 그러나 20세기 80년대로부터 지금에 이르기까지 아동은 줄곧 가정 변화의 중심에 있었다. 가정에서의 아동의 처지의 변화는 사회 발전과 변화가 인생의 조기 단계에 처해 있는 개체에 대한 영향을 반영할 뿐만 아니라 일정한 정도에서 미래의 사회에 발생할 수 있는 변화를 예고하고 있다. 그러므로 아동의 처지의 변화를 이해하는 것은 당대 중국 사회를 이해하는 중요한 경로이자 임무의 하나이다. 모든 사회에서 아동은 모두 사회 분화의 담당 군체의 하나가 된다. 우리가 과거 몇십 년의 중국 가정을 돌이켜 볼 때 도시와 시골의 이원화 대립과 계층 분화 등 구조성 역량이 이미 아동의 발전에 심각한 영향을 미쳤으며 아동이 '중심화'와 '변두리화'라는 두 가지 완전히 다른 처지에 처하게 하였음을 어렵지 않게 발견할 수 있다.

지난 세기 70년대 말부터 시작된 근 40년에 달하는 계획출산 정책은 중국의 방대한 독신자녀 인구를 만들어 냈으며 아동이 점차 가정의 초점이 되게 하였다. 비록 독신 자녀는 도시의 가정에만 존재하는 것은 아니지만 '어린 황제', '작은 태양' 등 이른 시기에 독신자녀들을 지칭하던 호칭은 주요하게 도시 지역의 대중 매체와 일상생활에서 광범위하게 전파되어 아이가 도시 가정에서의 지위가 전례 없는 높이로 상승되었음을 의미한다. 독신자녀의 신분은 일종의 독특한 이중성을 나타낸다. 그들은 대체할 수 없는 가정 구성원이자 동시에 가정에서의 매우 희귀한 '자원'과도 같아서 그 성장과 가정의 미래의 발전은 직접적인 관련이 있기 때문에 가정의 모든 성인 구성원들의 주목과 사랑, 보호를 받는다. 제1대 독신자녀가 성장하여 잇따라 결혼 연령과 출산 단계에 이르자 또 이른바 '4-2-1'의 가정구조, 즉 세 세대가 공존하고 부부가 모두 독신자녀이며 가정에 연속적으로 두 세대의 독신자녀가 있는 가정이 나타났다(량츄성梁秋生, 2004 ; 숭젠宋健, 2000). 가정의 일상 소비로부터 가정의 의사결정에 이르기까지 아동은 의심할 바 없는 초점이 되었다. 아동의 식품을 위한 지출을 예로 들면 궈위화(郭於華)는 지난 세기 90년대에 북경과 강소 두 지역에서 진행한 연구에서 소비혁명과 계획출산의 환경 하에서 성장한 아이들은 더 이상 위의 한, 두 세대의 음식에 대한 관념을 계승할 가능성이 없다는 것을 발견하였다. 물질이 부족한 연대에 성장한 조부모 세대와 부모는 소비문화가 확장하고 자식이 적은 큰 환경에서 점차적으로 '소비형의 음식 이념'을 마주하게 되었으며 아동의 식품 소비는 대중매체의 심한 영향을 받았다(궈위화 郭於華, 2017). 21세기에 진입한 이후 북경이 도시 가정에 대한 한 연구는 자녀의 양육이 북경 가정의 소비구조와 소비 행위에 큰 영향을 미치고 있다는 것을 발견하였다. 예를 들면, 비록 여러 가정의 일상생활의 소비 구조에 차이가 존재하기는 하지만 아동으로 인해 발생하는, 식품류를 구매하는 지출은 매우 일치하였는데 가령 자녀의 식품을 구입하기 위한 지출이 가정의 같은 유형의 지출의 3분의 1을 차지하며, 아이는 늘 가정에서 고액의, 전문적인 소비품을 구매하는 원인이 되는 것 등이다(류솽劉爽, 상청궈商成果, 2013). CFPS에서 진행한 전국적인 데이터 조사에 따르면 아동식품을 구입하는 지출은 가정의 수입, 부모의 교육정도 등 요소의 영향을 현저하게 받는다. 가정 수입과 부모의 교육 정도가 높을수록 아동의 식품을 구입하기 위한 지출이 높았다. 이외에 전국적인 데이터는 또 아동의 식품을 구입하는 비용은 선명한 지역적 차이를 보여서 가령 북경, 상해, 광주 등 일선 도시의 해당 항목의 지출은 이 세 지역 외의 아동의 두 배에 가깝다는 것(171.4%)을 보여주고 있다(국가위생계획출산위원회 가정사, 2016).

아이의 음식에 대한 세심한 고려는 도시의 가정에서 아이에게 큰 관심을 쏟는 첫 걸음에 불과하다. 지속적인 저출산율과 교육의 시장화 정도의 심화로 인해 도시의 가정에서는 자녀의 교육에 특히 높은 열정을 보였다. 계획출산 정책이 시행된 초기에 점차 부상하기 시작한 '자식이 인재가 되기를 바라는' 심리는 오랫동안 식지 않았을 뿐만 아니라 점점 더 심해져 도시 부모의 초조한 심리를 불러일으키는 중요한 원인의 하나가 되었다(리춘링李春玲, 2016). 북경, 상해, 광주 등 일선 도시에서 많은 도시 부모들은 가까운 곳의 학교에 입학하는 정책에 불만을 가지고 아이가 네다섯 살 때부터 여러 가지 상업기구의 교육과정을 통해 아이의 종합적인 기능을 훈련시켜 더 좋은 초등학교에 보내려고 한다. 취학 목적을 이루기 위해 아이를 키우고 있는 도시 가정의 자원 투자는 선명하게 아이들에게 기우는 경향을 나타낸다. 학업교육과 취미교육 등 자녀의 교육에 투입하는 비용ㅇ이 가정의 소비의 상당한 비중을 차지하며 이로 인해 도시와 시골의 가정이 학교 외 학습에 투입하는 비용의 차이를 더 벌려 놓았다(류솽劉爽, 상청궈商成果, 2013). 이외에 아이를 위해 투입되는 가정 자원에는 당연히 성년 가정 구성원의 노동도 포함된다. 최근 일부 새로운 가정 현상이 나타나기 시작했는데 예를 들면 가정 내에서의 여성의 교육 책임을 강조하는 '교육에 목숨 거는 엄마(敎育拼媽)' 현상(진이훙金一虹, 양디楊笛, 2015), 3대 직계 가정에서 조부모가 생활을 돌보고 엄마가 교육을 책임지는 '엄한 엄마 자애로운 조부모(嚴母慈祖)'식 교육 분공 형태(샤오쉬웨이肖索未, 2014) 그리고 자녀의 교육과 관련이 없지 않는, 가정주부의 비중이 조용히 상승하는 현상 등이 바로 그것이다(우샤오잉吳小英, 2014).

비록 일부 연구에서 서로 다른 사회 계층에 속한 부모들이 아이의 미리에 대해서는 공통된 기대를 보이고 있어서(양솽劉爽, 상청궈商成果, 2013). 도시와 시골의 가정에서 자녀의 양육 행위와 부모 자식의 관계에서 일정한 '공통성'을 나타낸다고 하였지만 전환기 사회의 자녀양육의 사회 분화 현상에 대해 주목할 필요가 있다. 앞에서 말한 바와 같이 도시 지역에서 아이들은 점차 가정생활의 중심이 되고 있으며 농촌의 가정은 인구 이동의 큰 배경에서 부모와 장기적으로 떨어져 있는 유수아동(留守兒童)과 부모를 따라 도시로 이동하는 유동아동이 대량으로 나타나기 시작하였다. 2013년의 한 전국부녀연합회 프로젝트팀의 보고에 따르면 2010년의 제6차 인구보편조사의 데이터에 의하면 전국 농촌의 유수아동은 6102.55만 명에 달하여 2005년에 1%의 인구에 대해 샘플조사를 진행한 결과보다 242萬 증가하여 전국 아동의 21.88%를 차지하고 농촌 인구의37.7%를 차지하였다. 동시에 17세 이하의 농업호적 유동아동의 규모는 2877만에 이르러 전국 도시와 시골 유동 아동의 80.35%에 달하였다(전국 부녀연합회 프로젝트팀, 2013). 2016년에 민정부는 전국적인 범위에서 '전국 농촌 유수아동 세부조사(全國農村留守兒童精准摸排)'를 진행하여 '농촌의 유수아동'을 '양부모가 외출하여 근무하거나 혹은 일방이 외출하여 근무하지만 다른 일방이 보호능력이 없어서 부모와 정상적으로 함께 생활하지 못하는 16세 이하의 농촌 호적의 미성년자'로 규정하였다. 2013년의 숫자와 비하여 농촌의 유수아동 숫자는 902만 명으로 줄어들었으며 그 중의 90% 이상이 중서부 지역에 집중되어 있었다(신화사新華社, 2016).

도시 가정에서 '중심' 위치에 처해 있는 아동과 비교하여 시골의 유수아동과 도시의 유동 아동의 처지는 변두리화의 특징을 보이고 있다. 도시로 진입한 후 도시 지역의 탁아서 서비스와 의무교육자원을 향유하기 어렵기 때문에 대량의 도시에 들어가 근무하는 농민공 부모들은 미성년 자녀들을 시골에 남기는 것을 선택하여 도시와 시골의 이원화 구조 하의 '유수아동' 군체를 형성하였고 이로 인해 농촌지역의 격세대 가정의 비중을 높였다. 그러나 도시와 시골의 교육자원이 균형을 잃고 가정경제의 어려움과 공부를 싫어하는 정서, 같은 연령대의 사람들이 외지로 나가 근무하는 현상의 시험작용 등은 유수아동들의 심각한 학업포기 문제를 초래하였다(뉴젠린牛建林, 2012 ; 탄선譚深, 2011). 이외 유수아등의 심신 성장은 유수형태, 부모와 장기적으로 떨어져 있는 연령과 지속 시간, 조부모의 보살핌이 부족하고 가정환경이 빈곤한 등 요소의 영향을 받는다(탄선譚深, 2011). 비록 유수아동이 대량 '문제화'되는 것을 조심스럽게 방지해

야 하지만 여러 가지 부정적인 요소가 겹치는 상황에서 일부분 유수
아동에게 심리적 문제가 생기기고 있다는 것은 부인할 수 없다.

부모와 함께 이전한 유동아등은 대부분 중동부의 경제가 발달한
지역에 집중되어 있지만 전국의 여러 도시 지역에 모두 존재한다.
유수아동과 마찬가지로 유동아동의 의무교육문제도 학계와 매체, 그
리고 정부의 주목을 받았다. 학전 교육으로부터 고등학교 까지의 여
러 단계에서 유수아동은 여러 가지 취학 장애에 직면하는데 가령 어
린이집에 들어가기 어렵고 초등학교에 늦게 입학하며 학업을 그만두
고나 외지에서 대입시험에 참여하는 등이다(전국부녀연합회 프로젝
트팀, 2013). 유동아동은 비록 부모(혹은 그 중의 한 명)와 함께 생
활할 수 있지만 유수아동과 마찬가지에 성장환경의 보호성 요소가
부족하고 위험요소를 공제하기 어려우며 저항력이 박약한 등 문제
가 존재한다. 당지 사회에 융합되기 어려운 것 외에도, 도시 지역의
비유동아동에 비해서 유동아동은 거주환경이 좋지 않고 위생조건이
열악하며 일부 부모의 관리가 부족한 등 원인으로 쉽게 건강과 안
전, 사회교제 등 방면의 위험에 봉착하게 된다(우판吳帆, 양웨이웨이
楊偉偉, 2011). 이런 위험은 유수아동에게도 마찬가지로 존재한다.
가정 관계의 측면에서 유수아동과 비유수아동이 처한 가정은 이산
화 생존의 형태를 나타내는데 그 구성원은 분산되어 거주하고 분산
되어 취직하는 동시에 구조 파산의 상태에 처해 있다. 가정의 구조
성 파손에 적응하고 유지하며, 복원하기 위해 이동가정은 늘 큰 노
력을 기울이지만 아동은 그 과정에서 큰 대가를 치르고 있다(진이홍
金一虹, 2009). 비록 우리는 유수아동과 유동아동의 부모들의 그들에
대한 관심을 부정하기 어렵지만 그들의 가정생활에서의 변두리화
처지는 도시 지역의 아이가 가정에서 초점이 되는 위치와 선명한 대

비를 이루고 있다.

본 장에서 논의한 '세대 관계'는 가정내에서의 세대 관계에만 한정되며 혈연과 혼인 관계를 기반으로 한다. 이 개념은 출산과 대를 잇는 것을 주요한 기준으로 하는 '사회 세대 관계'와 혼동되어서는 안 될 것이다(피란吳帆·리젠긴李建民, 2010).

제3절 노령화, 독특한 시대적 특징과 가정이 직면한 새로운 위험

최근 가정과 유관된 뉴스와 토론이 매체는 물론 학계와 대중의 시선을 끌고 있다. 아이의 양육이며 노령화 인구의 급증 등 복잡한 문제가 가정의 생명주기 전반에 관통되어 있다. 가정의 규모와 구조 그리고 구성원 사이 관계의 변화는 도시와 농촌의 모든 가정에 새로운 양상을 부여하였다. 하지만 그 속에는 새로운 위기와 도전이 내포되어 있다. 이 장에서는 노령화와 이성혼인이라는 두 개 시각으로 당대 중국가정에 존재할 수 있는 문제점을 바라보면서 그 상응한 대책을 토론하고자 한다.

1. 노령화, 그에 따른 부양의 곤혹과 가정의 위기

(1) 노령화시대의 도래와 가정의 변화

개혁개방 이후의 40여 년은 중국인구가 새로운 형태로 전환하는 시기였다. 지난세기 70년대 초에 "늦게 결혼하고 나이 차이를 두며 적게 낳는(晚希少)"것을 원칙으로 하는 계획출산정책을 본격적으로 실시하였다. 1980년부터는 전국적으로 외동자식정책을 보편화시켰다. 중국사회는 엄격한 인구제한정책 하에 출산수와 인구자연증가률이 지속적으로 하락세를 보이면서 전 세계적으로 생육수준이 가장 낮은 나라의 하나로 되었다. 이와 함께 인구 평균기대수명이 세계평균치와 일치성을 보이면서 끊임없이 제고되었다. 1981년 중국의 인구평균기대수명은 67.77세였다. 그 이후인 1990년 2000년 2010년 세 번의 인구보편조사에 따르면 인구평균기대수명이 68.55, 71.4세, 74.83세(국무원 제6차전국인구보편조사 영도소조사무실, 2012년)로 끊임없이 제고되었다. 2015년에 이르러 인구평균기대수명은 계속 제고되어 76.34세(국가통계국, 2016년)로 되었다. 출생인구가 지속적으로 감소하고 평균기대수명이 지속적으로 제고되는 이중원인으로 말미암아 노년인구가 총인구에서 차지하는 비중이 끊임없이 증가하였다. 2000년에 60세 이상 노년인구가 처음으로 10%(국제적인 노령화사회의 기준)를 넘어서면서 중국도 본격적으로 노령화사회로 진입하였다. 2015년 말까지 전국 총인구 중 16.1%가 60세 이상 노인이며 그중 총인구의 10.5%를 차지하는 65세 이상 인구를 포함한다. (민정부, 2016년) 2017년에 이르러 노년인구는 한발 더 나아가 총인구의 17.3%에 달해 그 절대수가 2.4억에 달하였다.(인민일보, 2018년) 노령화가 가장 심각한 상해에는 호적등록이 된 60세 이상의 노인 인구가 호적 총인구에서 차지하는 비중이 33.2%에 달하였다. 그리고 인구 당 평균기대수명은 83.37세였다(우전둥吳振東, 2018년). 인구학자가 예측한데 따르면 앞으로 30년 동안 중국의 노년인구는 계속 증가할 것이며 2050년에는 4억이라는 숫자에 육박하게 된다고 한다. 이는 중국 총인구의 30% 이상 및 세계 노년 총인구의 20% 이상을 점하는 것이 된다(중국노령공작위원회, 2007년).

중국사회의 노령화는 결코 개별적 사안이 아니다. 그것은 전 세계 인구평균기대수명의 지속적인 제고와 인구구조의 노령화추세의 부분적 사안이다. 하지만 개발도상국들의 기초가 취약하기 때문에 평균기대수명의 제고 폭이 더욱 뚜렷하며 또 국가정책이 출산에 대한 강제적 개입 때문에 노령화가 더욱 빠른 속도로 진행되고 있다. 가정의 시각으로 볼 때 빠른 속도로 증가하는 노년인구는 노인식구가 있는 가정의 수량과 가구당 노인의 수를 제고시켰다. 제6차 인구조사의 데이터에 근거하면 중국의 60세와 65세 이상의 노인식구가정 수는 1.23억 가구와 8803.6만 가구였다. 이는 전부 가구 수량의 30.6%와 21.9%를 차지한다. 또 2명 이상의 노인이 있는 가정의 증가폭이 노인 1명만 있는 가정의 증가폭보다 훨씬 빨랐다(펑시저彭希哲, 후잔胡湛, 2015년). 이밖에 노년인구와 상관되는 가정구조의 변화도 주목을 요한다. 후대와 함께 거주하는 것은 여전히 노인들의 주요한 거주방식이었다. 즉 가정의 물질적 정신적 보살핌은 의연히 노인들의 주요한 양로자원이었다. 동시에 노동력을 가진 저연령 혹은 중등연령의 노인은 가정에서 부양자의 역할을 담당하고 있지 물질적 정신적 보살핌을 받는 수요자가 아니었다. 그리고 도시든 농촌이든 순수 노인가구(즉 모든 구성원이 모두 노인인 가정)의 수량도 빠른 속도로 증가하는 추세를 보이고 있다. 그 내부구조를 따져보면 순수 노인가구는 저연령 노인과 고령 노인이 함께 생활하는 부모자식세대도 있고 부부 혹은 형제자매로 구성된 같은 세대 노인가정도 있었다. 그중 셋 이상 순수 노인가구도 증가세를 보이고 있으며 주로 농촌지구에 집중되어 있다.(펑시저彭希哲, 후잔 胡湛, 2015년) 이밖에 조손가정도 증가세를 보이고 있다. 이 또한 주로 농촌에 집중되어 있다.

(2) 노령화시대의 가정곤경과 위기

사회가 노령화시대로 진입한다는 것은 곧 노동력 적령인구의 비례가 감소한다는 것을 뜻한다. 인구보너스 시대는 결국 인구부채시대로 진입할 것이다. 동시에 노령화도 중국 가정에 새로운 도전을 던졌다. 지어 일부 가정의 위기도 불러왔다. 사회보장제도의 도농차이로 인해 노령화는 도농가정에 대한 영향이 일치하지는 않다. 도시에서는 제1세대의 외동자식이 점차 중년에 들어서면서 그들의 부모부양문제도 관심을 불러일으키고 있다. 학자들은 외동자식의 부모가 다자녀부모보다 독거노인 가정형태가 될 가능성이 더 크다고 보고 있다.(펑샤오탠馮笑天, 2009년; 숭젠宋健, 황페이黄菲, 2011년) 동시에 연구에 따르면 비록 다년간 대중매체에서 외동자식의 인격, 개성, 행위 등에 대한 부정적묘사가 많았지만 혼인과 취업 등 인생여정의 각 단계를 거쳐 외동자식들은 다자녀자식보다 더 부모와의 밀접하게 교감하고 있으며 자신의 능력에 따라 더욱 많은 경제적 도움을 주고 있다는 것이 밝혀졌다.(숭젠宋健, 황페이黄菲, 2011년) 이와 함께 최근에 도시가정에서 핵가족의 비례가 줄어들고 삼대직계가족의 비례가 상승하는 현상도 주목할 만하다. 앞에서 세대 간의 관계가 변화하고 있다는 점을 지적하면서 언급했다시피 도시의 젊은 세대의 가정인식이 변화함에 따라 가정 관계와 가정기능은 새롭게 형성되고 있다. 한편으로는 가정 관계에서의 세대 사이 중심이 하위이동함에 따라 삼대직계가정에서 노인식솔이 가정에 의해 보살핌을 받기보다는 저연령 혹은 중등연령의 노인들이 기혼자녀에게 대량 물적 지원을 하고 있는 형국이 되었다. 젊은 세대와 부모의 상호 관계는 전통적 중국가정의 자녀양육과 부모부양이라는 두 행위의 "반포모델"이 아니라 세대 사이의 교환모델에 더 가깝다. 하지만 이는 결코 도시가정에 양로수요가 없다는 말이 아니다. 국가위생 및 계획출산위원회 가정사가 전국적인 데이터를 분석한 결과 도시가정의 노인보살핌 수요가 농촌보다 더 높은 것으로 나왔다.(국가위생및계획

생육위원회 가정사, 2016년) 전통적 가정양로기능이 약화되는 추세하에 부모가 건강하지 않거나 생활자립능력을 잃으면 대량의 도시가정은 양로서비스가 부족하고 가정정책이 미비한 상황에서 부모부양과 자체양로라는 거대한 압력을 받는 것이 현실이다.

농촌가정은 양로곤경에서 헤어 나오기 더욱 힘들다. 우선 대량의 청장년 노동력이 유출되거나 가정을 이끌고 이주하면서 농촌의 노령화 정도는 도시보다 더욱 심각해졌다. 다음 도시 노인에 비해 농촌노인들은 사회경제적 지위, 사회복지, 생활원천 등 방면에서 뚜렷한 열세에 처해있다. 또 국가에서 근년에 농촌지역의 양로, 의료, 기초생활, 신형농촌합작의료제도, 정밀빈곤퇴치, 사회구제 등 각종 사회보장제도를 보완하고 있지만 인구유실에 따른 가정이산으로 말미암아 농촌유향노인들은 충분한 가정적 지원을 받지 못하고 있으며 심지어 손자손녀를 양육해야하는 압력에 직면해 있다. 도시가정의 노인에 비해 농촌의 노인들은 가정의 보살핌이 결핍한 문제가 더욱 심각한 수준이다. 예하면 비록 도시와 농촌 노인들은 모두 "자체부양"을 주요한 방식으로 하고 있고 또 자식들이 주요한 지원자라고 할지라도 그들이 자립능력을 잃었을 경우 도시노인은 자녀가 돌봐주지만 농촌노인은 배우자가 돌봐줘야 한다. 이밖에 도시의 자립상실노인이 보살핌을 받는 비례는 농촌의 노인보다 훨씬 높다.(국가위생및계획생육위원회 가정사, 2016년)

양로보장과 생활보살핌 등 문제 외에 노인들이 새로운 부담을 가져다주는 군체로 되었다는 점은 총인구에 비례해 훨씬 높은 자살률에도 나타난다. 21세기에 들어서면서 지역과 성별에 상관없이 중국 총인구의 자살률은 뚜렷한 하락세를 보였다. 하지만 농촌거주민의 자살률 하락세는 도시보다 적다. 더욱 엄준한 현실은 도농과 상관없이 자살률이 연령의 증가에 따라 높아진다는 점이다.(류조우뤄이劉肇瑞, 2017년) 비록 도농 노인 군체의 총체적인 자살률도 하락세를 보이긴 하지만 지역 차이가 분명히 크다. 농촌 노인의 자살률은 도시 노인들보다 훨씬 높다. 특히 65세 이상 노인들 속에서 상승세가 가장 뚜렷하며 고령노인들이 특히 더 뚜렷하다. 또 남성노인의 자살률이 연령의 증가에 따라 여성노인들보다 더욱 뚜렷하게 상승하고 있음도 주목된다. 자살은 노년층에 존재하는 극단적인 소극적 현상이다. 하지만 그것은 노인인구에 골고루 분포된 현상은 아니며 최하층노년인구에서만 발생하는 현상이 아니다. 징쥔景軍 등 학자들은 도시의 노인들이 자살하는 이유는 장기투병과 가정불화 등이 주요한 원인이라고 지적한다. 자살행위의 발생에는 상대적 박탈감, 의료보장제도의 미비, 거주공간이 전통적인 거리와 골목으로부터 아파트단지로 전환하는 등 인위적인 요소의 영향도 한몫 하고 있다.(징쥔景軍, 장제張傑, 우쉐야吳學雅, 2011년) 이밖에 부양문제, 재산분쟁, 세대간 갈등, 재혼문제 등에 부딪치면 노인들은 법적 수단으로 곤경에서 벗어나기 힘들다. 농촌노인의 자살현상에 대해서는 계층분화와 세대간 착취 등 문제를 지적하는 학자들도 있다. 최하층의 노인들은 자원분배의 불균형에 의한 폐단의 특정수용자로 되며 그들의 자살행위도 도덕적요소를 배제한 시스템 하에서 합리화되고 있다.(양화楊華, 어유양징歐陽靜, 2013년)

귀납하면 새로운 사회형태로서의 중국사회의 빠른 노령화는 제도의 배치와 정책의 설계에 새로운 도전을 제시하고 있다. 동시에 새로운 사회와 가정의 위기도 내재하고 있다. 앞으로 대부분 노인들이 가정에서 생활하며 가정양로에 의지하게 될 것이다. 하지만 목전의 사회정책체계는 노인이 있는 가정에 대한 지원이 부족하며 노인과 노인부양자에 대한 목적성 있는 공공정책이 결핍하다. 사회경제가 빠른 속도로 발전하는 과정에는 제도와 문화의 변화 도시화와 인구 이동 등 요소가 노인층과 노인 가정에 주는 영향을 주목해야 한다. 노인층과 유관된 가정공공정책을 업그레이드하고 사회양로보장체계를 보완하여야 하며 법률을 제정하여 노인의 권익을 보장하여야 한다. 가정의 양로위험을 줄이는 동시에 전반 사회가 노령화의 사회형태에 대한 인식을 제고하며 세대 간 평등의식을 가강하고 갈등을 해소하여 서로 도움을 주는 세대 관계를 건립해야 한다.

2. 성별 차별 하에서의 독신 군체

혼인가정제도는 사회제도의 유기적인 구성 부분이다. 현대 사회에서 혼인은 여전히 가정을 이루는 기초가 된다. 개혁개방 이후의 40년 동안 중국인이 혼인 방면에서 겪은 변화는 일본과 한국 등 동아시아 기타 나라의 사회와 비슷한 점도 있고 본국 인구구조 한계의 영향을 받아 생겨난 독특한 특징도 존재한다. 초혼 연령 면에서 중국인의 혼인은 두 가지 주요한 특징을 나타내는데 첫째, 남성이든 여성이든 초혼 연령이 모두 늦어지고 있으며 둘째, 싱글 인구의 비중이 높아지고 선명한 성별 차이를 나타내고 있는 것, 즉 혼인 적령기 인구 중에서 남성의 비중이 여성보다 현저하게 높은 것이다(Yu Xie, 2015). 20세기 80년대 유럽의 학자가 "제2차 인구 전환 이론'을 제기하였는데 그는 혼인, 가정과 출산 형태의 전환은 유럽의 사회인구 발전의 단계적 특징이며 결혼 연령의 상승, 비혼 비율의 증가와 초저출산율 등 현상을 모두 혼인 관념의 변화에 인한 것으로 보았다(우판吳帆, 린촨林川, 2013). 동아시아 사회의 결혼, 출산 행위에 대한 여러 연구는 중국, 일본, 한국 등 나라의 비혼 남성과 여성이 대다수 결혼 의향이 있으며 부모가 되는 것을 희망하고 있는 것으로 나타났다(Raymo, Park, Xie, Yeung, 2015). 그렇다면 중국 사회의 초혼 연령이 늦어지고 비혼율이 높은 현상을 어떻게 이해해야 할 것인가? 아래 본 절에서는 남성과 여성의 비혼 현상에 대해 논의해 보고자 한다.

(1) 출생 성비의 불균형이 남성의 혼인에 대한 압력

2017년 말에 세계경제논단에서는 '2017년 세계 성별 차이에 관한 보고'를 발표하였다. 이 보고는 경제참여와 기회, 교육의 획득, 건강과 생존, 정치부여권 4가지 지표에 근거하여 144개 경제체에 순위를 매겼는데 중국의 성별 평균 상황은 100명에 위치하여 2016년보다 한 자리 떨어졌다. 중국의 순위에 영향을 주는 중요한 지표는 출생 인구의 성별 비율이다. 장기적으로 출생인구의 성별이 균형을 잃게 되자 중국은 이 지표가 전 세계적으로 가장 낮은 국가가 되었다(Forum, 2017). 출생 인구의 성별 비율의 평형은 사회의 남성과 여성 인구의 평형 정도를 가리키는데 그 정의는 100명의 여아가 탄생될 때 태어나는 남아의 출생수이다. 인구학자들은 이 지표의 정상적인 수준은 일반적으로 105로, 즉 100명의 여아가 탄생할 때 105명의 남아가 탄생한다는 것이라고 인정한다. 1982년의 제3차 인구 보편조사로부터 시작하여 중국의 출생인구 성비는 계속 107보다 높은 경계선에 위치해 있었으며 1990년 이후에는 계속 110-120 사이를 유지하고 있었고 일부 성의 출생 비율은 심지어 130을 초과하여 학계의 보편적인 중시를 받았다(장이張翼, 2013).2015년까지 출생 비율은 연속하여 하락하여 7년 이후에 113.5가 되었으나 여전히 정상적인 수준보다 많이 높다(국가통계국, 2016b). 일찍 20세기 90년대 말에 일부 학자들이 중국의 인구 출생 성비가 균형을 잃은 주요 특징을 다음과 같이 귀납한 바 있다. 첫째, 전국적인 범위에서 총 숫자가 균형을 잃었고 둘째, 장기적으로 균형을 잃은 상황이 유지되었으며, 셋째, 연령이 낮은 출생 인구일수록 성비가 균형을 잃은 정도가 더 심하며, 넷째, 동남 연해 지역의 출생형이 서부 내륙지구보다 높으며, 다섯 번째, 소수민족의 출생 성비가 한족보다 퍽 낮은 것이다(장이張翼, 1997).

출생 성비는 한 사회의 혼인 성별 비율과 매우 중요한 연관이 있다. 만약 출생 성비가 너무 낮으면 상응한 출생 대열에서 혼인시장에 진출한 후 남성이 부족한 현상이 나타나게 되고 반대일 경우 이런 비율이 지나치게 높다면 혼인 시장에서 여성이 부족한 현상이 나타난다. 출생 상비가 장기적으로 균형을 잃었기 때문에 중국 사회에는 지속적으로 남성들이 극심한 혼인 압력을 받는 현상이 나타났다. 이 외에 혼인부담은 또 인구 규모와 연령구조 파동의 영향도 받는다(위샤오於瀟, 주잉룬祝穎潤, 메이리梅麗, 2018). 지난 세기 90년대 중기에 인구학자들은 인구 전형의 공동 작용 하에서 대규모의 미혼 남성이 집중적으로 출현할 것이며 혼인 시장이 균형을 잃고 이로부터 해마다 수백 만 명에 달하는 미혼 남성이 혼인 상대를 찾을 수 없게 될 것이라고 하였다(궈즈강郭志剛, 덩궈성鄧國勝, 1995). 남성에 대한 혼인압박 형태에 대한 연구는 1982년 이후의 여러 차례의 인구 보편조사의 데이터로부터 볼 때 비록 30세 이상의 미혼남성이 그 연령 남성 중에서 차지하는 비중이 선명하지는 않지만 남성의 여성의 미혼 인구의 총 숫자의 차이는 부단히 확대되고 있다고 하였다(궈친果臻, 리수줘李樹苗, W.Feldman, 2016). 이 연구는 또 여러 연령대의 여성의 결혼 수준(즉 초혼비율)은 모두 남성보다 높다는 것을 발견하였다. 그러나 도시의 남성과 비해 농촌 남성의 초혼 연령은 비교적 어리며 동시에 초혼율이 도시 남성에 비해 현저히 떨어진다. 그러므로 도시 남성의 초혼 연령이 늦어지는 것은 일정한 '선택성'이 반영된 결과일 수 있지만 농촌 남성들은 여성의 숫자가 부족한 상황에서 '어쩔 수 없어' 혼인이 늦춰지는 것일 수 있다.

인구 이동의 영향으로 혼인 압박도 점차 사회경제발전이 상대적으로 낙후된 내륙지역에서 경제가 발전한 연해 지역으로 확산되고 있다. 연구자들은 비록 혼인 압박 지역의 확산이 미혼인구의 성별 비중이 높은 지역이 부담을 덜어주기는 하였지만 일부 경제가 낙후된 변두리 지역에는 혼인압박의 정도가 심해지는 현상이 나타날 수도 있으며 심지어 사회 위험을 불러일으킬 수도 있다고 하였다(궈친果臻, 2016). 인구학자들은 미래의 30년 동안에 중국은 여전히 심각한 노령미혼남성의 문제가 존재할 것이며 특히 농촌의 노령미혼 남성 문제로 인한 위기가 더 심각할 것이라고 하였다(위친於瀟, 2018). 출생 성비가 균형을 잃은 첫 번째 요인은 출생 성비에 대한 가정의 기호와 선택인데 거기에 장기적인 계획출산정책이 인구의 숫자에 대해 엄격한 제한을 두었기 때문에 출생 성비의 장기적인 실조는 이미 누적되었다. 학자들은 최근 시행한 전면적으로 둘째를 허용하는 정책은 미래의 혼인 시장에서의 성별 불균형 문제를 개선하는데 큰 도움이 될 것이라고 하였다(리시허李希如, 2018 ; 위샤오 於瀟, 2018). 그러나 생육과 양육 비용이 점점 높아지고 가정우호 공공정책이 부족한 등 요소는 늘 적령기의 부모가 더 이상 아이를 낳지 않게 만든다. 동시에 사회 환경은 성비 평등 면에서 여전히 큰 개선 공간이 있으며 중국의 가정은 여전히 아직 보편적으로 "아들을 낳는 것과 딸을 낳는 것은 마찬가지다"라는 출산 관념을 받아들이지 못하고 있으며 시골 지역의 아동 성비의 평등은 여전히 개선해야 한다. 정상적인 수준의 출생인구 성비를 실현하고 혼인 시장의 성비 균형을 실현하려면 정부, 시장과 사회 등이 다같이 힘을 합쳐야 한다. 한편으로 각급 정부는 출산과 양육에 유리한 가정우호 공공 정책을 제정하여 사회에서 아동에게 우호적이게 하여 출산과 양육 비용을 떨어뜨리며 출산 적령기 부부의 출산을 격려하여야 한다. 다른 한편으로 사회적인 범위에서 성비평등관념의 보급을 진일보 강조하고 여러 가지 성비평등에 관한 정책과 조치를 추하여 심층적으로 성비평등의 출산관념과 자여의 생활 기회에 대한 기대를 조절해야 한다. 마지막으로 장기적으로 축적된 미혼인구의 성비가 균형을 잃은 문제로 인하여 방대한 독신남성 인구는 가정과 사회에 여러 가지 리스크를 가져다 줄 수 있다. 정책의 제정자는 미리 예방 대책을 마련하고 미혼 남성의 결혼 문제에 대해 충분히 고려하여야 한다. 특히 혼인압박이 심하고 양로보장이 박약한 농촌 지역에서는 대량의 남성 인구가 노년 단계에 들어서는 시기의 사회 관리를 위해 충분한 준비를 해야 한다.

(2) '성뉘剩女'는 문제가 되는가?

출생 성비가 정상 수준보다 높음으로 인해 여성들은 혼인 시장에서 우월한 위치에 처해 있는 것이 정상이다. 하지만 대다수 남성이 혼인압박을 받는 동시에 여성들이 혼인을 미루고 지속적으로 독신으로 지내는 현상은 출생 성비가 균형을 잃은 것과 모순되는 현상으로 보이며 또 독거가정이 증가하는 또 하나의 잠재적인 요소가 되고 있다. '성뉘'라는 어휘는 처음에 다만 나이가 많은 독신 여성에 대한 폄하의 뜻을 가진 인터넷 용어에 불과했다. 2007년에 이 어휘는 교육 부문에 의해 한어의 새 어휘의 하나로 인정되었고 전국의 부녀연합회 인터넷의 전문 문장에 출현하였으며 최근 각 대중매체에서 광범하게 전파되었다. 나이가 많은 독신 여성의 초혼연령이 늦춰지는 것 혹은 비혼은 빠른 속도로 현대화가 진행되는 과정에서의 개체의 혼인과 연애 관념, 혼인에 대한 결정과 행위의 변화 및 성별 공동언어 사이의 상호작용의 결과를 반영한다.

'성뉘' 현상은 매체가 만들어낸 가짜 문제라고 비판을 받으며 그 칭호도 독신 여성에 대한 비하의 의미가 들어 있다고 인정된다. 중요한 문제는 독신 여성은 정말 혼인 시장에서 '남겨진' 군체인가 하는 것이다. 장이(2013)년에 제6차 인구보편조사 데이터에 대해 진행한 분석에 따르면 2010년 25-29세 여성의 독신 인구는 상응 연령의 총 인구의 21.62%를 차지하여 2000년의 8.67%보다 훨씬 높았다. 동시에 30-34세와 35-39세의 여성독신여성 중에서 29.13%와 7.35%가 독신이었으나 시골 여성 중에서 해당 비중은 16.74%와 4.42%였다. 35-39세의 도시, 소도시, 시골 여성 인구의 독신 비율은 각각 2.72%, 1.18%와 1.32%였다. 그러나 어떤 연령대에서든, 도시, 소도시, 시골을 물론하고 남성의 미혼율은 모두 여성보다 선명하게 높거나 혹은 아주 높게 나타났다. 남성이 혼인 압박을 받는 내륙의 농촌을 '중대재난지역'이라고 부르는 것과 달리 독신 여성의 분포는 도시 지역에 집중되어 있었다. 60세 이상의 노인을 제외한 모든 연령의 여성인구 중에서 50% 이상의 미혼자는 모두 도시 지역에 집중되어 있었다. 이 분석은 교육 정도가 다른 상황에서 남성이 특정 교육 정도의 미혼 인구에서 점하는 비중이 남성보다 높다는 것을 보여주었다. 하지만 교육정도가 높아짐에 따라 미혼 인구 중의 남성의 비중은 낮아지고 여성의 비중은 더 높아졌다. 즉, 교육 정도가 높을수록 여성의 미혼 비율은 높아진다. 총체적으로, 나이가 많은 여성의 독신 현상은 주로 도시의 교육 수준이 높은 사람들 중에서 나타나지만 이는 이 사람들이 '성뉘'라는 어휘로 비유할 수 있는 수동적인 독신자가 아니라는 것을 의미하지는 않는다. 마치 남성의 혼인 압박이 성비의 불균형으로 인해 혼인 시장에서 여성이 부족함으로 인해 발생한 것이라는 해석처럼 우리는 단일한 성별적 시각에서 여성의 독신 현상을 해서할 수는 없다. 나이 많은 여성들이 독신으로 지내는 것은 중국의 혼인과 가정 변천의 큰 화폭 중의 한 구성 부분으로, 우리는 적어도 아래의 몇 개 방면으로부터 이 현상에 대해 이해할 수 있다.

우선, 개혁개방 이래 시장의 전환에 따라 재분배 경제는 이미 개체의 경쟁을 주장하는 시장 경제에 자리를 내 주었고 가정이 전면적으로 육아, 거주, 의료, 양로 등 생활 수요를 감당하게 되었다. 이런 수요를 전부 만족시키기 위해 가정에서는 충분한 경제 실력을 갖춰야 하며 가능한 한 자신의 리스크 감당 능력을 높여서 경제가 부정적인 상황에 직면하였을 때 가정의 존속을 확보해야 하게 되었다. 그 다음으로 40년 동안의 경제의 빠른 성장은 개체의 절대다수가 수입이 대폭 상승하고 물질자원이 풍부해지게 하였으며 동시에 소비주의의 빠른 만연과 양질의 물질생활에 대한 사람들의 추구를 추동하였다 이 두 가지 방면을 고려하여 가정 배경과 자신의 사회경제 지위 및 자신과 '가문이 대등하'거나 혹은 자신보다 조건이 나은 혼인상대를 찾으면 가정의 리스크를 줄일 수 있을 뿐만 아니라 미래 가정의 생활의 질을 높일 수도 있다. 최근 혼인상대에 대한 사회학의 연구에 따르면 개혁개방 이후에 초혼 부부는 교육, 직업계층 등 자신의 요소에 따른 선택 정도가 상승하고 있지만 혼인 선택 가정에서의 가정배경의 중요성은 먼저는 하락하였다가 후에 다시 상승하는 U형 추세를 보이고 있으며 농업인구와 비농업인구는 혼인 선택 방면에 매우 명확한 경계선이 존재한다(치야창齊亞强, 뉴젠린牛建林, 2012). 리위(李煜)와 안치(安琪, 2004)는 배우자 선택 기준에 관한 연구에서 남성과 비교해서 여성의 선택 조건이 더욱 다양하며 더 신중한 태도를 보이고 있다는 것을 발견하였다. 이 연구의 발견은 여성의 독신 현상을 이해하는데 반드시 고려해야 할 세 가지 사회 변화, 즉 시장경제가 변화된 이후의 성별불평등에 대한 태도와 성별발언권의 변화 등과 관련이 있다. 앞에서 이야기한 바와 같이 개혁개방 이후에 중국의 성별 공공발언권은 국가가 주도하는 성별평등 발언권에서 시장의 개인 소질에 근거한 발언권으로 바뀌었으며 날로 부활하는 전통 성별 발언권과 함께 여성의 생활과 개인의 발전에 작용한(우샤오잉吳小英, 2009). 시장 경제 하에서 여성의 연속적인 취직에 대한 보장이 총체적으로 약화되고 노동력시장의 취직과 수입의 성별 불평등이 심화되는 것과 가정 영역에서의 성별 분공이 고착되는 것 사이에 큰 영향력 관계가 형성되어 서로 강화됨으로써 여성의 결혼과 출산의 기회비용이 높아지는 것을 초래하였다. 그러므로 비록 대규모의 경험 증거가 부족하긴 하지만 독신 여성이 여성의 공적, 사적 영역에서 이중적으로 부담이 커졌다는 예측 하에서 신중하게 배우자를 선택하고 기준을 높임으로 인해 혼인이 지연되는 현상과 교육 수준이 비교적 높고 개체 의식이 비교적 강한 여성이 중국의 전통적인 성별 발언권의 혼인규범을 벗어나고 전통적인 성별 분공의 혼인 형태른 통해 얻을 수 있는 효과와 대가를 다시 생각해 보게 되면서 독신 상태로 경제의 자립과 개인의 발전을 추구하게 된 경우가 모두 존재한다. 이런 의미에서 우리는 성별 불평등이 존재하는 현상이 실질적으로 완화되지 않는다면 미래의 여성들이 혼인 시장에서 퇴출하는 비례가 더 높아질 수도 있으며 도시의 독신 여성으로 구성된 독신 가정도 더 많아질 것임을 알 수 있다.

본 장에서 우리는 개혁개방 이래 중국의 가정이 가정규모, 가정구조, 가정관계 등 면에서의 변화를 논의하였고 노령화와 도시와 시골 청년의 혼인문제 등에 관해 미래의 중국 사회가 직면하게 될 가정문제와 리스크에 대해 집중적으로 이야기하였다. 아래 중국 사회의 가정의 변화에 대해 다음과 같은 몇 가지 사실 요점과 특징을 귀납할 수 있다.

첫째, 가정별 인구로부터 볼 때 중국 가정의 규모는 확실히 축소되고 있다. 물론 이는 모든 가정의 사람 수가 모두 줄어들고 있다는 것을 말하는 것이 아니며 독신 가정과 부부 2인으로 구성된 가정의 증가 등 요소가 가정 평균 인구에 대한 영향도 고려하여야 한다. 전면적으로 둘째를 허용하는 정책의 실시로 인해 미래에 일부 표준적인 핵심가정의 인구수는 약간 증가할 것이며 다른 한편으로 독신 가정 등 극소수의 인원으로 구성된 가정의 비중도 더 한층 상승할 가능성이 있다.

둘째, 핵심화의 추세 하에서 중국의 가정에는 다원화된 가정 구조가 나타난다. 비록 핵심 가정이 주도적 위치에 처해 있기는 하지만 최근의 표준 핵심가정의 비중은 약간 하락하고 있으며 직계 3대 가정, 부부 2인 가정, 독신가정 등 가정 유형의 비중은 증가하고 있다.

출산정책의 변화와 인구의 이동, 개체의식의 굴기 등 여러 요소의 복합작용으로 인해 '핵심화'의 변천 추세는 기타 가정 유형의 변화의 지류가 될 가능성이 있는데, 가령 노인만 있는 가정이 증가하고 표준적인 핵심가성이 단계적으로 3대 직계 가정으로 회귀하며 독거노인과 독신 청년이 함께 독거 군체를 구성하는 것 등이 그것이다.

셋째, 구조의 변화에 따라 중국 가정의 인간관계는 평등화의 총체적 특징을 보인다. 세대 간의 상호작용으로부터 볼 때 성인 자녀와 노인 부모의 관계는 더 이상 부권제 사회에서의 반포 형태가 아니지만 전통적인 부모와 자녀의 관계를 완전히 바꾸지는 못하였다. 한편으로 가정은 여전히 노인이 만년을 보내는 지지자와 부담의 감당자이며, 다른 한편으로 성년이 된 자녀, 특히 혼인하고 자녀를 양육하고 있는 자녀 역시 부모로부터 경제, 돌봄 등 지원을 받는 '가정 대피소'가 된다. 도시 가정이든 시골 가정이든 세대 간의 관계는 모두 교환과 상호 방조의 특징을 나타내고 있다. 그러나 부권의 일정한 쇠락은 가정에서의 성별 평등을 가져오지는 모하였다. 소형화와 핵심화로의 변화 중에서 "남성이 바깥일을 하고 여성이 집안일을 하는" 성별 분공의 국면은 여전히 중국인의 가정 생활을 주도하고 있으며 심지어 최근 전통 성별 관념의 부활과 더불어 공고해지지는 경향을 보이고 있어 노동력 시장의 불평등과 더불어 서로 강화되고 있다.

넷째, 아동과 그가 생활하는 가정의 관계는 격차가 매우 큰 분화의 국면을 보이고 있다. 많은 도시 주민의 가장에서 아동은 육아에 더 공력을 들이는 추세에서 성년 가정 구성원들의 주목을 받지만 많은 시골 가정에서 유수아동과 유동아동은 가정의 성년들과 함께 분산화 생존 형태에 처해 있다. 비록 최근 유수아동과 유동아동의 문제가 학계와 정부의 주목을 받기는 했으나 그들은 교육, 양육 등 면에서 여전히 매우 우려할만한 처지에 처해 있다. 아동은 사회의 미래이며 아동 세계의 분화가 효과적으로 완화되지 않는다면 미래 사회의 조화로움에 안정에 불리하게 될 것이다.

다섯째, 노령화 시대의 도래와 여러 가지 원인으로 초래된 남성과 여성의 독신 비중의 증가로 인해 미래의 중국 사회는 가정 영역에서 새로운 구조 변화를 맞이하게 될 것이며 이는 사회의 관리에 새로운 도전을 가져다 줄 것이다.

우리는 모두 가정에서 왔으나 최종적으로 꼭 전통적인 혼인관계에 의해 형성된 가정에 돌아가는 것은 아니다. 본 장의 논의를 통해 우리는 가정의 변화는 인구의 전형, 제도와 환경, 경제의 발전 수준, 문화 환경, 성별관념 등 여러 가지 요소의 영향을 받음을 보았다. 또 일부 보기에 비슷한 현상(남성과 여성의 독신 비중이 상승과 도시와 시골 노령인구의 자살 현상 등)은 어쩌면 아주 거리가 먼 원인으로 초래되었을 수 있으므로 이와 관련된 관리 대책을 개선할 때 목표를 정확하게 정하고 여러 가지 군체에 대해 유효한 공공정책을 제정해야 함을 알 수 있다. 물론 가정의 변화와 관련된 문제는 본 장에서 보여준 내용보다 훨씬 방대하지만 편폭의 제한으로 인해 결손가정, 가정정책 등에 대해서는 언급하지 못하였다. 그렇기는 하지만 저자는 여전히 모둔 논의가 본 교재를 사용하는 독자들에게 중국 가정의 변화에 대해 기본적으로 이해하고 그 중의 한 사회학문제에 대해 깊이 있게 이해하는데 도움이 되기를 희망한다.

참고문헌

陳皆明,2010, 『中國養老模式:傳統文化、家庭邊界和代際關系』, 『西安交通大學學報(社會科學版)』第6期.

費孝通, 1983, 『家庭結構變動中的老年贍養問題——再論中國家庭結構的變動』, 『北京大學學報(哲學社會科學版)』第3期.

費孝通, 2013, 『鄉土中國』, 北京: 中華書局.

風笑天, 2009, 『第一代獨生子女父母的家庭結構:全國五大城市的調查分析』, 『社會科學研究』(02), 104-110.

古德, 1986, 『家庭』, 北京: 社會科學文獻出版社.

郭志剛, 1995, 『當代中國人口發展與家庭戶的變遷』, 北京: 中國人民大學出版社.

郭志剛、鄧國勝, 1995, 『婚姻市場理論研究——兼論中國生育率下降過程中的婚姻市場』, 『中國人口科學』第3期.

國家衛生計生委家庭司, 2015, 『中國家庭發展報告2015』, 北京: 中國人口出版社.

國家衛生計生委家庭司, 2016, 『中國家庭發展報告2016』, 北京: 中國人口出版社.

賀光燁、吳曉剛, 2015, 『市場化、經濟發展與中國城市中的性別收入不平等』, 『社會學研究』第1期.

金一虹, 2009, 『離散中的彌合——農村流動家庭研究』, 『江蘇社會科學』第2期.

金一虹、楊笛, 2015, 『教育 "拼媽": "家長主義"的盛行與母職再造』, 『南京社會科學』第2期.

景軍、張傑、吳學雅, 2011, 『中國城市老人自殺問題分析』, 『人口研究』第3期.

康嵐, 2009, 『論中國家庭代際關系研究的代差視角』, 『中國青年研究』第3期.

李煜、徐安琪, 2004, 『擇偶模式和性別偏好研究——西方理論和本土經驗資料的解釋』, 『青年研究』第10期.

梁秋生, 2004, 『"四二一"結構: 一種特殊的社會、家庭和代際關系的混合體』, 『人口學刊』第2期.

劉愛玉、佟新, 2014, 『性別觀念現狀及其影響因素——基於第三期全國婦女地位調查』, 『中國社會科學』第2期.

劉愛玉、佟新、付偉, 2015, 『雙薪家庭的家務性別分工:經濟依賴、性別觀念或情感表達」, 『社會』第2期.

馬春華、石金群、李銀河、王震宇、唐燦, 2011, 『中國城市家庭變遷的趨勢和最新發現』, 『社會學研究』第2期.

馬克・赫特爾, 1987, 『變動中的家庭——跨文化的透視』, 宋踐、李茹譯, 杭州: 浙江人民出版社.

孟憲範, 2008, 『家庭: 百年來的三次沖擊及我們的選擇』, 『清華大學學報(哲學社會科學版)』, 第3期.

米德, 1987, 『文化與承諾——一項有關代溝問題的研究』, 周曉虹、周怡譯, 石家莊: 河北人民出版社.

牛建林, 2012, 『農村地區外出務工潮對義務教育階段輟學的影響』, 『中國人口科學』第4期.

潘允康, 1986, 『家庭社會學』, 重慶: 重慶出版社.

彭希哲、胡湛, 2015, 『當代中國家庭變遷與家庭政策重構』, 『中國社會科學』第12期.

齊亞強、牛建林, 2012, 『新中國成立以來我國婚姻匹配模式的變遷』, 『社會學研究』第1期.

全國婦聯課題組, 2013, 『全國農村留守兒童城鄉流動兒童狀況研究報告』, 『中國婦運』第6期.

沈暉, 2017, 『代際關系的再變動』, 載周曉虹, 『中國體驗: 全球化、社會轉型和中國人社會心態的嬗變』, 北京: 社會科學文獻出版社.

沈亦斐, 2013, 『個體家庭iFamily: 中國城市現代化進程中的個體、家庭與國家』, 上海: 上海三聯書店.

宋健, 『2000』, 『"四二一"結構:形成及其發展趨勢』, 『中國人口科學』第2期.

宋健、黃菲, 2011, 『中國第一代獨生子女與其父母的代際互動——與非獨生子女的比較研究』, 『人口研究』第3期.

譚深, 2011, 『中國農村留守兒童研究述評』, 『中國社會科學』第1期.

唐燦, 2010, 『家庭現代化理論及其發展的回顧與評述』, 『社會學研究』第3期.

陶希聖, 1934, 『婚姻與家庭』, 北京: 商務印書館.

王躍生, 2000, 『十八世紀中後期的中國家庭結構』, 『中國社會科學』第2期.

王躍生, 2006, 『當代中國城鄉家庭結構變動比較』, 『社會』第3期.

王躍生, 2007, 『中國農村家庭的核心化分析』, 『中國人口科學』第5期.

王躍生, 2009, 『中國當代家庭結構變動分析: 立足於社會變革時代的農村』, 北京: 中國社會科學出版社.

王躍生, 2012, 『城鄉養老中的家庭代際關系研究──以2010年七省區調查數據 爲基礎』, 『開放時代』 第2期.

王躍生, 2013, 『中國城鄉家庭結構變動分析──基於2010年人口普查數據』, 『中國社會科學』 第12期.

王躍生, 2014, 『三代直系家庭最新變動分析──以2010年中國人口普查數據爲 基礎』, 『人口研究』, 第1期.

吳帆、李建民, 2010, 『中國人口老齡化和社會轉型背景下的社會代際關系』, 『學海』 第1期.

吳帆、林川, 2013, 『歐洲第二次人口轉變理論及其對中國的啟示』, 『南開學報 (哲學社會科學版)』 第6期.

吳帆、楊偉偉, 2011, 『留守兒童和流動兒童成長環境的缺失與重構──基於抗 逆力理論視角的分析』, 『人口研究』 第6期.

吳小英, 2009, 『市場化背景下性別話語的轉型』, 『中國社會科學』 第2期.

吳小英, 2014, 『主婦化的興衰──來自個體化視角的闡釋』, 『南京社會科學』 第2期.

吳小英, 2017, 『流動性: 一個理解家庭的新框架』, 『探索與爭鳴』 第7期.

徐安琪, 2001, 『家庭結構與代際關系研究──以上海爲例的實證分析』, 『江蘇 社會科學』 第2期.

徐安琪, 2010, 『家庭性別角色態度:刻板化傾向的經驗分析』, 『婦女研究論叢』 第2期.

閻雲翔、龔小夏, 2017, 『私人生活的變革: 一個中國村莊力的愛情、家庭與親 密關系(1949-1999)』, 上海: 上海人民出版社.

楊華、歐陽靜, 2013, 『階層分化、代際剝削與農村老年人自殺──對近年中部 地區農村老年人自殺現象的分析』, 『管理世界』 第5期.

楊善華, 2011, 『家庭與婚姻』, 載李培林, 『中國社會』, 北京: 社會科學文獻出 版社.

楊善華、沈崇麟, 2000, 『城鄉家庭: 市場經濟與非農化背景下的變遷』, 杭州: 浙江人民出版社.

於嘉, 2014, 『性別觀念、現代化與女性的家務勞動時間』, 『社會』 第2期.

於瀟、祝穎潤、梅麗, 2018, 『中國男性婚姻擠壓趨勢研究』, 『中國人口科學』 第2期.

張小軍, 2011, 『宗族與家族』, 載李培林, 『中國社會』, 北京: 社會科學文獻出 版社.

張翼, 1997, 『中國人口出生性別比的失衡、原因與對策』, 『社會學研究』 第6期.

張翼, 2013, 『單身未婚: "剩女"和 "剩男"問題分析報告——基於第六次人口普查數據的分析』, 『甘肅社會科學』 第4期.

張翼, 2014, 『家庭結構變遷及其治理』, 載李培林, 『中國社會巨變和治理』, 北京: 中國社會科學出版社.

周曉虹, 1988, 『試論當代中國青年文化的反哺意義』, 『青年研究』 第11期.

周曉虹, 2015, 『文化反哺: 變遷社會中的代際革命』, 北京: 商務印書館.

周怡, 1994, 『代溝現象的社會學研究』, 『社會學研究』 第4期.

周怡, 1995a, 『傳統與代溝——兼析 "孝"、"中庸"在代際關系中的正負兩面性』, 『社會科學戰線』 第2期.

周怡, 1995b, 『代溝理論: 跨越代際對立的嘗試』, 『南京大學學報(哲學社會科學版)』 第2期.

朱迪、高文珺、朱妍橋, 2018, 『中國老年人互聯網生活調查報告』, 載李培林、陳光金、張翼, 『2018年中國社會形勢分析與預測』, 北京: 社會科學文獻出版社.

2000年數據爲作者根據五普長表5-4計算；2010年數據摘自張翼(2013)基於2010年六普數據的計算(表3-9).

제9장 중국인의 신임과 체면

　신임은 중국 사회생활 중 없어서는 안 될 매우 중요한 요소로, 인간관계, 사회제도, 정부 감독에서 매우 중요한 역할을 하고 있다. 신임위기는 현재 중국에서 대중들이 관심을 가지는 사회현실이 되었다. 신임위기는 사회의 여러 방면에 확산되어 다양한 집단, 다양한 업계 및 사회조직내부에 다양하게 존재하고 있다. 신임위기의 확산과 침투는 정부와 시장의 합법성에 의문을 갖게 했을뿐더러 일반 사회구성원의 교제에도 영향을 주고 있다. 그러나 중국의 사회신임위기는 현시대의 문제만이 아니다. 베버(weber), 후쿠야마 등 서양 학자는 전통중국사회의 고찰 중 "중국 사회의 신임 정도는 줄곧 높지 않다"고 논단하였다. 현대에 이르러서야 신임은 많은 중국학자들이 열광적으로 토론하는 사회문제가 되었다. 이에 신임에 대한 연구는 아주 중요한 위치에 놓이게 되었다.

　신임연구는 또한 아주 복잡한 문제로 인성, 사회, 가치 등 면에서의 심각한 문화를 반영한다. 신임위기는 중국에서 두드러질 뿐만 아니라 세계적인 문제이다. 신임에 대한 서양 학자들의 연구는 이미 높은 수준에 이르렀다. 다양한 학과의 학자들 또한 자신의 영역에서 연구를 진행하고 있으며 신임의 건립기제에 대해 다양한 해석경로와 분석적 시각을 가지고 있다. 중국학자들이 중요시하는 것은 신임 수립 기제의 현지화 진행으로, 중국사회현지화의 개념으로 신임위기를 해석하는 것이다.

중국인의 신임 수립 기제는 일상적인 교제 상황 중에서 형성된 것으로 단순하게 개인의 신임이나 사회의 신임으로 해석할 수 없다. 그러나 체면은 중국인이 사회 교제 중에서 형성된 중요한 사회심리이다. 체면은 다른 사회에서는 어떨지 몰라도 중국사회에서는 충분한 것이며, "얼굴"의 개념과 함께 중국인의 사회심리체계로 통합할 수 있다. 중국사회에서 가장 중요한 체면의 상징은 바로 그 배후의 관계이다. 허나 체면과 관계는 같은 개념이 아니며 체면과 같이 중국 현지화 된 개념은 중국사회 신임을 해석하는 유일한 방법이다.

제1절 중국인의 신임

신임은 사람과 사람사이, 사람과 사회사이, 국가와 국제조직사이
의 상호작용이다. 신임은 국제사회정치의 상호신뢰, 경제 합작, 문화
교류, 인간과계의 중요한 유대이다. 신임의 정도는 사회통합의 상황
을 반영하고 신임현상은 사회제도의 변천과정을 나타낸다. 전통사회
에서 현대사회로 전환하는 현대화과정에서 신임의 기초는 큰 변화
가 생겼고 신임도 차츰 곤경에 빠졌다. 신임위기는 현재 세계화된
국제사회에 광범하게 존재할뿐더러 격렬한 사회변천 중에 지속적으
로 존재하며 중국전환기 사회발전의 중대한 현실문제가 되었다.

1. 중국사회의 신임위기

최근 들어 사회운영과정 중 많은 질량안전신임위기, 성실위기, 신
용절하, 대인냉담 현상이 끊임없이 나타났고 신문매체는 지속적으로
민중생활과 밀접한 관계가 있는 신임문제를 폭로했다. 신임위기는
이미 전사회가 고도로 주목하는 문제가 되었고, 날로 중국사회전형
기의 쟁점문제가 되고 있다.

북경 2006년 11월 21일 신화사 전보에 의하면 "국가품질검사총
국(國家質檢總局)은 21일 전국달걀제품 생산가공기업에 대한 각계 질
량감독부문의 전문검사결과를 공표하였다. 결과에는 7개 기업의 8
개 비행기화물제품에서 수단홍(공업염색에 사용되는 유기화합물의
일종)이 함유되어있다는 혐의를 받고 있다."고 밝혔다.(신경보, 2006)

2008년 싼루 분유사건은 급속도로 민중의 큰 분노를 일으켰고, 정부는 국가중대식품안전사고 I급으로 발표하는 등 조치로 적극 대응하였다. 그러나 2년 뒤 2010년 7월 12일 중앙재정경제채널 보도에서는 "소비시장에는 많은 흑룡강성 오상 '도화향' 상표를 도용한 쌀이 있으며, 이런 쌀은 무명상표의 쌀에 향료를 섞어 만든 가짜 향미이다."라고 하였다. (중국경제주간, 2010) 식품신임위기는 백성들이 우려하는 큰일이며 위기는 지속적으로 퍼지고 있다. 2010년 9월 "강소성 해양엉업국에서 검사를 거쳐 가재합격률 100%라는 결과를 발표하고 얼마 지나지 않아, 중국 중앙 텔레비전 방송국 '질량조사보고' 프로그램에서 강소 및 전국의 가재는 유통, 양식, 소비, 조리 등 여러 과정에 모두 엄중한 문제가 있다고 발표했다."(마홍만馬紅漫, 2010) 이렇듯 매체를 통해, 민중의 기업식품질량에 대한 우려는 정부의 식품감독관리에 대한 의혹으로 전이되었고 식품공포감은 끊임없이 커져가고 있다. 이로부터 알 수 있듯이 식품신임위기는 식품질량관리에 대한 백성들의 강렬한 불안감을 야기했고, 식품안전관리제도의 빠른 개선과 강력한 체계적인 관리가 시급하다.

아울러 유사한 신임공포는 이미 식품에서 의료업으로 확산되었다. 2009년부터 백신안전사건이 끊이지 않아 부모들의 공포와 걱정이 커졌다. 「아가, 엄마가 더 이상 백신 안 맞힐거야」라는 글의 인터넷 조회수와 댓글이 급증했다. 문제의 백신이 의료업계에 가져온 신임위기를 제때에 제거하지 못한다면 "인민의 공포와 의혹, 우려는 나날이 높아져 마침내 백신접종을 거부할 것이며 이는 공공위생방역을 위협할 것이다."(류웬싱, 2010) 약품신임위기가 가져온 사회 안전 위협은 아주 명확한 것으로 사회공공의료보장안전에 직접적인 영향을 주었고 약품의 품질에 대한 민중의 신임은 이미 공공의료안전의 초석이 되었다. 약품신임을 어떻게 다시 세울 것인지에 대한 과제는 의료보장제도개혁에 대한 민중의 중요한 기대가 되었다.

신임위기는 중국의 식품, 약품 영역에 존재할뿐더러 사회신용위기도 계속 퍼지고 있다. 경제영역에는 '삼가채', 계약분쟁, 금융사기, 신용카드 악의적 가불 등 현상이 존재하며 민중이 즐겨하는 스포츠영역에서마저도 평온을 찾기 어렵다. 최근 들어 중국3대 구기 종목단체의 성적은 모두 하강했으며 2009년 말의 축구폭력조직소탕에서 2010년 초 전국여자배구리그전의 '심판문(오심을 이르는 말)'은 스포츠관중들을 번번이 체육신임위기의 소용돌이에 끌어들였다. 사회가 체육전국리그전에 대해 불신할 때 이미 스포츠산업에는 일종의 신임위기가 생겼다. 신용위기의 악화와 함께 신뢰도 문제도 번번이 나타났고, 교수, 연구생 및 명인의 학술에서도 단정치 못한 사건이 부단히 나타나고 있다. 학술 신임은 대학교에서 지키고 있는 마지막 정토(淨土)이다. 현재 사회적 신임을 어떻게 건립하느냐는 사회의 정상적인 기능에 직접적으로 영향을 미친다.

2010년 제6차 인구 센서스 작업의 어려움도 인간관계신임의 중대위기를 나타낸다. 중국신문망 사이트는 '인구조사전입등기(人口普查入戶登記)의 가장 큰 우려는 무엇인가'라는 주제로 조사를 했는바 사생활유출을 걱정하는 네티즌이 39.1%, 범법자가 조사원을 사칭해 범죄를 저지를까 걱정하는 네티즌이 35.9%였다.(쉬민徐敏, 2010) 이는 보편적으로 존재하는 사회구성원간의 냉담한 사회신임문제를 나타내고 신임부족이 야기하는 사회관리 장애와 사회교제의 무능함을 투시하고 있다.

인터넷이 당대사회 신흥매체로 성행함에 따라 중국사회신임위기는 더욱 확대되었다. 2011년에 인터넷에서 전국을 놀라게 한 "샤오웨웨(小悦悦)" 사건이나 2017년에 전국의 인터넷에서 주목한 "장거 (江歌) 사건"의 심판 등, 인터넷의 발달은 중국인들에게 중국사회의 가장 냉담한 면을 보여주었고, 낯선 사람 뿐만 아니라 절친들 사이 에서까지도 신임이 매미날개처럼 얇아지게 했다. 심지어 정보를 폭 로하고 신속히 퍼뜨리는 오늘날, 대중들로 하여금 류신(劉鑫)이 자신 의 이익을 위해 카메라 앞에서 거짓말을 했다는 진실을 접하고 난 뒤 그 행위에 대해 원한과 증오가 극에 달하게 만들었고 현대사회의 친구관계에 불안을 느끼게 만들었다. 인터넷매체가 사회공공사건에 대한 보도를 증가하는 것은 사회의 신임위기를 확대시켰으나 우리 는 진실로 차츰 신임을 잃어가는 냉담한 현대사회를 마주하고 있음 을 부인할 수 없다.

이로부터 알 수 있는 바, 당대현실사회생활 중 신임위기의 영향은 광범하고 심각하며, 신임에 대한 사회의 부름 또한 매우 급박하고, 신임이 날로 중국 사회의 조화로운 발전에 영향을 주는 요소가 되어 가고 있다.

2. 신임이란 무엇인가?

20세기 90년대부터 신임문제는 차츰 중국학술계의 연구 이슈가 되어 학제적 연구의 발전 방향을 형성하고 있다. 신임에 대한 연구 는 사회학, 경제학, 관리학, 정치학, 철학, 심리학, 미디어학 등 학과 의 최신이론연구의 중점적 시각이 되었고, 신임연구에 대한 여러 학 과의 성과도 계속 출현하였으며, '신임'에 대한 연구문헌도 끊임없이 형성되고 있다.

(1) 전통문화에서의 "신임"

신임의 개념은 역사가 유구하다. "신임에 대한 관념은 새로운 것이 아니며 유구한 근원이 있고 복잡하고 끊임없는 발전과정을 거쳤다."(Piotr Sztompak, 2005) 중국고대 문자의 해석에서 신임은 "신(信)"과 밀접한 연관이 있으며 신임은 성실, 성신의 의미를 가리킨다. 『설문해자』에서는 "신은 성(誠)이다. 사람 인(人)과 말씀 언(言)을 합친 것이다. 성(誠)은 신信이다, 뜻은 말씀이고 소리는 성이다."라고 해석했다.

현재 사회의 매우 심각한 신임위기에 대해 사람들은 서로 믿지 않고 의심하고 사회교제는 "막는데 그치고", "기만에 그치는", 믿음을 잃은 상황에 처해있다. 이런 걱정은 사회가 도덕문명에 대해 돌이켜보고, 우리가 중국전통문화에서 영양을 섭취하기를 필요로 한다. 고전문화전집에서는 모두 "신"의 중요성을 강조하고 성신, 신망, 신용을 강조하고 성실수신의 전통미덕을 제창한다. 중국전통문화에서 신임은 줄곧 중요한 사회기능을 발휘했다. 성신, 신용, 신망은 신임의 중요 요소이다.

(2) 사회에서의 "신임" 개념

신임에 대한 사회학의 연구 초기, 신임의 개석에 대한 해석은 줄곧 신임 발생의 기초와 연관된 것이었다.

① 사회기능의 측면에서 사회신임에 관심을 가지다.

서방고전사회학중, 독일 사회학자 게오르크 지멜은 최초로 신임에 대해 전문연구를 하였고, 사회기능의 시각에서 신임의 사회 작용에 대해 관심을 가졌다. 그는 "현대생활은 보통 이해하고 있는 정도 이상 타인에 대한 성실의 신임위에 건립된다"는 것을 발견하였다. (G.Simmel, 1950) 그는 『화폐철학』에서 신임은 "사회에서 가장 중요한 종합 역량 중 하나이다."라고 명확히 제기하였다.(G.Simmel, 1950) 나아가 지멜은 개인신임과 사회신임의 기초를 비교하고 "금전적소유가 개인에게 주는 안전감은 사회정치조직과 질서의 신임의 최고집중과 직접적인 형식과 체현이다."(G.Simmel, 1950) 지멜의 연구는 신임에 대한 연구의 효시를 알렸고, 현대사회에서의 신임의 중요성에 관심을 가졌다.

② 사회질서에서 신임을 인식하다.

미국사회학자 버나드(Bernard Barber)는 사회질서영역의 신임에 관심을 가졌고 「신임의 논리와 한계」에서 신임을 "자연적 도덕적 질서적 견지와 이행에 대한 기대"로 정의했다.(정야푸鄭也夫, 펑스칭彭泗清 등, 2003) 정야부는 중국 사회학 연구에서 "신임은 일종의 태도이며 어떤 사람의 행동과 주위의 질서가 자신의 염원에 부합하는 것이다. 신임은 교환과 교류의 매개체이며, 매개체에는 사람을 소개하고 증표, 맹세, 저당 등 여러 형식이 있다. 이는 세 가지 종류의 기대로 표현되는 바, 그것은 자연과 사회의 질서성, 협력파트너에 대한 의무, 어떤 각도에 대한 기술능력이다.(정야푸, 1999)

③ 사회관계 시각에서의 신임

"개념의 진짜 함의는 각종 관계에서 온 것이며, 오직 관계시스템에서만이 진정한 뜻을 얻게 된다."(Pierre Bourdieu, 華康德, 1998) 사회학적시각에서의 신임은 순수한 개인사이의 관계가 아니라 사회관계의 일종으로, 신임관계는 전체사회의 정치, 경제, 문화 배경에서 온다.

파슨스는 사회관계에서의 신임과 불신임의 문제에 관심을 가졌고, 신임을 하나의 약속으로 교환의 일종의 대표적인 매개체의 한 결과로 보았다.(Parsons, 1969) 피터 블라우(Peter Michael Blau)는 신임을 사회관계를 안정시키는 기본요인이라고 기술하였다. 에밀 뒤르켐(Emile Durkheim)은 신임은 가정과 혈연관계에서 오는 것으로 보았다. 웨버(weber)는 사회분석의 기초 상에서 혈연성 지역사회를 기초적 개인관계와 가족 또는 예비가족관계의 신임은 특수신임이라고 제기했고, 신앙공동체를 기초로 하는 신임은 보편신임이다. 그라노베터(Mark Granovetter)는 개인 간의 우호적인 관계는 사회신임을 촉성하고 사회신임은 일종의 사회자본이며, 미시적영역의 개인간신임관계의 점차적 축적으로 형성된 것이라고 보았다. 프랜시스 후쿠야마(Francis Fukuyama)는 사회단체 구성원 간의 신임관계를 분석하고, 신임은 사회단체중 구성원들 사이의 서로 성실하고 협동적인 행위의 기초는 사회구성원의 규범을 가지고, 개체가 예속되어있는 그 단체의 특유의 가치관을 공유하는 것은 구성원들 사이의 신임과 합작을 강화하고 개인의 역할을 강화하는 역할을 한다고 하였다.

④ 제도 분석으로부터 신임을 바라보다.

책『신임』에서 S.N.Eisenstadt&L.Roniger은 신임의 광범위한 함의는 "어떤 사람에 대한 기대의 신심이며, 그것은 사회생활의 기초사실이다."이라고 명확하게 제기하였다.(니꼴라이 루만, 2005) 나아가

『신임과 권력』에서는 제도분석의 각도에서 신임의 기원은 사회구조, 제도변천과 상호관계가 존재한다는 것을 발견했다. 루만은 신임은 본질상 "복잡한 것을 간단화하는 기제 중 하나이며 간단화 기제는 인류생존의 책략이다."라고 보았다.(Luhmann, 1979) 신임의 연구방법 상 중국학자 정천은 "신임은 일종의 기제이며, 일종의 구조이며, 각종 관계중 특히 상호작용하는 과정에서 이해하고 장악해야 한다."고 제기하였다.(청쳰程倩, 2007)

⑤ 사회자본에서 본 신임

현대 사회학 이론 연구는 신임의 기초연구를 심화시켰다. 20세기 70년대 이후 서방사회학자 부르디웨(PierreBourdieu), 콜맨(James Coleman) 등 인사들은 사회자본의 개념을 제기했고, 사회관계와 사회구조를 자본 분석 범주에 들였다. 사회 자본을 논술함에 있어 신임을 중요 요소로 여기고 중요한 위치에 놓았다.

Piotr Sztompka는 이렇게 여겼다. "신임의 가장 간단하고 일반적인 정의: 신임은 바로 타인의 미래의 가능한 행동에 대한 도박에 대한 믿음이다. 신임이 가지고 있는 두 개의 구성 요소: 첫째, 신임은 명확한 예상을 포함하고 있으며, 타인을 지향하는 행동이다. 둘째, 신임은 행동 및 부담의 의무를 포함한다."(Piotr Sztompka, 2005) 그는 생성모형으로부터 신임문화를 연구할 것을 제기하고, 4가지 기본 가설을 제기하였다.(Piotr Sztompka, 2005) 그는 신임적 사회 생성 분석에서 자본은 중요한 영향을 준다고 여겼다. 신임과 자원을 연합한 요인은 5가지 개인자본기제와 8가지 방면의 집체자본이다. 이러한 변수는 복잡하게 뒤엉킨 관계를 나타내고 신임적 사회형성과정

에서 중요한 작용을 일으킨다.(Piotr Sztompka, 2005)

　포버트 푸트남(Robert D. Putnam)은 "사회 자본은 사회조직의 특징을 가리킨다. 신임과 규범 그런 것들은 조화로운 행동을 추진함을 통해 사회적 효능을 제고한다."라고 하였다.(로버트 푸트남, 2001)로버트 푸트남은 사회자본의 3개 부분 중 신임은 핵심이며 인터넷과 사회규범 모두 신임을 만들어내기 위해 지지를 제공한다. 사회신임은 경제발전의 동력을 제공하고 정부의 업적을 확보한다. 그는 역사와 이성의 시각을 결합하여 제도변천이 정치생활에 대해 결정적인 역할이 있다고 여겼으나 역사와 사회관계는 제도의 성공에 대해 강대한 제약을 구성하였다.(위커핑俞可平, 2003)

3. 신임의 기능

(1) 간화기능

　루만은 "신임은 복잡성을 간화하는 수요이다."라고 여겼다.(니꼴라스 루만, 2005)그는 신임은 사회교제복잡성을 감소하기 위한 기제이며, 현재 있는 정보를 초월하여 일부 행위의 예정을 개괄하기에 보장성의 안전감을 가지고 있어 필요한 정보를 보완한다.

　정야푸푸는 「신임의 간화기능」에서 "신임은 인간의 심리활동 중에서 어떤 기능을 발휘하는가? 복잡한 것을 간단화 하는 기능이다."라고 제기했다. 그의 분석에 따르면, 미래의 복잡과 변환은 현재의 확정성적 수요의 성장을 조성하였다. 신임의 간단화 기능은 복잡한 것을 간단화 하는 것을 빌어 불확정적인 것에 대한 관용을 증가하여

사람들의 행동의 용기와 가능성을 증가하였다. 불신임도 적극적기능
이 있는바 서로 보완하는 데서 보여지며 심지어 신임의 한 면을 촉
진하기도 한다.

(2)사회질서를 유지한다.

신임이 사회질서유지에 영향을 주는 측면에 대해 홉스(Thomas
Hobbes)는 "신임이라는 인조구조는 폭력과 이성을 보충하는데 대해
사회질서를 건립할 시 남긴 틈은 필요한 것이다"라고 하였다.(Luhmann
N, 1979)

Georg Simme은 『화폐철학』에서 이렇게 말한 바 있다. "사람들 사
이의 일반적 신임을 떠나면 사회는 한 접시의 흩어진 모래가 된다.
왜냐하면 어떤 관계가 타인에 대한 확실한 인지 위에 건립되기는 거
의 없기 때문이다. 만약 신임이 이성증거나 개인경험처럼 그렇게 강
하지 못하다면 그 어떤 관계도 유지되어 내려오기 어렵다."(Georg
Simme, 2002) 그는 "금전이 사람에게 주는 안전감은 사회-정치 조
직과 질서의 신임의 가장 집중적이고 직접적인 형식과 표현이다"라
고 하였다.(G.Simmel, 1950) Simmel은 사람들이 서로 공유하고 있
는 보편적인 신임이 없다면 사회는 와해될 것이라고 하였다. "현대
생활은 보통 이해하고 있는 것보다 더 큰 정도로 타인의 성실과 신
임위에 건립되었다."(G.Simmel, 1950)

후쿠야마는 "신임은 마치 윤활제와 같아 어떤 한 단체나 조직의
운행을 더욱 효과적으로 바꿀 수 있다."고 강조하였다.(후쿠야마,
2002) 밀른은(A. J. M. Milne)은 "신임이 없다면 인류사회는 근본적
으로 존재할 수 없으며, 이는 바로 신임이 사회생활에서 없어서는

안 될 선결조건이라는 얘기다."(밀른, 1995) 블라우는 "지역사회에서 좋은 명성은 일종의 높은 신용이며 한 사람으로 하여금 타인이 얻지 못한 이익을 얻게 할 수 있다."라고 여겼다.(P.Blau, 1964)

순리핑(孫立平) 교수는 "사실상, 신임은 사회생활의 가장 기본적인 기초이다. 만약 기본적인 신임조차 없다면 아마 우리의 생활은 역경에 처할 것이다."라고 하였다. 개체수요의 다양성과 본인 역량의 제한성은 개체사이에 협력하여 사회를 구성할 필요함을 결정한다. 협력의 전제조건은 서로 신임하는 것으로 신임을 떠나 개체 사이는 교류할 수 없고 인류사회를 구성할 수도 없다.

(3) 사회행동을 조절한다.

기든스는 현대사회는 시공간분리 및 시공분리 전제하에 탈역 특징을 가지고 있다고 여겼다.(기든스, 1998)교제수단의 혁명은 근본적으로 전통적인 지인 사이에 교제하는 사회교제방식을 동요하거나 부정함으로써 사람들로 하여금 넓고 무한한 교제세계에 처해지게 하였고 교제 활동의 구체적 장소 제한 및 순차적 확산의 한계점을 벗어나 보편적으로 교제하는 상황에 진입하게 하였다. 현대사회에서 "'자아'와 '사회'는 인류역사상 최초로 전 세계적 배경아래 서로 연결되었다."(기든스, 1998) 여기에서 사회구성원의 보편적 교제와 세계적 교제는 얼굴을 마주한 현장에서의 직접적인 교제를 뜻하지 않으며 부호표시체계와 전문체계를 통한 현장에 부재하지만 존재하는 교제이다. 이는 현장의 부재와 존재가 통일된 보편적인 교제이다. "글로벌화는 현장에 있는 것과 없는 것이 서로 뒤엉키게 하였고, 먼 거리에 있는 사회 사건과 사회 관계, 지역적 장면이 한데 뒤섞이게

하였다."(기든스, 1998)

존 던(John Donne)은 "신임은 일종의 인류적인 감정이며 일종의
인류행동의 방식이다. 일정 부분적으로는 타인행동의 자유에 대응하
는 책략이다. 일종의 열정이나 일종의 감정으로 신임은 짧을 수도
있고 지속적일 수도 있다. 그러나 일종의 행동방식으로 신임은 장기
적인 불확정성을 의미한다."(Piotr Sztompka, 2005)

정야푸(鄭也夫)는 명예는 일종의 사회자본이며, 명예를 지닌 사람
과 타인에게 모두 도움이 되는 바, 첫째는 협력의 기대를 높여주고
두 번째는 명예로움과 심리적 만족감을 가져다준다고 제기하였다.
명예의 사회공능은 바로 이 두 가지 동기와 서로 맞물린다.(정야푸,
2000) 가오자오밍(高兆明)은 시공분리기초위에서의 현장부재현상은
신임의 기초적 약속에 변화가 생기도록 하였다고 제기하였다. 전 사
회에서 근본적으로 신임위기현상을 극복하려면 보편적인 신임관계
를 건립해야 한다. 한편으로는 사회구성원개인의 인격적 소양을 제
고하고 더욱 중요시해야 하며 다른 한편으로는 현대적 생활 방식을
확립하고 사회구성원이 보편적으로 신임하는 사회제도를 마련하고
제도성 약속을 확립하는 것이다.

(4) 제도구성의 수요이다.

신제도경제학(新制度經濟學)은 일반적으로 제도의 속박 형식에 따
라 제도를 비정식 제도와 정식제도 두 가지 유형으로 형성된다. 인
류 역사에서 사람 사이의 관계는 주요하게 비정식인 속박으로 유지
되어 왔으며 비정식 속박은 사람들이 장기적 사회 교류 활동 과정
중 무의식적으로 형성된 규칙을 가리키며 주로 가치신념, 윤리규범,

도덕관념, 풍속습성, 의식형태 등 요소를 말한다. 정식 속박은 또한 정식 규칙으로 불리며 사람들이 의식적으로 창조한 일련의 정책규범을 가리키며, 정치규칙, 경제규칙, 계약, 일련의 규칙으로 구성된 일종의 등급구조, 헌법, 성문법, 불성문법에서 특수한 세칙, 개별적인 계약에 이르기까지의 등 이다.(루셴샹盧現祥, 1996)

사회학자 뒤르켐(Durkheim)은 『사회학방법의 준칙』에서 구성된 실증사회학을 "제도에 관한 그 생산과 공능의 과학"이라고 정하였다. (뒤르켐, 2002) 제도는 사회학의 연구대상으로 일종의 사회사실이다. 뒤르켐은 "모든 집단에서 확정한 신앙과 행동방식은 모두 제도이다."라고 여겼다.(뒤르켐, 2002) 그는 다음과 같이 제기하였다. "모든 행동방식은 고정적이든 비고정적이든 외부적으로 개인을 속박할 수 있는 것, 다시 말해 보편적으로 사회 도처에 보편적으로 존재하고 고정적으로 존재하는 것, 그것이 개인에게서 어떻게 표현되든 모두 사회현실이다." Barber,B는 사회기제가 신임을 유지하는 강제성수단으로 존재하며, 개인 신임의 불충분함을 대체하고 보충하며, 신용을 잃는 행위가 나타날 때 피해자로 하여금 추궁과 보상의 기회를 얻도록 보충해준다고 여겼다. 신의를 지키면 이익을 얻고 신의를 어기면 피해를 본다. 사회기제는 신의를 어기는 행동 자본금에 영향을 주는 것을 통해 사람들로 하여금 신임을 유지하는 행동을 선택하게 하고 이로써 교제의 질서를 확보한다.(Barber,B.1983)Mark E. Warren은 민주와 신임의 관계를 분석하고 다음과 같이 제기하였다. "신임은 오직 민주국가에서만의 이성적 게임이며, 민주적 국가에서만――모든 민주적 국가를 다 포함하지는 않는다――당신이 낯선 사람에게 신임을 줄 수 있다." (Mark E. Warren, 2004) 신임문화는 정치신임도에 깊은 영향을 주었다. "일종의 '보편신임'과 사회단체의 공민문화는 공민들의 협력염원과 능력의 지지를 받으며 이는 활력적인 민주정치의 중요사회전제이다.(Mark E. Warren, 2004)

　중국의 저명한 사회학자 우원자오(吳文藻)는 「사회제도의 성격과 범위를 논함」이라는 글에서 "제도는 인류의 단체행동으로 인한 모종의 사회관계이다." "조직이 있는 인류관계의 형식, 또는 조적이 있는 인류활동의 체계이다."라고 하였다. 중국 현대 경제학자 판강(樊綱)은 "소위 제도란, 당시 사회에서 통행하거나 또는 사회에서 채납된 습관, 도덕, 계율, 법률, 규정 등 개인의 사회행동을 속박함으로써 사람과 사람사이의 사회관계를 조절하는 규칙이다."라고 주장했다.(판강, 1996) 차이즈창(蔡志强)은 "신임으로 구성된 사회연결망과 아주 높은 신용이 있는 정부는 효율적으로 위기에 처한 사회를 동원하고 자원을 배분할 수 있다. 위기를 다스림에 있어 사회는 자각적으로 조직능력을 발휘하고 사회연결망으로 구조자본을 낮출 수 있다." (차이즈창, 2006) 자이쉐웨이(翟學偉)는 사회신용구성에 대한 인성가설과 제도설치를 토론함에 있어 다음과 같이 제기했다. "사회 자원 이론 중 사람들의 풍부한 교제내용에는 대개 화물, 정보, 금전, 서비스, 지위와 감정 등 6가지 분류가 있다. 어떤 종류의 교환도 신용이라는 전제를 떠날 수 없다. 왜냐하면 신용을 지키지 않는 어떠한 행동은 사회협력이나 단체의 해체를 일으키며 그렇지 않으면 더욱 큰 자본을 투자하거나 잠재적 모험을 안고 계속 운행하는 수밖에 없다. 예를 들면 중국산 분유가 문제가 생겨 중국의 엄마들이 수입 분유의 도움을 받은 것과 같이 상대적 폐쇄 차원에서 보면 전체 신용의 결핍은 사회가 와해되거나 높은 자본에 의지해 운행하게 한다."

4. 신임위기에 대한 사회의 근원적 해석

2017년 펑샤오강(馮小剛) 감독이 찍은 영화 "청춘"은 전체 국민이 청춘을 회고하고 추억하는 열풍을 일으켰다. 영화는 옌가링(嚴歌苓)의 동명 소설을 소재로 전세기 70년대부터 80년대까지의 꿈으로 가득 찬 격정적인 군부대문공단의 젊은 청춘 소년들이 성장하는 과정에서 겪는 사랑이 싹트고 변수가 가득한 운명적인 삶을 기술하였다. 다른 사람을 돕기를 좋아하는 착한 류펑(劉峰, 황쉬안黃軒 역), 농촌에서 올라와 문공단 여병의 멸시와 배척을 받는 샤오핑(小萍, 먀오먀오苗苗 역), 그들은 "의외"로 낭만적이고 안일한 문공단을 떠나 참혹한 전쟁에 휘말려 전쟁터에서 피로 물든 청춘을 꽃피운다. 그 시절은 다시 떠올릴 필요는 없으나 영원히 잊을 수는 없다. 영화 속의 문공단은 바로 압축된 작은 사회로 "살아있는 뇌봉"은 은혜를 입지 못하고 농촌에서 태어난 여주인공은 신임을 얻지 못하고 배척을 받았다. 때는 혼란스러운 연대였고, 생활을 위해서였고 이익을 위해서였다. 그럼 우리의 현대 사회는 어떤가? 또 무엇이 더욱 심각한 신임위기를 일으켰단 말인가?

(1) 인구의 이동

페이샤오퉁(費孝通)에 따르면 전통적인 중국사회는 가정을 단위로 하는 향토사회이며 제일 큰 특징은 바로 사람과 사람사이에 세세대대로 서로 알고 서로 감시하는 것이다. 그러나 사회발전과 도시화의 진행에 따라 중국인의 사회관계망은 끊임없이 확대되고 복잡하게 바뀌었다. "신임"도 어쩔 수 없이 신시대의 사회관계망에 들어오게 되었고, 더 이상 "안정"적이지 않게 변했다. 전통유가에서 말하는 "안심관계"는 모두 이동성이 낮은 서로 이해하는 향토사회의 기초에서 세워진 것이다. 사회의 이동성 또는 개체화진행의 심화가 일으킨 사회구조의 변혁은 고정관계의 와해에 존재하며, 모든 관계를 긴 것에서 짧은 것으로 변할 수 있다.

자이쉐웨이는 유가이론과 현대사회신용을 분석하면서 "전통적 중국사회는 가족을 단위로 하는 향토사회이며 제일 큰 특징은 바로 사람과 사람사이에 세세대대로 서로 알고 서로 감시하는 것이다. 자이쉐웨이는 다음과 같이 지적했다. 오늘 중국사회는 인간의 임의적인 이동과 보통화의 보급, 교통의 발달, 시장경제의 발달을 특징으로 하는 사회이다. 따라서 홀로 어떤 곳이든 가서 장사를 하거나, 알바를 하거나, 떼돈을 벌거나, 빚쟁이를 회피할 수 있어 사회신용의 기초가 흔들렸다. 비록 인구이동이 현대 사회의 하나의 중요한 표지라고는 하나 이는 사람들이 자율적인 도덕성과 타인과의 안정적인 관계를 유지하기 어렵게 만들었고, 그 결과 강제적인 제도의 의존하는 수밖에 없게 되었다. 만약 한사람이 평생토록 떠돌아다니기를 원하지 않고 한곳에 머무르고 싶어한다면 그 사람은 부분적으로 전통적신용을 회복하게 된다.(자이쉐웨이, 2011) 자이쉐웨이는 유가이론과 현대사회의 신용을 분석하면서 다음과 같이 말했다. "전통적 중국사회는 가족을 단위로 하는 향토사회이며 제일 큰 특징은 바로 사람과 사람사이에 세세대대로 서로 알고 서로 감시하는 것이다. 그러나 이동이 가져온 사회구조의 변혁은 고정적인 관계의 와해를 불러왔고 모든 관계는 짧고 일시적일 수도 있다고 여기게 만들었다." 중국인은 본래 "중은 달아날 수 있지만 절은 남는다."는 말을 믿었으나 사회이동은 중이 절도 버리게 만들었다. 이는 중국식 신용 위기가 발생하게 된 하나의 중요한 원인이다.(자이쉐웨이, 2016)

(2) 세속적 철학의 동요

왕주(王姝)는 중국의 전통적인 유교문화의 성선설(性善說)은 중국인이 타인의 인성을 예측할 때 착한 면으로 기울어지나 유가에서 오륜(五倫) 관계를 토론할 때는 낯선 사람과의 관계를 포함시키지 않았기에 타인을 착하게 예측하나 타인에 대해 충분히 신임하는 행동을 할 수 없었다고 제기했다.

현대적 배경에서 가오야오밍(高兆明)은 사회철학의 차원에서 현대화 과정에서 겪게 된 신임위기를 이해하고 이렇게 해석했다. 일상생활세계의 근본적 변혁이 일으킨 전통의 파괴, 존재의 고립과 제도성 승낙의 쇠퇴는 현대화과정중의 신임위기의 기본요인이다. 현대화 과정 중 개체의 자아의 발견은 근본적으로 전통사회의 "집"의 종법 혈연관계구조를 동요시키거나 부정했다. 개체는 비록 독립과 자유를 얻었지만 사람들은 "집"으로부터 독립해 나오는 순간으로부터 동시에 "집"이 없어 돌아갈 곳이 없다는 가능성에 빠져 "나"는 반드시 독립적으로 모든 발생가능한 문제를 마주하고 홀로 모든 부담과 풍파를 견뎌야 한다. 이것이 바로 샤르트르(J.Sartre)가 말하는 "존재하는 고독"이며 인간이 자유 속으로 버려진 상황이다. 이것은 일종의 인간관계의 고독하고 흩어진 상태이다. 이런 고독은 대화가 없고 의탁이 없고 신뢰할 데가 없는 본체론적인 고독이다.(가오야오밍, 2002)

자이쉐웨이는 신임 위기의 출현은 그리 간단하지 않은바 비록 인구이동이 매우 쉽게 전통신임과 신용의 와해를 일으켰으나 이 역시 일종의 확정적인 결과라고 했다. 인구이동의 요소 외에 가치관의 추세 즉 중국 근대 이래의 생존철학의 변화가 있다. 중국의 민간에 발달해 있었던 세속적인 생존철학은 근대화 이후에 전파되어 온 진화론의 영향을 받았고 "우승열패, 적자생존"의 가치추세는 혼란의 시기에 효과적인 것으로 여겨졌으며 시장경제에 적용되는 것은 '정글의 법칙'이다. 그 결과 양심, 이론, 도덕, 법률 등 모두 말할 것도 없고 남은 것은 다만 '승자는 왕이 되고 패자는 도둑이 된다'는 원칙뿐이다. 자연주의진화론에 융합되어 들어온 중국의 생존철학은 현재의 중국 경제시장의 발전에 거대한 사회적 에너지를 제공하고 있다.(자이쉐웨이, 2015)

(3) 사회동질화

자이쉐웨이는 "대범위 심지어 중범위의 가족관계는 현대사회에서 차츰 모호해져 친구관계로 전환되었다. 이는 중국식 신임위기가 발생한 하나의 중요한 원인이다. 현대사회의 특징은 바로 개체가 직면한 많은 사회관계가 모두 평등한 지위에 있으면서 다른 수요를 갖고 있고, 동시에 합작의 수요를 가지고 있는 사회의 개체 사이에서 발생한 것이라는 점인데, 이런 특징으로 인해 그들 사이에 사람들이 안심할 수 있는 신임관계를 확립하는 것이 매우 절박한 상황이다."(자이쉐웨이, 2014) 자이쉐웨이는 중국 사회의 성격과 신임위기를 분석하며 다음과 같이 지적했다. "한 사회의 신용은 간단하게 도덕회귀를 희망하거나 감독을 강화하고 제도를 완벽하게 하는 것만으로는 실현할 수 없다. 사회의 전통과 변화에는 그 형태, 사유방식 가치지향과 기제 상의 운행 특징이 있다. 만약 중국사회의 정체성 문제를 의식하지 못한다면 많은 구체적인 조치는 효과가 미미하여 체면치레만 하게 될 뿐 사회의 영향력은 여전히 일파만파로 자신의 에너지를 뿜어낼 것이다.(자이쉐웨이, 2014)

차이즈창(蔡志强)은 하나의 신임으로 구성된 사회네트워크와 높은 신용이 있는 정부는 효과적으로 위기중의 사회를 동원하고 자원배분을 실현할 것이며 사회는 위기를 다스리며 스스로 조직능력을 발휘하고 신임네트워크에서는 사회구조의 자본을 낮출 것이라고 제기하였다.(차이즈창, 2006)

자이쉐웨이는 현 중구사회-경제-문화의 구조를 "사회의 동질화"라고 칭했다. 동질화 사회는 국제적 정치 형세를 추구하고 트렌드를 따르며 다른 사람과 같은 높은 수준을 추구한다. 이를테면 현재 도시 건설은 지나치게 현대화를 추구하고 전통적 색채를 버리고 있으며, 각 지역의 의식주와 행위는 모두 동질화의 방향으로 가고 있는 것 등이다. 이를 보면 작금의 사회에서 전통을 회복하려는 목소리가 왜 그렇게 큰지를 알 수 있다. 현대화의 세례를 받은 중국은 지나치게 이슈를 중시하고 유행을 따르며 크게는 조직건설, 조직의 발전까지, 작게는 개인이 무리로 같은 것을 추구하는 정도가 되었다. 이로부터 중국사회의 동질화 현상이 심화된 데다가 많은 사람들이 인맥과 권력의 비호를 받다 보니 원래 분별 가능했던 사회단위의 품질이 바람처럼 사라지게 되었다. 그리하여 사회의 총체적 신임위기가 발생하게 된 것이다.(자이쉐웨이, 2015)

펑하이린은 중국의 현재 사회의 미시적 신임이 파괴당했으며 거시적 신임은 아직 확립되지 않았고 중국은 극심하고 오랜 신임위기를 겪고 있다고 했다. 제도변천과정에서 고유한 특수신임의 약속능력이 점차 감소하고 새로운 보편신임의 속박이 아직 건립되지 않아 정부행동의 임의성, 지역경제차이의 확대와 사회빈부차이의 확대는 모두 신임위기를 심화시켰다.(펑하이린馮海琳, 2006)

제2절 중국인의 체면

　한편의 오래된 영화인 "Saving face"는 비록 한편의 가벼운 코미디이나 사람들에게 남기는 사고는 심오하고 잔혹하다, 이 영화는 "사랑·체면"으로 번역되었는데 이어서 읽거나 끊어서 읽을 때 서로 다른 뜻을 가지고 있다. 이야기 줄거리는 비교적 단조롭다. 젊은 중국계 여의사 Wil에게는 미국 화교 거주 지역에서 20여년을 생활하였지만 영어를 잘 하지 못하는 엄마가 있었다. Wil은 여자를 좋아하는 동성애자였으나 엄마에게 끌려 맞선을 위한 화교계의 연회에 참여하는 난처한 일을 겪게 된다. 갑자기 어느 날 40여 세의 엄마가 임신을 하였으나 아이 아빠가 누군지에 대해서는 절대 입을 열지 않았다. 화교 계에서 높은 명성을 지닌 교수 외할아버지가 대로하셔서 딸이 결혼을 하지 않거든 집에 돌아오지 말라고 하셨다. 이렇듯 임신한 중년 독신 엄마의 사회적 역할은 많은 중국가정에 모두 존재한다. 부모에게 그는 딸이고, 딸에게 그는 엄마이다. Wil은 엄마 때문에 크게 골머리를 앓았고 그의 생활은 엄마 때문에 숨 돌릴 새 없는 업무에 짓눌려 피곤하였다. 병원, 현대무용을 하는 여자친구, 임신한 엄마를 그는 동시에 돌보려 하였으나 허둥지둥하였고 엄마가 자신의 집을 차츰 이상한 중국식 스타일로 바꾸고 촌스럽지만 즐거움과 따뜻함으로 가득 찬 집으로 변해가고 있는 것을 발견한다. 비록 미국에서 발생한 일이지만 이 영화는 매우 중국 특색이 있는 영화이며 외할아버지와 엄마사이, 엄마와 Wil사이, 모든 싸움은 전통에 뿌리를 둔 가정에서 발생한다. 사랑, 체면, 사랑과 체면사이, 진실한 내면과 아름다운 외면사이, 사랑하는 가족을 위해 침묵을 지키고, 침묵을 지키다 더 이상 자신이 어쩔 수 없는 길에 처해지면 체면을 깨부수고 모든 걸 얘기하여 타인에게 이 가정의 "집안허물"을 보여준다. 이런 선택 또한 동서양문화의 차이이다. 영화 "Saving face"는 해피엔딩으로 마무리하지만 엄마는 허물을 가리기 위해 아무한테나 시집가지 않았고 딸도 늘 그녀를 용감하지 못하다고 여기던 애인의 사랑을 얻는 데 성공했으며, 외할아버지와 젊은 사위, 외손녀의 여자친구까지 자리를 함께 한다, 이 모든 것은 아마 영화에서만 존재하는 것일 것이다. 그럼 중국인의 "체면"이란 도대체 무엇일가? 체면은 얼마나 중요할까?

1. 무엇이 체면인가?

중국인의 특유한 '체면문화'는 서양학자들이 연구하고 싶어도 제대로 연구하기 어려운 분야이다. 왜냐하면 중국인의 '체면' 문제는 중국의 문화전통과 불가분의 관계에 있어서 독특성이 있기 때문이다. 체면은 중국인이 일상생활에서 자주 사용하는 중요한 용어이자 일상용품이며 중국인이 교제할 때 생기는 특유의 사회심리이며 또한 "중국인의 심리와 행위를 이해하는 관건"이기도 하다(자이쒜웨이, 2011).

중국과 외국의 학자들은 체면과 체면문화에 서로 다른 개념과 해석 방법이 있다는 것을 연구해냈다. 인류학자 후센진이 체면에 대해 확정한 개념은 "체면은 사회의 성취도로 인해 보유하고 있는 위신이며 사람에 대한 사회의 보이는 성취도에 대한 승인이다"라고 하였다 (후센진胡先晋, 2010). 서양학자들 중 체면에 대해 연구한 대표적인 인물인 Erving Goffman은 체면에 대해 다음과 같이 규정하였다. "체면이란 특정한 사회교제 중에서 개인이 성공적으로 타인을 성토하는 동시에 그가 자신이 마땅히 얻어야 한다고 생각하는 사회의 긍정적인 가치를 취득하는 것을 가리킨다. 체면은 인정받는 근거가 된 사회태도이며, 자신에게 그려보이는 형상이다."(천즈차오陳之昭, 2006) 그러나 그후의 중국학자들은 Goffman의 체면에 대한 정의에 비판적인 태도를 보였는데 그가 내린 정의에 중국의 본토적 색채가 부족하며 또 명예의 개념이 완전히 중복되었다고 주장하였다. 그래서 허여우후는 "체면이란 바로 개체가 다른 사람들이 그에 대해 표현한 존경과 순종이다"(저우메이링周美伶, 허여우후이何友暉, 1992)라고 하였다.

자이쉐웨이는 「수치감과 체면: 조금만 틀리면 크게 어긋나게 된다」 "모두가 알다시피 수치감과 '체면'은 친화성이 매우 높은 두 가지 개념으로 때로는 마치 동전의 양면과 같다. 예를 들면 수치심을 모르는 사람은 '체면을 가리지 않으며', '체면을 차린다'는 한 사람이 부끄러움 혹은 수치심을 아는 상태를 유지하는 것을 가리킨다. 수치심과 체면의 관계는 인과관계로 표현할 수 있는데 예를 들면 한 사람이 수치를 알 기 때문에 체면을 챙기고, 한 사람이 수치를 모르기 때문에 체면이 없다고 할 수 있다. 체면이라는 개념을 사용하면 또 다른 친화성이 있는 개념인 '이름'을 언급하게 되는데 그것이 바로 명성, 명망, 명예 혹은 영예이다. T. Parsons의 말에 따르면 중국인이 사는 것은 좋은 명성을 얻기 위해서이다(2003:611)"(자이쉐웨이, 2016).

자이웨웨이는 '얼굴'과 '체면'을 자세하게 구분한 기초에서 '체면'은 "어떤 이미지를 갖고 있는 개체(혹은 군체)가 타인의 평가와 자기기대가 일치한지 아닌지를 판단하는 심리과정과 결과이며, 그 기본적인 목적은 자신이 다른 사람의 마음속의 지위 서열을 획득하거나 유지하는 것으로 간단하게 심리지위라고 부를 수 있는데 그 외적인 효과는 사회적 긍정의 정도에 반영된다."라고 하였다. 그리하여 '체면'은 더 이상 일상생활에서 범상하게 쓰이는 '명예'가 아닌, 하나의 명확한 사회심리학의 개념이 되었다(張金陽장진양, 2014).

그러므로 중국사회에서 많은 일들은 개인이 하고 싶거나 하고 싶지 않은지의 문제가 아닌, 가족들이 그가 하기를 원하는지, 그가 하면 가족에게 어떤 결과가 있는지의 문제가 된다. 자이쉐웨이는 '얼굴', '면목', '체면' 등에 대해 사회학과 사회심리학의 각도에서 정의를 내렸는데 "얼굴은 한 개체가 지신 혹은 관련자를 위해 축적한, 동시에 한 사회권 내에서 공인하는 이미지이며, 일정한 사회 환경에서 일련의 규칙성 있는 행동으로 표현된다."라고 하였다(자이쉐웨이, 1995). 후에 그는 이 정의를 "얼굴은 개체가 어느 모 사회권이 인정하는 형상에 영합하기 위해 인상을 꾸민 뒤 동질감을 나타내는 심리와 행위이다"라고 수정하였다(자이쉐웨이, 2004).

"사람마다 모두 자신의 인격특징이 있으며 그것은 '얼굴', 즉 '이미지'로 나타난다. '얼굴'이 만들어진 뒤에 사회의 상호 작용으로 인해 타인은 그 사람의 '얼굴'에 대해 평가를 진행하거나 특유의 인상을 가지게 되는데 이것이 바로 체면, 즉 심리적 지위와 심리적 효과이며 최종적으로는 그 사람의 얼굴의 표현이 어떠하든간에 그는 모두 타인과 관계를 맺게 된다. 이를테면 체면이 있거나 좀 체면이 있거나 체면이 없거나 체면을 주지 않거나 등이다."(자이쉐웨이, 2016) 우리는 얼굴은 인격의 체현이며 체면은 관계의 체현임을 알 수 있다. 중국은 인정사회이며 인정은 바로 관계이므로 체면이 '얼굴'보다 더 중요함은 쉽게 알 수 있다. 그러면 왜 현재의 중국사회에 공금을 횡령하여 사치품을 사거나 혹은 시골에서 돈을 빌려 거액의 돈을 체납하는 등 여러 가지 허세를 부리다가 사고를 치는 행위를 이해하기 어렵지 않게 된다.

2. 중국인의 체면 문제

1) '체면'의 유래

중국인은 왜 이렇게 체면을 중시하는가? 장진양은 중국인의 연결 방식과 체면의 유래, 상징 두 가지 측면에서 해석을 진행하였다(장진양張金陽, 2014). 하나는 중국의 전통 사회에서 소농경제의 경제형태, 가족중심의 윤리관, 유가사상의 가치관이 근본적으로 중국인의 심리적 특징, 일상생활과 사회교제 등에 영향을 미쳤기 때문이다. 이것이 바로 체면이 산생된 문화적 요인이다. 중국에서는 조상을 빛내고 명성을 좋게 할 수 있는 일이라면 모두 체면이 있다고 할 수 있다. 다른 한 가지 측면은 중국사회과 관계를 중시하는 사회라는 점인데(자이쉐웨이, 1993) 이 역시 많은 학자들에 의해 증명되었다. 중국인의 관계는 서양에서 말하는 교제 관계와 다르며 '장기성', '무선택성'에 더 가까운 고정적인 관계로, 혈연과 지역을 유대로 하여 교제 중에서 형성된 '내적 군체'로, 중국인의 '관계'는 이로써 표현되는데 이것이 바로 관계이론의 논리적 출발점이다. 이와 동시에 중국사회는 장기적으로 특유의 경제형태와 사회조직형태를 유지하였으므로 중국인은 동일한 시공간에서의 지속적인 교유 유형을 형성하였는데 이것이 바로 중국인의 관계이다(장쉐웨이, 2007).

체면은 자랑의 성격을 띤 심리 부호로, 그 자체가 사용가능한 사회자원을 상징하며 체면을 통해 얻은 가장 중요한 사회적 자원으로서 관계망 역시 체면으로 상징된다. 자이쉐웨이는 체면은 중국인의 심리와 행위의 최초의 개념이며 체면을 차리는 행위 과정은 강화와 안정을 거치면 관계망을 형성할 가능성이 있고 관계망의 최종적인 형성은 또 되돌아와 해당 네트워크에서의 개인의 체면에 영향을 주거나 영향을 확대할 수 있어서 관계망 속에서 개체를 연결하는 목적을 달성할 수 있다. 자이쉐웨이(1994)는 관계망은 체면에 원천을 제공하며 체면이 있다는 것은 중국인이 관계망 속의 사회자원을 동원할 수 있게 하기 때문에 중국인이 체면에 대한 열정적인 추구를 초래하였으며 심지어 허영심을 만족시키는 방식으로 체면에 대한 추구를 실현하게 되었다고 주장하였다.

2) '얼굴'과 '체면'

현재 중국사회의 체면 문제의 이해관계에 대해 서술할 때 자이쉐웨이는 "만약 한 사회가 인격의 중요성을 강조한다면 체면도 따라서 중요해진다. 만약 한 사회가 관계를 강조한다면 체면도 따라서 중요해진다. 이렇게 차츰 하나의 중국사회를 체현하게 된다. 이런 관계형의 사회에서 체면의 작용이 얼굴의 작용을 압도하게 될 때 '체면을 이용하는' 사람들이 '얼굴을 중시하는' 사람보다 많아지게 된다는 것을 의미하며 중국인은 '체면'을 위해 '얼굴'을 중시하지 않게 되는데 이는 '체면'을 기능으로 삼아 일을 할 수 있지만 '얼굴'을 성공적으로 만들어낸다고 하더라도 그것으로 일을 할 수는 없기 때문이다."라고 하였다(자이쉐웨이, 2016).

'얼굴'의 진정한 함의는 이미지를 가리키며 '체면'이 가리키는 심리적 지위는 사회적 지위 혹은 명성을 가리킨다. 얼굴에 대한 관점에 대해 자이쉐웨이는 자세한 해석을 진행하였는데 중국에서 '얼굴'의 기본 함의는 한 단위행동자(개인, 군체, 조직, 지역, 기구 등)가 그가 처한 사회원에서 인정하는 행위기준에 근거하여(혹은 영합하여) 표현한 자신의 이미지를 가리킨다. 이른바 '체면'이라는 것은 단위행동자가 정면적인, 혹은 부정적인 평가에 근거하여 형성한 자신의 느낌과 인정을 가리킨다. 그중에서 정면적인 자기 인정을 '체면이 있다'라고 부르는데 이는 양호한 명성, 명예, 사회적 긍정을 획득하여 자랑스럽게 느끼는 것이며 부정적인 자기인정을 '체면이 없다'라고 하는데 이는 명성이 떨어지고 문화가 존중받지 못하여 스스로 용납할 수 없고 창피하여 견딜 수 없거나 머리를 들 수 없는 등 유형을 가리킨다. 그러므로 이론적으로 말하면 한 단위행동자의 '체면'이 있거나 크고 작은 문제는 그 '얼굴'의 표현상황에 의해 결정되는 것이다(자이쉐웨이, 2012).

　속어에서 잘 이야기했듯이 "얼굴은 자신이 번 것이고 체면은 타인이 준 것이다." 자신의 노력을 통해 조상을 빛내는 것은 자신이 얼굴을 꾸미는 것이며 다른 사람의 존중과 인정이야말로 체면이다. 그러나 사회에서 '체면'이 얼굴보다 중요해질 때 늘 "죽어도 체면을 차리려고 하다 보니 살아서 고생을 한다". 심지어 사회적 가치를 왜곡하여 사람들이 더 이상 인격의 고상함과 근면한 노력을 추구하지 않게 되는데 말을 바꾸어 이야기하면 체면만 추구하고 자기 수양을 무시하게 되는데 이런 사회는 건강한 사회가 아니다.

　자이쉐웨이는 "무엇이 중국인의 체면관인가?"라는 문제에 대해 "체면관은 중국인의 문화 심리의 일종 은유이다"라고 제기하였다.

하지만 이상적인 체면관은 현실 사회에서 실천할 때 여러 가지 문제에 봉착하였다. 그중의 하나가 바로 관본위의 제도와 심리의 영향을 받아 중국인의 체면관이 더욱 세력지향적인 심리기제로 전환되는 것이다. 자체의 변화를 통해 중국인의 체면관은 체면에 대한 고도의 중시와 얼굴에 대한 경시를 형성하였다(자이쉐웨이, 2012).

그라노베터(Mark Granovetter)가 『Getting a job』에서 얻은 데이터처럼, 사람들은 관계를 통해 직장을 구하는 비율이 매우 높다. 하지만 절대 100%는 아니며 진정한 인재의 선발은 사회네트워크에 근거해서가 아니라 능력과 인격에 근거해서 진행되어야 한다. 마치 신임위기와 마찬가지로 죽어도 체면을 차리는 사회는 마찬가지로 사회도덕의 타락을 초래할 수 있다.

제3절 신임과 체면

중국 사회의 신임위기에 대해 많은 학자들은 그 심각성을 인식하고 일련의 학술이론의 검토와 분석을 진행하였으며 체면은 신임기제를 형성하는 해석시각으로 중시를 받았다.

앞의 1절에서 신임위기를 초래한 일련의 사회적 근원을 언급한 바 있는데 일부 학자들은 철학적 각도에서 해석을 진행하였다. 일상생활의 근본적인 변화가 초래한 전통의 단열, 존재의 고독 그리고 제도적 보장의 부족은 현대화 과정에서 신임위기가 나타난 기본적인 원인이다(가오자오밍高兆明, 2002). 일부 학자들은 공중관리의 측면에서 민간의 감독력이 지나치게 약하고 사회관리 수준이 낮으며 정보의 공개화가 부족하고 객관적이고 중립적인 제3부문의 부족은 정부, 전문가, 기업에서 신임위기가 발생하게 된 공통된 근원이라고 주장하였다. 신임위기의 근원을 없애기 위한 대책으로는 국민의 감독력을 강화하고 사회관리를 개선하며 공중서비스의 공급을 확대하고 서비스형정부를 건립하며 정보 공개통로를 트고, 제3부문을 발전시키는 것 등이 제기되었다(장하오제臧豪傑, 2011).

또 일부 학자들은 도덕적인 측면에서 도덕관의 붕괴는 신임위기를 초래한 근원이므로 새로운 도덕관을 수립하여야 한다고 주장하였다(펑스칭彭泗清, 1999). 대다수 학자들은 사회형태와 특징의 측면에서 연구를 진행하여 목전 사회의 신임위기는 상대적인 것이며 그것은 중국의 전통적인, 고도의 향토형과 익숙형의 사회인적관계와 비교되어 형성된 것이며 일정한 정도에서 사회현대성에 대해 적응하지 못한 상황을 반영하는 것이라고 하였다. 바로 사회의 변화가 원래의 사회장치를 파괴하고 현대사회에 대한 사람들의 안전감과 신뢰감을 떨어뜨렸으며 이로 인해 상대적인 신임위기가 나타났다는 것이다(스건훙史根洪, 2009). 중국사회의 문화는 가정생활에 뿌리를 두고 있으며 그것은 사회신임의 범위를 제약하였다. 하지만 현재 중국경제의 나홀로 발전은 새로운 형태의 신임기제를 수립하지 못했을 뿐만 아니라 오히려 전통적인 기제를 동요시켰는데 이는 중국의 신임위기가 나타난 근본적인 원인이다(자이쉐웨이, 2008). 자이쉐웨이는 또 동질성 사회와 이질성 사회의 새로운 개념으로 중국사회의 신임위기에 대해 이해하여야 한다고 주장하였는 그는 동질성 사회는 사회단위의 구분과 순수도를 상실하게 하는 동력을 제공하여 사회의 이름과 실제가 분리되고 형식주의가 성행하게 되었다고 하였다. 중국의 사회형태는 이질형으로 변화하여야 하며 사회단위의 구분도와 순수도를 높여야 한다(자이쉐웨이, 2014).

이상 학자들의 분석 각도는 모두 총체적인 사회형태, 거시적인 제도건설 혹은 도덕의 각도에서 신임위기를 분석한 것인데 미시적인 각도와 근거리에서 중국의 새로운 인구들의 상황을 분석하여 신임위기의 원인을 깊이 있게 분석하지는 못하였다.

현대화의 기본 특징의 하나가 바로 사회위기의 두드러진 표현, 즉 사회의 불확실성의 대량의 증가이다. 현재의 중국사회가 더욱 '체면'을 중시하는 경향은 사회생활의 불확실성을 증가하여 사람과 사람 사이의 관계가 더 많이 인격이 아닌 이익을 중시하는 기초 위에 수립되게 한다. 개체가 기회주의적이고 시장에서 이익을 좇으며 여러 단체 사이에서 이익을 쟁탈하는 것 등이 사람들의 주요 일상이 될 때 사람과 사람사이의 신임은 일시적인 존재가 될 수밖에 없으며 어쩌면 얼마 지나지 않아 신임은 바로 다 날아가 버릴 지도 모른다. 자이쉐웨이는 「동질화사회는 신임위기를 초래한다」라는 글에서 "사회이동이 가져온 특징 중의 하나가 바로 벗이 신임을 잃는 것의 손해 정도가 크게 낮아졌다는 점이다. 만약 법률, 제도, 규칙의 공신력을 더 높여서 '벗이 신임을 잃는' 행위에 대해 예방하고 제한하며 징벌을 한다면 신임을 구축하는 비용을 낮추는 동시에 신임을 잃는 손해도를 높일 수 있어서 '벗이 신임을 잃는' 이런 인간관계의 신임이 현대 제도의 인도와 자극 하에서 중국인이 익숙한 방식으로 다시 중국사회에 돌아올 수 있게 할 수 있다"라고 하였다(자이쉐웨이, 2015).

체면과 개인의 사회관계 네트워크는 긴밀하게 관련되어 있어서 체면이 있다는 것은 명성이 좋다는 것에 해당된다. 진정으로 신임할 수 있는 사람은 꼭 좋은 명성을 가진 사람일 것이며 이는 또한 신임과 체면 사이의 무형의 관계이기도 하다. 네트워크가 다른 형식의 사회통제가 없는 상황에서 특유의 통제기능을 하고 있으므로 한 개인의 행위는 그가 처한 사회적 네트워크의 제약을 받는다. 이런 상황에서 그것이 개인에 대한 처벌은 사회적 규범의 절차, 이를테면 사법심판 등을 따르는 것이 아니라 주로 그 명성에 대한 통제를 통해 실현된다. 만약 한 사람이 체면을 차리려고 한다면 그는 믿을 수 있는 사람이 되기에 노력해야 할 것이다. 그럼으로 신임위기에 처한 지금 완전한 제도를 구축하는 외에 중국인이 체면을 중시하는 심리를 이용하여 간접적으로 사회의 신임상황을 개선할 수 있다.

참고문헌

彼得・什托姆普卡, 2005, 『信任: 一種社會學理論』, 程勝利譯, 北京: 中華書局.

鄭也夫、彭泗清等, 2003, 『中國社會中的信任』, 北京: 中國城市出版社.

鄭也夫, 1999, 『信任: 溯源與定義』, 『北京社會科學』, 第4期.

皮埃爾・布迪厄、華康德, 1998, 『實踐與反思———反思社會學導引』, 李猛、
　　李康譯, 北京: 中央編譯出版社.

弗朗西斯・福山, 1998, 『信任: 社會關德與創造經濟繁榮』, 李宛容譯, 北京:
　　遠方出版社.

尼古拉斯・盧曼, 2005, 『信任』, 瞿鐵鵬譯, 上海: 上海世紀出版集團.

程倩, 2007, 『論社會信任與政府信任的適配性———結構化視角中的信任關系
　　考察』, 『江海學刊』, 第4期.

羅伯特・D-帕特南, 2001, 『使民主運轉起來』, 王列、賴海榕譯, 南昌: 江西人
　　民出版社.

俞可平, 2003, 『社會資本與草根民主—羅伯特, 帕特南的<使民主運轉起來>』,
　　『經濟社會體制比較(雙月刊)』, 第2期.

鄭也夫, 2000, 『信任的簡化功能』, 『北京社會科學』, 第3期.

齊美爾, 2002, 『貸幣哲學』, 陳戎女等譯, 北京: 華夏出版社.

弗朗西斯・福山, 2002, 『大分裂: 人類本性與社會秩序的重建』, 劉榜離等譯,
　　北京: 中國社會科學出版社.

A.J.M.米爾恩, 1995, 『人的權利與人的多樣性人權哲學』, 夏勇、張志銘譯, 北
　　京: 中國大百科全書出版社.

吉登斯, 1998, 『社會的構成』, 李康等中譯本, 北京: 三聯書店.

吉登斯, 1998, 『現代性與自我認同』, 趙旭東等中譯本, 北京: 三聯書店.

高兆明, 2002, 『信任危機的現代性解釋』, 『學術研究』, 第4期.

盧現祥, 2003, 『西方新制度經濟學』, 北京: 中國發展出版社.

迪爾凱姆, 2002, 『社會學方法的准則』, 狄玉明譯, 北京: 商務印書館.

B.巴伯, 1989, 『信任』, 牟斌等譯, 福建: 福建人民出版社.

馬克E.沃倫, 2004, 『民主與信任』, 吳輝譯, 北京: 華夏出版社.

吳文藻, 1941, 『論社會制度的性質與範圍』, 『社會科學學報』(雲南大學)第一卷.

樊綱, 1996, 『漸進式改革的政治經濟學分析』, 上海: 上海遠東出版社.

蔡志強, 2006, 『認同、信任和寬容: 危機治理的重要社會資本』, 『科學社會主

義』, 第5期.

翟學偉, 2011, 『社會信用: 人性假設與制度安排』, 『開放時代』, 第6期.

翟學偉, 2011, 『中國人的臉面觀——形式主義的心理動因與社會表征』, 北京: 北京大學出版社.

翟學偉, 2016, 『"朋友有信"與現代社會信任』, 『光明日報』, 2016年 7月 20日 第14版.

翟學偉, 2015, 『中國信用危機源於社會同質化』, 『新華日報』, 2015年 7月 24日 第14版.

翟學偉, 2014, 『信用危機的社會性根源』, 『江蘇社會科學』, 第1期.

胡先晉, 2010, 『中國人的面子觀』, 黃光國譯, 來源: 『人情與面子中國人的權力遊戲』, 北京: 中國人民大學出版社.

陳之昭, 2006, 『面子心理的理論分析與實際研究』, 來源: 『中國人的心理』, 南京: 江蘇教育出版社.

周美伶、何友暉, 1992, 『面子的互動性: 概念與研究方向之探討』, 『中國人心理與行爲』第二屆研究會抽印本.

翟學偉, 2014, 『信任的本質及其文化』, 『社會』, 第1期.

王姝, 2007, 『中國信任模式的嬗變——一種制度分析視角』, 『社會科學論壇』, 第8期(下).

馮海琳, 2006, 『信任及中國信任危機的制度分析』, 碩士學位論文, 西北大學.

翟學偉, 2016, 『恥感與面子: 差之毫厘, 失之千裏』, 『社會學研究』, 第1期.

張金陽, 2014, 『面子: 一種信任建立的機制』, 碩士學位論文, 南京大學.

翟學偉, 2012, 『臉面運作與權力中心意識——官本位社會的心理機制研究』, 『人民論壇·學術前沿』, 第13期.

翟學偉, 1993, 『中國人際關系的特質——本土的概念及其模式』, 『社會學研究』, 第4期.

翟學偉, 2007, 『關系研究的多重立場與理論重構』, 『江蘇社會科學』, 第3期.

翟學偉, 2004, 『人情、面子與權力的再生產——情理社會中的社會交換方式』, 『社會學研究』, 第5期.

翟學偉, 2016, 『中國人的臉面』, 『閱讀』, 第72期

高兆明, 2002, 『信任危機的現代性解釋』, 『學術研究』, 第4期.

彭泗清, 1999, 『信任的建立機制: 關系運作與法制手段』, 『社會學研究』, 第2期.

史根洪, 2009, 『信任危機: 一種社會轉型視角的分析』, 『湖北社會科學』, 第2期.

臧豪傑, 2011, 『信任危機根源探究及對策』, 『覺政幹部學刊』, 第12期.

翟學偉, 2008, 『信任與風險社會——西方理論與中國問題』, 『社會科學研究』, 第4期.

翟學偉, 2015, 『同質化社會誘生信用危機』, 『北京日報』, 2015年 9月 7日 第 18版.

G.Simmel.1950, *The Sociology of Simmel*.Ed.by K.Wolff.New York: Free press.

G.Simmel.1950, *The Philosophy of Money*.London:Routledge.

Luhmann.N..1988, *Familiarity,Confidence,Trust:Problems and Alternatives*.In D.Gambetta(Ed.),Trust:Making and Breaking Cooperative Relations, pp,94-107,MA:Basil Blackwell.

Luhmann.N..*Trust and Power*.Chichester:John Wiley&Sons Ltd, 1979,

P.Blau..1964, *Exchange and Power in Social Life*.John Wiley &Sons Inc.New York, 259.

- 상하이대학 연구진 공동집필
  (장하이둥, 양청천, 두핑, 자원쥐안, 리전, 황수핑, 먀오루이, 왕단, 천멍, 위
  안호호)

- 대표저자 :
  장하이둥(상하이대학교 사회학과 교수, 부산대학교 사회학박사, 중국 길림
  대학교 철학박사)

- 역자 :
  예동근(부경대학교 중국학과 교수)
  김홍매(중국 광동외어외무대학교 남구상학원 교수)

중국사회의 이해

초판인쇄 2019년 02월 25일
초판발행 2019년 02월 25일

옮긴이 예동근·김홍매
펴낸이 채종준
펴낸곳 한국학술정보㈜
주소 경기도 파주시 회동길 230(문발동)
전화 031) 908-3181(대표)
팩스 031) 908-3189
홈페이지 http://ebook.kstudy.com
전자우편 출판사업부 publish@kstudy.com
등록 제일산-115호(2000. 6. 19)

ISBN 978-89-268-8757-8 93080